"十四五"普通高等教育规划教材

管理科学与工程学科一流专业建设工程系列教材

管理信息系统

GUANLI XINXI XITONG

陈树广　主编

中国财经出版传媒集团
中国财政经济出版社

图书在版编目（CIP）数据

管理信息系统/陈树广主编. --北京：中国财政经济出版社，2021.5

"十四五"普通高等教育规划教材 管理科学与工程学科一流专业建设工程系列教材

ISBN 978-7-5223-0411-3

Ⅰ.①管… Ⅱ.①陈… Ⅲ.①管理信息系统—高等学校—教材 Ⅳ.①C931.6

中国版本图书馆 CIP 数据核字（2021）第 039159 号

责任编辑：蔡 宾 　　　　　　　　责任校对：徐艳丽
封面设计：陈宇琰

中国财政经济出版社 出版

URL：http://www.cfeph.cn

E-mail：cfeph@cfeph.cn

（版权所有　翻印必究）

社址：北京市海淀区阜成路甲28号　邮政编码：100142
营销中心电话：010-88191522　编辑部门电话：010-88190666
天猫网店：中国财政经济出版社旗舰店
网址：https://zgczjjcbs.tmall.com
北京密兴印刷有限公司印刷　各地新华书店经销
成品尺寸：185mm×260mm　16开　17.5印张　417 000字
2021年5月第1版　2021年5月北京第1次印刷
定价：49.00元
ISBN 978-7-5223-0411-3
（图书出现印装问题，本社负责调换，电话：010-88190548）
本社质量投诉电话：010-88190744
打击盗版举报热线：010-88191661　QQ：2242791300

前　言

随着IT和网络技术应用的普及，互联网的发展、经济全球化和信息经济的出现，以现代计算机科学、信息科学、管理科学和系统科学为基础建立的各种管理信息系统已经十分丰富，管理信息系统也成为管理者必备的工具。在现代社会经济生活中，特别是在企业经营管理决策中，管理信息系统发挥着日益重要的作用。随着生产社会化的扩大、科学技术的进步和人类知识总量的增长以及市场竞争的日益激烈，人们对信息的认识发生了根本性的改变。人们越来越重视信息技术对传统产业的改造以及对信息资源的开发和利用，信息化已成为一个国家经济和社会发展的关键环节，信息化水平的高低已经成为衡量一个国家、一个地区现代化水平和综合实力的重要标志。企业竞争的焦点从自然资源、金融资源、人力资源转向信息资源。信息被列为与物质、能源相并列的人类社会发展的三大资源之一。

本书详细阐述了管理信息系统的基本概念、基本原理、开发方法及开发技术，并结合实例全面、系统地介绍了如何应用这些原理、方法和技术来完成管理信息系统的开发和应用。内容主要包括管理信息系统概述、信息系统的技术基础与应用、信息系统的开发方法与规划、系统分析、系统设计与实施及信息系统的管理等。本书内容丰富、选材适当、图文并茂、深入浅出、条理清楚，各章附有习题。全书以管理信息系统理论为指导，运用大量实例进行讲解，力求理论与实际相结合，注重培养学生在理论指导下解决实际问题的能力。

本书是西安财经大学管理学院信息管理系省级优秀教学团队建设项目和陕西省精品课程建设项目的阶段成果，得到了西安财经大学教务处出版基金的重点支持。由陈树广副教授任主编，张君、王昀任副主编，参编人员有田喜群、王玮、陈玲丽等。

本书可用作高等院校管理类、经济类、计算机应用等相关专业的教学用书，也可供企事业单位的管理人员、计算机应用软件开发人员用作参考书。同时还要感谢财政经济出版社编辑的辛勤工作，使教材顺利出版。

本书在编写过程中参考和引用了大量有关的著作、论文和软件资料，请教了多位专家、学者，在此对这些资料的作者一并表示深切的谢意。本书在具体编写与修订的过程中，充分考虑和吸收了读者们通过各种渠道提出的宝贵意见，但由于学科发展迅速、理论与应用开发难以统筹的特殊性，加上我们水平有限，书中仍会留下不少不妥之处，恳请读者批评指正，联系邮箱：420196590@qq.com。

陈树广（网名：西安鲁民）
2020 年 10 月于神禾塬

目　　录

第一章　管理信息系统概述 … 1
- 第一节　信息与信息系统 … 1
- 第二节　管理信息系统 … 11
- 第三节　组织中常用的信息系统 … 27
- 第四节　信息技术与竞争优势 … 35
- 本章小结 … 42
- 本章习题 … 42

第二章　MIS 的开发方法 … 45
- 第一节　MIS 的开发方式 … 45
- 第二节　MIS 开发概述 … 50
- 第三节　结构化系统开发方法 … 54
- 第四节　原型法 … 56
- 第五节　面向对象的开发方法 … 59
- 第六节　计算机辅助软件工程法 … 64
- 本章小结 … 69
- 本章习题 … 69

第三章　系统规划 … 72
- 第一节　系统规划概述 … 72
- 第二节　企业系统规划法 … 74
- 第三节　系统规划其他常用方法 … 85
- 第四节　业务过程重组 … 90
- 第五节　可行性分析 … 94
- 第六节　系统规划报告 … 97
- 本章小结 … 98
- 本章习题 … 98

第四章　系统分析 … 101
- 第一节　系统分析概述 … 101
- 第二节　现行系统物理模型的调查 … 103
- 第三节　现行系统逻辑模型的调查 … 108
- 第四节　用户需求的调查与分析 … 120

第五节　新系统逻辑模型的建立…………………………………………………121
　　第六节　系统分析报告……………………………………………………………122
　　本章小结……………………………………………………………………………123
　　本章习题……………………………………………………………………………123
第五章　系统设计与实施……………………………………………………………124
　　第一节　系统设计概述……………………………………………………………124
　　第二节　系统总体设计……………………………………………………………125
　　第三节　详细设计…………………………………………………………………138
　　第四节　系统实施…………………………………………………………………159
　　本章小结……………………………………………………………………………167
　　本章习题……………………………………………………………………………168
第六章　系统的维护与评价…………………………………………………………170
　　第一节　信息系统的运行…………………………………………………………170
　　第二节　系统的维护………………………………………………………………173
　　第三节　系统的评价………………………………………………………………177
　　本章小结……………………………………………………………………………182
　　本章习题……………………………………………………………………………183
第七章　信息系统项目管理…………………………………………………………185
　　第一节　信息系统项目管理概述…………………………………………………185
　　第二节　信息系统项目管理内容…………………………………………………189
　　第三节　信息系统项目建设的组织与管理………………………………………202
　　本章小结……………………………………………………………………………205
　　本章习题……………………………………………………………………………206
第八章　现代应用系统………………………………………………………………208
　　第一节　企业资源计划……………………………………………………………208
　　第二节　客户关系管理……………………………………………………………215
　　第三节　供应链管理………………………………………………………………218
　　第四节　电子商务…………………………………………………………………221
　　第五节　电子政务…………………………………………………………………227
　　第六节　决策支持系统……………………………………………………………231
　　第七节　知识管理系统……………………………………………………………239
　　本章小结……………………………………………………………………………242
　　本章习题……………………………………………………………………………243
第九章　管理信息系统典型案例……………………………………………………245
　　第一节　中南控股集团有限公司信息化建设案例分析…………………………245
　　第二节　中国红牛财务管理软件应用案例………………………………………249
　　第三节　常林股份打造ERP平台…………………………………………………252
　　第四节　三九医药人力资源信息化案例…………………………………………254

第五节　学生信息管理系统的规划与分析案例 …………………………………… 258
第六节　网上书店系统分析、设计与实施案例 …………………………………… 263
本章小结 ……………………………………………………………………………… 272
本章习题 ……………………………………………………………………………… 272

第一章 管理信息系统概述

当今互联网技术、大数据技术、云计算技术和信息技术的应用,正不断地改变着整个社会的各个方面,其中尤以管理领域应用信息技术最为突出。目前,信息系统在管理中的应用已经从单项业务的信息管理,迅速向综合的管理层和决策层的信息管理发展,应用水平日趋提高。管理信息系统可促使组织向信息化方向发展,使组织处于一个信息灵敏、管理科学、决策准确的良性循环之中,为组织带来更高的经济效益。管理信息系统也成为当前网络经济下组织开展信息化、提高竞争力不可或缺的重要工具之一。

本章从信息系统的两个核心概念信息和系统入手,在详细阐述了信息和系统两个核心概念的基础上,详细讲述了管理信息系统的概念、结构、发展及应用等,最后阐述了信息技术与竞争优势的关系和管理信息系统面临的挑战。

第一节 信息与信息系统

随着人类社会向信息时代的迈进,人们越来越清楚地认识到,知识就是力量,信息就是财富。信息是管理中一项极为重要的资源,管理工作的成败取决于决策者能否做出有效的决策,而决策的正确程度在很大程度上取决于信息的质量。传统的管理并不认为信息是一种资源。因为过去的数据处理业务附属于业务系统,信息处理比较简单。随着大数据技术的发展、生产社会化的扩大、科学技术的进步和人类知识总量的增长以及市场竞争的日益激烈,人们对信息的认识发生了根本性的改变。人们越来越重视信息技术对传统产业的改造以及对信息资源的开发和利用,信息化已成为一个国家经济和社会发展的关键环节,信息化水平的高低已经成为衡量一个国家、一个地区现代化水平和综合国力的重要标志。企业竞争的焦点从自然资源、金融资源、人力资源转向信息资源。信息被列为与物质、能源相并列的人类社会发展的三大资源之一。随着全球信息化浪潮的兴起,信息革命蓬勃发展,"信息"已成为现代社会中使用最多、最广泛、频率最高的词汇。信息时代的组织必须通过了解客户、环境、竞争对手、合作伙伴以及自身的信息,否则将无法获得和保持竞争优势,甚至无法生存。

一、信息

信息是可持续发展的基础,也是决策者进行成功规划的基础。如果没有合理的数据与信息,决策就很容易出错。因此,正确地认识数据、信息和知识是信息系统开发设计和管理的前提。信息是数据在一定环境下的具体意义体现,只有一定的使用环境或者背景下对数据进行解释或归纳,才能体现其具体意义。

（一）信息的概念

1. 数据

数据（Data，又称资料）是指记录客观事物的、可以鉴别的符号。这些符号不仅指数字，而且包括字符、文字、图形、声音、视频等。不同的数据类型具有不同的特点。例如用图表可以直观地表示数据变动的趋势或比例；而声音、图片、视频或动画则可以生动、形象的表现数据特点；所以，在设计信息系统时，需要根据需求的对象，考虑提供不同的数据表示形式。

例如，超市收集、存储有关顾客购物的交易数据（包括商品名称、数量、价格、日期等）。交易数据处理系统存储了大量相关数据，为日后更高层次的决策奠定了基础。

2. 信息

信息（Information）是经过加工处理后对接收者的决策具有现实或潜在价值的数据。也就是说只有经过了解释、归纳等处理后，数据才有意义，才成为信息。

信息同样可以用数字、字符、文字、图形、声音、视频等形式作为载体存在。根据接收对象的不同，信息和数据二者是可以相互转换的。对于第一次加工所产生的信息，可能成为第二次加工的数据；同样第二次加工所产生的信息，可能成为第三次加工的数据。从这个角度讲，数据与信息两个概念之间的相对关系，就如同物质生产中原料和制成品之间的关系一样。换句话说二者的区别不是绝对的，而是取决于应用情境。

例如：超市收集的不同商品名称、数量和价格数据就提供了被购商品的种类、数量和价格等。通过计算每种商品的销售量，就可以进行商品销售额排序。

（二）信息的分类

信息可以从不同角度划分成不同的类型。常用的分类方法有：

（1）按应用领域分类可分为经济信息、政务信息、文教信息、科技信息、管理信息、军事信息。经济信息是指经济活动中形成的信息。政务信息是指政府机关活动产生的信息。文教信息包括教育、体育、文学、艺术、出版发行等有关信息。科技信息是指科学、技术等有关信息，管理信息是指各种行业、各个层次管理与决策活动需要的信息。军事信息是指国防、战争等与军事活动有关的信息。

（2）按加工顺序可将信息分为一次信息、二次信息和三次信息等。一次信息又称为原始信息，它是人类社会实践活动中直接产生或得到的各种数据、概念、知识、经验及其总结。二次信息是在一次信息的基础上进行加工、分类、改编、重组、综合概括而生成的信息。三次信息是在前两者的基础上又经过提炼综合形成的信息。

（3）从系统角度可将信息分为系统外部信息和系统内部信息。系统外部信息是指系统外界环境产生的信息，可以对系统的结构或功能产生影响的因素；系统内部信息是指系统自身的组织和结构，调节系统各部分行动的信息。

信息还可以按照表现形式划分为文献型、档案型、统计型、图像型、动态型。以信息的运动状态为依据，可分为连续信息、离散信息等。

（三）信息的基本特征

组织不仅要利用信息技术把信息提供给需要信息的用户，还要做到提供给用户的信息必须达到一定质量，即提供的信息必须满足以下特征：

（1）可识别性。信息是可以识别的，识别又可分为直接识和间接识别，直接识别是指通过感官的识别，间接识别是指通过各种测试手段的识别。不同的信息源有不同的识别方法。

（2）可存储性。信息是可以通过各种方法存储的。最基本的方法是用大脑记忆，大脑就是一个天然信息存储器。最现代的方式是计算机存贮，人类发明的文字、摄影、录音、录像以及计算机存储器等都可以进行信息存储。存储信息可以是静态的，也可以是动态的。

（3）可扩充性。信息随着时间的变化，将不断扩充。事物不断活动，信息不断弃旧容新，社会的信息总量在不断增添扩充，而经由人们对信息的收集加工概括归纳，又可以将信息容量大大收缩，以利于进步效力。

（4）可压缩性。人们对信息进行加工、整理、概括、归纳就可使之精练，从而浓缩。信息可以进行压缩，可以用不同的信息量来描述同一事物。人们常常用尽可能少的信息量描述一件事物主要特征。

信息可以进行浓缩、集中、概括以及综合，舍弃无用的或不重要的信息。人们没有能力收集一个事物的全部信息，无能力也无必要储存越来越多的信息（称为信息的不完全性），只有正确的舍弃信息，才能正确使用信息。

（5）可传递性。信息的可传递性是信息的本质特征。信息传递可以是面对面的直接交流，我们采用了语言、纸条、网络等几种方式进行信息的传递。可以通过语言、动作、表情、气味、颜色等直接传递，也可以通过文字、图像和声音（印刷品、电磁波、各种影视媒体、计算机网络）等间接传递。也可以通过电报、电话、书信、传真来沟通；还可以通过报纸、杂志、广播、电视、网络等来实现。

（6）可伪性。由于人们在认知能力上存在差异，对于同一信息，不同的人可能会有不同的理解，形成"认知伪信息"；或者由于传递过程中的失误，产生"传递伪信息"。例如，在实验中第一组将纸条给第 1 位同学看后，用悄悄话往下传，传到最后一个人时，会产生信息的失真；也有人出于某种目的，故意采用篡改、捏造、欺骗、夸大、假冒等手段，制造"人为伪信息"。伪信息带来社会信息污染，具有极大的危害性。

（7）可加工性。信息的加工包括两个内容：①人们对信息进行整理、归纳、去粗取精、去伪存真，从而获得更有价值的信息。例如，天气预报的产生，一般要经过多个环节：首先要对大气进行探测，获得第一手大气资料；然后进行一定范围内的探测资料交换、收集、汇总；最后由专家对各种气象资料进行综合分析、计算、研究得出结果。②对信息的转化，即将信息由一种形态转化成为另一种形态。例如，自然信息可转换为语言、文字和图像等形态，也可转换为电磁波信号或计算机代码。每个信息载体之间又可互相转换，可以从语言转化为其他代码，从图形转化为文字等。

（8）特定范围有效性。信息在特定的范围内是有效的，否则是无效的。假设，小丽看到一个海报，内容是百货大楼服装八折销售，于是兴高采烈地去大楼购物，可是到了大楼，小丽却很失望，原来百货大楼是为庆祝建店二十周年而搞的限时三天打折销售活动，现在活动已经结束了。

（四）知识

知识是客观事物的属性与联系的反映，是客观世界在人脑中的主观映像。按通常的理解，知识是系统化的信息，是人类认识世界的成果和经验。知识是信息的一部分，是一种特定的、能够改变某些人或事物的信息。在现代社会中，知识的作用和重要性日益明显，人们通过对信息的组织和管理，获得知识（knowledge）。

知识常被分为显性知识和隐性知识两大部分。所谓隐性知识（又称默认知识）就是高度个性化而且难于格式化的知识，通常来自于实践并依赖于体验、直觉和判断力，包括概念、形象、信仰、观点、价值体系、具体技能和技术等；所谓显性知识（又称明确知识），就是能用文字和数字表达出来，容易以硬数据的形式交流和共享，并且经编辑整理的程序或者普遍原则。概括起来，显性知识是指用文字、语言、图形等表现出来的知识。

例如，20世纪美国沃尔玛连锁超市通过集中商店一年多的详细原始交易数据，利用自动数据挖掘工具对这些数据进行分析，意外地发现买尿布的顾客通常有一半时候也买啤酒，尿布和啤酒初看没有任何关系，但是通过数据挖掘得到了这种隐含模式，这就是知识。

（五）信息与数据、知识的区别

信息与数据、知识有一定的内在联系，但又有明显区别。数据是对现实世界的反映，信息是人们赋予数据的意义，知识是信息处理所产生的对事物间规律的总结。这三者之间的关系如图1-1所示。

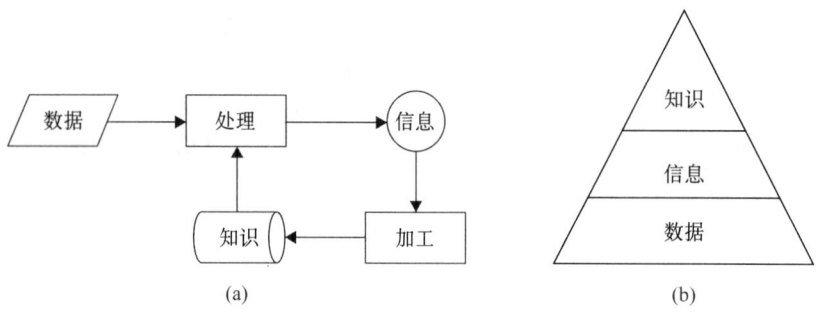

图1-1　数据、信息与知识的关系

（a）图反映数据是信息的原材料，信息是数据的产成品，而信息又是知识的原材料，知识是信息的产成品；（b）图反映出三者之间的范围大小关系，数据的涵盖范围最广，信息次之，知识最小。

例如：温度计上的温度指示为数据，天气预报最低气温是0℃为信息，水在0℃结冰则为知识。

二、管理信息

管理活动源远流长，自古就有，是人类共同劳动的必然产物，它广泛存在于现实的社会生活之中，但是把管理作为一门学问进行系统研究是近一二百年的事。管理实践的历史虽然悠久，但只是到了工业革命之后，管理才得到普遍的重视。现在，人们把科学、技术、管理称为现代社会鼎足而立的三大支柱。我国是一个发展中国家，资源短缺和科学落后，是制约发展的重要因素。如何将有限的资源进行合理的配置和利用，使其成为最有效的社会生产力，是经济管理应当解决的问题。同样，只有通过有效的管理，才能使科学技术真正转化为生产力。

（一）管理的概念

管理无处不在，人们正是在不断地总结和积累管理实践经验的基础上，逐步创立了系统的管理理论并构建了管理理论的基本框架。本节简明扼要地介绍管理概念。

1. 管理的定义

管理是社会组织中，为了实现预期的目标，以人为中心进行的协调活动。这一表述包含了五个观点：

（1）管理的目的是为了实现预期的目标。世界上既不存在无目标的管理，也不可能实现无管理的目标。

（2）管理的本质是协调。协调就是使个人的努力与集体的预期目标相一致。

（3）协调必定产生在社会组织之中。个人与集体之间，以及各成员之间必然会出现意见和行动的不一致，这就使协调成为社会组织必不可少的活动。

（4）协调的中心是人。在任何组织中都同时存在着人与人、人与物的关系。但人与物的关系最终仍表现为人与人的关系，任何资源的分配也都是以人为中心的。

（5）协调的方法是多样的，需要定性的理论和经验，也需要定量的专门技术。计算机的应用与管理信息系统的发展，将促进协调活动发生质的飞跃。

2. 管理的职能

"职能"一词指的是"活动""行为"。一种职能就表示一类活动，而管理的基本职能就是管理工作所包含的几类基本活动内容。下面介绍管理的几项基本职能。

（1）计划职能。计划是管理的首要职能，是指管理者在实际行动之前预先对应当追求的目标和应采取的行动方案做出选择和具体安排。计划的最终目的是组织目标，目标又分为总目标和阶段性目标，长期目标和短期目标。目标不同，所实施计划方案也不同。计划的内容常用六个"W"来表示，"Why"为什么做，"What"做什么，"Who"谁去做，"Where"在什么地方做，"When"在什么时候做，"How"怎样做。有了详尽周密的计划，可以促进和保证管理人员在今后的工作中进行有效的管理。

（2）组织职能。编制出计划以后，管理工作过程的下一步就是组织必要的人力和其他资源去执行既定的计划。具体地讲，组织工作的内容有以下几个部分：

①设计合理的组织结构，提供组织结构图和编制"职务说明书"。这是执行组织职能的基础。组织结构图标明各种管理职务或部门在组织结构中的地位以及它们之间的关系；"职务说明书"指出每个管理职务的工作内容，职责与权力，同组织中其他部门或职务的关系，以及担任该项职务者应具备的素质、能力等条件。

②为组织机构的不同岗位选配合适的人员，即人员配备。首先要确定人员的需要量，然后根据职务所要求的知识和技能进行考察，筛选出组织内外的候选人，最后还必须制订和实施人员培训计划。人员配备任务由组织人事管理部门负责，其核心是管理人员的选拔、培养和考评。

③协调组织机构中的各个部分，建立高效的信息沟通网络，处理好组织的不同成员之间、直接主管与参谋之间及高层管理人员之间的各种关系，使组织的全体成员能和谐一致地进行工作。

（3）领导职能：领导是指挥、引导组织成员，为实现组织目标而努力的过程。虽然领导的职能贯穿于管理工作的各个方面，但不能把领导与管理看作一回事。管理是在一种合法强制性权力基础上对下属命令的行为，而领导更多的是建立在个人影响、专长及模范作用的基础之上。领导者不一定是管理者，如非正式组组中最具影响力的人就是典型的例子。领导职能与其他职能的区别，主要表现在与人联系方面的特征上。

领导的本质就是组织成员的追随与服从。他们追随和服从的原因就在于他们所信任的领导人员能够满足他们的愿望和需求。因此这在很大程度上预示出领导与沟通、激励之间的密切关系，也揭示了领导作为一门艺术的性质。

（4）控制职能。控制也是管理工作过程中的重要一环。随着组织内各工作的展开，管理者需要检查下属人员工作的实际进展情况，以便采取措施纠正已经发生或可能发生的各种偏差，保证计划的顺利实现。

控制职能与计划职能相比较，计划偏重于事先对行动加以引导，而控制则偏重于事后对行动加以监督。但这里所说的"事后"并不意味着要等到行动完全结束后才开始进行。如果那样做，就不可能也来不及纠正偏差了。控制要求对尚处于萌芽状态之中的偏差。能够做到及时发现并加以纠正。

（5）创新。近年来，由于科学技术的迅猛发展，社会经济活动的空前活跃，市场需求瞬息万变，社会关系日益复杂，每位管理者每天都会遇到新情况、新问题。如果因循守旧、墨守成规，就无法应对新形势的挑战。许多事业获得成功的管理者，其成功的关键就在于不断创新。

（二）管理信息

1. 定义

管理信息（Management Information）是组织在管理活动过程中产生的，经过加工后，能够辅助组织的管理活动和决策的数据。管理信息都是专门为某种管理目的和管理活动服务的信息。

2. 作用

有些单位对信息的收集比较完善，但信息资源却没有得到充分利用，没有为经济管理发挥应有的作用，这是非常可惜的。因此，强调管理信息的作用，开发信息资源，非常必要。管理信息的重要作用主要表现如下。

（1）管理信息是组织进行决策的基础。决策是根据调查研究所获得的客观事物的各种信息资料，运用科学的预测方法和预测模型，对事物未来一定时期内的发展方向所做出的判断和推测。可见，决策是以掌握信息为基础的，要作出科学的决策，除了要有科学的方法之外，充分拥有信息资料是基本的前提。

在组织的经营管理活动中，情报不畅、信息不明，就不可能有最佳的决策，也就不可能得到好的经济效益。一项重要的管理信息，处置和运用得当，会使一个组织起死回生。在日本，企业界流行着这么一句话"人才是企业的支柱，信息是企业的生命"。

（2）管理信息是组织经营管理活动的组织手段和协调工具。组织是由内部许多部门、岗位共同参与、共同配合形成的一个有机系统。要实现组织既定目标，一方面进行组织纵向间的管理信息传递，把不同环节的经济行为协调起来；另一方面进行组织横向间的管理信息传递，把各部门、各岗位的经济行为协调起来，通过管理信息来处理人、财、物和产、供、销之间的复杂问题，只有这样，组织的经营管理活动才能成为有活力的有机整体。

（3）管理信息的流动是进行管理控制的基本手段。控制是组织经营管理的基本职能之一，管理信息是控制的前提，也是实现控制过程的基础，没有管理信息，任何系统都无法控制。在现代的管理活动中，无论采用哪种方法进行控制，都必须做到两点：一是系统要力图保持自身稳定于某种状态之中，当发生偏离时，系统首先应能及时察觉，并采取必要的纠正措施，以使系统的活动趋于相对稳定，这叫做"维持现状"。二是系统要力图使自己从某种现存状态过渡到某种期望的状态，即在某些情况下，组织内外环境发生变化，从而对组织提出新的要求，主管人员应当改革和创新，开拓新局面。这时，就应当对原有的计划进行修订，确定新的现实目标，并采取措施突破现状，达到新计划的期望状态。这叫做"突破现状"。在以上两种情况下，管理信息都起着非常重要的作用。

总之，管理信息是管理活动的基础和核心，是组织和控制管理活动的重要手段，是联系各个管理环节的纽带。对系统目标实现过程进行有效地控制、对组织资源作出合理安排是提高管理效益的关键。

3. 管理信息的特征

管理信息通常用文字、数据、图表、音像等形式描述，除了具有一般信息的属性外，管理信息还有如下特征：

（1）客观性。这是管理信息的最基本特征。虚假的信息必然导致决策的失误。例如，水果的保存，冷库的温度、湿度是水果储存仓库管理的重要的存储环境信息，它的客观性直接关系到水果的质量状况。

（2）共享性。因为管理信息分散在不同领域、不同层次、不同部门、不同单位，信息收集工作复杂、烦琐。因此，管理信息一经收集，就可以多次使用，供有关部门共享而不影响其本身的内容。信息共享避免了在信息的收集、加工、传输、储存等方面的重复劳动，也可充分发挥信息的共同作用，对于建立管理信息系统并发挥其重要作用具有重要的意义，在现代社会中，信息资源的国际共享，国际互联网的建立，信息高速公路的诞生，使信息的共享性达到前所未有的程度；这就是现在通常所说的资源共享的重要内容。

（3）等级性。主要体现在两个方面：一方面表现在不同管理层次的管理者可能需要不同的信息；另一方面，同一信息对不同层次的管理者所能起的作用也不同。从管理信息需要的重要性上可将其分为战略级、战术级和作业级。战略级主要指高层管理者需要的关系到全局和长期利益的信息，战术级为部门负责人需要的关系局部和中期利益的信息，作业级是关系基层医疗业务的信息。例如，对"仓库储存区面积"的信息，高层管理者考虑的是全局和战略性的问题，如该仓库是否应该扩建等；仓库主任关心的是如何利用现有每个库房的面积合理储存货物；而仓库管理员关心的则是每天仓库的出入库产品的数量等。不同等级管理信息的特征如表1-1所示。

表1-1　　　　　　　　　　不同等级管理信息的特征

信息类型	属性					
	管理信息来源	管理信息寿命	加工方法	使用频率	加工精度	保密要求
战略级管理信息	主要来自组织外部	长	灵活	低	低	高
战术级管理信息	来自组织内外部	较长	较灵活	较高	较高	较高
作业级管理信息	主要来自组织内部	短	固定	高	高	低

（4）不完全性。对于某种客观事实的真实情况往往是不可能完全得到的，数据的收集或信息的转换与主观思路关系极大，所以只有舍弃无用的和次要的信息才能正确地使用信息，这也就是信息的综合性，管理必须全面地收集信息并进行综合分析、加工，才能充分认识和考虑各种内外因素引起的积极的或消极的影响程度，才能保证管理信息在决策、计划、

控制等科学管理上发挥重要作用，做到统筹兼顾、综合平衡、协调发展。

（5）多样性。企业产品或商品的种类、数量，生产用的物资，企业职工情况，及财务、供应、销售单位状况等都是管理部门必需的信息。管理活动中要接触、处理的信息十分庞杂。信息处理的方法多样，主要有检索、核对、分类、合并、总计、转录等。

（6）经济性。所谓管理信息的经济性就是管理信息同样存在着投入产出的问题，对于管理信息的投入是必要的，但也要重视费用效益的分析，要求花费成本尽可能少而获取的管理信息数量和价格尽可能大，这就要求管理者既要重视对信息部门的经济投入，强调它们对于管理的重要性，健全信息管理组织和人员配备，又要注意信息的经济性和实用性。

（7）滞后性。管理信息是由数据转换而来的，因此它不可避免地落后于数据，而且信息的使用价值必须经过转换才能得到，这种转换也必须从数据到信息再到决策，最后取得效果，它们在时间关系上是：从前一个状态转换为后一个状态的时间间隔总不会是零，这就是信息的滞后性。同时又由于信息是有"寿命"的，许多信息的"寿命"衰老很快，因此要重视及时转换，否则就失去信息的价值。

三、系统

系统的观点起源于20世纪30年代，人们在科学研究中发现了系统的一些固有性质。第二次世界大战前，路德维希·冯·贝塔朗菲（Ludwig Yon Bertalanffy）提出了一般系统的概念和理论。系统科学才逐渐被人们认可。到了1954年，一般系统理论促进协会建立，才开始了系统的研究。1957年，美国人古德的《系统工程》出版，才有了"系统工程"一词。系统工程是用一般系统理论的概念和方法解决社会、经济、工程中的共同问题。系统工程的方法已经应用到各个领域，系统的理论和方法成了许多学科研究和解决问题的方法。

（一）系统的定义

系统是由相互作用、相互依赖的若干组成部分结合成的具有特定功能的有机整体。具体来讲，这个概念包含了四个方面内容：

（1）系统是由若干要素组成的。这些要素可能是个体，也可能本身就是一个系统（子系统）。例如，运算器、控制器、存储器、输入和输出设备组成计算机硬件，而计算机硬件又是计算机系统的一个组成部分。系统的组成元素往往非常多，而且系统越庞大，构成元素越多，元素间的关系越复杂。

（2）系统有一定的结构。系统的组成要素之间相互联系，一切系统都以一定的结构形式存在和运动。例如人体结构、产业结构等。

（3）系统有一定的功能，对于人造系统来说有一定的目的性。系统的功能是指系统与外部环境相互作用的能力，由系统的结构决定。例如，企业系统的功能就是充分利用企业内部资源和外部环境实现盈利。

（4）系统中存在着物质、能量和信息的流动。其中，信息流控制着其他流的流动，使之更加有序。

（二）系统的特性

1. 目的性

任何系统都有其存在和运动的目的，且目的通常都不是唯一的。例如，神经系统就是为了将外界的刺激传递给大脑；企业系统就是为了赚取更大的利润；导弹系统可以自动寻找目标，不是导弹可以认识对象实体，而是它可以根据对象所发出的不同于其背景的某些特定状态信息，运用人为设计好并安装于其中的自动反馈机制来调整本身的行为，实现其跟踪目标对象的目的。

系统的目的性是系统发展变化时表现出来的特点，系统在与环境的相互作用中，在一定的范围内，其发展变化表现出坚持趋向某种预先确定的状态。

2. 整体性

整体性是系统的最重要特性。系统的整体性是指系统是由若干要素组成的具有一定新功能的有机整体，各个要素一旦组成系统整体，就表现出独立要素所不具备的性质和功能，形成新的系统的性质和功能，从而表现出整体的性质和功能不等于各个要素的性质和功能的简单叠加。亚里士多德的名言"整体大于它的部分之和"精辟地指出了系统整体性的性质。从"质"的方面讲，整体具有其构成要素所没有的性质。从"量"的方面讲，整体可以大于、等于或小于其部分之和。当系统要素协调配合时，将发挥出好的作用和效益，这就是整体大于部分之和。但整体也有可能小于部分之和。

3. 相关性

相关性是指组成系统的各个要素之间或整体之间相互作用、相互依赖。其中某一要素发生变化，其他与其相关的要素也要有相应的调整，使系统整体的功能达到最佳。只有从相关性出发，处理好各方面的关系，才能事半功倍。

4. 层次性

通常一个复杂的系统由许多子系统构成，而这些子系统又可由它们各自的更小的子系统构成，层层相扣。各个子系统也具有系统的一些特征。例如，宇宙系统是一个巨大的系统，它由很多个星系构成，例如银河系等，而银河系中又包括太阳系，它也是一个完整的系统。太阳系、银河系及整个宇宙正体现了系统的层次性。

5. 有序性

系统的有序性表现为结构的有序性。系统结构的有效性不仅决定了系统中各子系统的层次地位，而且也规定了系统中物质、能量或信息等的流动方向、规模和秩序。绝对静态的系统是不存在的，而是受系统内外各种因素的影响和限制，依据一定规律而进行的。系统运动的有序性决定了系统序列的发展顺序。

6. 环境适应性

任何一个系统与其所处的环境之间通常都有物质、能量和信息的交换。外界环境的变化会引起系统特性的改变，并相应地引起系统功能及和系统内部各部分相互结构的变化。为了保持和恢复系统原有的特性，系统必须具有对环境适应的能力，才能最终生存下来。例如，一个工业企业必须经常了解市场动态、同类企业的经营动向、有关行业的发展动态、国内外市场的需求等环境的变化，在此基础上研究企业的经营策略，调整企业内部的结构，以适应环境的变化。

（三）系统分类

系统的分类方式很多，不同的分类方式有不同的分类结果。

1. 按照组成方式分类

按其组成可分为自然系统、人工系统和复合系统三大类。

自然系统是客观世界发展过程中已经存在的系统。从物理学中描述的亚原子系统，到地球上的山川河流，直至银河系统都是自然系统。例如，天体、海洋、生态系统等。

人工系统则是用人工方法建立起来的系统，例如，计算机系统、交通系统等。

复合系统是自然系统与人工系统相结合的系统。许多复合系统是人类对自然系统有了科学的认识之后，逐渐由人工的方法加以改造而成的。例如，社会系统、信息系统等。

2. 按照复杂程度分类

按照复杂程度可以把系统分为三类九等，如图1-2所示，从图中可以看出，从下往上，复杂程度依次增加。

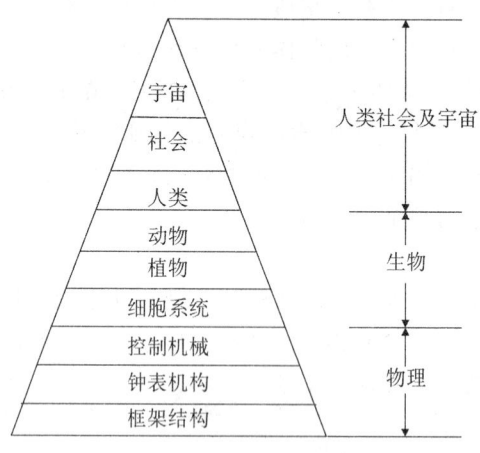

图1-2 系统复杂性等级

（1）框架结构。框架结构是最简单的系统。例如桥梁、房子，其目的是交通和居住，其部件是桥墩、桥梁、墙、窗户等，这些部件有机地结合起来提供服务。它是静态系统，虽然从微观上说它也在动。

（2）钟表机构。它按预定的规律变化，什么时候到达什么位置是完全确定的，虽动犹静。

（3）控制机械。它能自动调整，例如把温度控制在某个上下限内或者控制物体沿着某种轨道运行。由于偶然的干扰使运动偏离预定要求时，系统能自动调节回去。

（4）细胞系统。它能新陈代谢，它能自繁殖，它有生命，它是比物理系统更高级的系统。

（5）植物。这是细胞群体组成的系统，它显示了单个细胞所没有的作用，它是比细胞复杂的系统，但其复杂性比不上动物。

（6）动物。动物的特征是可动性。它有寻找食物、寻找目标的能力，它对外界是敏感的，它也有学习的能力。

（7）人类。人有较大的存储信息的能力，说明目标和使用语言均超过动物，人还能懂得知识和善于学习。人类系统还指人作为群体的系统。

（8）社会。这是人类政治、经济活动等上层建筑的系统。社会系统就是组织。

（9）宇宙。这不仅包含地球以外的天体，而且包括一切人类未知的事物。

图1-2中底层是物理系统，中间层是生物系统，最高层是复杂系统。本书要讨论的信息系统属于最复杂的社会文化系统，用电子计算机这个工具解决管理中的问题。

3. 按照系统的抽象程度分类

按照系统的抽象程度可以将系统分为实体系统、概念系统、逻辑系统。

概念系统是最抽象的系统；实在系统是最具体的系统，逻辑系统介于两者之间，是在概念系统的基础上构造出来的逻辑上可行的系统。

（1）实体系统也叫物理系统，是最具体的系统。它是完全确定的系统，其组成部分是完全确定的存在物。如果是计算机系统，那么机器是什么型号，用多少终端，放在什么位置，使用什么操作系统等，应当完全确定。这时系统已经完全能实现，所以又称为实在系统。

（2）概念系统是最抽象的系统，它是人们根据系统工程的目标和以往的知识初步构思出的系统雏形，是人们对于研究对象的认识的反应。它在各方面都不很完善，有许多地方很含糊，也有可能不能实现，但是它表述了系统的主要特征，描绘了系统的大致轮廓，从根本上决定了系统的成败。

（3）逻辑系统是在概念系统的基础上构造出的原理上行得通的系统，它考虑到总体的合理性、结构的合理性和实现的可能性。它确信，现在的设备一定能实现该系统所规定的要求，但没有给出实现的具体元件，所以逻辑系统是摆脱了具体化实现细节的合理化的系统。

这样划分系统，帮助我们在构造系统的时候从概念上由浅入深，分阶段的完成。研制信息系统的过程，是一个"具体—抽象—具体"的过程。通过对现系统的初步调查，明确新系统的目标和功能框架，构造的是概念系统或称为概念模型。

此外，还可以按照系统的规模将系统分为小型系统、中型系统、大型系统和巨型系统；按照系统与环境的关系可以将系统分为开放系统和封闭系统；按照系统的功能可以把系统分为社会系统、经济系统、军事系统等。

四、信息系统

任何时候、任何组织都有信息系统的存在，人类在很早以前就开始利用手工方法、工具获得信息。利用口头语言和纸介质的文件等方法传递信息，构成早期的信息系统。

信息系统（Information System，IS）就是输入数据经过加工处理后输出信息的系统，如图 1-3 所示。输入数据，捕获或收集原始数据的活动。处理数据，将原始输入的数据转换或变换为有用的输出。输出信息，生成有用的信息。

图 1-3 数据、信息和信息系统的关系

通过信息系统，可以从中得到有意义的、有用的某种形式的信息。而数据在其被加工成为有用的信息形式之前，只是一种对组织或物理环境中所发生事件的原始事实的描述。所以说，信息系统输入的是数据，经过加工处理后输出多种形式的有用信息。

第二节 管理信息系统

管理信息系统是一门综合管理科学、信息科学、系统科学、行为科学、计算机科学和通信技术的边缘性学科。随着各种技术特别是信息技术的迅猛发展,管理信息系统也得到了进一步的发展,管理信息系统的概念逐步得到了充实和完善。

一、管理信息系统的发展

管理信息系统经历了由单机到网络,由低级到高级,由电子数据处理到管理信息系统、再到决策支持系统,由数据处理到智能处理的过程。这个发展过程大致经历了以下几个阶段。

1. 电子数据处理(EDP)阶段

1954年,美国通用电器公司首先使用计算机进行工资和成本会计核算,标志着最原始的电子数据处理(Electronic Data Processing,EDP)的诞生。从发展阶段来看,电子数据处理阶段可分为单项数据处理和综合数据处理两个阶段:

(1)单项数据处理阶段(20世纪50年代中期到60年代中期)。这是电子数据处理的初级阶段,主要是用计算机部分地代替手工劳动,进行一些简单的单项数据处理工作,例如计算工资、管理库存编制报表等。

(2)综合数据处理阶段(20世纪60年代中期到70年代初期)。这一时期的计算机技术有了很大发展,出现了大容量直接存取的外存储器。此外一台计算机能够带动若干终端,可以对多个过程的有关业务数据进行综合处理。这时各类信息报告系统应运而生。

信息报告系统是管理信息系统的雏形,其特点是按事先规定要求提供各类状态报告。

①生产状态报告。例如,IBM公司生产计算机时,由状态报告系统监视每一个元件生产的进度,它大大加快了计划调度的速度,减少了库存。

②服务状态报告。例如,能反映库存数量的库存状态报告。

③研究状态报告。例如,美国的国家技术信息服务系统能提供技术问题简介、有关研究人员和著作出版等情况。

2. 管理信息系统(MIS)阶段

20世纪70年代初随着数据库技术、网络技术和科学管理方法的发展,计算机在管理上的应用日益广泛,管理信息系统(Management Information System,MIS)逐渐成熟起来。其最大的特点是高度集中,此阶段强调系统功能的集成和完整数据库的使用,将组织中的数据和信息集中起来,进行快速处理,统一使用。随着计算机网络和通信技术的发展,这一阶段的MIS不仅能把组织内部的各级管理联结起来,而且能够克服地理界限,把分散在不同地区的计算机网互联,形成跨地区的各种业务信息系统和管理信息系统。

管理信息系统利用定量化的科学管理方法,通过预测、计划、优化、管理、调节和控制等手段来支持决策。该阶段的发展将电子数据的处理提高到一个新的水平,可以为管理部门服务。

3. 决策支持系统(DSS)阶段

20世纪70年代,西方管理信息系统的发展遇到了很大的挫折。人们发现,耗费大量投资建立起来的计算机系统并没有像人们所期望的那样,大大提高企业管理工作的效率,给企业带来可观的收益。为此,国际上展开MIS失败原因的讨论认为,早期MIS不是不能提供信息,而是提供了大量的无用信息,这些信息并非经理决策所需。当时,美国的Michael S. Scott Marten在《管理决策系统》一书中首次提出了"决策支持系统"(Decision Support Systems,DSS)的概念。决策支持系统不同于传统的管理信息系统。早期的MIS主要为管理者提供预定的报告,而DSS则是在人和计算机交互的过程中帮助决策者探索可能的方案,为管理者提供决策所需的信息。

由于支持决策是 MIS 的一项重要内容，因此 DSS 无疑是 MIS 重要组成部分；同时，DSS 以 MIS 管理的信息为基础，是 MIS 功能上的延伸。从这个意义上，可以认为 DSS 是 MIS 发展的新阶段，而 DSS 是把数据库处理与经济管理数学模型的优化计算结合起来，具有管理、辅助决策和预测功能的管理信息系统。

综上所述，EDP、MIS 和 DSS 各自代表了信息系统发展过程中的某一阶段，但至今它们仍各自不断地发展着，而且是相互交叉的关系。EDP 是面向业务的信息系统，MIS 是面向管理的信息系统，DSS 则是面向决策的信息系统。DSS 在组织中可以是一个独立的系统，也可以作为 MIS 的一个高层子系统而存在。

我国管理信息系统从 20 世纪 70 年代末至 80 年代初开始研究，经过 20 多年的发展，中国的 MIS 有了很大的进步，发展过程大致可以划分为如下几个阶段。

(1) 单项财务核算阶段。早期的应用是 20 世纪 80 年代基于 DOS 平台的单项核算财务软件，主要用于工资核算。当时计算机在机房操作，人们定期将数据送入机房，进行集中批处理，由计算机定期打印各类报表。很明显，这种应用方式占用较多人力，而且计算机的效率不能充分发挥作用。面对要求迅速处理的大量业务数据，与手工操作相比，计算机已显示出其优越性。

(2) 综合数据处理阶段。随着计算机的发展，20 世纪 90 年代出现了局域网，管理软件的应用范围由单项的财务核算发展到整个财务核算，包括账务、工资、成本、材料、报表等，系统内部的基本数据、各个单项事务可以实现一定程度的共享，综合地利用计算机处理一组相互关联的单项事务。

(3) 财务管理阶段。20 世纪 90 年代中期，利用核算型财务软件产生的数据进行财务统计、查询，产生了包括全面核算财务的管理型财务软件。去掉不必要的重复性工作，减少数据间的不一致性，实现系统的统一管理。

(4) 企业资源计划（ERP）阶段。随着全球经济的一体化，仅仅实现财务管理信息化已经不能满足企业管理的需要，必须对企业的所有资源进行管理，因此 20 世纪 90 年代末期通过改进企业的管理进程和模式。使企业的流程更加科学，效率更高的企业资源计划软件，企业资源计划（Enterprise Resource Planning，ERP）在国外面世并被引入我国。

随着互联网的发展，企业的竞争已不再是一个企业与一个企业之间的竞争，而是企业供需链之间的竞争。因此，企业必须加强对供需链上合作伙伴的管理，降低成本，实现利润最大化。于是，继 ERP 之后基于供需链管理的 SCM（Supply Chain Management，SCM）产生了，为了提升客户的忠诚度，提供个性化的服务，又产生了客户关系管理（Customer Relationship Management，CRM）。企业信息管理已经发展到了在企业内部通过 ERP 进行全面资源管理，企业外部建立完善的电子商务环境，通过建立供需链管理系统和客户关系管理系统提升企业的竞争力。

随着技术的发展和企业外部环境竞争的加剧，企业管理信息系统将朝着协同商务的方向发展，也就是供需链上所有的单位，包括供应商、制造商、分销商、运输商、产品开发商、应用服务提供商等合作伙伴都按照客户或市场的需求，步调一致地共同开展业务活动，保证产品和服务能够保质、保量、按时地交互到客户手中。企业管理信息系统发展的一个新的时代又将到来。

二、管理信息系统的概念和功能

（一）管理信息系统的定义

管理信息系统是20世纪80年代才逐渐形成的一门新学科，至今没有统一的定义。人们从不同角度出发给出了不同的定义，具有代表性的定义有：

（1）1985年，管理信息系统的创始人——明尼苏达大学卡尔森管理学院的著名教授高登·戴维斯给管理信息系统下了一个比较完整的定义：它是一个利用计算机硬件和软件，手工作业，分析、计划、控制和决策的模型以及数据库的人机系统。它能提供信息，支持企业或组织的运行、管理和决策功能。

（2）"管理信息系统"一词在中国出现于20世纪70年代末80年代初，《中国企业管理百科全书》给出的定义为：管理信息系统是一个由人、计算机等组成的能进行信息的收集、传递、储存、加工、维护和使用的系统。管理信息系统能实测企业的各种运行情况；利用过去的数据预测未来；从企业全局出发辅助企业进行决策；利用信息控制企业的行为；帮助企业实现其规划目标。

（3）管理信息系统在朱镕基主编的《管理现代化》中的定义是：管理信息系统是一个由人、机械（计算机等）组成的系统。它从全局出发辅助企业进行决策，它利用过去的数据预测未来，它实测企业的各种功能情况，它利用信息控制企业行为，以期达到企业的长远目标。

（4）有学者认为，不能把信息系统仅仅看做是一个能对管理者提供帮助的基于计算机的人机系统，而应把它看做一个社会技术系统，将信息系统放在组织与社会这个大背景去考察，并把考察的重点从科学理论转向社会实践，从技术方法转向使用这些技术的组织与人，从系统本身转向系统与组织、环境的交互作用。

人们对管理信息系统的认识是一个不断提高和完善的过程。黄梯云教授认为把上述（2）、（4）两条定义结合起来就可以比较全面地认识管理信息系统。我们对薛华成教授给管理信息系统下的定义比较认同，即管理信息系统是一个以人为主导，利用计算机硬件、软件、网络通信设备以及其他办公设备，进行信息的收集、传输、加工、储存、更新和维护，以企业战略竞优、提高效益和效率为目的，支持企业高层决策、中层控制、基层运作的集成化的人机系统。

近年来，人们逐渐用信息系统代替管理信息系统。其实，国内一般认为两者的概念范围是不同的，信息系统的概念范围比较大；而国外一般认为两者是同义词。在国内由于电子技术专业抢先用了信息系统这一名词，信息系统主要侧重于硬件和软件技术，是和管理信息系统不同的专业，所以在国内不能简单地认为信息系统就是管理信息系统。本书中所指的信息系统，也就是管理信息系统。

在本书中，我们把管理信息系统定义为一个由人、计算机等组成的能进行管理信息收集、传递、存储、加工、维护和使用的系统。管理信息系统能实测企业的各种运行情况，利用过去的数据预测未来，从全局出发辅助企业进行决策，利用信息控制企业的行为，帮助企业实现其规划目标。明确人们对管理信息系统的认识是一个不断提高和完善的过程，随着企业信息化的深入，其概念也在不断拓展和深化。

显然，通过这个定义，可以明确地看到：①管理信息系统是一个以计算机技术为基础的人机系统，它把一个组织看做一个统一的系统，管理信息系统是对这个系统服务的信息处理系统。②它是一个辅助性的、管理决策的支持系统，通过提供信息为各级部门、各级领导者提供管理决策服务,因此它是一个服务系统。③完全实现全系统的信息共享。④通过计算机系统,建立起一个全面的、统一的信息处理系统,以人为主导,以信息技术为基础,将信息流联系起来,对信息进行收集、传输、存储、加工、更新和维护,产生管理者所需要的信息,改善协同合作、效率与决策制定,协助企业管理资源并获利的信息处理系统。

现代信息系统一般是以计算机为基础的信息系统,计算机信息系统是依靠计算机软硬件和相关技术处理信息和传播信息的。若无特殊说明,本书内容中的信息系统均指管理信息系统。

(二) 管理信息系统的功能

为了满足用户的信息需求,管理信息系统需要完成大量的信息处理工作,其基本功能概括起来有以下八个方面。

1. 信息采集

任何信息系统都必须要有实际的信息内容。信息系统的第一步工作就是从信息源中采集信息,根据信息源的不同,可以把信息收集工作分为原始信息收集和二次信息收集两部分。信息采集时把分布在各地、各部门的有关信息收集起来,并转化成信息系统所需的形式。信息采集有许多方式和手段。例如,人工录入、网络获取、传感器自动采集等。

2. 信息传输

信息系统在收集信息的过程中,信息传输的功能也是必不可少的。信息系统越大,地理分布越广,这个功能的重要性就越大。信息传输是指从采集点采集到的信息要传送到处理中心,经过加工后的信息要送到使用者手中或存储起来。

管理信息系统为之服务的企业或组织在地理上可以分成两种情况:分散结构或集中结构。目前在管理信息系统中采用了各种新的通信技术。随着计算机等通信技术的发展,信息的传输由以前的单一的传输方式变为现在的多种传输方式,例如,人们可以根据自己企业或部门以及安全级别等的需要来选择以下几种方式:电子邮件、网页传输、专用的文件传输方式等。

3. 信息存储

信息系统如果没有信息存储的功能,就无法克服时间与空间的限制,发挥其提供信息、帮助管理和支持决策的作用。信息存储是指信息系统对采集的信息,经过加工后形成对管理有用的信息所进行的存储保管。

管理信息系统要对系统内的信息进行存储保管。根据数据的内在结构和管理信息系统的各种应用程序的要求,信息的存储主要有物理存储和信息的逻辑组织两个问题。物理存储是指将信息存储在适当的介质上,例如纸张或表格、微缩胶片、磁带、磁盘、光盘等。信息的逻辑组织是指按信息的逻辑内在联系和使用方式,把大批的数据组织成合理的结构,从而提高寻找信息的速度,一般依靠数据库技术。

4. 信息处理

一般来说,在信息系统中需要对已经收集到的信息进行某些处理和加工,以便得到更加符合用户需要、方便用户使用或更能反映本质的信息。信息处理的含义包括信息的排序、分类、归并、查询、统计、预测、模拟、仿真以及各种处理方式。对信息的加工处理是信息系统的核心功能。

5. 信息检索

大量的信息存储在各种介质上,应该方便用户的查询,这种信息查询方法应该让使用者感到简便,容易掌握且响应时间尽可能满足要求。信息检索一般要运用数据库技术和方法,在开发一个管理信息系统时,应该对它们的功能、使用方法、环境等进行调查,选择最合适的数据库软件。目前在管理信息系统的开发领域,信息的检索已经属于计算机科学的范畴,我们的主要工作是设计管理信息系统的数据结构,通过这一结构能够方便地查询、检索所需要的数据。数据库组织方式和检索方法决定了检索速度的快慢。

6. 信息管理

在一个信息系统中要处理和运行大量的信息,对于这些信息,不能盲目地采集和存储,必须加以管理。

信息管理的主要内容有:规定好应采集数据的种类、名称、代码、地点、所用设备、数据格式、采集时间、送到何处;规定好存储数据的存储介质、逻辑组织形式、访问权限;规定数据的保存时间、数据传输方式等。

7. 信息输出

信息系统要实现系统的价值,就必须具备向信息的使用者提供信息的手段或机制。信息的输出就是系统向信息的使用者提供信息的手段,即信息系统与使用者的接口或界面。信息的输出应该根据用户的需要情况而定。

三、管理信息系统的结构

对于管理信息系统结构的划分有多种方式,从总体上看,管理信息系统可以看成是由如图1-4所示的应用系统、计算机系统、通信与网络系统、数据库系统、用户和系统管理人员六个部分有机地构成。

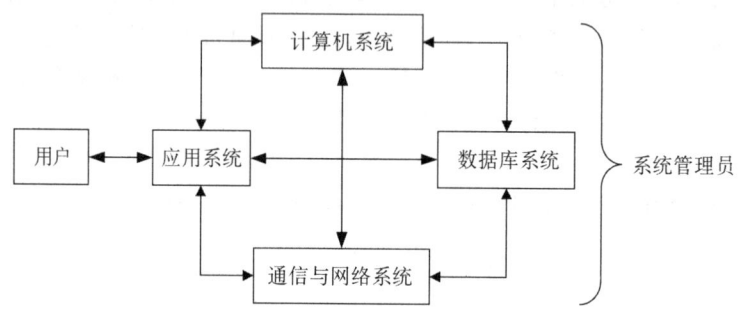

图1-4 管理信息系统的一般结构

(一)应用系统

管理信息系统应用系统是管理信息系统的核心和实质性构件,是管理信息系统的重要部分,也是它区别于其他计算机系统的关键,由一系列实现管理职能和支持管理职能的软件模块(部分、子系统)组成的,一般安装于应用服务器或客户端计算机。人们平时所说的应用系统实际上指的就是需要开发或购置的、在计算机上使用的信息系统。例如,用友财务软件、图书管理系统、教务管理系统等。

应用系统一般有两个主要来源:一是根据组织的具体情况与需求做专门的开发;二是从软件供应商那里购买软件包。

(二)计算机系统

计算机系统是管理信息系统的工具构件,负责具体解释和执行应用系统的程序指令。计算机系统的构成主要包括计算机硬件和系统软件,大多通过购置方式获得。

一个完整的计算机系统广义上是由硬件、软件和用户三部分组成。硬件是指构成计算机系统的物理设备的总称。软件是程序及有关文档的总称。用户是计算机系统的重要组成部分，也是管理信息系统的重要组成部分，无论是系统建设还是系统维护都离不开人。而狭义的理解则包括计算机硬件系统和软件系统两大部分，如图1-5所示。本节主要从狭义的理解对计算机系统进行介绍。

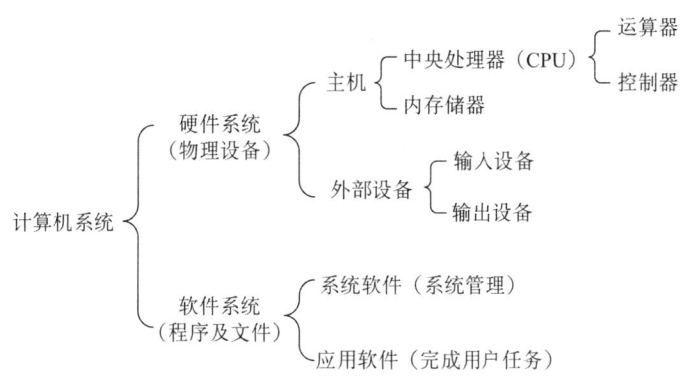

图1-5 计算机系统组成

1. 计算机硬件系统的组成

硬件是计算机系统中的物理组成部分，即人们可以看见、可以接触到的部分，计算机系统中的其他内容均基于硬件之上。

现代计算机硬件系统主要由五部分组成：运算器、控制器、存储器、输入设备和输出设备。如图1-6所示。

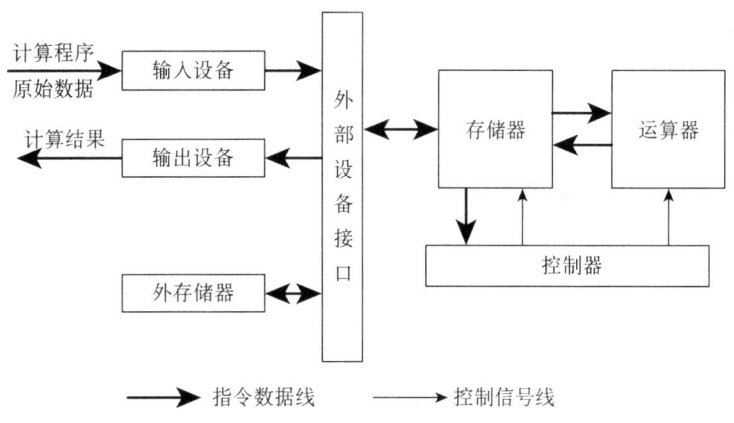

图1-6 计算机基本组成

（1）运算器。运算器是计算机的主要功能部件之一，是计算机对数据进行加工处理的装置。其主要功能是完成二进制数的算术运算和逻辑运算。运算器中的数据取自内存，运算结果送至内存，其运行由控制器统一控制。

（2）控制器。控制器是指挥和协调计算机各部件有条不紊地工作的计算机核心部件。计算机的执行过程，就是控制器分析指令、执行指令的过程。

运算器和控制器是中央处理器（Central Processing Unit，CPU）的主要组成部分，中央处理器是计算机最主要的部件，负责处理信息（如文件、声音、图像），指挥整个系统的运作，它决定了整个系统的性能，相当于人的大脑。

（3）存储器。存储器的功能是存储信息。按照存储器所处的位置，可将它分为内存和外存两种。

内存也叫主存储器，简称主存。它设在主机内或主机板上，用于存储 CPU 将要处理的数据和将要执行的指令，以便向中央处理机高速提供信息，内存可以看做是中央处理器的工作空间。存取速度快，容量有限，断电后信息丢失。

外存也叫辅助存储器，简称辅存。它设在主机外部，用来存放当前不参加运行的大量信息，在需要时，可把需要的信息调到内存。相对内存而言，其容量大、速度低、价格便宜以及数据非易失。常见的辅存，例如磁盘、磁带、光盘等。

（4）输入设备。输入设备的功能是将预先编制好的程序和数据通过输入设备输入到计算机中，并将输入信息变换为二进制形式存入存储器中，以备使用。常见的输入设备，例如：键盘、鼠标、扫描仪（条形码读入器、光字符读入器、词性墨水识别器、卡片识读器等）、视频输入、数字化仪等。

（5）输出设备。输出设备的功能是将计算机处理的结果及文字信息，通过输出设备转化为人或其他设备能够接受或识别的形式。常见的输出设备，如显示器（CRT、LCD）、打印机、绘图仪等。

2. 计算机软件

计算机系统硬件构成了计算机本身作业和用户作业赖以活动的物质基础，若没有计算机软件支持的硬件，仅仅是集成电路芯片，电路板和其他电子元件的组合体，通常被称为"裸机"，不能进行数据处理。计算机只能按照指令执行，计算机指令的集合称为程序，程序和相应的文档构成了计算机软件。在信息系统中，计算机通过软件接收输入的数据并进行处理，将转换成所需的信息输出给用户。

硬件资源作用的发挥依赖于软件，软件分为系统软件和应用软件两大类。系统软件主要依赖于计算机系统的制造商及计算机的类型。用户主要使用应用软件，但应用软件必须通过系统软件起作用。因此，对于用户来讲，这两类软件同等重要，如图 1-7 所示。

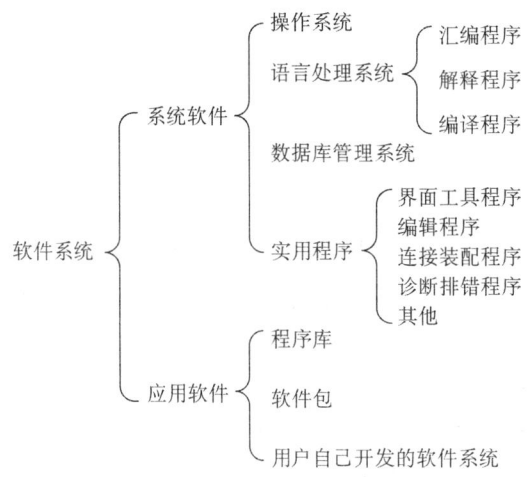

图 1-7　软件系统结构图

(三) 数据库系统

数据库系统是存储、管理、提供与维护系统数据或信息的基础性构件，一般安装在数据库服务器上。一个数据库系统（Database System，DS）可分为数据库与数据管理系统两个部分。数据库是一组经过计算机整理后的数据，存储在一个或多个文件中，而管理这个数据库的软件就称之为数据库管理系统。数据库管理系统需购置，不同档次的费用差别很大。组织的数据或信息是重要的共享资源，因此数据库的数据在结构上、组织上必须统一规划设计。

1. 数据模型

数据模型是按计算机系统的观点对数据建模，主要用于数据库管理系统的实现。目前，数据库领域中最常用的数据模型有四种，它们是层次模型、网状模型、关系模型、面向对象模型，其中层次模型和网状模型统称为非关系模型。

关系模型是目前最重要的一种数据模型。这种模型数据组织直观，查询方便，能够在数据之间建立各种关系满足一些特殊的查询，并且设计、维护简单。当前广泛应用的数据库管理系统几乎都是支持关系模型的，被称为关系数据库管理系统（Relational Database Management System，RDBMS）。

2. 数据库

数据库（Database，DB）是按照数据结构来组织、存储和管理数据的仓库。数据库最主要的作用就是对众多的业务系统提供数据支撑。在组织管理的日常工作中，常常需要把某些相关的数据放进这样的"仓库"，并根据管理的需要进行相应的处理。例如，人事部门常常要把单位职工的基本情况（职工号、姓名、年龄、性别、籍贯、工资、简历等）存放在表中，这张表就可以看成是一个数据库。有了这个"数据仓库"就可以根据需要随时查询某职工的基本情况，也可以查询工资在某个范围内的职工人数等。此外，在财务管理、仓库物流管理、生产管理，售后中也需要建立众多的这种"数据库"，使其可以利用计算机实现人事、财务、生产、仓库、物流、售后的自动化管理。

3. 数据库管理系统

数据库管理系统（Database Management System，DBMS）是数据库系统的一个重要组成部分，是位于用户与操作系统之间的一层数据管理软件。它的主要任务是科学地组织和存储数据，高效地获取和维护数据。

目前流行的数据库管理系统有许多种，常见的有文件、小型桌面数据库、大型商业数据库、开源数据库、Java 数据库和国产数据库。文件多以文本字符型方式出现，用来保存论文、公文和电子书等；Microsoft Access 为目前流行的运行在 Windows 操作系统下的小型桌面数据库，适合于初学者学习和数据采集用；以 Oracle 为代表的大型关系数据库，更适合大型中央集中式数据管理场合；MySQL 属于开源数据库，在网站建设中应用较广；跨平台的 Java 数据库目前已经出现；我国国产自主版权数据库也在不断发展。

不管是哪种数据库都起到存储及组织数据的作用，并借助于数据库管理系统，以它为中介，与各种应用程序或应用系统接口，所以它们不从具体的应用程序出发，而是立足于数据本身的管理。通过由应用程序进行的页面对数据库中的数据整合后进行分析处理。所以程序坏了可以重做，但数据库中的数据却不能丢失，否则会给组织造成不可弥补的损失。

随着应用系统的运行，数据会逐步积累，针对组织数据资源的开发和利用问题，近年又推出数据仓库的概念和实用系统。一般采用预定周期转存的方式，把数据库中积累的数据转存到数据仓库,然后对数据仓库中的数据加以开发和利用。目前,数据挖掘等技术主要用于数据仓库。由于数据仓库投资较大,技术复杂,需要一定规模的数据量才能获得有效的开发和利用。

(四) 通信与网络系统

通信与网络系统是企业信息化的基础设施,两者与计算机系统结合构成计算机网络系统。建立计算机网络的主要目的在于实现资源共享。资源共享是指所有网络用户能够分享各计算机系统的全部或部分资源,包括硬件资源、软件资源和数据资源。

企业一般以租用公用通信线路的方式连接分布于异地的计算机,以构建自己的企业内部网(Intranet),或者与供应商和客户的计算机系统连接则能构建合作伙伴之间的企业外部网(Extranet),以此来开展商务活动。通信线路与互联网的接入方式有多种选择,比较常见的有数字数据通信网络(DDN)、综合业务数字网(ISDN)、非对称数字服务网(ADSL)等。

这些结构描述了客户端计算机、数据库服务器和应用服务器之间的关系。除此之外,对跨地区的计算机网络系统还配有 Web 服务器、邮件服务器、防火墙等安全控制服务器。一种常见的企业计算机网络系统,如图 1-8 所示。

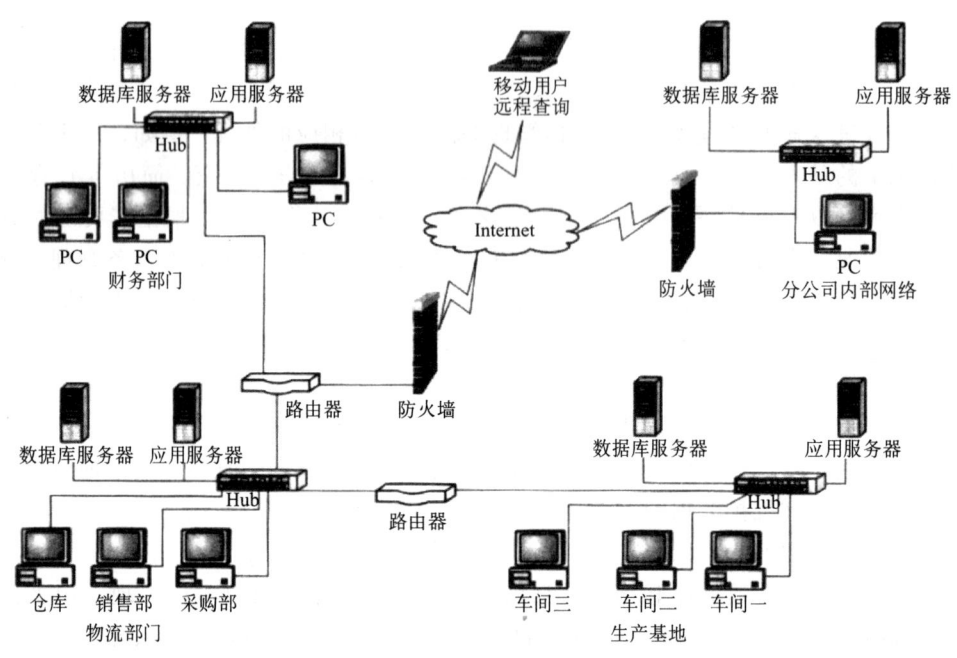

图 1-8 某企业内部网络系统

1. 网络的拓扑结构

目前,主要的网络拓扑有总线型、环型、星型和树型四种,如图 1-8 所示。

所谓的网络拓扑结构是指网络上各个节点的物理链路布局,又称计算机物理结构。这里的节点是指网络中起到信息转换(例如集线器、交换中心等)或信息访问作用的设备(例如微机、终端等);链路指的是两个节点间的通信线路。

(1)总线型网络结构是一种属于广播方式的拓扑结构,即只有一个与所有节点相连的通信线路,如图 1-9 所示。任何瞬间仅有一台机器是主机,可以发送信息。这种结构简单、易于安装且价格低廉,是最常用的局域网拓扑结构之一。其优点:节点的插入或拆卸非常方便,易于网络的扩充。缺点:可靠性不高,如果总线出了问题,则整个网络都不能工作,且网络中断后查找故障点较难。

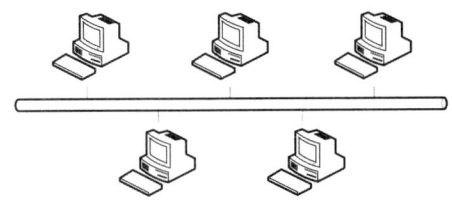

图1-9　总线型网络拓扑结构

(2)环型网络结构是将各个计算机与公共的缆线连接,缆线的两端连接起来形成一个封闭的环,数据包在环路上以固定方向逐站传送,如图1-10所示。其优点:结构简单,控制简便,结构对称性好。缺点:环中每个节点与连接节点之间的通信线路都会转为网络可靠性的瓶颈,环中任何一个节点出现线路故障,都可能造成网络瘫痪,环中节点的加入和撤出过程都比较复杂。

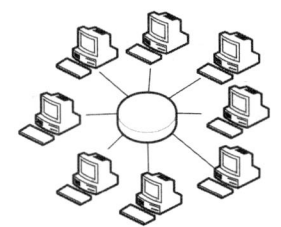

图1-10　总线型网络拓扑结构

(3)星型网络结构由一中心点,例如集线器和计算机连接成网。集线器是网络的中央布线中心,各计算机通过集线器与其他计算机通信,星型网络又称为集中式网络,如图1-11所示。其优点:结构简单,易于实现,便于管理。缺点:网络的中心节点是全网可靠性的瓶颈,中心节点的故障将造成全网瘫痪。

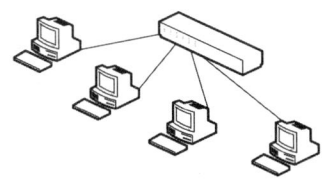

图1-11　总线型网络拓扑结构

(4)树型网络结构有多个中心节点,各个中心节点均能处理业务,但最上面的主节点有统管整个网络的能力,如图1-12所示。其优点:通信线路连接简单,网络管理软件也不复杂,维护方便。缺点:可靠性不高,如中心节点出现故障,则与中心节点连接的节点均不能工作。

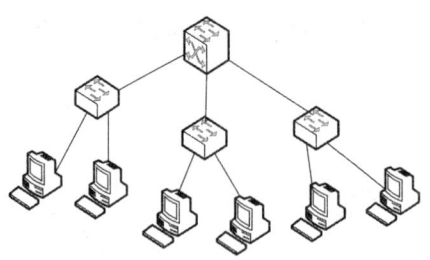

图1-12 总线型网络拓扑结构

（5）网状结构是各节点通过传输线互相连接起来，并且每一个节点至少与其他两个节点相连，是广域网中的基本拓扑结构，不常用于局域网，如图1-13所示。其优点：两个节点间存在多条传输通道，有较高的可靠性。缺点：结构复杂，实现起来费用较高，不易管理和维护。

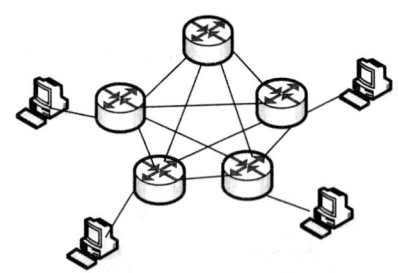

图1-13 网络拓扑结构

2. 计算机网络协议

网络协议（Protocol）是计算机网络中进行数据交换而建立的规则、标准或约定的集合。例如，网络中一个微机用户和一个大型主机的操作员进行通信，由于这两个数据终端所用字符集不同，因此操作员所输入的命令彼此不认识。为了进行通信，规定每个终端都要将各自字符集中的字符先变换为标准字符集的字符后，才进入网络传送，到达目的终端之后，再交换为这一终端字符集的字符。当然，对于不相容终端，除了需要变换字符集字符外，其他特性，如显示格式、行长、行数、屏幕滚动方式等也需要作相应的变换。

一个网络协议至少包括三要素，即：①语法，用来规定信息格式、数据及控制信息的格式、编码及信号电平等；②语义，用来说明通信双方应当怎么做，协调与差错处理的控制信息；③时序，详细说明事件的先后顺序、速度匹配和排序等。

由于网络节点之间联系的复杂性，在制订协议时，通常把复杂成分分解成一些简单成分，然后再将它们复合起来。最常用的复合技术就是层次方式。在层次方式中，结构中的每一层都规定有明确的用户及接口标准，通常把用户的应用程序作为最高层。除了最高层外，中间的每一层都向上一层提供服务，同时又是下一层的用户。物理通信线路是协议中的最低层，它使用从最高层传送来的参数，是提供服务的基础。

各个层次上的各种协议共同组成了网络的体系结构，用以支撑复杂的网络应用。例如，在数据收发和网络管理的层次上，主要有IP协议、ICMP协议、ARP协议、RARP协议等；在传输控制的层次上，主要有TCP协议、UDP协议等；在应用的层次上，则有FTP、Telnet、SMTP、HTTP、RIP、NFS、DNS 等大量的协议。

3. 计算机网络的工作模式

目前，网络系统运行模式主要有客户/服务器（Client/Server，C/S）模式和浏览器/服务器（Brower/Server，B/S）模式。一般来说，在局域网环境下，网络系统运行模式可选择 C/S 模式；在 Internet 环境下，网络系统运行模式可选择 B/S 模式。B/S 模式已成为目前信息系统运行模式的首选。网络系统运行模式的选择决定着程序设计方法和程序设计开发工具。

（1）文件服务器/工作站。在 20 世纪 60 到 80 年代，网络应用主要是集中式的，采用主机—终端模式，数据处理和数据库应用全部集中在主机上，终端没有处理能力，这样，当终端用户增多时，主机负担过重，处理性能显著下降，造成"主机瓶颈"。20 世纪 80 年代以后，文件服务器/工作站结构的微机网络开始流行起来，这种结构把 DBMS 安装在文件服务器上，而数据处理和应用程序分布在工作站上，文件服务器仅提供对数据的共享访问和文件管理，没有协同处理能力。这种方式可充分发挥工作站的处理能力，但网络负担较重，严重时会造成"传输瓶颈"。

（2）客户/服务器。C/S 模式是 20 世纪 80 年代产生的应用模式，这种模式把 DBMS 安装在数据库服务器上，数据处理可以从应用程序中分离出来，形成前后台任务。客户机运行应用程序，完成屏幕交互和输入、输出等前台任务，一般用户只和客户机打交道；服务器则运行 DBMS，完成大量的数据处理及存储管理等后台任务（图 1-14）。由于共享能力和前台的自治能力，后台处理的数据不需要在前后台间频繁传输，从而有效解决了文件服务器/工作站模式下的"传输瓶颈"问题。

C/S 架构的优点如下：

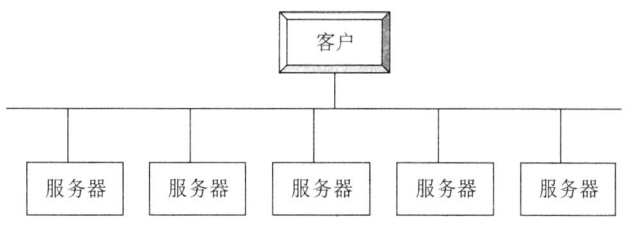

图 1-14 客户机/服务器模式示意图

①由于客户端实现与服务器的直接相连，没有中间环节，因此响应速度较快；②安全性能容易保证，实现多层认证也不难；③C/S 架构的界面和操作可以很丰富；④C/S 结构的管理信息系统具有较强的事务处理能力，能实现复杂的业务流程。缺点：①适用面窄，通常用于局域网；②用户群固定，需要专门的客户端安装程序，分布功能弱，针对点多面广且不具备网络条件的用户群体，不能够实现快速部署安装和配置；③开发成本较高，需要具有一定专业水准的技术人员才能完成；④兼容性差，对于不同的开发工具，具有较大的局限性，若采用不同工具，需要重新改写程序；⑤维护成本高，发生一次升级，则所有客户端的程序都需要改变。

（3）浏览器/服务器。B/S 结构是随着 Internet 技术的兴起，对 C/S 结构的一种变化或者改进的结构。在这种结构下，用户界面完全通过 WWW 浏览器实现，一部分事务逻辑在前端实现，但是主要事务逻辑在服务器端实现，形成 3-tier 结构。B/S 结构主要是利用了不断成熟的 WWW 浏览器技术，结合浏览器的多种 Script 语言（VBScript、JavaScript 等）和 ActiveX 技术，用通用浏览器实现了原来需要复杂专用软件才能实现的强大功能，并节约了开发成本，是一种全新的软件系统构造技术（图 1 - 15）。随着 Windows98/Windows2000 将浏览器技术植入操作系统内部，这种结构更成为当今应用软件的首选体系结构。

其优点：①客户端无需安装，有 WEB 浏览器即可，可以随时随地进行查询、浏览等业务处理；②业务扩展简单方便，通过增加网页即可增加服务器功能；③维护简单方便，无须升级多个客户端，只需升级服务器即可，即可实现所有用户的同步更新。缺点：①个性化特点明显降低，无法实现具有个性化的功能要求；②在跨浏览器上，B/S 结构不尽如人意；③在速度和安全性上需要花费巨大的设计成本，这是 B/S 最大的问题；④响应速度不及 C/S 结构，随着 AJAX 技术的发展，相比传统 B/S 结构速度有所提升。

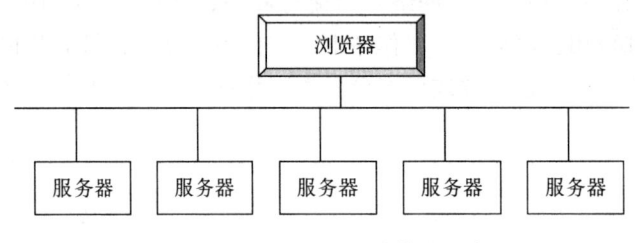

图 1 - 15　浏览器/服务器模式示意图

4. 企业的内部网与企业外部网

组织可以使用 Internet 的网络协议和网络技术创建企业的专用网，这种专用网也称企业内部网（Intranet）。如果把企业内部网扩展到外界客户、供应商、商业合作伙伴等授权使用者，就构成了企业外部网（Extranet）。

（1）Intranet。Intranet 是利用 Internet 技术建立起来的企业内部信息网络，Intranet 的内部信息分成两类：一类是企业内部的保密信息，不允许任何外部用户访问；另一类是向社会公众公开的企业产品广告信息，希望广大用户尽可能多地访问。防火墙是用来解决 Intranet 与 Internet 互联安全性的重要手段。

Intranet 的核心技术是 Web 技术。它为用户提供了友好、统一的浏览器界面，用户访问 Internet 与 Intranet 中不同的信息系统时，不需要预先进行专门的培训。Intranet 使用了 Internet 提供的各种服务功能，可以方便地与内、外部网络用户通信，实现信件发送、资料查询、软件共享等功能。这些为最终实现企业的办公自动化与无纸化办公创造了有利条件。

（2）Extranet。在经济全球化环境下，不仅要求企业信息网络对内高效运作，而且要求能够与贸易合作伙伴共享企业信息，保持密切的联系。Extranet 弥补了 Intranet 在与外界联系方面的不足，成为 Intranet 的新发展。

Extranet 又称外连网，它往往被看作是企业网的一部分，是现有 Intranet 向外的延伸。它是一个使用公共通信设施和 Internet 技术的私有网，也是一个能够使其客户和其他相关企业（如银行、贸易合作伙伴、运输行业等）相连，以完成共同目标的交互式合作网络。由于 Extranet 为供需双方提供信息，因此被广泛用于电子商务中。电子商务是在 Internet 下进行的商务活动，其重要技术特征是利用 Web 技术传输和处理商业信息。Extranet 允许部分业务伙伴、供应商、员工、分销商、客户和订约方通过专用网络或虚拟专用网连接到公司网络和服务器开展业务，包括与客户之间的产品和服务购销活动、与合作伙伴和厂家间的数据交换活动等。

(五) 用户和系统管理人员

例如前面所述，管理信息系统是一个人机系统，人包括用户和系统管理人员。用户之所以被包括在系统中，一是因为系统的许多功能要由用户与机器交互运作；二是一些目前还无法由计算机实现的管理和业务工作必须由人来完成，尤其是比较复杂和高度非结构化的决策工作，而这些工作与系统的功能密切关联。将用户纳入管理信息系统也意味着机器不可能完全替代人，用户的经验和能力永远是企业最为重要的资源。系统管理人员负责系统的管理和维护，保证系统的正常运行和适时更新。

现代的企业一般都设有信息管理部门，不同的企业各部门规模大小不等，有些直属于经理领导，有些则从属于某部门，承担管理信息系统的规划、建设、管理和维护等工作。信息管理部门是向企业其他部门提供信息服务的机构，由于掌管着几乎全部的数据和信息资源，在企业中具有重要的地位和作用。信息管理部门设立称为 CIO 的信息主管职位，全面负责企业的 IT 应用和信息管理工作。

四、管理信息系统面临的挑战和发展趋势

(一) 面临的挑战

1. 经济全球化的挑战

经济全球化加剧了竞争，使竞争无处不在。现代企业为了提供更好的产品和服务，需要应用信息系统来收集信息。信息技术和管理信息系统已成为所有组织最重要的竞争工具。信息技术的飞跃，正在促使企业管理发生深刻的变化。例如由于信息系统改变了企业的通信状况，可能引起企业重组工作流程，重新分工，重新划分职权，重新进行企业的组织设计，甚至过去的服务地点、时间、办公桌相对位置等，也都可能作出很大的调整。

2. 社会变革的挑战

随着信息时代的到来，信息技术和管理信息系统的发展极大地提高了管理水平，进一步提高了管理质量和管理效率，促进了社会的经济增长。

人们清楚地认识到，管理信息系统不仅是一个技术系统，同时也是一个社会系统。管理信息系统的应用与其应用环境是不可分割的。推进管理信息系统的应用就是推进社会变革。管理信息系统的应用不仅依赖信息技术的复杂性，用户需求的多样性和信息资源的密集性，更重要的是依赖管理制度、管理方法、组织结构等，尤其是人们的思维、传统的习惯对其产生的阻力更大。管理信息系统主要面临以下几个方面的挑战：①如何进一步提高科学管理水平，为管理信息系统的应用创造有利条件；②如何利用信息技术促进组织管理；③如何提高企业文化培养新一代员工，适应信息技术的应用和企业转型的挑战；④政府部门如何制定政策促进信息化建设进程，促进政府部门的信息化即电子政务的发展。

3. 迅速兴起的电子商务的挑战

电子商务是通过互联网实现企业、商户及消费者的各种商务活动。它通过 Internet 技术实现有关商务活动的各类信息流、资金流等的交互。电子商务的核心是信息，管理信息系统则能够有效地管理和使用信息资源。因此管理信息系统不仅是企业实现电子商务的基础，也是其重要的战略资源。

4. 迎接信息社会的挑战

信息社会需要一种新型资源系统和新型的管理人才。在信息社会里的工作者不仅需要学习相关的信息内容，而且还应当把信息技术和专业知识这两者融为一体。管理不能脱离人的价值，不是单纯的技术手段，而是一种植根于特定价值观念系统、习惯与信念之中的文化现象。信息社会应当着力于培养新一代的既懂技术又熟悉管理的新型人才，使信息技术成为他们手中一种得心应手的工具。人是最积极的因素，人的素质和文化水平对信息活动的效率起着决定性的作用，为此，提高企业文化，作好人员选择和培训具有重要的战略意义。

5. 技术方面的挑战

管理信息系统面临的技术挑战主要有以下几个方面：①现代管理信息系统存在多种系统在不同的硬件和软件平台上运行，需要解决数据跨平台运行问题；②多种管理信息系统处在不同的生命周期阶段，存在数据集成和数据交换问题；③多种管理信息系统在网络运行中存在的不稳定和不安全问题；④为适应管理思想的发展、用户需求的变化和多样性建设，需要解决具有可扩展的业务框架和对外接口的标准问题，方便二次开发。

（二）管理信息系统的发展趋势

随着数据库技术、网络技术、管理科学、软件工程、集成电路等科学技术的发展，数据库管理的数据的复杂度和数据量迅速增长；计算机硬件平台的发展；各种科学管理模型的研究及推广，尤其是互联网的出现，极大地改变了管理信息系统的应用环境，向管理信息系统提出了前所未有的技术挑战，传统的管理信息系统必然向现代管理信息系统发展。在这个发展过程中，管理信息系统的发展将会呈现出以下趋势。

1. 向网络化方向发展

过去，管理信息系统分散存在，组织间通过电话和传真交流信息，系统维护费用高，业务流程难以协调一致，管理数据相对分散，没有实现信息共享和网络化集中管理，我们称之为信息孤岛。近年来，随着信息技术的飞速发展和普及，建立基于 Internet 的管理信息系统，成为企业从分散管理向集中管理发展，突破地域限制、提高效率、降低成本、完善服务，这也是目前管理信息系统发展的必然趋势之一。

网络环境下的管理信息系统将更加依赖计算机通信网络对各种信息进行管理，其支持互联网环境下的应用，支持信息系统之间互联互访，实现不同数据库间的数据交换和共享，网络管理信息系统具备处理更大量的数据以及为更多的用户提供服务的能力。计算机网络技术的发展逐渐将各个计算机终端变成一个展示平台，而不是处理中心。当前最热点的云计算机和 B/S 处理方式越来越受到人们的欢迎。用户只要能上网即可应用，而无需在电脑终端安装各种复杂的配置。其典型代表就是电子商务系统。

2. 向集成化方向发展

随着当前系统集成技术的提高，集成技术和方法也逐步运用到管理信息系统中。由于管理信息系统包含多个子系统，因此将这些功能集合在一起以便更好地发挥其作用，这就是集成化的管理信息系统。集成化的管理信息系统将管理信息系统的各个子系统有机结合起来，达到互通信息、共享数据资源的目的，在总体优化的前提下进行局部优化，使 1+1 大于 2，其支撑技术是数据库和计算机网络。

集成管理是一种全新的理念与方法，其核心是强调运用集成的思想和理念指导管理实践，而本质是要素的整合和优势互补。在集成管理运作过程中，首先经历的是一个投入要素的聚集过程，当投入要素积累到一定量时，集成能量便开始发生膨胀裂变，从而使各种单项要素优势催化出更大的整体优势，管理效果也因而急剧放大。集成化趋势，集成化是管理信息系统最显著的特征，集成方向的突出代表是计算机集成制造系统 CIMM 与企业资源管理系统 ERP。

3. 向智能化方向发展

随着人工智能技术的发展和数据仓库、数据挖掘技术在管理信息系统中的应用，管理信息系统必将向着智能化方向发展。管理信息系统的一大作用就是对信息的处理加工。以形成有益于经营决策者经营决策的数据或图表。对数据的自动智能加工是对未来管理信息系统的一大要求，如早期的 CRM 管理软件，只形成数据的录入，而现在普遍的功能是形成月度、季度、年度销售报表及客户分析报表。

智能化的管理信息系统可以进行思维模拟活动，它具有很高的自学习、自组织和进化性，并具有知识创新功能，可以解决非结构化事务，在决策中处于主导地位，是人的向导，在体系上将是大规模分布式计算模式，以基于网络神经元构件的智能网为主。智能化趋势，一直是管理信息系统的目标，管理信息系统的发展将以主动性、自适应性、自组织性、柔性为特征，建立更有利、多样化的管理信息系统模型。智能决策支持系统的理论基础和框架，敏捷制造、虚拟组织都是这一思想的体现。智能方向的代表是决策支持系统和专家系统、神经网络、遗传算法、销售预测分析等。

第三节 组织中常用的信息系统

不同的组织有不同的管理要求，因而也有不同的信息系统，企业的信息系统不同于政府，服务业的信息系统不同于制造业。它们的差别可以很大，因而我们根据信息系统的原则去建设不同组织的信息系统时，一定要从组织的实际出发才能建设好信息系统，使其发挥作用。以下通过对一些系统的介绍，来了解组织信息系统的概念。

一、信息系统的四个层次

由于管理职能的不同以及管理者所处层次的不同，为管理者服务的信息系统的类型也不同。美国信息系统专家肯尼思·劳东（Kenneth C. Laudon）和简·劳东（Jane P. Laudon）将一个组织的管理人员分为四个层次，除了已知道的高层次决策者（例如董事长、总经理等）、中层管理者（例如生产部长、财务部长）及低层管理者（例如车间、班组负责人）外，还有一个层次的管理人员，他们介于中层与低层之间，被称为知识运用层，简称知识层。知识层有两类人员，一类是专业人员，例如工程师、建筑师、经济师或投资分析师，他们为企业开发新产品或新服务项目，为企业创造新财富；另一类是行政管理人员，例如文秘、办事员等，他们的职责是在本部门内部、部门与部门之间、企业与外部环境之间传递信息和协调管理，保证企业信息流的顺畅。因此，这一层次的人员是一个组织不可缺少的重要组成部分，建立为他们服务的信息系统也是十分必要的。

劳东夫妇将一个组织的信息系统分为四个层次六大类，如图 1-16 所示。

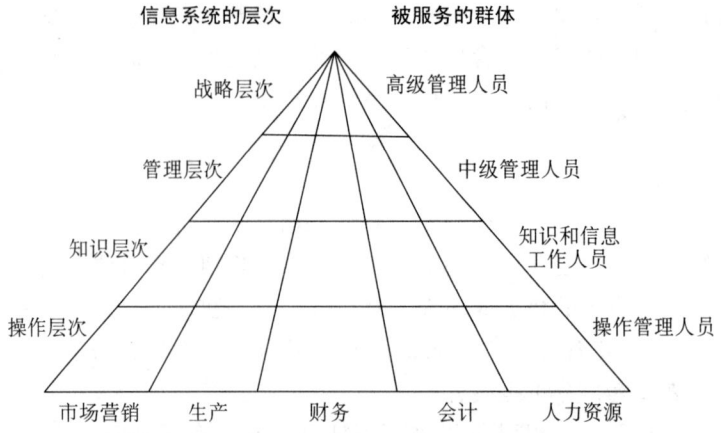

图 1-16 信息系统的层次及类型

可以把四个层次六大类的信息系统分成以下两种：

（1）面向管理业务的系统，分成以下三类系统：①事务处理系统（Transaction Processing Systems，TPS）；②知识工作支持系统（Knowledge Work Support Systems，KWSS）；③办公自动化系统（Office Automation Systems，OAS）。

（2）面向管理决策的系统，分成以下三类系统：①管理信息系统（Management Information Systems，MIS）；②决策支持系统（Decision Support Systems，DSS）；③领导支持系统（Executive Support Systems，ESS）。

上述各类系统所对应的管理层次和主要用户如表 1-2 所示：

表 1-2　　　　　　　　各类管理信息系统的特征

系统类型	工作内容举例	涉及的管理层次	主要使用者
事务处理系统	订单处理、生产统计、工资核算、职工出勤记录等	业务管理	业务人员、基层主管、普通职员
知识工作支持系统	技术设计、文件起草、论文写作、文献检索、问题分析等	业务管理 管理控制	业务人员、中层与基层主管、工程技术人员、专职与兼职教师
办公自动化系统	文件和档案的制作与管理、邮件传送、文字与图像处理	业务管理	文秘人员、普通职员
管理信息系统	生产计划、作业计划、库存控制、财务预算等	管理控制	中、高层管理人员
决策支持系统	成本分析、投资分析、市场预测、价格/利润分析等	管理控制 战略决策	中、高层管理人员
领导支持系统	市场开发计划、产品开发计划、经营战略、人力资源计划等	战略决策	高层管理人员

二、组织中常用的六种重要系统

（一）位于操作层的事务处理系统

事务处理系统是组织中那些完成或者辅助完成组织业务的系统。TPS 是信息系统中的基础系统,它在处理组织业务的同时,收集业务数据,并存放到组织的操作数据库中,为管理信息系统、决策支持系统和人工智能系统以及领导支持系统提供描述组织日常经营情况的数据,服务整个组织。

TPS 是对组织中的基本业务活动进行记录、文档化、修改、归纳等处理的信息系统,事务处理系统的特点是将企业的基本业务活动处理过程计算机化,自动对组织中的日常事务活动进行记录、传送、分类、统计、汇总、修改数据库或输出事务记录等。它向组织的管理信息系统、决策支持系统和其他信息系统及管理工作提供所需要的数据。

TPS 的处理对象是作为企业经营的基础——订货单和票据,具体的处理工作是:将原始的单据录入计算机系统,对订货单据、购货订单和结算单据、收据、工资支付单据、付出账款、收入账款等基本业务活动进行处理并随时更新。这个系统可以全面反映企业日常活动,为更高层次的信息系统提供基础数据并且直接帮助改善业务。

TPS 可以应用在企业的各个职能部门,一些典型的应用类型如表1-3所示。

表1-3　　　　　　　　　　TPS 的应用类型

	销售/市场系统	生产制造系统	财务会计	人力资源系统	其他类型
系统的主要功能	销售管理	日程计划	工资	人事记录	住宿管理
	市场调研	购买原材料计划	应收账	培训	学籍管理
	新产品	发运/收费	应付账		教务管理
	订单处理	质量控制	成本核算		

(二) 位于知识层的知识工作系统和办公自动化系统

知识工作支持系统(Knowledge Worker Support Systems)主要面向组织中的业务管理层和管理控制层,支持工程师、建筑师、科学家、律师、咨询专家等人员的工作,由于这类人员的工作具有知识密集型的特征,他们往往被称为知识工作者。知识工作者的工作主要是创造新的信息和知识,如政策制定、产品创新与设计、公关创意等,这些工作需要信息技术手段的支持,以促进新知识的创造,并将新的知识与技术集成到组织的产品、服务或管理中去。KWSS 要具有强大的数据、图形、图像以及多媒体处理能力,能够在网络化条件下广泛应用多方面信息和情报资源,并为知识工作者提供多方面的知识创造工具和手段。典型的 KWSS 是计算机辅助设计系统(Computer Aided Design System,简称 CAD 系统)、平面设计与制作系统、三维动画系统以及最近发展起来的虚拟现实系统(Virtual Reality System)等,它们在许多企业组织特别是制造企业中得到了十分广泛的应用。

(三) 位于知识层的办公自动化系统

办公自动化系统是指办公人员利用现代科学技术的最新成果,借助先进的办公设备,并由这些设备与办公室人员构成服务于某种目标的人机信息系统,以实现办公活动的科学化、自动化。OAS 的目的是尽可能充分地利用信息资源,提高生产、工作效率和质量,辅助决策,提高管理和决策的科学化水平。OAS 主要面向组织中的业务管理层,对各种类型的文案工作提供支持。

如今办公自动化系统不仅支持办公室个人工作的需求,也支持群体工作的需求。因此,现今的组织不仅广泛使用支持文字处理、电子表格处理以及图形处理等办公软件,如 Microsoft Office，也广泛使用支持群体工作的群件。办公室工作需要群体共同参与完成，需要相互协调地安排日程、召开会议以及交流意见、建议，并共享文档。这些必须相互协调才能完成的工作需要专门软件来支持，这样的软件就称为群件。

（四）位于管理层的管理信息系统

管理信息系统通常能根据事务处理系统提供的数据和信息生成标准的报告。主要对象是组织中的管理控制层，为组织的计划、控制和决策等职能提供规范化的综合信息报告，同时可以检索和查询组织当前运行状态和历史记录信息。相对于事务处理系统来讲，MIS 中的信息具有综合性和周期性的特征，综合性体现在它的信息不是单纯地来源于某一个事务处理系统，而往往是对组织内的各个职能或所有运行环节的信息进行浓缩、汇总和综合，以反映组织内部的综合业务情况；周期性体现为，MIS 并不像事务处理系统那样注重每日每时的实时信息，而是从管理控制目标出发，以周、旬、月、年为周期对组织内部的全面信息进行处理，把握组织的基本运行状况，服务于业务分析和管理控制。例如，总工资成本的汇总报告可以帮助财务总监预测未来的工资成本、生产经理可以据此控制和监督劳工成本。定期销售报告可以帮助营销管理人员控制顾客信用、应收账款、销售代表工作考评、存货水平等管理工作。如果对应商品的存货充足，销售代表就可以满足订单需求。当存货低于某种水平时系统就会生成例外报告。

典型的管理信息系统只面向组织的内部活动，而不面向外部或环境。管理信息系统的数据来源于组织的事务处理系统。管理信息系统的目的是满足管理人员的信息需求，为组织的操作管理层、战术管理层提供反映组织经营状况的信息。对于没有领导支持系统的组织，它也为战略管理层提供信息。典型的管理报告系统有销售统计分析系统、库存控制系统、年度预算系统、投资分析评价系统等。

（五）位于管理层的决策支持系统

决策支持系统也是面向组织的管理控制层和战略决策层，但它侧重于应用模型化的数量分析方法进行数据处理，以支持管理者就半结构化或非结构化的问题进行决策。简单地说，它是在管理信息系统的基础上，结合了计算机技术和信息管理技术最新发展的综合决策辅助系统，是计算机辅助管理的高级阶段。如果从决策依据的方法、工具的变化的角度看，决策支持系统就是以管理学、运筹学、控制论、行为科学和计量经济学等学科的综合为基础，以计算机为工具，根据一定的数学模型对数据进行分析和处理，以对半结构化决策问题进行辅助和咨询的人机系统。它的目的是提高管理决策的质量和效率。

决策支持系统通过建立决策模型，并利用决策模型对数据进行分析从而帮助管理人员找到解决问题的方案。决策支持系统的关键在于决策的有效性。管理信息系统帮助企业"将事情做正确"，而决策支持系统则帮助管理人员"做正确的事情"。

决策支持系统可以支持和辅助各种问题的决策过程。例如，企业要制订新的营销方案，广告投入多少、如何进行广告组合，是保持营销总额且成本最低，还是追求最大的销售额或市场份额。决策支持系统可以帮助提供各种备选方案，并帮助作出最终决定。

（六）位于战略层的领导支持系统

位于战略层的领导支持系统是专门为组织最高层决策者设计的，具有通用的计算能力和通信能力，主要是帮助高层领导从宏观上、战略上管理组织，解决一些不断变化的非结构化问题。ESS 是一个高度交互的管理信息系统，与决策支持系统和人工智能系统的结合，能帮助管理人员识别问题，把握机遇。

领导支持系统是支持组织战略层总经理或执行官的信息系统，可以让战略管理人员从不同的角度浏览信息。它还提供对问题进一步分析的工具，包括电子表格软件和更复杂的决策支持系统和人工智能系统。

组织中各种不同的系统相互依存，TPS 是其他系统所需信息的主要生产者，而其他系统又会顺序地为另外的系统生产信息。这些不同种类的系统在大多数组织中只是松散地连接在一起。

上述六个类型的系统在组织管理中并不是绝对孤立的，而是相互联系，它们的功能界限也并不是十分明确（如图 1-17 所示）。

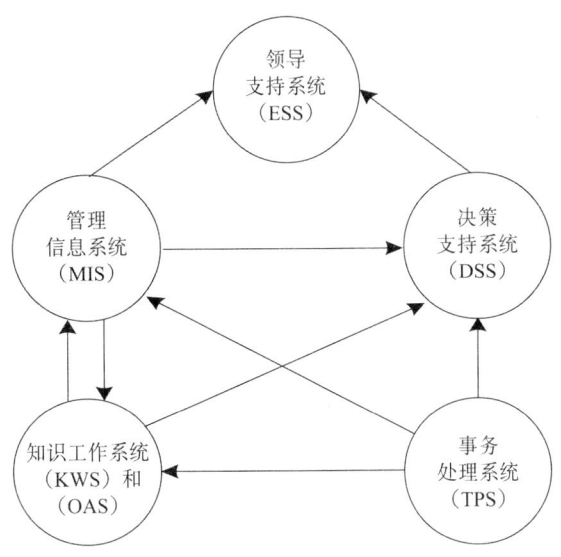

图 1-17 系统之间的关系

三、战略信息系统

经济全球化的浪潮和信息技术的迅速发展，使企业的经营环境发生了巨大变化，企业之间的竞争愈演愈烈。现代企业为了适应这种环境的变化，更多地从竞争的视角出发，寻求更加符合企业战略需求的组织管理模式和信息管理方案，以充分释放企业的增值潜力，提高竞争力来与对手较量。战略信息系统便应运而生。在发达国家众多企业战略信息系统的实际应用已经取得了极大成效，可以认为战略信息系统已不仅仅是一种理论，它对提高企业竞争力，实施企业总体竞争战略起着至关重要的作用，应该引起我国企业的高度重视。

（一）战略信息系统的概念

战略信息系统的研究始于 20 世纪 80 年代中期，美国学者查尔斯·惠兹曼（Charles Wiseman）开创了战略信息系统的研究领域，于 1988 年出版了《战略信息系统》专著，为战略信息系统下了一个较有代表性的定义。他认为："一个成功的战略信息系统是指，运用信息技术支持或体现企业竞争优势、或削弱对手的竞争优势。这种进攻反进攻形式表现在各种竞争力量的较量之中（例如企业与供应方、配销渠道、顾客或直接对手之间为不同目的而展开的竞争）。而信息技术的应用可以影响竞争的平衡。"这一定义阐明了要用战略的观点认识信息技术，战略信息系统必须体现企业的竞争战略，为企业增强竞争优势这一目的服务，通过充分开发和有效利用信息资源来提高企业竞争力，同时它是企业战略管理和信息系统的整体配合与有机协调。

战略信息系统与传统信息系统的区别如下：

（1）最大的区别就在于对信息技术应用的观念上，战略信息系统强调信息技术的应用必须与企业的组织目标和竞争战略紧密结合，能够增强或保持企业的竞争优势，削弱对手的竞争优势，服务于企业的战略决策。

（2）传统信息系统侧重于企业内部信息资源的管理和应用，而战略信息系统不但注重企业内部，更重视企业外部信息资源的战略应用，强调信息系统必须与市场和市场竞争紧密结合，快速、准确地掌握企业外部环境信息对企业发展的决定性影响，以制订可行的经营战略，其目的是提高生产率，增强参与市场的反映能力和获取竞争优势。

（3）战略信息系统是针对企业高层管理和竞争战略决策而开发的，而不是为企业内部办公事务和某项业务流程而设计的。

（4）战略信息系统的目标是通过改变组织的业务结构和经营特性来提高企业的竞争实力。概括而论，战略信息系统的实质是从企业竞争战略的高度出发，以现代信息技术为手段，与企业战略管理相结合，通过对企业内外信息资源的充分开发，合理配置和有效利用，从而提高企业的竞争实力，为企业竞争带来优势。

（二）战略信息系统的典型特征

分析战略信息系统的各种定义以及总结人们对战略信息系统的研究成果，可以看出，战略信息系统往往具有以下特点。

1. 支持组织的经营战略目标

战略信息系统是信息技术的战略应用，它不同于过去人们应用信息技术的简单模式，而是将信息技术与组织的经营战略目标结合在一起，直接辅助经营战略的实现，或者为经营战略的实施提供新的方案。例如，20世纪80年代，美国城市银行为实施其"改善客户服务、降低业务成本"的经营战略目标，率先在纽约建立起包括800多台自动提款机（ATM）的网络系统，使客户在任何时间都能提取现金，为客户提供了更加及时和快捷的服务。同时，大量自动提款机的应用大大减少了银行分支机构和出纳员的数量，降低了业务成本。显然，这一以自动提款机网络应用为代表的战略信息系统，为城市银行经营战略的实施提供了全新的解决方案，有力地促进了其战略目标的实现。

2. 使组织获得竞争优势

许多战略信息系统的实施，如企业资源规划系统、客户关系管理系统等，往往会引起企业业务流程的再造、人员的精简及组织机构的重组，同时也对组织管理人员的工作方式与决策手段产生深刻的变革。业务流程的优化、机构的重组以及管理手段的变革，大大提高了组织运作的效率，降低经营成本，缩短生产周期，减少库存数量，并极大地改善服务质量，使企业的综合竞争实力显著增强，获得明显的竞争优势。

3. 改变组织的产品或服务

当行业中的某个企业出于战略目的而建立和应用某一信息系统并取得巨大成功时，其示范效应会影响到整个行业，从而改变行业的生产、服务、经营、管理的过程和行业结构。例如，美国航空公司的自动订票系统、美国城市银行的自动提款机等，当初都为各自所属的企业赢得了竞争优势、并为企业带来了巨大经济效益，起到了良好的示范作用，同时迫于竞争的压力，行业内的其他企业会尽可能地模仿和应用类似的信息系统，从而对整个行业带来影响，并促进行业的发展。从这个角度来看，战略信息系统往往是信息技术在某个行业中的创造性应用。

从战略信息系统的上述特点可以看出，并非任何用于管理的信息系统都能称得上是战略信息系统，只有当信息系统能直接支持或影响企业的经营战略，并帮助企业获得竞争优势，或削弱了竞争对手的优势时，才能认为这一信息系统是战略信息系统。

4. 对组织环境变化作出快速反应

战略信息系统能够跟踪、分析和反映瞬息万变的实际情况，使管理决策者可随时根据实际情况作出迅捷的反应，及时调整竞争战略决策，体现出现代企业经营管理的敏捷性特点。战略信息系统对市场信息的动态掌握可使企业保持较短的生产周期，增强快速反应能力。

5. 预测组织可能出现的问题

战略信息系统是现代企业经营管理规律的反映，按照现代企业管理模式构建的战略信息系统必然具有模拟预测功能。它可以模拟企业组织结构、业务流程和生产经营方式的变革，预测企业重组过程中可能出现的问题，使企业管理决策者可以事先采取措施消除隐患，避免决策失误，维持竞争优势。

（三）战略信息系统的发展动力

1. 信息技术的推动

信息技术的迅猛发展，使传统的以企业内部信息资源为主要对象的信息管理模式受到了猛烈的冲击，并为新一代信息系统的诞生提供了技术条件。这些技术主要有：

（1）面向对象技术。敏捷性企业所具有的业务流程重组和组织机构重建的动态特性，对企业信息系统提出了更高的技术要求。面向对象技术的出现正好满足了企业重组的动态变化特性。面向对象技术本身的封装性、继承性、多态性、层级性、易修改性、动态链接性、可重复利用性等特点，使一个系统不仅可具有可缩放性和可维护性，而且还能满足敏捷性管理的低成本、高质量、短周期和小批量以及灵活性和可靠性等各种不同需求，从而使以面向对象技术为开发工具的战略信息系统能为企业提供迅速响应变幻莫测的市场变化的竞争实力。

（2）数据仓库技术。当今时代是信息时代，信息时代的竞争其实就是信息的竞争。作为企业的管理决策者，掌握的信息当然是越准确、越全面、越高效越好。数据仓库技术将企业内各种跨平台的分散数据经过重新组合和加工，构成面向决策的数据仓库，使最终用户可以在数据仓库的基础上进行深层数据挖掘、多维数据分析、动态查询和报表等，从而开发并利用有战略意义的信息资源。数据仓库是为管理决策者服务的，它的目标是从大量杂乱无章的历史数据和汇总数据中获取有价值的信息，用于支持高层决策分析，强化企业的竞争优势。因此，数据仓库技术也是企业 SIS 的重要支持工具。

（3）Intranet 技术。Internet 的商业化，特别是 Intranet 技术的兴起，使企业的信息管理方式得到了极大的扩展。善于利用信息环境的企业能够通过信息技术实现全球化实时运作，提高企业的快速反应能力和战略协同能力，从而更加有效地参与竞争。特别是对中小企业来说，就有机会进入以往难以挤进的国际市场和商贸关系的各个环节，并以质量、价格和服务优势同大公司展开竞争。这些进展一方面为企业提供了巨大的机遇，另一方面也提出了严峻的挑战，这些挑战关系到企业在市场竞争中的生死存亡。企业为了生存，必须适时转变其经营管理战略，更多地强调敏捷性，并对企业的组织结构和市场经营方式进行革新。也就是说，企业需要制定面向竞争的信息管理战略，即重新确定企业与顾客及竞争对手的关系，并据此改变企业的内外信息联系方式，建立更加灵活的、能够适应市场竞争需要的信息系统战略。这是企业在全球网络化、数字化信息环境下获得竞争优势的重要保证。

2. 市场竞争压力的需要

随着当代社会经济活动的全球一体化和区域集团化，市场竞争变得异常激烈，这就要求现代企业除了具有传统的质量、价格、服务等竞争能力外，还必须具备创新竞争能力和时间竞争能力。创新竞争能力是企业最重要的竞争能力，除了产品设计和生产工艺的创新外，企业的创新还应该包括观念更新、组织再造和业务重组，即综合创新。时间竞争能力是现代企业生存和发展的重要条件，它是指产品生产周期短、上市快、交货及时。为此，"虚拟企业"的概念应运而生。所谓虚拟企业，就是指把不同地区的现有资源迅速组合成为一种超越空间约束、依靠电子手段联系、统一指挥的经营实体，从而以最快的速度推出高质量、低成本、多样化的新产品，通过信息集成和管理，发挥资源的总体效益，增强企业的竞争能力。传统的管理信息系统显然不能满足需要，战略信息系统正是适应企业竞争态势的变化而出现的。它在许多场合只是通过网络联结起来的"虚拟信息系统"，系统的功能与结构随企业竞争目标的变化而变化，因此能满足现代企业基于快速反应的竞争决策要求。

3. 组织变更的需要

信息技术的蓬勃发展和竞争环境的急剧变化，既给企业经营管理带来了更多、更大、更为严峻的挑战，同时也带来了许多新的机遇，并促进了企业生产经营与组织管理模式的变革。这种变革为企业战略信息系统体制的形成奠定了基础。采用现代信息技术形成的经营管理模式主要有：

（1）ERP 模式。ERP 是一种面向企业供应链的管理模式，它可对供应链上的所有环节进行有效的管理，并通过这些环节的紧密联系以及协同与平衡，实现全球范围内的多企业、多地域、跨国经营模式。从理论和实践两个方面提供企业整体经营管理的解决方案，是基于计算机技术和管理理论的最新进展。ERP 与战略信息系统的思想一致，它将为企业战略信息系统的形成提供有力的支持。

（2）CIMS（Contemporary Integrated Manufacturing System，计算机集成制造系统）模式。CIMS 概念的核心内涵就是提高企业竞争力的系统观点和信息观点。所谓系统观点是指，CIMS 强调企业生产经营的各个环节，从市场需求、产品开发、加工制造、质量控制、销售服务、人事与财务管理等都是一个整体，要统一起来考虑；信息观点是指，企业的生产经营过程实质上是信息的采集、处理和传递过程，这一观点为企业广泛采用信息技术、大力发展战略信息系统奠定了认识上的基础。CIMS 便是在这种哲理的指导下，通过生产经营各个环节的信息集成，支持了技术的集成，进而由技术的集成进入物资、人员、资金、组织和经营管理的集成，使物流、人流、资金流、信息流实现整体优化运行，以此提高企业的竞争实力。因此，CIMS 形成了企业战略信息系统的内核。

第四节　信息技术与竞争优势

当今市场变化频繁，竞争日益激烈，企业在发展方向上的决策稍有失误就会蒙受巨大的损失，甚至被市场淘汰。因此人们对战略规划的重要性有了新的认识，企业不能仅考虑眼前利益，而更应着眼于长远的发展。在此背景下产生的战略信息系统能为企业经营战略的分析与决策提供有力的支持。

一、信息技术与管理变革

随着信息技术的发展，对信息技术理解的变化和深入导致企业管理模式的巨大变革。信息技术已经不再仅仅是提高生产率和降低成本的简单工具，在客户需求多元化的时代，信息技术可以用来分析、预测市场，定位客户需求，规避风险，适应市场的快速变化等。信息技术在市场战略分析、重构业务流程、变革企业组织机构、构建新的商业和管理模式等方面发挥着重要作用。

（一）信息技术对现代企业决策的影响

信息时代的到来，从根本上改变了企业的经营环境、生产、组织、营销等各方面。企业要在日益全球化的商业环境中生存和成长，并获得竞争优势，就必须在市场拓展、发展战略、创新变革、营销管理等方面依靠信息技术的支撑和驱动。因此，信息时代的信息技术对企业决策的影响十分巨大，主要表现在以下几个方面。

（二）信息技术与组织结构的相互作用

企业的信息化管理需要不断创新的组织结构来与之适应，而现代企业组织的发展也迫切需要信息和网络技术发展所带来的迅速和便捷。

首先，组织结构对信息技术的影响。组织的结构及其管理模式决定了采用什么样的信息技术和信息系统。组织结构的形式决定了信息系统的功能，信息系统的功能范围要根据组织各部门的实际情况确定，具备成熟的业务流程的部门应优先实现信息技术和信息系统的应用。但是，由于信息技术的应用很有可能导致一个组织结构的彻底改革，这必然会影响到部分人的权益，或者使部分人不能理解，因而常常会面临明显的抵制。因此企业在引入信息技术和信息系统时，可以采取一些有效的措施来减少对组织结构变革的抵制。

其次，信息技术对企业组织结构的影响。在传统的等级组织结构中，信息传递渠道复杂而不通畅，延缓了信息传递的速度，并且极有可能导致信息的失真和污染，也极大地增加了信息处理的模糊性和不确定性。信息传递的效率必然影响到企业组织结构的效率，高效率的组织必然要求便捷的信息传递通道，以提高信息传递的速度和效率。在此基础上，组织结构的变革和组织形式的变化实质上就是为了提高信息的处理能力。

（三）信息技术与企业营销

在信息时代，信息传播速度的加快、效率的提高以及传播渠道的多样化使得企业营销环境发生了巨大的变化。企业传统的营销概念和营销技术都受到了极大的挑战。而每家企业在信息和网络技术面前，都必须对营销管理各方面进行必要的变革和创新，才能更好地生存和发展。传统的企业营销手段不可能完全被新兴的营销手段所替代，任何一种创新性营销都要经过一段相当长的发展期，才能达到最佳的效果。因此，企业在涉足网络营销时，要重视改革现有营销方式，并与新兴的营销方式相结合，以达到最佳的营销效果。例如电子商务、客户关系管理等在营销管理中的应用。

（四）信息技术与国计民生

信息技术对我们的生活、工作产生了巨大的影响，在我们的日常生活中，使用银行的自动提款机存取现金，通过网上银行进行转账、汇款、证券买卖、缴纳公用事业费用等；用 IC 卡乘坐公交车、地铁、出租车；在高速公路出入口，驾驶员不用停车就能完成缴费过程；在企业，利用信息技术研发新产品、在网上销售产品、预测销售情况、编制促销计划；我们不必出差，也能"出席"会议并参与讨论；政府建立税务、工商、信用、城市管理、气象等各种各样的信息系统等。

显然，以信息技术为代表的现代科学技术引发了社会巨变，即生产方式、生活方式、认知方式、社会运作和政府管理模式、思维观念甚至意识形态的全面变革，构建着创造社会财富的新体系。世界著名管理大师彼得·德鲁克提出，变革是无法避免的事情。企业环境是多变的，管理者必须不断地进行管理变革才能保证企业生存和发展，国内外许多知名企业的成长充分说明管理变革不仅是必要的，而且是迫在眉睫的。世界上的任何企业都需要进行管理变革。

二、信息技术与竞争优势

现代信息技术对企业发展具有重要的战略意义，企业的竞争优势日益与企业信息化程度密切相关。信息技术影响到企业的组织结构、竞争范围、创新能力等各个方面。

所谓的竞争优势是指组织为客户提供的产品和服务比竞争对手提供的产品和服务有更大的价值。在新的竞争环境里，竞争优势被视为各种因素相互支持的结果，信息技术本身已经不再能够帮助企业获得持续的竞争优势，信息技术应用必须与企业的过程结构相一致，与企业的战略密切结合，必须同企业整个系统的整合能力有效地结合起来，从而形成一种不可被模仿的价值创造能力。只有这样，才有利于企业通过信息系统投资，提高组织竞争优势。提高组织的竞争优势可以从以下几方面分析。

（一）外部环境分析

迈克尔·波特（Michael E. Porter）的五力模型，即五种竞争力模型是帮助企业管理者考虑企业战略规划和技术影响的有力工具。

根据迈克尔·波特的观点，从竞争的角度看，行业结构具体反映在五种竞争力量的组合中，即购买者的议价能力、供应者的议价能力、新进入者的威胁力量、替代产品和服务的威胁力量和已有竞争者的对峙力量。如图 1-18 所示。

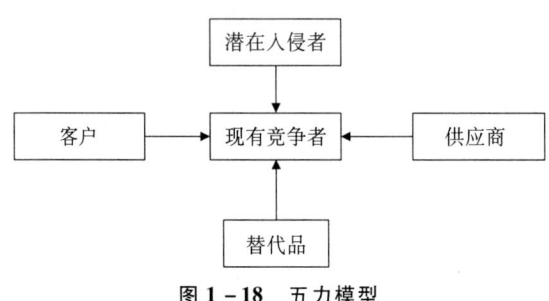

图 1-18 五力模型

1. 供应商

供应商影响一个行业竞争者的主要方式是提高价格，降低所提供产品或服务的质量等。对于购买者来讲，削弱卖方能力的最好办法就是利用信息技术，特别是充分利用网络技术获取更多信息。通过为企业寻找可选择的供应来源可以建立一种竞争优势，其做法是运用信息技术建立 B2B 电子商务市场。B2B 电子市场是一种可以聚集大量买家和卖家的网络服务，这一模式将买者和卖者聚集到网上进行在线拍卖。

另外，拥有一个能及时满足买家需求、稳定而有力的供应商是成功的重要因素。运用信息技术可促进企业与供应商之间数据、文档、声音和图像的交换，将使企业在节约开支、缩短商品或服务的周期、减少失误甚至提高商品质量方面取得良好的效果。沃尔玛公司通过与供应商建立合作关系，减少库存、降低成本；作为回报，供应商则能从沃尔玛公司及时获取销售信息，从而对其产品作出更准确的市场预测。

2. 客户

与供应商一样，客户也能够对行业营利性造成威胁。客户能够强行压低价格，或要求更高的质量或更多的服务。为达到这一点，客户可能使生产者互相竞争，或者不从任何生产者那里购买商品，因为购买者可以有多种选择。为此许多连锁旅店开发了忠诚顾客方案。

信息技术的应用使得企业为客户制订忠诚计划成为可能。忠诚计划是在客户与一个特定企业之间的业务量基础上对客户提供回馈。只有跟踪许多客户，可能是上百万客户的活动及账目，这项计划才可能实施。因此，忠诚计划通过信息技术来锁定顾客。例如，定期向 VIP 客户发送有关商品展销或活动的电子邮件，旅游公司根据顾客消费额提供不同的折扣或为旅客提供机票减免、舱位升级和住宿等。企业建立与顾客的电子联系已经成为赢得同等商机的基本要求。

3. 替代产品或服务的威胁

替代品是指那些与企业产品具有相同功能或类似功能的产品，因此生产替代品的组织本身就给企业甚至行业带来威胁。替代品的竞争压力越大，对企业的威胁越大。决定替代品竞争压力大小的因素主要有替代品的盈利能力、替代品生产组织的经营策略和购买者的转换成本等。

为了阻止顾客寻找替代品以替代目前的产品和服务，信息系统需要从提高系统的可见优势和价值来阻止顾客寻找替代的服务。当一种产品或服务存在多种选择时，替代产品或服务的威胁就高，反之则低。企业可以通过增加转换成本来创建竞争优势，转换成本未必是真实的货币成本。

4. 新进入者的威胁

一个行业的进入者通常带来大量的资源和额外的生产能力，并且要求获得市场份额。这就有可能会与现有企业发生原材料与市场份额的竞争，最终导致行业中现有企业盈利水平降低，严重的话还有可能危及这些企业的生存。信息技术可以阻止或降低新加入者对市场份额的瓜分。会员管理是超市行业阻止新加入者进行市场瓜分的有效手段。在超市行业，信息技术是进行竞争的基础，没有一套有效的信息系统，很难与行业领先者进行竞争。例如，联华、易初莲花、乐购等超市都采用会员卡制并为会员提供特殊折扣。一方面，商家可以收集到有关顾客购买习惯的商业情报并以此来制订价格和广告策略；另一方面，顾客也得到了较低的价格。因此，作为行业领先者，保持信息技术的领先是维持其商业地位而必须采取的战略性决策。沃尔玛对信息技术的投入与其行业领先地位是相辅相承的。

另外，行业壁垒也是解决此问题行之有效的方法。行业壁垒是指特定行业内客户期望的公司产品或服务，一个新进入行业者为了竞争并得以立足必须提供这种功能。例如，银行提供基于IT的服务，包括使用自动提款机、在线支付和账号监控等。在企业进入银行业时，由于必须免费提供IT服务，就存在许多与IT有关的行业壁垒。第一家提供这类服务的银行就赢得了先发优势，同时也建立了行业壁垒。而当竞争者也具备了类似的与IT相关的系统并克服壁垒进入到这一行业时，这种优势就消失了。

5. 同行公司之间的竞争

大部分同行业中的企业，相互之间的利益都是紧密联系在一起的，作为企业整体战略一部分的各企业竞争战略，其目标都在于使得自己的企业获得相对于竞争对手的优势。所以在企业竞争战略实施中就必然会产生冲突与对抗现象，这些冲突与对抗就构成了现有企业之间的竞争。

在与对手的竞争中，信息技术要在信息处理时间、反应速度上优于竞争对手，才能争取主动。在处理时间上，如连锁超市总部在引进新品以后，通过预先设定的新品配送计划，采用自动订货功能将新品配送到各连锁门店，信息资料通过网络迅速发送到各连锁门店，使门店及时销售，则占据了市场先机。与竞争对手相比较，如果新品上架速度快，就会使顾客感觉这一超市品种既多又新。另外，竞争对手之间相互合作也成为竞争的新形式。例如，互相竞争的航空公司经常交换为乘客提供的优惠折扣点，以便将它们在国际航线上的冲突减到最小。旅行社、酒店之间也常常以一种合作的形式，为顾客提供优惠折扣。但是，直接竞争对手在技术合作的基础上实现共同的目标，而不仅仅是简单的互惠。例如，银行之间以银联形式发行银联标志银行卡等；携程旅行为顾客提供不同航空公司的机票预订、不同酒店的预订等服务，以合作的形式解决了行业内预约问题。

五种竞争力能够决定产业的获利能力，它们会影响产品的价格、成本与必要的投资，也决定了产业结构。企业如果想拥有长期的获利能力，就必须先了解所处的外部环境，并塑造对企业有利的产业结构。

（二）内部因素分析

在对企业内部因素进行分析时，最常用的技术就是价值链分析。价值链把整个组织活动看做一系列过程，每个过程都能为其产品或服务增加一定的价值。价值链方法是一个重要的图解工具，它能帮助识别整个价值链中重要的业务流程。价值链模型突现了企业中可应用竞争战略的特殊活动和信息系统最有战略影响的部分。

如图1-19所示，价值链由基本价值活动和支持性价值活动组成，它们都对边际收益作出贡献。利润空间是公司客户所感知的企业产品或服务的价值减去成本后的值。不断增加利润空间就是价值链的目标。基本价值活动包括：①原材料入库，从供应商处获得原材料和供给；②生产运作，把原材料转化成制成品；③出库，向客户运送商品；④营销和销售，确认客户需求并接受订单；⑤售后服务，维护售后产品以及维护与客户的良好关系。这些基本价值活动管理着整个通过公司的物质资源流。支持性价值活动涉及人事、财务、计划、研究与开发、采购等。不同企业参与的价值活动中，并不是每个环节都创造价值，实际上只有某些特定的价值活动才真正创造价值,这些真正创造价值的经营活动,就是价值链上的"战略环节"。企业要保持的竞争优势,实际上就是企业在价值链某些特定的战略环节上的优势。运用价值链的分析方法来确定企业的核心竞争力,就要求企业密切关注组织的资源状态,特别关注和培养在价值链关键环节上获得的重要的核心竞争力,以形成和巩固企业在行业内的竞争优势。企业的优势既可以来源于价值活动所涉及的市场范围的调整,也可来源于企业间协调或合用价值链所带来的最优化效益。

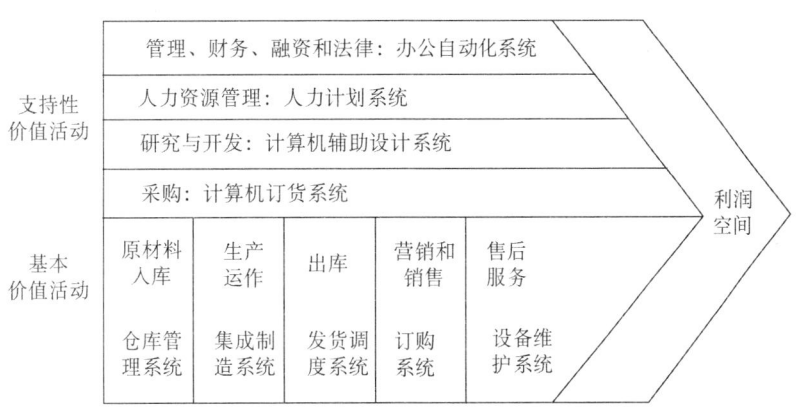

图 1-19 价值链的构成

价值链一旦建立起来,就会非常有助于企业准确地分析价值链各个环节所增加的价值。价值链的应用不仅仅局限于企业内部。随着互联网的应用和普及、竞争的日益激烈,企业之间组合价值链联盟的趋势也越来越明显。企业更加关心自己核心能力的建设和发展,发展整个价值链中的一个环节,如研发、生产、物流等环节。

在这些增值过程中,信息系统究竟起了什么样的作用呢?传统观点认为,组织利用信息系统来控制和监督企业的增值过程,以确保效率和效益。信息系统可将来自增值过程中的反馈转化为更有意义的信息,以供组织中的员工使用。这些信息已对系统活动作了归纳总结,可作为变动系统运行方式的依据。变动可能涉及使用不同的原材料(输入)、设计新的装配线(产品转换)或开发新产品和服务(输出)。以这种观点来看,信息系统是在流程之外的,是用于监控和监督流程运作的。

然而,更现代的观点认为,信息系统与内在的增值过程紧密相连,最好是流程本身的一部分。从这种观点来看,信息系统是内部的,通过提供输入、辅助产品转换、产生输出,从而在流程内发挥作用。信息系统本身已成为企业过程的组成部分,它不仅是从外部监控流程,而且作为产品生产流程的一部分。

后一种视角带来了全新的思考,即在企业中为什么要使用信息系统及如何使用信息系统?不要撇开信息系统来理解增值过程,而应考虑信息系统在流程内部的潜在作用,就会发现完成流程的更好方式。因此,一个组织如何看待信息系统所起作用的方式将会影响其完成其增值过程的方式。

(三) 产品定位分析

对产品进行有效定位,对于企业在其行业中生存和发展是十分重要的。通常而言,企业采取的最普遍的战略包括成为低成本的制造商;提供差异化的服务;改变竞争范围,或扩大为全球市场或收窄市场聚焦于一个小范围内。这也正是迈克尔·波特提出的获得竞争优势的基本战略类型：总成本领先战略、差异化战略以及通过扩大或收缩这两项战略而形成的第三个竞争优势战略——专一化战略。

1. 总成本领先战略

"总成本领先战略"要求企业必须建立起高效、规模化的生产设施，在经验的基础上全力以赴地降低成本，严格控制成本、管理费用及研发、服务、推销、广告等方面的成本费用，努力使成本低于竞争对手。企业成本较低，意味着当其他企业在竞争过程中已失去利润时，这个企业仍然可以获得利润。如果企业赢得了总成本领先的地位，就容易获得较高的边际利润，也可以更新设备，对先进设施进行投资以维护成本上的领先地位。这种投资往往是保持低成本状态的先决条件，这种良性循环有利于维护企业的低成本地位。为了实现这些目标，企业需要在管理方面对成本给予高度的重视，确实保证总成本低于竞争对手。

一些战略信息系统可以帮助公司显著降低成本，允许公司以低于竞争对手的价格提供产品和服务。低成本战略使企业能够以更低的价格销售商品，从而提高对顾客的吸引力。对于在日常经营中存在大量沟通交流活动的公司来说，办公自动化系统和在线服务系统可以大幅削减在纸张、通信、会务等方面的行政支出，从而实现低成本战略。

在零售企业和制造业企业中，库存管理系统可以为企业提供实现低成本战略的机会。库存系统可以减少原材料的浪费并允许公司在更小的库存量下正常运转，从而降低企业的生产成本。这方面一个著名的例子是沃尔玛公司。沃尔玛使用一种由销售点的购买行为触发库存补充的系统。在这一系统中，销售点的终端设备记录每一件通过结账台的商品的条形码，并将其发送至沃尔玛总部，总部收集所有来自沃尔玛分店的订单，并统一发送给供货商。这样一个系统支持各沃尔玛分店实现不间断的补货，从而避免了在库房中存留大量库存商品而造成的费用。这一系统还允许沃尔玛公司调整进货结构来满足顾客的需要。沃尔玛的竞争对手，如希尔斯公司将总销售收入的近30%用来支付一般管理费用（包括工资、广告、储存和保养维修的费用），卡玛特将总收入的21%用于支付一般管理费用。而沃尔玛借助其信息系统，只需将销售收入的15%用于支付一般管理费用，从而维持了一个很低的运作成本。

2. 差异化战略

差异化战略是指企业提供区别于其他组织的特色产品和服务，并且利用各种手段确保新产品和新服务不能被现有和潜在的竞争对手所直接仿制，从而建立顾客对本公司产品的忠诚。实现差别化战略可以有许多方式，如设计名牌形象、技术上的特色、性能特色、顾客服务、商业网络及其他方面的独特性。如果能成功实施差别化战略，企业就可以建立起防御阵地对付五种竞争力量，从而为企业获得较高收益。

随着信息化水平的提高，这种优势将更加明显，加上各种信息技术的使用，如计算机辅助设计（CAD）、计算机辅助制造（CAM）、计算机辅助工艺编制（CAPP）、柔性制造系统（FMS）、敏捷制造（AM）、计算机集成制造系统（CIMS）等，使得企业工业化大生产升级为工业化精细生产，实现企业"个性化、多品种、小批量"的生产和服务方式，可以根据顾客对产品的不同要求，提供更快捷、更简单和更便宜的多样化产品。

表1-4所示是一部分典型的依赖信息技术和信息系统实现的新产品与服务。

表 1-4　　　　　　　　基于信息技术和信息系统的新产品与服务

新产品与服务	所依赖的信息技术
网上银行业务	保密的通信网络；互联网
自动取款机	客户账户系统
衍生投资	交易管理系统；大型事务处理系统
国际范围的航空、旅馆自动预约系统	基于全球通信的预约系统
邮件快递	全国范围内的包裹追踪系统
邮寄购物	共同客户数据库
语音信箱服务系统	公司内部网络化的数字通信系统
服装定制	计算机辅助设计和制造系统

信息技术可以支持公司的产品差异化战略，这方面一个著名范例是美国花旗银行在1977 年开发的自动柜员机和银行借记卡系统。花旗银行凭借在这一领域的领先地位曾经一度成为美国最大的银行。在我国也有这样的例子，作为一家新兴的股份制商业银行，招商银行始终将利用信息技术的能力作为企业的核心竞争力，在创建之初即开展了电话银行和网上银行业务，实现了迅速的发展。

3. 专一化战略

专一化战略是组织围绕着某个特殊的顾客群、某产品线的一个细分区段或某一地区市场而建立的。通过差异化市场，组织可以比竞争对手更好地为某个小市场提供特殊产品和服务，从而为企业增加竞争优势。

复杂的数据挖掘工具能够从大量的数据中寻找存在的模式并推断规则。这些模式和规则可以帮助管理人员制定决策，并预测决策后果。例如，对超市的销售数据进行挖掘，发现购买薯片的人群中有 65% 的人会同时购买饮料，一旦超市在促销薯片的同时也促销饮料，那么这批人群同时购买饮料的比例将达到 85%。这些信息可以更好地帮助超市设计促销活动或者产品展示方式。

组织不仅从组织内部收集客户的数据，也可以从其他组织那里购买。通过仔细分析人们过去的购买模式，组织可以更精确地预计客户的购买兴趣，为个人提供完全满足其需求的产品和服务。

同样，组织也可以识别不能为组织带来利润的客户。例如，不是所有的客户都能为银行带来利润，排在最后面的 20% 的客户会使银行损失其利润的 50%。为了发现谁是最有利可图的客户，银行和其他行业都用计算机系统从客户数据库中挖掘信息。这些系统可以检查客户的每笔业务，确定客户是否属于有利可图的客户，从而帮助组织定义目标市场。

表 1-5 所示是一部分通过数据挖掘软件获益的范例。

表 1-5　　　　　　　　基于数据挖掘的信息系统应用

企业	基于数据挖掘的信息系统应用
加拿大皇家银行	通过客户获利情况分析，银行可以识别哪些是最有利可图的客户，从而可以向他们提供特殊的优惠和服务

续表

企业	基于数据挖掘的信息系统应用
美国快递	对众多的信用卡消费数据进行分析,发现客户对哪些产品和服务感兴趣,就此向客户发送个性化的促销信息,并实行"一对一"的销售
美国西部通信	对账单业务和外部来源的数据进行分析,发现客户的消费倾向和需要,例如家庭规模、家庭年龄结构、消费方式、所属地域等,这些发现帮助公司提升客户服务并减少45%的客户损失

无论企业采用哪种战略,信息系统都可提供强有力的支持。例如利用信息系统在企业内部的有效作用,在供应、设计、生产和销售等方面提高生产率、降低产品成本;或者利用电子商务平台,降低销售渠道成本;或者利用客户关系管理系统提供差异化的客户服务,提高客户忠诚度等。实际上成本领先、差异化和专一化这三种战略经常被企业同时采用。

本章小结

信息是指数据经处理后形成对特定的使用者有价值、有意义的数据形式。信息是经过加工的数据,它对接收者的行为能产生影响,并对接收者的决策产生意义。

信息系统(Information System,IS)就是输入数据经过加工处理后输出信息的系统。

管理信息系统(Management Information System,MIS)是由人、硬件、软件和数据资源组成的,其目的是及时、正确地收集、加工、存储、传递和提供信息,实现组织中各项活动的管理、调节和控制,通过输入、处理、输出三个基本活动,将原始数据转变为有用的信息。从总体上看,管理信息系统可以看作是由应用系统、计算机系统、通信与网络系统、数据库系统、用户和系统管理人员六个部分有机构成的。劳东夫妇将一个组织的信息系统分为四个层次六大类。四个层次分别为战略层次、管理层次、知识层次和操作层次;六大类分别为事务处理系统(TPS)、知识工作支持系统(KWSS)、办公自动化系统(OAS)、管理信息系统(MIS)、决策支持系统(DSS)、领导支持系统(ESS)。

现代信息技术对企业发展具有重要的战略意义,企业的竞争优势日益与企业信息化程度密切相关。所谓竞争优势是指组织为客户提供的产品和服务比竞争对手提供的产品和服务有更大的价值。提高组织的竞争优势可以从外部环境分析、内部因素分析、产品定位分析入手与企业的战略目标密切结合,从而形成一种不可被模仿的价值创造能力。

本章习题

一、选择题

1. 信息( )。
   A. 是形成知识的基础　　　　　　　B. 是数据的基础
   C. 是经过加工后的基础　　　　　　D. 具有完全性

2. 管理信息是( )。

A. 加工后控制管理活动的数据　　　　B. 客观世界的实际记录
C. 数据处理的基础　　　　　　　　　D. 管理的指令
3. 计算机输入的是（　　）。
A. 数据，输出的还是数据　　　　　　B. 信息，输出的还是信息
C. 数据，输出的是信息　　　　　　　D. 信息，输出的是数据
4. 按照不同管理者对管理信息的需要，通常把管理信息分为以下三级（　　）。
A. 公司级、工厂级、车间级　　　　　B. 工厂级、车间级、工段级
C. 厂级、处级、科级　　　　　　　　D. 战略级、策略级、作业级
5. 计算机的软件系统一般分为（　　）。
A. 程序和数据　　　　　　　　　　　B. 操作系统和应用软件
C. 系统软件和应用软件　　　　　　　D. 程序、数据和文档
6. 管理信息系统的基本功能包括（　　）。
A. 信息的采集　　　　　　　　　　　B. 信息处理和信息存储
C. 信息的管理　　　　　　　　　　　D. 信息的检索

二、填空题

1. 数据经过处理仍然是数据，只有经过_____才有意义。
2. 信息范围极广，气温变化属于____信息，遗传密码属于____信息。
3. 信息被列为与_____和_____相并列的人类社会发展的三大资源之一。
4. 作业级的信息大部分来自内部，信息的精度_____，使用频率_____，使用寿命短。
5. 信息按重要性可分为战略信息、_____和_____。
6. 信息范围极广，气温变化属于_____信息，遗传密码属于_____信息。
7. 信息的时效是指从发出信息，经过接收、加工传递、何利用所经历的_____及其_____。
8. 办公自动化的具体功能包括_____、_____、邮件传送、文字与图像处理。
9. 信息是客观世界各种事物变化和_____的反应。

三、判断题

1. 制造资源计划是计算机集成制造系统的核心。　　　　　　　　　　（　　）
2. 决策支持系统只能是一个单独的系统，而不能作为管理信息系统中的一个功能或者说是子系统。　　　　　　　　　　　　　　　　　　　　　　　　　　　　　　（　　）
3. 在管理信息系统的三大构成要素中人是最重要的因素。　　　　　　（　　）
4. MIS 是由计算机构成的系统。　　　　　　　　　　　　　　　　　（　　）
5. 企业内联网（Intranet）是指应用了 Internet 技术的企业网。　　　（　　）

四、名词解释题

1. 系统
2. 信息系统
3. 管理信息系统
4. 信息的时效性

5. 管理信息

五、简述题

1. 简述数据、信息、知识的关系。
2. 信息有哪些性质？
3. 什么是系统？系统有哪些特性？
4. 管理信息系统是怎样的一门学科？你怎样看待管理信息系统？
5. 信息系统的主要研究内容是什么？
6. 管理信息系统发展经历了哪几个阶段？各阶段的典型应用技术是什么？
7. 简述信息技术对竞争优势的影响。
8. 管理信息系统的基本功能有哪些？

第二章 MIS 的开发方法

MIS 的开发方法是指开发 MIS 时所遵循的步骤，是在 MIS 开发过程中的指导思想、逻辑、途径和工具等的集合。在 MIS 的长期实践中，由于其种类众多，情况各异，开发的具体方法、途径多种多样，从而形成了不同的 MIS 开发方法。MIS 开发是信息系统建设中必不可少的工作，其主要任务就是开发一个能满足用户需求、功能完整、高效运转，并有力支持管理决策目标的、具有先进技术的系统。MIS 开发的成败，直接决定着其在组织中的应用效果。本章在介绍 MIS 开发的策略、方式、任务、特点、目标、基本条件和原则的基础上，介绍了四种当前最常用的开发方法，即结构化系统开发方法、原型法、面向对象的开发方法和计算机辅助软件工程法，以及这四种方法的特点和适用场合。

第一节 MIS 的开发方式

将信息系统引入组织是一个复杂的系统工程，为了保证工作顺利开展，一定要遵循信息系统在组织中发展的规律来进行引入与开发。在开发时，需采取适当的开发策略、开发方式和开发方法。

一、诺兰模型

理查德·诺兰（Richard L. Nolan），美国管理信息系统专家，他通过对 200 多个公司、部门发展信息系统的实践和经验的研究，提出了著名的信息系统进化的阶段模型，即诺兰模型。诺兰模型于 1973 年首次提出，并于 1980 年进行了完善。

诺兰模型认为，把计算机应用到一个组织的管理中去，一般要经历从初级到成熟的成长过程，这个成长过程可划分为六个阶段，即初装阶段、蔓延阶段、控制阶段、集成阶段、数据管理阶段和成熟阶段，且各阶段一般是不能跳跃发展的。其前三个阶段具有面向计算机应用时代的特征，而后三个阶段则显示出面向信息资源管理时代的特点，如表 2-1 所示。

表 2-1　　　　　　　　　　诺兰模型的时代划分

阶段	初装	蔓延	控制	集成	数据管理	成熟
时期	初级		中级		高级	
时代	面向计算机应用			面向信息资源管理		

（一）诺兰模型阶段

诺兰模型的六个阶段反映出组织应用信息系统的不同程度和特点，以及随着信息系统应用的深入，在组织经费预算上的增长变化，如图 2-1 所示。

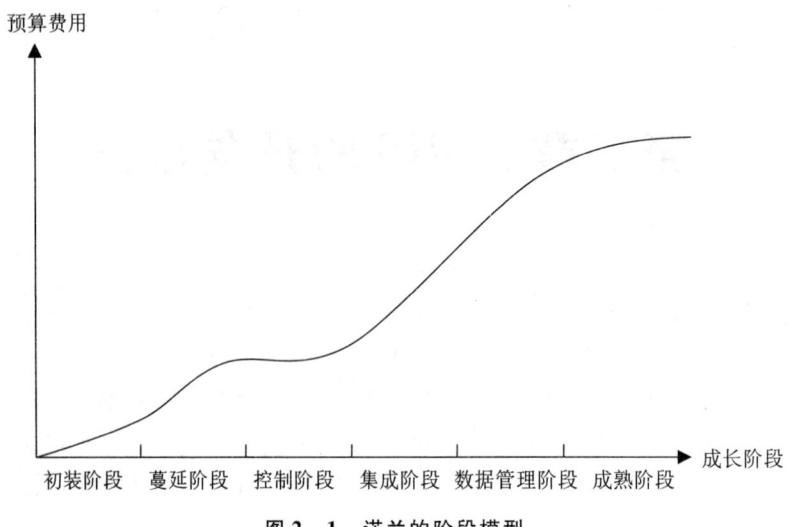

图 2-1 诺兰的阶段模型

1. 初装阶段

初装是指组织购置第一台计算机并初步开发管理应用程序。在这一阶段，计算机在管理领域的作用被初步认识，但其应用具有很大的局限性，只有少数部门得到应用。一般来说，这一阶段多数发生在组织的财务部门。经费预算呈现出从无到有的变化，但由于使用部门有限，因此预算不大，增长并不剧烈。

2. 蔓延阶段

这一阶段是管理应用程序从少数部门扩散到多数部门的阶段。在计算机的作用被逐渐认识后，组织开始开发大量的应用程序应用于组织的各类部门，这些应用程序的使用，使组织的事务处理能力有了很大的提高。但同时，由于缺乏有效的管理控制，数据冗余性、不一致性、难以共享性等问题都随之出现，应用于开发应用程序方面的费用也迅速增长。

3. 控制阶段

这一阶段是由无序开发到统筹规划的重要阶段，被认为是实现从以计算机管理为主到以数据管理为主转换的关键，一般发展较慢。由于在蔓延阶段中所暴露的诸多问题，以及组织经验的逐渐丰富，组织开始成立由企业领导和职能部门负责人参加的领导小组，对整个组织的系统建设进行统筹规划。控制阶段解决了管理无序的问题以及数据难于共享等问题，开发费用也得到了较好的控制。

4. 集成阶段

集成阶段是在控制阶段的基础上，对子系统中的硬件进行重新联接，建立集中式的数据库及能够充分利用和管理各种信息的系统。由于需要新的硬件联接设备，所以这一阶段的费用又有一次迅速增长。

5. 数据管理阶段

组织高层意识到信息战略的重要，信息成为组织的重要资源，组织的信息化建设也真正进入到数据处理阶段。在这一阶段中，组织开始选定统一的数据库平台、数据管理体系和信息管理平台，统一数据的管理和使用，各部门、各系统基本实现资源整合、信息共享。IT系统的规划及资源利用更加高效。这一阶段的费用仍会延续前一阶段的趋势，呈现出持续增长的态势。

软件开发人员或开发队伍力量较弱、但资金较为充足的组织。其优点是省时、省事，开发的系统技术水平较高。缺点是费用高、系统维护与扩展需要开发单位的长期支持，不利于本组织的人才培养。

选择这种开发方式应注意系统使用单位的业务骨干要参与系统的论证工作，并且在开发过程中，系统开发单位和系统使用单位双方的需要及时沟通，进行协调和检查。

（三）联合开发

组织的专业技术人员对本组织的管理业务比较熟悉，而专业软件公司的各类计算机技术人员对管理信息系统的开发比较熟悉，如果各自发挥自身的优势，合作开发管理信息系统是一个明智的选择。双方共同进行系统分析，根据用户单位管理工作的现状和需要，完成管理信息系统的开发。这种方式适用于系统使用单位有一定的 MIS 分析、设计及软件开发人员，但开发队伍力量较弱，希望通过 MIS 开发，建立、完善和提高自己的技术队伍，便于系统维护工作的单位。其优点在于，相对于委托开发方式比较节约资金，同时可以培养、增强系统使用单位的技术力量，也便于系统的维护工作，系统的技术水平较高；而相对于自行开发，开发进程较快，开发的成功率较高，因而这种方式被普遍采用。缺点是在合作中，双方的沟通容易出现问题，因此，需要双方及时达成共识，进行协调和检查。

（四）购买现成软件包

随着计算机和信息系统各种先进技术和方法的不断发展，软件开发正在向专业化方向发展，一些专门从事管理信息系统开发的公司已经开发出一批使用方便、功能强大的管理信息系统软件。这些系统可以解决企业管理中部分或大部分问题。对于某些组织，如果其业务流程或管理模式与现有的管理信息系统软件基本吻合，则可以购买现有的软件。这种方式对于功能单一的小系统开发颇为有效，但不太适用于规模较大、功能较全面、需求量不确定性高的系统的开发。

1. 购买现有软件应考虑的问题

（1）适合本行业或本单位的实际需要，所选的管理信息系统软件的功能基本上能给满足本单位管理的要求和将来发展的需求。

（2）所选的管理软件必须具有完备的、有效的、可行的安全性保障措施。

（3）所选的管理软件已有成功应用的先例，是一个成熟的产品。

（4）所选的管理软件由专业的软件开发公司开发，开发公司技术力量雄厚，售后服务可靠。

（5）所选的管理软件操作方便、界面友好，且有利于二次开发。

2. 购买现有的管理信息系统软件的优缺点

购买现有软件的优点如下：

（1）相对于自行开发，购买现有的软件成本低、见效快，购买软件后即可投入试运行。

（2）所购买的软件一般经过了用户一段时间的使用，系统缺陷逐渐被暴露出来，得到了不断的改进和完善，系统质量较稳定和可靠。

（3）现成的软件维护有保障，专门从事管理信息系统开发的软件公司，技术力量较强，具有专门的维护人员。

但购买现成的软件也有一些缺点，主要体现在：现成的管理信息系统专用性较差，与本单位的实际管理业务有一定的差距，不能完全满足本单位的需求；有时可能需要进行二次开发，对使用人员的综合素质要求较高。

由上述内容可知，不同的开发方式有不同的优缺点，如表 2-3 所示。在实际开发中，需要根据组织的实际情况进行选择，也可以综合使用各种开发方式。

表 2-3　　　　　　　　　　系统开发方式的比较

特点	方式			
	自行开发	委托开发	联合开发	购买现成软件包
对分析、设计的要求	非常需要	不太需要	逐步培养	少量培养
对编程力量的需求	非常需要	不需要	需要	少量需要
系统维护的难易程度	容易	较困难	较容易	困难
开发费用	少	多	较多	较少

选择开发方式是一个复杂的决策过程，不能仅从经济效益原则来考虑，应当有一个正确的决策机制，对组织的实力、信息系统的地位和应用环境等综合考虑。另外，不论采用哪种方式，都需要组织领导和业务人员参与，并在管理信息系统的整个开发过程中培养、锻炼、壮大 MIS 设计、开发和系统维护的人员队伍。

第二节　MIS 开发概述

MIS 的开发是一项复杂的系统工程，其涉及的知识面广、部门多，不仅涉及技术，还涉及管理业务、组织和行为。因此，在开发之初，我们有必要了解 MIS 开发的目标、基本条件和原则。

一、MIS 开发的目标

（一）MIS 开发的任务

要建立企业的 MIS，必须在计算机硬件设备、通信设备和系统软件的支持下，建立一套运用现代管理方法的适合本企业管理需要的应用软件系统。MIS 服务于企业的管理，必须与企业的发展战略目标相一致。

不同类型、规模组织的管理活动有其自身的特点。MIS 作为一个整体绝不是各个子系统的简单叠加，它的建立要比单个子系统复杂得多。因此，系统开发的任务就是根据企业管理的战略目标、规模、性质等具体情况，从系统的观点出发，运用系统工程的方法，为企业建立起提高企业管理决策的管理信息系统。其中最核心的工作，就是设计出一套适合现代企业管理要求的应用软件系统。

（二）MIS 开发的特点

管理信息系统的开发是一项复杂的系统工程，比一般技术工程有更大的难度和复杂性，主要体现在以下几个方面。

1. 技术手段复杂

MIS 是现代信息技术与现代管理理论相结合的产物，它涉及计算机技术、通信与网络技术、数据库技术、人工智能技术、各种现代管理技术和决策方法等,掌握这些技术和方法,合理地应用以达到预期效果,是管理信息系统建设的主要任务之一。

2. 内容复杂,目标多样

MIS 是面向管理的系统。管理需要的信息量大、形式多样、来源复杂。一个完整的 MIS 要支持各层次、各部门的管理,其规模大,结构复杂,其难度程度远远超过一般技术工程。企业各部门和各层次管理人员的信息需求不尽相同,甚至有冲突,因此协调困难,很难获得各方面都满意的方案。有些管理需求不明确,不易表达清楚。MIS 产品与一般工程产品不同,一些问题在投入运行后才能发现,易造成人力、物力和财力的浪费。

3. 质量要求高

一方面,从 MIS 作为软件产品的角度来说,不允许其有任何错误,任何一个语法错误或语义错误,都会使系统运行中断或出现错误的处理结果;另一方面,基于计算机的 MIS 产品,不仅需要完成原手工系统的全部功能,而且要满足用户提出的一些新的、更高的要求,有创新、有突破,解决手工系统难以完成的管理问题。否则,将会导致系统开发失败。

4. 环境复杂多变

企业面临的内外环境是不断发展变化的,MIS 必须适应企业环境的变化。系统目标、功能既要适应企业当前的发展水平和能力,又要适应企业管理体制、管理思想、管理方法和手段的变化,从而提高企业的管理水平,增强企业竞争力,实现企业管理目标。

(三) MIS 开发的目标

管理信息系统的建立涉及面广,投资巨大,因此需要结合本企业的具体情况,确定系统的目标。特别是对于大中型系统或受到一定条件限制的系统,确定目标尤其重要。系统目标一般分为总体目标和具体目标。

1. 总体目标

MIS 开发的总体目标是指系统运用现代管理理论技术、方法和手段,在系统功能以及系统开发效益上要达到的目标。这个目标是战略性的。

一般系统开发的总目标为系统具有功能的完整性、运行的可靠性、使用的方便性、维护的简易性,即系统功能齐全,信息处理准确,装备优良,故障率低,易恢复,操作简单,容易理解,人机界面清晰,充分利用计算机资源,有效地节约时间,消耗低,收益大。

2. 具体目标

管理信息系统开发的具体目标是在总体目标的前提下,系统开发在系统环境、系统信息处理、系统功能上要达到的目标。

(1) 环境目标,是指管理信息系统的建立,要为用户创造良好的使用环境,包括建立一个设备先进、操作方便、可靠的网络系统以实现资源共享;建立一套系统工程管理的规范标准,以保证系统开发的质量和系统的可维护性,从而保证系统的可靠运行。

(2) 信息采集和处理目标,是指管理信息系统的建立,要实现在企业生产、经营全过程中进行收集、处理、存储、传送、提供各种紧急管理信息、辅助决策的工作。这是管理信息系统开发的核心目标,实现这个目标需要建立完整的数据库以及数据库管理系统。

(3) 系统功能目标,是指管理信息系统的建立要具有完备的功能,主要包括数据处理功能、预测功能、辅助决策功能、控制功能、提供公用信息服务等。

二、MIS 开发的基本条件

实践证明，MIS 的开发及运行能够产生巨大的经济效益，但是，必须具备一定的前提条件且必须使用得当，否则，企业不仅无法获得效益，反而会造成人力、物力、财力和时间的巨大浪费。一般来说，开发 MIS 必须具备以下五个基本条件。

（一）必须有开发 MIS 的实际需要和迫切性

企业或组织的切实需要是建立管理信息系统的直接推动力。在经济迅速发展和国内外市场竞争日益激烈的环境下，信息已成为企业的战略资源，企业要在市场竞争中求生存、谋发展，必须运用先进的手段和方法来获取和利用信息资源，提高企业的竞争力。

（二）具有一定的科学管理基础

管理信息系统应建立在科学管理的基础之上，只有在合理的管理体制、完善的规章制度、稳定的生产秩序、科学的管理方法以及完整、准确的原始数据的基础上，才有可能发挥系统作用。

（三）必要的资金支持

开发管理信息系统需要较大的资金投入，包括计算机软件、硬件的购买，人员的培训等。为保证管理信息系统开发的顺利进行，在开发前应有一个总体规划，进行可行性论证。系统开发所需要的资金应有一个合理的预算，制订资金筹措计划，保证资金按期如额到位。开发过程中要加强资金管理，防止浪费现象的发生。

（四）领导重视与业务部门的支持

管理信息系统开发是一项庞大的系统工程，开发周期长、耗资大、涉及面广。企业的主要领导必须亲自参与系统的建设，领导的充分重视是建立管理信息系统的重要条件。

业务人员的积极性对管理信息系统的开发与应用也起着非常重要的作用，因为在新系统开发阶段，需要他们介绍业务、提供数据和信息；在新系统建成之后，他们是主要的操作者和使用者。由此可见，业务人员的业务水平、工作习惯和对新系统的积极性，将直接影响新系统的使用效果和生命力。所以，要充分调动业务人员积极性，对其进行计算机知识的宣传和培训，消除他们对计算机的神秘感或消除他们的抵触情绪，使其能够很好地配合，并主动参与系统的使用和部分开发工作。

（五）有一支专业人才队伍

技术人员和管理人员的专业水平是系统成败的关键因素之一。要成功开发管理信息系统必须成立信息系统开发领导小组和系统开发工作小组，其主要任务和职责是制订管理信息系统的发展规划，组织管理信息系统的建立，建立与管理信息系统配套的管理制度，负责管理信息系统投入运行，组织管理信息系统应用人员的培训等。

三、MIS 开发的指导原则

MIS 开发的指导原则主要包括以下几个方面。

（一）用户至上原则

MIS 的开发是为用户服务的，系统开发的成功与否取决于其是否符合用户的需要。因此，在开发过程中，要从一切为了用户的需要出发，为用户利益着想，开发人员应该始终与用户保持密切联系，不断地、及时地了解用户的要求和意见。同时，开发人员还要协助用户改善原有的不合理的管理方法，使新系统更为高效。

（二）实用性和先进性原则

目前，我国管理信息系统开发存在着低水平的重复开发和片面追求高档次的硬件设备，系统开发成功率低以及使用价值不高等问题。鉴于这一实际情况，在管理信息系统的开发中应遵循既要将实用性放在第一位，又要突出系统在技术上、管理上的先进性原则。

（三）"一把手"原则

"一把手"泛指一个单位或部门的领导对单位中的人、财、物有决策、指挥的权力。管理信息系统的开发是一项政策性强、技术高、涉及因素多的复杂系统工程，所以必须坚持"一把手"原则，使其亲自参加系统开发全过程的决策、指挥、协调工作。例如，系统目标的确定，管理体制的改革，机构调整，功能设计，设备配置，人、财、物等资源的配置等问题。众多实践证明，信息系统应用效益好的单位无不有领导亲自挂帅，参与系统开发的全过程。

（四）数据为主的原则

"三分技术，七分管理，十二分数据"，这是每个有经验的开发者的深切体会，没有数据的信息系统就等于无米之炊。实际上，系统开发的全过程就是对数据的不断收集、传送、处理、存储。因此，对各种数据，尤其是基础数据的采集、代码化、结构化、录入、存储和共享是系统开发的核心问题，也是系统开发的瓶颈。将基础数据理顺，是一项工作量大、烦琐单调、认真细致的艰巨任务，需要企业各部门众多人员的协同配合和艰苦努力，花费的时间较长，通常贯穿系统开发的全过程。由于数据的载体形形色色，数据的输入方法多种多样，输入设备种类繁多，而信息系统对数据输入的速度、精度要求不尽相同，因此，在系统开发过程中，应坚持数据为主的原则，才能确保信息系统运转起来。

（五）抓主线原则

抓主线原则是指管理信息系统的建立不能贪大求全，面面俱到，应该从满足企业生产经营活动和市场信息管理的实际需要出发，抓住关键问题。面对企业涉及范围广、问题多，系统的建立没有统一的模式以及行业性质、管理基础差异大等问题，管理信息系统的建立必须围绕企业生产经营的战略目标，紧紧抓住影响企业生存和发展，提高生产管理与经营管理决策水平的主线问题。这样才能够集中力量解决主要问题，有利于及时调整产业结构，降低消耗，压缩库存，提高产品的市场竞争力，加速资金周转，促进企业获得最大的经济效益。

（六）人机合理分工原则

信息系统是一个人机系统，这说明并不是所有的事情都是由计算机来处理，这就涉及人机合理分工的问题。一般来讲，数据信息量最大，使用频繁，人工处理费时，需要复杂模型、反馈慢的信息处理工作应由计算机完成，以提高数据处理的精度和效率，把管理人员从繁琐的事务处理中解放出来；而数据质量差，难于标准化，手工实施容易，同时又不涉及信息的反复使用和存储的工作，则不必使用计算机，从而避免造成不必要的负担而降低系统效率。

第三节 结构化系统开发方法

结构化系统开发方法（Structured System Development Methodology，SSDM），产生于20世纪70年代，是在结构化程序设计思想的启发下而产生的。它是迄今为止开法方法中应用最普遍、最成熟的系统开发方法。

一、结构化系统开发方法的基本思想

结构化系统开发方法的基本思想是利用系统工程的思想和工程化的方法，按用户至上的原则，结构、模块化、自上向下地对系统进行分析与设计。具体是将整个信息系统开发过程划分出若干个相对独立的阶段，每个阶段有明确的工作目标、任务、内容、计划，在实际开发过程中要求严格按照划分的工作阶段，一步步地展开工作。

按照此基本思想的指导，可将系统开发的过程划分为以下六个阶段，如图2-2所示。

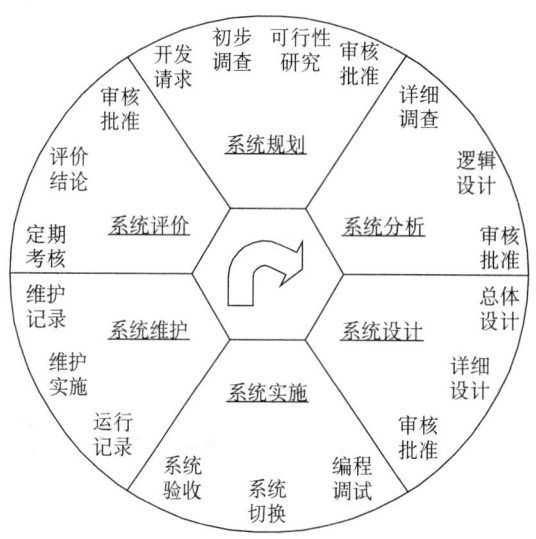

图 2-2 结构化开发方法的阶段划分

（一）系统规划

系统规划是开发的第一步。这一阶段的主要任务是根据用户的系统开发请求进行初步调查，明确问题，确定新系统目标和总体结构，确定分段实施进度，进行可行性分析，形成可行性报告。可行性分析报告审议通过后，将新系统建设方案及实施计划编写成系统规划报告。

（二）系统分析

系统分析的主要任务是根据规划报告，在对现行系统进行详细调查的基础上，完成新系统逻辑模型的设计，解决系统"做什么"的问题，形成系统分析报告，从而为后续阶段打好基础。

(三) 系统设计

系统设计是系统设计人员根据系统分析的结果，具体设计实现逻辑模型的技术方案，解决系统"怎么做"的问题。其核心任务是如何把系统分析所得逻辑模型，转换为实际的物理模型，最后形成系统设计报告。

(四) 系统实施

系统实施则是在系统设计基础上，将系统设计意图转换为可运行的管理信息系统。其主要任务是进行软硬件准备、程序设计、基本数据录入、人员培训和系统转换等，最后形成程序设计报告、程序测试报告、系统使用说明书等文档。

(五) 系统维护

系统投入日常运行后，系统维护人员需要不断对系统进行维护，使程序和系统运行始终处于最佳的工作状态。维护工作是伴随 MIS 整个生命周期的，只要系统在运行，系统维护工作就不能停止。

(六) 系统评价

系统投入运行后，对其工作质量、效益、成本的投入产出、对信息资源的利用程度、对组织部门管理的影响等问题进行评价，并根据检查和评价的结果，找出系统的不足及薄弱环节，为进一步改进和完善提出建议。

二、结构化系统开发方法的特点

(一) 自上向下整体性的分析与设计和自下向上逐步实施的系统开发过程

在系统分析与设计时要从整体全局考虑，要自上向下地工作（从全局到局部，从领导到普通管理者）；而在系统实现时，则要根据设计的要求先编制一个个具体的功能实现部分，然后自下向上逐步实现整个系统。

(二) 用户至上

用户对系统开发的成败是至关重要的，用户是系统开发的出发点，即系统是根据用户的需求进行开发的；同时，用户也是系统开发的归宿，即系统开发成功与否与用户的满意度有直接的关系。因此，在系统开发过程中要面向用户，充分了解满足用户的需求和愿望。

(三) 深入调查研究

在设计系统之前，要深入实际单位，详细调查研究，努力弄清实际业务处理过程的每一个细节，制订出科学合理的新系统设计方案。

(四) 严格区分工作阶段

把整个系统开发过程划分为若干个工作阶段，每个阶段都有其明确的任务和目标。在实际开发过程中要求严格按照划分的工作阶段，一步步地开展工作，如遇到较小、较简单的问题，可跳过某些步骤，但不可打乱或颠倒步骤和工作阶段。

(五) 充分预料可能发生的变化

系统开发是一项耗费人力、财力、物力且周期很长的工作，一旦周围环境（组织的内、外部环境、信息处理模式、用户需求等）发生变化，都会直接影响系统的开发工作，所以结构化系统开发方法强调在系统调查和分析时对将来可能发生的变化给予充分的重视，强调所设计的系统对环境的变化具有一定的适应能力。

（六）开发过程工程化、规范化、文档资料标准化

由于系统开发工作的复杂性，参与开发的工作人员多，开发过程历时长，因此，为保证工作的连续性，要求开发过程的每一步都要按照工程标准进行规范化，文档资料也要标准化。每个开发阶段的成果都用文字、图表表达出来，资料格式要标准化、格式化。这些资料在开发过程中是开发人员、用户交流思想的工具，工作结束之后是系统维护的依据。因此，资料必须简单明确，无二义性，既便于开发人员阅读，又便于用户理解。

三、结构化信息系统开发方法的优缺点

结构化系统开发方法是在对传统自发的系统开发方法批判的基础上，通过很多学者和开发人员的不断探索和努力而建立起来的一种系统化方法。这种方法的突出优点就是：①它强调系统开发过程的整体性和全局性，强调在整体优化的前提下考虑具体的分析设计问题，即自上向下的观点；②它强调的另一个观点是严格区分开发阶段，强调一步一步地严格地进行系统分析和设计，对每一步工作都及时总结，发现问题及时反馈和纠正，从而加强了软件开发的管理，避免了开发过程的混乱，提高了软件产品的质量。

但是，随着时间的推移这种开发方法也暴露出了很多缺点：①最突出的表现是起点太低，所使用的工具（主要是手工绘制各种各样的分析设计图表）落后，致使系统开发周期过长，带来了一系列的问题；②这种方法要求系统开发者在前期调查中就充分地掌握用户需求、管理状况以及预见可能发生的变化，这不大符合人们循序渐进地认识事物的规律性，因此在实际实施工作中有一定的困难。

第四节 原型法

原型的本意是试验品、模型的意思。原型法（Prototyping）又称为快速原型法，是20世纪80年代随着计算机软件技术的发展，特别是在关系数据库系统、第四代程序生成语言和各种系统开发生成环境产生的基础上，提出的一种从设计思想、工具、手段都全新的系统开发方法。

一、原型法的基本思想

原型法的基本思想是在投入大量的人力、物力之前，在限定的时间内，用最经济的方法开发出一个可实际运行的系统原型，用户在运行使用这个原型的基础上，通过对其评价，提出改进意见并进行修改，使用和评价修改过程反复进行，使原型逐步完善，直到完全满足用户的需求为止。

这种方法摒弃了那种一步步周密细致地调查分析，然后逐步整理出文字档案，最后让用户看到结果的烦琐做法。它由系统分析设计人员与用户合作，在短期内定义用户基本需求的基础上，开发出一个只具备基本功能、实验性的、简单易用的应用软件，是一个实实在在可以运行的管理信息系统，只是由于对用户的需求把握并不全面和准确，软件的功能并不完

善。而完善的系统是在后续使用和修改原型的过程中逐步完成的。

原型法与结构化信息系统开发方法不同,它采用自下而上的开发策略,并不注重对信息系统进行全面、系统的调查与分析,而是本着实用高效原则,由开发人员对用户需求作快速理解,先快速实现一个可运行的系统原型,然后通过反复修改完善,实现信息系统的功能(如图2-3所示)。

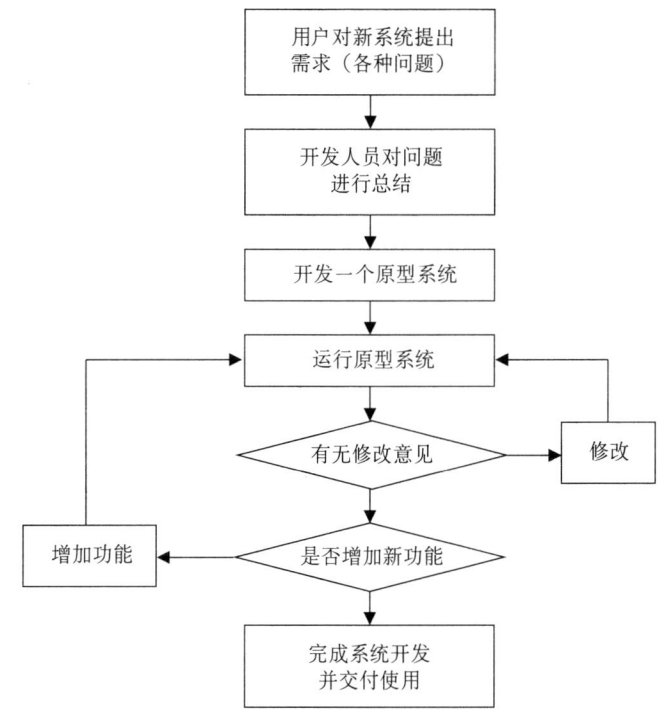

图 2-3 原型法工作流程示意图

从图2-3可以看出,原型法在建立新系统时可以划分为四个步骤。

1. 确定用户的基本要求

此阶段的主要任务是用户向开发人员提出其对新系统的基本要求,如新系统的功能、界面要求等。

2. 开发新系统的原型

开发人员根据用户的要求迅速开发出新系统的原型,交由用户试用。

3. 征求用户对原型的意见

此阶段至关重要,开发人员通过与用户的交流尽量使用户的要求达到最大满足。若用户对新系统原型完全不能接受,则应回到第2阶段。

4. 修改系统原型

开发人员根据用户对新系统模型提出的修改意见对原型进行修改、完善,再回到第3阶段,反复征求意见,反复修改,直到用户满意为止。

二、原型法的特点

从上述工作流程来看,原型法无论从原理到工作步骤都是十分简单的,并无任何高深的理论与技术，也同样备受推崇并在实践中获得了巨大的成功。与结构化系统性开发方法相比，它具有以下特点。

1. 认识论上的突破

从认识论的角度来看，原型法更多地遵循了人们认识事物的规律，因而更容易为人们所普遍接受，这主要表现在：

（1）人们认识任何事物都不可能一次就完全了解，并一次性就把工作做得尽善尽美；

（2）认识和学习的过程都是循序渐进的；

（3）人们对于事物的描述，往往都是受环境的启发而不断完善的；

（4）人们批评指责一个已有的事物，要比描述自己的设想容易得多，改进一些事物要比创造一些事物容易得多。

2. 改进了用户和系统开发者的信息交流方式

原型法将模拟的手段引入系统分析的初期阶段，沟通了人们的思想，缩短了用户和系统分析人员之间的距离，解决了结构化方法中最难解决的一环。这主要体现在：

（1）所有问题的讨论都是围绕某一个确定的原型而进行的，彼此之间不存在误解和答非所问的可能性，为准确认识问题创造了条件；

（2）有了原型才能启发人们对原本想不起来或不易准确描述的问题的确切描述；

（3）能够尽早地暴露出系统实现后存在的一些问题，促使人们在系统实现之前就将问题加以解决。

3. 降低了开发风险和开发成本

（1）这种原型法在进行开发时，只有当风险程度通过原型使用者和开发人员的一致同意后，才能继续开发最终系统，减少了开发失败的可能性；

（2）在开发过程中，这种方法充分利用了最新的软件工具，摆脱了旧的工作方法，使系统开发的时间、费用大大地减少，效率、技术等方面都大大地提高；

（3）减少了用户培训时间，简化了管理，因此也就降低了系统开发成本。

三、原型法的优缺点

原型法的优点主要体现在：①原型法的循环反复、螺旋式上升的方法，更多地遵循人们认识事物的规律。②原型法强调用户的参与，强调开发工具的使用，采用可视化交互，快速建立起的原型取代了形式的、僵硬的（不允许更改的）大部头的规格说明，将传统的系统调查、系统分析和系统设计合而为一，用户通过在计算机上实际运行和试用原型系统而向开发者提供真实的、具体的反馈意见，提高了用户对系统功能的理解，强化了用户与系统分析员的沟通，用户需求表达更清楚，降低了开发风险；增强了系统的适应性，能有效地节省后期变更成本，提高了项目的成功率。

其缺点主要体现在：①对于大型系统或复杂的系统，原型法没有充分的整体规划和系统分析，很难构造出原型，且开发过程中缺少整体性、系统性，并不适合开发大型信息系统；②原型法的应用还必须有一个强有力的软件支持环境，若没有功能强大的辅助系统开发工具的支持，原型法的优势难以实现；③原型法返工现象严重，开发过程管理困难，系统交付周期可能较长。

为保证这一方法的成功，应当重视对开发过程的控制；应将原型法与生命周期法、结构化方法有机结合；应当充分了解原型法的使用环境和开发工具；注意其适用范围。

综上所述，原型法是信息系统开发过程中一种简单的模拟方法，与早期人们不经分析直接编程的时代以及结构化系统开发时代相比，它是人类认识信息系统开发规律道路上的"否定之否定"。它在前者的基础之上，借助新一代的软件工具，螺旋式上升到一个新的更高的起点，它舍弃了结构化系统开发方法的某些繁琐细节，继承了其合理的内核，是对结构化系统开发方法的发展和补充。

第五节 面向对象的开发方法

面向对象是近些年来迅速形成和发展起来的一种软件开发方法和理论。它是一种按照人们对现实世界习惯的认识规律和思维方式来研究和模拟客观世界的方法学。面向对象方法学引入了对象、类、方法、消息、继承、封装等一系列重要概念，为我们表达和反映客观世界、分析、设计和实现复杂系统提供了先进的技术方法，奠定了坚实的理论基础。

一、面向对象方法的基本思想

面向对象（Object-oriented）的概念起源 1967 年挪威计算机中心学者奥理（Ole-Jone-Dahl）设计的仿真语言 Simula-67。这一语言首次提出了对象、封装、数据抽象化及类的概念和继承机制，并且以互动的方式来表达真实情况中的对象与并行问题，体现了用对象模拟客观世界中实体的特点。虽然 Simula-67 并非真正意义上的面向对象语言，但是它确实具有一些面向对象语言的重要特征，是面向对象语言产生的基础性象征。但是，面向对象方法真正的第一个里程碑应该是在 1981 年美国 XEROX 公司 PaloAlto 研究中心推出的 Smalltalk-80 语言。Smalltalk-80 发展了 Simula-67 的对象和类的概念，并引入了方法、消息、元类及协议等概念，被誉为第一个面向对象语言。

面向对象方法认为世界是由各种各样具有自己的运动规律和内部状态的对象所组成的，不同对象之间的相互作用和通讯构成了完整的现实世界。因此，人们应当按照现实世界这个本来面貌来理解世界，直接通过对象及其相互关系来反映世界。这样建立起来的系统才能符合现实世界的本来面目。

（一）面向对象方法的基本概念

面向对象方法是用面向对象的观点和术语描述客观世界问题空间中的事物（对象）及其联系的，一系列面向对象的基本概念构成了面向对象方法的基础，掌握这些概念对于理解和应用面向对象方法是至关重要的。归纳起来，我们把面向对象方法的基本概念分为如下几种。

1. 对象（Object）

对象是面向对象系统的基本构造块，是一些相关的变量和方法的软件集。对象是人们要进行研究的任何事物，它不仅能表示具体的事物，还能表示抽象的规则、计划或事件。

在面向对象方法中，对象是系统中用来描述客观事物的一个实体，是构成系统的基本单位。一个对象由一组属性和对这组属性进行操作的一组服务构成。其中，属性是用来描述对象静态特征的一个数据项，服务是用来描述对象动态特征的一个操作序列。

描述对象的主要元素有四个：

（1）对象的名称，是对对象的命名，如"图书"。

（2）属性，用来描述对象的状态特征，如"图书"这一对象的属性有编号、书名、出版日期、作者、出版社等。

（3）操作，即对象的行为，分为两类：一类是在对象受到外界消息触发后引起的自身操作，这种操作的结果是修改了对象自身的状态；另一类是对象施加于其他对象的操作，这是指对象将自己产生的输出作为消息向外发送，如借阅图书。

（4）接口，主要指对外接口，用来定义对象与外界的关系和通信方式。接口是指对象受理外部消息所指定的操作的名称集合，如还书窗口。

2. 类（Class）

类是具有相同属性和操作的一组对象的组合，也就是说，抽象模型中的"类"描述了一组相似对象的共同特征，为属于同类的全部对象提供了统一的抽象描述。

例如，名为"学生"的类被用于描述被学生管理系统管理的学生对象。

类的定义要包含以下的要素：第一，定义同类对象的数据结构（属性的名称和类型）；第二，定义对象所要执行的操作，也就是类的对象要被调用执行哪些操作，以及进行这些操作时对象要执行哪些操作，比如数据库操作等。

类具有层次性，可以由一个类派生出多个子类，如"电子产品"是一个类，它可以派生出"计算机""手机"等多个子类；"图书"是一个类，它可以派生出"文学图书""外语图书""管理图书"等多个子类。子类具有父类所有的数据和方法。同时，子类也可以扩展自身的数据和方法。

3. 消息与事件（Message and Method）

消息（Message）是指描述事件发生的信息，是对象间相互联系和相互作用的方式。传入消息内容的目的有两个，一是让接受请求的对象获取执行任务的相关信息，二是行为指令。例如，图书馆管理系统中，借阅者的借书请求就是一条消息。

事件（Method）通常是指由系统预先定义而由用户或系统发出的动作。事件作用于对象，对象识别事件并作出相应反应。例如，在借书时，借阅登记就是一个事件。

对象通过对外提供的事件在系统中发挥自己的作用，当系统中的其他对象请求这个对象执行某个事件时，就向这一对象发送一个消息，对象响应这个请求，完成指定的动作。

（二）面向对象方法的基本思想

面向对象方法的基本思想是尽可能地运用人类的自然思维方式来建立问题空间的模型，构造尽可能直观、自然地表达求解方法的软件系统。客观世界是由各种各样的对象组成的，具有相同的内部状态和运动规律的对象可以抽象为一个类，对象是类的一个实例，一个类可以产生许多对象。类可以派生出子类，子类可以继承父类的全部特征。又可以有自己的新特征。对象之间是通过消息传递来互相联系的。

下面具体阐述面向对象方法的基本思想：

（1）客观世界中的事物都是对象，对象间存在一定的关系。面向对象方法要求从现实世界中客观存在的事物出发来建立软件系统，强调直接以问题域（现实世界）中的事物以及事物间的联系为中心来思考问题和认识问题，并根据这些事物的本质特征和系统责任，把它们抽象地表示为系统中的对象，作为系统的基本构成单位。这可以使系统直接映射到问题域，保持问题域中的事物及其相互关系的本来面貌。

（2）用对象的属性表示事物的数据特征，用对象的操作表示事物的行为特征。对象把它的属性与操作结合在一起，成为一个独立的、不可分的实体，并对外屏蔽它的内部细节。

（3）通过抽象对事物进行分类。把具有相同属性和相同操作的对象归为一类，类是这些对象的抽象描述，每个对象是它的类的一个实例。复杂的对象可以用简单的对象作为构成部分。通过在不同程度上运用抽象原则，可以得到较一般的类和较特殊的类。特殊类继承一般类的属性与操作。

（4）对象之间通过消息进行通信，以实现对象之间的动态联系；通过关联表达类之间的静态关系。

图 2-4 为面向对象基本思想的一个示意图。通过系统的静态模型和动态模型分别建立系统的分析与设计模型，进而得到可运行的程序。正是通过面向对象建模，对所要解决的问题有了深刻且完整的认识，进而把其转换成可运行的程序，使得程序所处理的对象是对现实世界中对象的抽象。

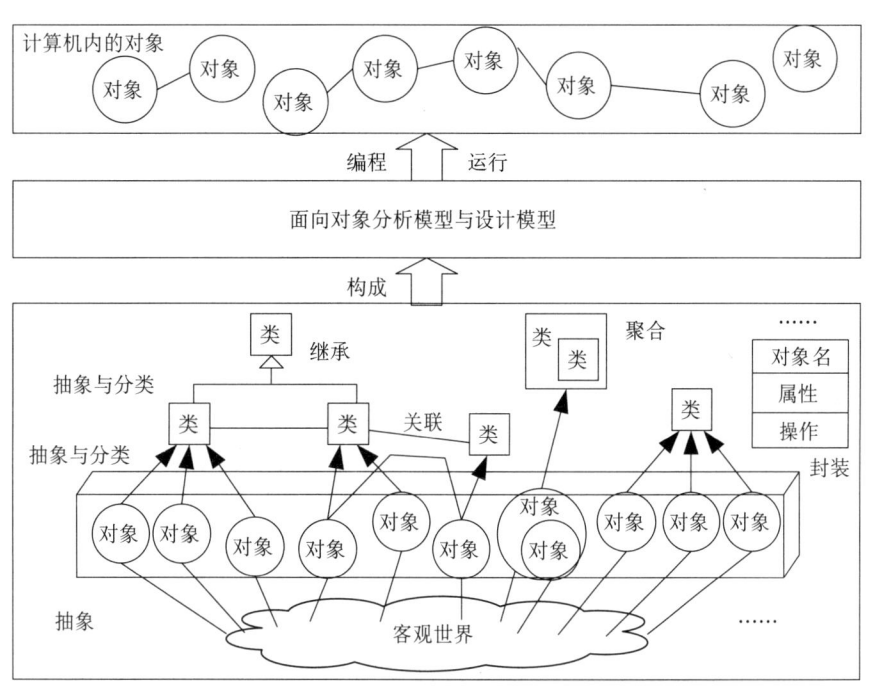

图 2-4 面向对象基本思想示意图

二、面向对象方法的特点

（一）封装性（Encapsulation）

封装是把对象的状态和行为绑到一起的机制，把对象形成一个独立的整体，并且尽可能地隐藏对象的内部细节。封装有两个含义：一是把对象的全部状态和行为结合在一起，形成一个不可分割的整体，对象的私有属性只能够由对象的行为来修改和读取；二是尽可能隐藏对象的内部细节，与外界的联系只能够通过外部接口来实现。

封装的信息屏蔽作用反映了事物的相对独立性，我们可以只关心它对外所提供的接口，即能够提供什么样的服务，而不用去关注其内部的细节问题。比如说在使用手机的过程中，我们关注的通常是这个手机能实现什么功能，而不太会关心这个手机是怎么一步一步制造出来的。

在面向对象开发方法中，程序和数据是封装在一起的，对象作为一个实体，其操作隐藏在方法中，其状态由对象的属性来描述，并且只能通过对象中的方法来改变，从外界无从得知。封装性构成了面向对象开发方法的基础，因而，这种方法的创始人 Codd 和 Yourdon 认为，面向对象就是"对象+属性+方法"。

（二）抽象性（Abstract）

抽象就是忽略一个主题中与当前目标无关的那些方面，以便更充分地注意与当前目标有关的方面。抽象并不打算了解全部问题，而只是选择其中的一部分，暂时不用部分细节。比如，我们要设计一套图书管理系统，在考察借阅者这一对象时，我们只关心其借阅证号、姓名和借阅记录等，而不用去关心身高、体重这些信息。一般来说，抽象包括两个方面，一是过程抽象，二是数据抽象。过程抽象是指任何一个明确定义功能的操作都可被使用者看做单个的实体看待，尽管这个操作实际上可能由一系列更低级的操作来完成。数据抽象定义了数据类型和施加于这一类型对象上的操作，并限定了对象的值只能通过使用这些操作修改和观察。

在面向对象方法中，把从具有共同性质的实体中抽象出的事物本质性概念，称为"类"，对象是类的一个实例。类中封装了对象共有的属性和方法，通过实例经一个类创建的性质，自动具有类中规定的属性和方法。

（三）继承性（Inheritance）

继承是一种连接类与类之间的层次模型。继承是指特殊类的对象拥有一般类的属性和行为。继承意味着"自动地拥有"，即在特殊类中不必重新对已经在一般类中所定义过的属性和行为进行定义，而是特殊类自动地、隐含地拥有其一般类的属性和行为。

继承对类的重用性，提供了一种明确表述共性的方法，即一个特殊类既有自己定义的属性和行为，又有继承下来的属性和行为。例如，在图书馆管理系统中，学生类和教师类都继承借阅者类的属性和方法，如图 2-5 所示。

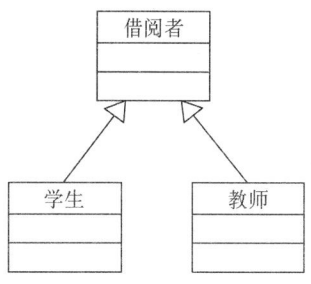

图 2-5 类的继承关系

（四）多态性（Polymorphism）

对象间的联系是通过对象间的消息传递动态地建立起来的。不同对象收到同一消息可能产生完全不同的结果,这一现象叫多态。对象的多态性是指在父类中定义的结构、操作和约束被子类继承之后,可以具有不同的数据类型和表现出不同的行为。多态性机制不仅增加了面向对象软件系统的灵活性,进一步减少了信息的冗余,而且显著提高了软件的可重用性和可扩充性。就像球类运动项目,给乒乓球就打乒乓球,给篮球就打篮球。

三、面向对象方法的优缺点

面向对象法与人类习惯的认识思维方法相一致,解决了传统的系统开发方法中软件重用性差、软件可维护性差、难以真正满足用户需要等问题;所开发的系统稳定性好,可重用性高和可维护性好。

与结构化开发方法、原型法相比,面向对象方法具有以下优点:①把功能及数据看做是服务与属性的高效统一,适合人类思维的特点,便于对问题空间管理和系统开发,提高了软件的开发质量和文件的质量。②对需求的变化具有较强的适应性,满足了客观世界迅速变化对软件弹性的要求。③较好地处理了软件的规模和复杂性增加带来的问题,适应了客观世界发展和问题空间不断复杂化的需要。④通过直接模仿应用领域的实体得到抽象与对象,通过对象间的协作完成任务,说明规格,系统设计更好理解。⑤界面更少,提高了模块化和信息隐藏程度,符合客观世界的发展趋势。

面向对象方法的缺点是从面向过程到面向对象方法的转变是困难的。如何真正使描述问题的问题空间与实现解法的解空间在结构上达到一致,以及建立一个好的类层次结构关系是具有相当难度的。因此当数据与功能关系不太复杂时此方法适用。另外,此方法对开发人员有一定的基础和经验方面的要求。

四、面向对象方法的开发过程

面向对象方法,即 Objected – Oriented Method,简称 OO 方法。按照生命周期的理论,基于 OO 方法的系统开发过程可分为以下五个阶段:

(一) 面向对象的分析(Objected – Oriented Analysis,缩写为 OOA)

OOA 强调直接针对问题域中客观存在的各种事物来设立 OOA 模型中的对象。在繁杂的问题域中抽象地识别出对象以及其行为、结构、属性、方法等。面向对象分析与其他分析方法一样,是提取系统需求,并建立问题域精确模型的过程,用对象的属性和服务分别描述事物的静态特征和行为。问题域有哪些值得考虑的事物,OOA 模型中就有哪些对象,而且对象及其服务的命名都强调与客观事物一致。另外,OOA 模型也保留了问题域中事物之间关系的原貌,这包括把具有相同属性和相同服务的对象归结为类,用一般—特殊结构描述一般类和特殊类之间的继承关系,用整体—部分结构描述事物间的组成关系,用实例连接和消息连接表示事物之间的静态联系和动态联系。总之,无论是对问题域中的单个事物,还是对各个事物之间的关系,OOA 模型都保留它们的原貌,没有加以转换、扭曲,也没有打破原有的界限而重新组合。所以 OOA 模型能够很好地映射问题域。

(二) 面向对象的设计(Object – Oriented Design,简成为 OOD)

OOD 是对分析的结果作进一步的抽象、归类、整理,并最终以范式的形式将其确定下来。OOA 与 OOD 的职责划分是 OOA 针对问题域运用 OO 方法,建立一个反映问题域的 OOA

模型，不考虑与系统具体实现有关的因素，如采用什么编程语言、图形用户界面、数据库等，从而使 OOA 模型独立于具体实现。OOD 则是针对系统一个具体的实现运用 OO 方法，要把分析阶段得到的需求转变成符合成本和质量要求的、抽象的系统实现方案的过程。其中，包括两方面的工作：一是把 OOA 模型直接搬到 OOD（不经过转换，仅作某些必要的修改和调整），作为 OOD 的一个部分；另外是针对具体实现中的人机界面、数据存储、任务管理等因素补充一些与实现有关的部分，这些部分与 OOA 采用相同的表示法和模型结构。

OOA 与 OOD 采用一致的表示法是 OO 方法优于传统开发方法（如结构化方法和信息工程法）的主要原因之一，这使从 OOA 到 OOD 不存在转换，只有局部的修改或调整，并增加几个与实现有关的独立部分。因此，OOA 与 OOD 之间不存在传统开发方法中分析与设计之间的鸿沟，两者能够紧密衔接，大大降低了从 OOA 过渡到 OOD 的难度、工作量和出错率。

（三）面向对象的编程（Object–Oriented Programming，缩写为 OOP）

OOP 的任务就是采用一种面向对象的编程语言 OOPL 把 OOD 模型中的每个成分书写出来，是将上一步整理的设计方案直接映射为应用软件的过程。理想的 OO 开发规范，应要求在 OOA 和 OOD 阶段就对系统需要设立的每个对象类及其内部构成（属性和服务）与外部关系（静态和动态联系）都有透彻的认识和清晰的描述，而不是把许多问题遗留给程序员去重新思考。程序员要做的事情就是用具体的数据结构来定义对象的属性，用具体的语句来实现服务流程图的算法。OOP 阶段产生的程序能够紧密对应 OOD 模型；OOD 模型中一部分对象类对应 OOA 模型，其余部分的对象类对应与实现有关的因素；OOA 模型中全部类及对象都对应问题域中的事物。这样的映射关系不但提高了开发的效率和质量，对以后的维护也十分有帮助。

（四）面向对象的测试（Object–Oriented Testing，缩写为 OOT）

OOT 是指对于用 OO 技术开发的系统，在测试过程中继续运用 OO 技术，进行以对象为中心的系统测试。对于用 OOA 和 OOD 建立模型并由 OOPL 编程的软件，OOT 能够更准确地发现程序错误并提高测试效率。原因在于：在用 OOPL 实现的程序中，对象的封装性使对象成为一个独立的程序单位，只通过有限的接口与外部发生关系，从而大大减少了错误的影响范围。OOT 以对象的类作为基本测试单位，差错范围主要是类定义之内的属性和服务以及有限的对外接口（消息）所涉及的部分。此外，由于继承性的存在，OOT 完成对父类的测试后，子类的测试重点只是那些新定义的属性和操作。

（五）面向对象的维护（Object–Oriented System Maintenance，缩写为 OOSM）

OO 方法为系统维护提供了有效的途径。程序与问题域是一致的，各个阶段的表示是一致的，从而大大减少了理解的难度。无论是发现了程序中的错误而逆向追溯到问题域，还是需求发生了变化而从问题域正向跟踪到程序，都是比较容易的。

第六节 计算机辅助软件工程法

计算机辅助软件工程（Computer Aided Software Engineering，CASE）原来是指用来支持管理信息系统开发的，由各种计算机辅助软件和工具组成的一个大型综合性软件开发环境，随着各种工具及软件技术的发展、完善和不断集成,逐步由单纯的辅助开发工具环境转化为一种相对独立的方法。

一、CASE 方法的基本思路

CASE 方法解决系统开发问题的基本思想是结合系统开发的各种具体方法,在完成对目标系统的规划和详细调查后,如果系统开发过程中的每步都相对独立且一定程度上彼此形成对应关系,则整个系统开发就可以应用专门的软件开发工具和集成开发环境来实现。

值得注意的是,CASE 方法只是在具体的开发方法下提供计算机辅助工具,CASE 并不能提供一套完整的系统分析、设计方法。因此,CASE 方法只是一种开发环境。

上述 CASE 方法的基本思路决定了 CASE 环境具有如下的特点。

1. 方法上的依赖性

在实际开发一个系统中,CASE 环境的应用必须依赖于一种具体的开发方法,如结构化方法、原型法、面向对象方法等,而一套大型完备的 CASE 产品,能为用户提供支持上述各种方法的开发环境。

2. 自动生成开发过程中的各种软件文档

CASE 是一种辅助的开发方法。这种辅助主要体现在它能帮助开发者方便、快捷地生成系统开发过程中各类图表、程序和说明性文档。

3. 开发过程的创新性

由于 CASE 环境的出现从根本上改变了人们开发系统的物质基础,从而使得利用 CASE 开发一个系统时,在考虑问题的角度、开发过程的做法以及实现系统的措施等方面都与传统方法有所不同,故常有人将它称之为 CASE 方法。

二、CASE 工具

(一) CASE 工具

一个完整的 CASE 系统应该支持不同的开发管理和控制方法,也要支持系统开发中各个阶段的活动。典型的 CASE 工具主要包括以下几类。

1. 图形工具

用图形和模型的方式表示信息系统所使用的各种技术。例如,绘制流程图、结构图或者其他与其他设计方法有关的图表工具。

2. 原型设计工具

用于快速生成用户界面、报表等。

3. 代码生成器

从原型系统的工具中自动产生可执行的程序源代码。

4. 测试工具

用于测试各类错误,包括对程序的结构、生成的源代码、系统集成的测试。

5. 文档资料生成工具

用于产生结构化方法所需的各种技术文档和用户系统文档。

其他的工具还有语句校对程序、信息知识库、开发方法和项目管理工具等。这些工具集成在统一的 CASE 环境中,通过一个公共接口,实现工具之间数据的可传递性,连接系统开发和维护中的各个步骤，最后在统一的软件、硬件平台上实现系统的全部开发工作。

（二）CASE 工具的作用

利用 CASE 工具可以自动完成许多手工的系统开发任务，并能在一种方法下促进标准化，在开发项目中可以促进系统开发的连贯和协作，同时可以为系统生成大部分文档，包括数据流程图、数据模型和其他文档资料。

CASE 工具的使用给系统开发带来了很大优势，主要表现在以下四个方面。

1. 在保证系统的一致性方面，CASE 工具产生了积极的效果

在系统分析中，系统的一致性检验是十分烦人的，有的时候简直难以完成。当用计算机来存储和管理系统分析阶段的大量信息时，这些一致性的检验及保证则可以由计算机来辅助完成。

2. CASE 工具为全面收集信息提供了有效的手段

它以系统分析各工作系统为框架，针对不同阶段的目的与要求，提供了多种信息采集的入口和界面，从而引导和帮助人们采集必要的信息。同时，它还可以在信息不足或不完整时发出提示信息，提醒人们进一步收集有用的信息。另一方面，这种工具还能使人们充分利用所有的信息，当某一有关系统的信息进入 CASE 工具总的存储后，它将能够为各方所使用，从而减少了手工进行系统分析时大量的重复采集、重复处理的麻烦。显然，这是计算机辅助功能的又一特征。

3. 在各种成果的重用方面，CASE 工具也显示了作用

由于知识的有限积累，不仅是软件模块，而且各种图表、文档都有可能得到更加充分的利用。重用这一概念，在更广泛的意义下得到实现，这将使重复劳动大大减少，工作效率大大提高。

4. 在知识的积累方面，CASE 工具也十分有利于改进系统分析的工作

三、常用 CASE 工具介绍

（一）绘图工具

1. Visio 工具

这是目前国内用得最多的 CASE 工具，它提供了日常使用的绝大多数框图的绘画功能，包括信息领域的各种原理图、设计图，同时提供了部分信息领域的实物图。Visio 的最大特点在于其使用方便，安装后既可以单独运行，也可以在 Word 中作为对象插入，与 Word 集成良好，其图生成后在没有安装 Visio 的 Word 中仍然能够查看。Visio 在处理框和文字处理上十分流畅，同时在文件管理上 Visio 提供了分页、分组的管理方式。Visio 支持 UML 的静态和动态建模，对 UML 的建模提供了单独的组织管理。从 2000 版本后 Visio 被 Microsoft 收购，正式成为 Office 大家庭的一员。

2. SmartDraw

SmartDraw 与 Visio 有许多不一样的地方。它提供大量模版，以目录树的形式出现在左边。用户的设计都可以纳入模版，并且在某个目录组织，SmartDraw 也有许多 Visio 没有的方便功能，比如插入表格。SmartDraw 本身是独立提供图稿绘制的工具，因而工具齐全。而 Visio 更多的是与 Word 集成在一起，能够充分利用 Word 的编排功能。

（二）原码浏览的工具

1. Source Insight

Source Insight 以工程的方式管理原码，提供非常适合再工程的浏览手段。Source Insight 整个面板分成三个部分：左边提供工程内的所有变量、函数、宏定义，右边提供程序阅读和编辑，下边显示鼠标在原码触及的函数或者变量定义。Source Insight 板面编排可以让程序阅读更为方便。Source Insight 提供函数交叉调用的分析，并以树状的形式显示调用关系。

2. Source Navigator

Source Navigator 提供原码高亮显示和编辑，提供头文件的包含关系分析，提供类的层次关系，其最大的特点是把原码始终和文件联系在一起，提供到文件的导航。它的分析速度相比 Source Insight 是有优势。

（三）配置管理工具

配置管理的重要意义在于维护文档的统一和可追溯性。尽管宏观的配置管理包括很多内容，但是一般最常用到的是对程序代码的版本控制，至于变更的控制、管理和通知这里不多介绍。下面将简要介绍国内几种常用的工具。

1. Visual SourceSafe

微软的 studio 企业版包含的版本管理工具，简称 VSS。这一工具包括服务器和通过网络可以连接服务器的客户端。VSS 提供了基本的认证安全和版本控制机制，包括 CheckIn（入库）、CheckOut（出库）、Branch（分支）、Label（标定）等功能；能够对文本、二进制、图形图像几乎任何类型的文件进行控制；提供历史版本对比；可以集成在 studio 中。

VSS 的客户端既可以连接服务器运行，也可以在本机运行，非常适合个人程序开发的版本管理。

2. PVCS

PVCS 是世界领先的软件开发管理工具，其市场占有率达 70% 以上，是公认的事实上的工业标准。IDC（互联网数据中心）在 1996 年 9 月的报告中评述"PVCS 是软件开发管理工业领域遥遥领先的领导者"。全球著名的企业、软件机构、银行等诸多行业及机构几乎无一例外地应用了 PVCS。

PVCS 包含多种工具。PVCS Version Manager 会完整、详细地记录开发过程中出现的变更和修改，并使修订版本自动升级，而 PVCS Tracker、PVCS Notify 会自动地对上述变更和修改进行追踪。另外，PVCS Requisite Pro 提供了一个独特的 Microsoft Word 界面和需求数据库，从而可以使开发机构实时、直观地对来自于最终用户的项目需求及需求变更进行追踪和管理，可有效地避免重复开发，保证开发项目按期、按质、按原有的资金预算交付用户。

3. ClearCase

ClearCase 是 Rational 公司的主要配置管理工具，现在绝大多数组织已经从 PVCS 过渡到了 ClearCase，其原因在于 ClearCase 是整个 Rational 产品系列中的中枢。

ClearCase 提供了 VOB 的概念来进行配置管理，功能十分强大。同时，ClearCase 使用起来非常复杂，需要进行专门的培训。ClearCase 的解密和安装也比较复杂。

ClearCase 是目前世界上最强大的配置管理工具之一，它采用许多新的配置管埋思想，使得相对于传统的 CVS、VSS、PVCS 等版本管理工具，ClearCase 具有许多优点，目前正在为世界上各大软件企业所使用。ClearCase 中有大量新的术语，其中比较重要的术语有 UCM（统一配置管理）、VOB（版本对象基础）、View（版本视图）、Activity（更新活动）。ClearCase 实现版本管理的基础是 VOB，成员要更改受控资料，需要先设置一个自己的 View，这个 View 是其感兴趣的受控资料范围，然后可以 CheckOut 资料到本地资料区，进行修改后再 CheckIn 提交。ClearCase 极为有力地支持多版本、并行开发。ClearCase 不仅可以提供基于文件的版本历史，甚至可以对整个目录系统的演化进行跟踪记录。

4. CVS

CVS 是在 Linux 和 Unix 下系统自带的版本控制工具，是版本控制中工具的鼻祖，功能十分强大，但是都得通过命令行的形式来操作，不便使用。

（四）数据库建模工具

1. ERWin

ERWin 是 CA 公司出品的拳头产品，是强大的老牌数据库建模工具。它有一个兄弟产品 BPWin，这个是 CASE 工具一个里程碑的产品。ERWin 界面简洁美观，也采用 ER 模型，功能与 PowerDesign 一样强大（不支持 UML）。它的 Diagram 给人的感觉十分清晰。在一个实体中，不同的属性类型采用可定制的图标显示，实体与实体的关系也一目了然。不过 ERWin 不适合非常大的数据库的设计，因为它对 Diagram 欠缺更多层次的组织。

2. PowerDesign

PowerDesign 是 Sybase 推出的主打数据库设计工具，其致力于采用基于 Entity – Relation 的数据模型，分别从概念数据模型（Conceptual Data Model）和物理数据模型（Physical Data Model）两个层次对数据库进行设计。概念数据模型描述的是独立于数据库管理系统的实体定义和实体关系定义。物理数据模型是在概念数据模型的基础上针对目标数据库管理系统的具体化。Sybase 数据库在国内知名度可能不及 Oracle，但是 Sybase 的数据库前端开发工具 PowerBuilder 却是无可匹敌，再加上 PowerDesign 的确有过人之处，因而它在国内得到相当广泛的使用。PowerDesign 功能强大，使用非常方便。它提供了概念模型和物理模型的分组，呈现在使用区左边的是树状的概念模型和物理模型导航，其使用者可以建立多个概念模型和物理模型，并且以 Package 的形式任意组织；它几乎能够产生到所有常用数据库管理系统的 SQL 脚本，使用者可以不经过 SQL 脚本直接在 DBMS 中生成数据库；它提供增量的数据库开发功能，支持局部更新，使用者可以在概念模型、物理模型、实际数据库三者间完成设计的同步。同时，它还有逆向工程，再工程支持，目前还支持 UML 建模。

（五）UML 建模工具

UML 统一建模语言（Unified Modeling Language）是一种标准化的图形化建模语言，它是面向对象分析与设计的一种标准表示。值得注意的是 UML 不是一种可视化的程序设计语言，而是一种可视化的建模语言，是一种模型表示的标准。UML 建模的工具主要有以下几种。

1. Rational Rose

Rational Rose 是 Rational 公司面向对象分析和设计工具的一个产品，由 Grady Booch、James Rumbaugh 和 Ivar Jacobson 三人设计，一般用于大型项目的建模。它使改进和维护设计、从模型生成报表、在平行协作环境中与他人共同进行建模工作变得很方便。

Rational Rose 目前在国内正被越来越多的公司所使用,其原因一方面是随着软件规模的扩大,面向对象分析和设计的优势突现出来,软件企业正在从面向过程向面向对象过渡;另一方面,Rational Rose 集中体现了统一软件建模(UML)的先进设计思想,能够通过一套统一的图形符号简洁有效地表达各种设计思想。当然,Rational Rose 本身在设计上的完善和与 Rational CASE 家族的完美集成也是作为一款最成功的 CASE 产品的基础。

Rational Rose 在功能上可以完成 UML 的九种标准建模,即静态建模(用例图、类图、对象图、组件图、配置图)和动态建模(合作图、序列图、状态转移图、活动图)。为了使静态建模可以直接作用于代码,Rational Rose 提供了类设计到多种程序语言代码自动产生的插件。

同时,作为一款优秀的分析和设计工具,Rational Rose 具有强大的正向和逆向工程能力。正向工程这里指的是由设计产生代码,逆向工程指由代码归纳出设计。通过逆向工程 Rational Rose 可以对历史系统作出分析,然后进行改进,再通过正向工程产生新系统的代码,这样的设计方式我们称之为再工程。

2. JUDE

JUDE(Java and UML Developers' Environment),是一个中日合作采用 XP 开发方式纯 Java 开发的软件,只有几兆的大小,功能完善,速度快,易操作,易上手,速度很快。可以画 Class、Usecase、Statechart、Activity、Object、Sequence、Collaboration、Component 和 Deployment 图,可以导入 Java 源文件直接建模,也可以导入 Rose 98 的 MDL 文件,可以将模型导出成 Java 源文件、HTML 和文本格式。

本章小结

诺兰模型把信息系统在组织中应用、成长的过程划分为六个阶段,这对于组织应用及发展信息系统具有指导性的意义。在开发信息系统时要选择适当的开发策略、开发方式及开发方法。

开发策略主要有"自上而下"和"自下而上"两种;开发方式主要有自行开发、委托开发、联合开发和购买现成软件包;开发方法主要有结构化系统开发方法、原型法、面向对象开发方法和计算机辅助软件工程法。这些策略、开发方式和开发方法各有特点,需结合组织特点及需求进行选择。

本章习题

一、选择题

1. 以下哪种开发方式的开发费用最少?(   )
   A. 自行开发　　　　　　　　　　　　B. 委托开发
   C. 联合开发　　　　　　　　　　　　D. 购买现成软件包

2. 返工现象严重，开发过程的管理困难，系统交付周期可能长的系统开发方法是（   ）。
   A. 结构化系统开发方法   B. 原型法
   C. 面向对象系统开发方法   D. CASE 法

3. 以下哪种工具不属于 CASE 法中的配置管理工具？（   ）
   A. VSS   B. Visio   C. PVCS   D. ClearCase

4. 自行开发不适合下列哪种组织？（   ）
   A. 大学   B. 研究所   C. 计算机公司   D. 餐饮机构

5. 诺兰模型中有三个阶段显示出面向信息资源管理时代的特点，以下哪个不是？（   ）
   A. 控制阶段   B. 集成阶段   C. 数据管理阶段   D. 成熟阶段

二、判断题

1. 结构化系统开发方法的第一步是进行系统规划。（   ）
2. "自上而下"的开发策略以现有系统的业务状况出发，先实现一个具体的功能，逐步由低级到高级建立信息系统。（   ）
3. 事件是指描述事件发生的信息，是对象间相互联系和相互作用的方式。（   ）
4. 由于系统开发工作的复杂性，参加开发工作人员多，历时长，因此，为保证工作的连续性，要求开发过程的每一步都要按照工程标准规范化，文档资料也要标准化。（   ）
5. 信息系统是一个人机系统，在人机分工中，一般数据信息量最大，使用频繁，需要复杂模型、反馈慢的信息处理工作应由人完成。（   ）
6. 原型法是循环反复、螺旋式上升的方法，它更多地遵循人们认识事物的规律。（   ）
7. 结构化系统开发方法强调自下向上整体性的分析与设计和自上向下逐步实施的系统开发过程。（   ）
8. "在合作中，双方的沟通容易出现问题，因此，需要双方及时达成共识，进行协调和检查。"这是委托开发的缺点。（   ）
9. 结构化系统开发方法减少了用户培训时间，简化了管理，因此也就降低了系统开发成本。（   ）
10. MIS 开发的总体目标是指系统运用现代管理理论技术、方法和手段，在系统具有的功能以及系统开发的效益上要达到的目标。（   ）

三、填空题

1. 面向对象的系统开发方法具有以下特点：封装性、抽象性、_____、多态性。
2. MIS 开发的具体目标有：_____、信息采集和处理目标、系统功能目标。
3. 结构化系统开发方法把系统开发过程分为六个阶段，分别是系统规划、系统分析、系统设计、系统实施、系统维护和_____。
4. _____通常是指一种由系统预先定义而由用户或系统发出的动作。
5. 原型法进行系统开发的主要步骤有确定用户的基本要求、_____、征求用户对原型的意见、修改系统原型。
6. 诺兰模型所划分的六个阶段为：初装阶段、蔓延阶段、控制阶段、_____、数据管理阶段和成熟阶段。

7. _____是具有相同属性和操作的一组对象的组合。

8. "费用高、系统维护与扩展需要开发单位的长期支持，不利于本组织的人才培养。"是_____的缺点。

9. _____强调系统开发过程的整体性和全局性，_____强调在整体优化的前提下来考虑具体的分析设计问题，即自顶向下的观点。

10. 诺兰模型的_____阶段是由无序开发到统筹规划的重要阶段，被认为是实现从以计算机管理为主到以数据管理为主转换的关键，一般发展较慢。

四、名词解释

1. CASE 2. 对象 3. 委托开发 4. UML统一建模语言 5. 原型法

五、简述题

1. 简述MIS开发的指导原则。
2. 简述系统的开发策略有哪些？各有何特点？
3. 简述面向对象系统开发方法的优缺点。
4. 什么是诺兰模型？简述其意义。
5. 简述MIS开发的基本条件。

第三章 系统规划

调查统计结果表明,管理信息系统项目的失败差不多有 70% 是由于规划不当造成的。在管理信息系统中,一个操作错误如果造成几万元损失的话,那么,一个设计错误就会损失几十万元,一个计划错误会损失几百万元,而一个规划错误则能损失几千万元甚至上亿元。信息系统规划错误的损失不仅仅是巨大的,而且是隐形的、长远的,往往要到系统全面推广实施后才能在实践中慢慢显现出来。因此,系统规划是企业和政府信息化的建设之本。没有科学合理的规划,就不可能有信息化建设的成功与效益。

第一节 系统规划概述

管理信息系统的规划包含内容甚广,由组织的总目标到各职能部门的目标以及其政策和计划,直到组织信息部门的活动与发展,绝不是拨款买些机器的简单规划。一个管理信息系统的规划应包括组织的战略目标、政策和约束、计划和指标的分析;应包括管理信息系统的目标、约束以及计划指标的分析;应包括应用系统或系统的功能结构、信息系统的组织、人员、管理和运行的分析;还应包括信息系统的效益分析和实施计划等。

一、系统规划的概念

规划,即进行比较全面的长远的发展计划,是对未来整体性、长期性、基本性问题的思考、考量和设计未来整套行动方案。它是管理的基本职能之一,是管理活动重要的组成部分。

系统规划是指根据组织的目标与战略制定组织业务流程改革与创新和管理信息系统建设长期发展方案的过程。这一阶段的主要任务是明确系统在整个开发过程中的发展方向、系统规模、开发计划,并进行可行性论证。参与规划的人员包括系统分析员、管理业务骨干和有关部门的领导。

系统规划主要解决以下四个问题:

(1) 如何保证信息系统规划同它所服务的组织和总体在战略上的一致?
(2) 怎样为组织设计出一个信息系统总体结构,并在此基础上设置、开发应用系统?
(3) 对相互竞争的应用系统,应如何拟定优先开发计划和运营资源的分配计划?
(4) 面对前三个问题,应怎样选择并应用行之有效的设计方法论?

系统规划是信息系统生命周期的第一个阶段,也是系统开发过程的第一步,其质量直接影响着系统开发的成败。正是由于信息系统是一项耗资巨大、技术复杂、开发周期长的系统工程,才更加需要一个高层的规划,即以整个系统为分析对象,从战略上把握系统的目标和功能的框架。

在一般情况下,如果将系统规划看成是组织规划下的一个专门性规划,它将是在制定组织战略之后,配合其结果和要求来制定的。另一种情况则是将系统规划看成是组织规划的一个组成部分，在制订组织规划中的生产规划、市场规划的同时，制订信息系统的规划。由于信息管理的规划涉及生产、市场等多个部门的规划，因此要强调信息系统规划与组织规划整体之间的协调。总之，不论系统规划是作为组织规划的一部分，还是作为一个专门性的规划，都应与组织规划有机地结合。正如一些信息系统规划专家所指出的，如何使一个组织中的信息系统发展战略与组织发展战略保持一致是系统规划工作的核心问题之一。

二、系统规划的作用和原则

（一）系统规划的作用

信息资源环境的复杂性使信息系统规划工作的好坏成为信息系统成败的关键。只有进行信息系统规划才可以保证信息系统中信息的一致性，避免信息系统成为"沙滩上的房屋"。其作用主要体现在以下几点：

（1）通过规划，使组织明确是否需要进行信息系统的开发以及为何要进行开发的原因。

（2）合理分配和利用资源（人力、资金、机器设备等），以节省信息系统的投资。

（3）通过制订规划，找出组织存在的问题，正确地识别为实现组织目标信息系统必须完成的任务，促进信息系统的应用，增加组织的经济效益。

（4）通过管理信息系统的规划，更能保证组织信息的一致性，提高组织决策的及时性和正确性。

（5）通过管理信息系统的规划，可以明确信息系统开发人员的工作方向和工作进度。

（6）指导信息系统开发，用规划作为将来考核系统开发的标准。

（二）系统规划的原则

（1）系统必须支持组织的总体目标。组织的战略目标是系统规划的出发点。系统规划从组织目标出发，分析组织管理的信息需求，逐步导出管理信息系统的战略目标和总体结构。

（2）整体上着眼于高层管理，兼顾各管理层的要求。针对不同管理层次的活动，查明信息需求，特别注意要实现对管理有影响的决策活动。

（3）系统在方法实现上必须尽量脱离对原有不合理组织机构的依从性。系统规划应着眼于组织的活动过程。组织最基本的活动和决策可以独立于任何管理层和管理职责。例如，库存管理可以由一个部门单独完成，也可以由多个部门联合完成。组织结构可以有变动，但库存管理的过程大体上是不变的。对组织过程的了解往往从现行机构入手，但只有摆脱对它的依从性，才能提高管理信息系统的应变能力。

（4）系统结构必须呈现良好的整体性。采用自上而下的规划方法以保证结构的完整性和信息的一致性是实现系统总体目标的基本条件。

（5）系统的开发必须贯彻便于实施的原则。系统规划应给后续工作提供指导，要便于实施。方案选择应追求实效，宜选择最经济、简单、易于实施的方案。技术手段强调实用，不片面求洋、求新。

三、系统规划的步骤

（一）初步调查当前系统

对组织及组织当前所使用的系统进行初步调查，收集来自组织内部和环境中的与规划有关的各种信息，明确组织目标，分析当前系统的优缺点，了解组织需求。

(二) 分析确定系统目标

根据组织目标及需求确定系统目标，明确系统对于组织目标的支持作用，并根据财务资源、人力资源、信息设备资源等方面的限制，定义信息系统的约束条件和政策。

(三) 分解系统明确功能

将系统进行分解、细化，勾画出未来信息系统的框图，明确其具体的功能，并根据资源的限制，选择一些适宜的功能优先开发，制定出总体开发顺序。

(四) 拟定系统实现方案

根据总体开发顺序，估计成本、拟定人员要求等具体实施目标及方案。实施方案一般至少拟定三个，也可能多至 n 个，每一个方案都需作出详细的说明，以备候选。

(五) 论证系统实现方案

根据组织目标、资源限制等多方因素，在上述备选方案中选择出一个最适合组织的方案。

(六) 编写系统规划报告

信息系统开发人员与用户反复交流讨论，最终写出系统规划报告，经组织领导人审批后生效，宣告系统规划任务的完成。如果组织领导人没有批准，则需重新进行规划，直至通过审批。

第二节 企业系统规划法

企业系统规划法（Business System Planning，BSP）是 20 世纪 70 年代由 IBM 公司提出的一种对企业管理信息系统进行规划的结构化方法，它主要是基于用信息支持企业运行的思想。

一、BSP 法概述

(一) BSP 法的总体思路

这种方法自上而下地识别系统目标，识别企业过程，识别数据，然后再自下而上地设计系统，以支持系统目标（如图 3-1 所示）。

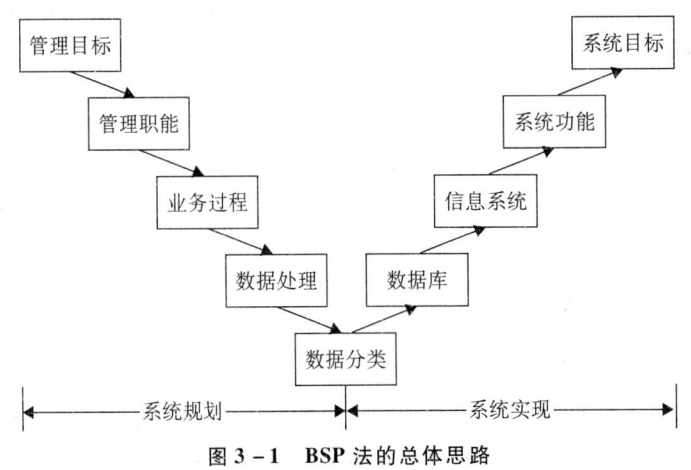

图 3-1 BSP 法的总体思路

(二) BSP 法的作用及优点

BSP 法是一种能够帮助规划人员根据组织目标制订出 MIS 战略规划的结构化方法，通过这种方法可以做到：

(1) 确定未来信息系统的总体结构，明确系统的子系统和开发子系统的先后顺序；

(2) 对数据进行统一规划管理和控制，明确各子系统间的数据交换关系，保证信息的一致性。

BSP 法的优点在于利用它能保证信息系统独立于组织结构，也就是能够使信息系统具有对环境变更的适应性，即使将来组织机构和管理体制发生变化，信息系统的结构体系不会受到太大的冲击。此法具有很强的可操作性。

(三) BSP 法的详细步骤

BSP 法是把组织目标转化为信息系统战略的全过程。BSP 法所支持的目标是组织各层次的目标，实现这种支持需要许多子系统，进行 BSP 法工作的详细步骤如图 3-2 所示。

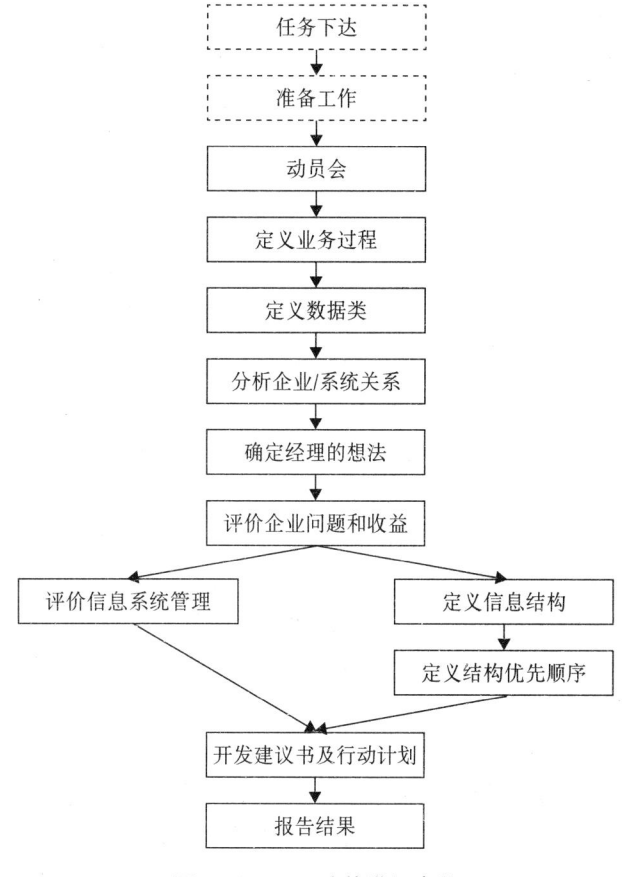

图 3-2　BSP 法的详细步骤

BSP 工作是一项系统工程性工作，所以需要充分做好准备工作。准备工作包括接受任务和组织队伍。一般接受任务是由一个委员会承担。委员会应当由总经理或副总经理牵头。委员会要明确规划的方向和范围，应有一个系统规划组，其组长应全时工作，并参加具体规划活动。委员会委员和系统组成员思想上要明确"做什么（what）""为什么做（why）""如何做（how）"以及希望达到的目标是什么。要准备的必要条件：一个工作控制室、一个工作计划、一个采访交谈计划、一个最终报告的提纲，还有一些必要的经费。所有这些均落实后，还要得到委员会的认可，准备工作才算落实，正式工作即可开始。准备工作的重要性不言而喻，因此，切忌没有作好准备工作而仓促上马，以免危害到整个系统开发的工作。

下面对 BSP 的主要活动进行介绍。

二、开好动员会

动员会是总体规划工作中很重要的一步，总体规划所涉及的单位负责人都应出席，并由组织高层领导进行动员。许多组织对总体规划不重视，认为总体规划是虚的，不过是几张报告，起不了什么作用。因此，动员会上应向管理人员灌输总体规划的基本思想，并通过介绍让大家组织和信息支持的要求有个全面的了解。

动员会的内容包括：

（1）说清工作的期望和期望输出。

（2）系统组要简介组织的现状，包括政治上、经济上、管理上的敏感问题；还应介绍组织的决策过程、组织功能、关键人物、用户期望、用户对现有信息系统的看法等。

（3）由信息系统负责人介绍信息人员对于组织的看法，同时应介绍现有项目状况、历史状况以及信息系统的问题。

三、定义业务过程

业务过程，也可称为企业过程、业务流程或企业流程，是指企业管理中必要而且逻辑上相关的、为了完成某种管理功能的一组活动。定义业务过程是 BSP 法的核心，用以识别组织在具体管理活动中的管理功能。以下以资源的生命周期法介绍识别方法。

（一）资源及其生命周期

这里所说的"资源"是广义的，即被管理的对象。资源可分为关键性资源和支持性资源。关键性资源是指产品与服务，不同的组织其产品和服务不同。例如，机械厂的产品是机械、零部件，科研单位的产品是科研成果，服务公司的产品则是各种服务。支持性资源则指为实现目标必须使用和消耗的那些资源，如原材料、资金、员工等。这两类资源也称为有形资源。还有一类不具备产品形式的管理对象，如战略规划、控制等，称为无形资源。

每个资源都有一定的生命周期。资源的生命周期是指一项资源由取得到退出所经历的阶段，可分为四个阶段：

（1）产生阶段，对资源的请求、计划等活动属于这个阶段。

（2）获得阶段，指对资源的开发活动，如产品的生产、员工的聘用等。

（3）服务阶段，指对资源的存储和服务的延续活动，如库存控制等。

（4）归宿阶段，指终止资源或服务的活动和决策，如产品的销售。

（二）识别管理功能的方法

资源的生命周期是识别管理功能的一种手段，因为资源生命周期的四个阶段给出了确定管理功能的一般规律。但识别管理功能并没有固定的模式，应根据实际情况来决定。

总体规划小组的参与者都要参加这项工作，各人识别一套管理功能，再集中讨论、汇总,统一集中,并对各个管理功能加以定义。识别管理功能后,把功能与组织之间的关系制作出一张表,也就是所谓的组织/功能矩阵,用来反映组织与功能之间的关系现状,表达它们之间的合理关系,为系统分析阶段提供详细调查的依据。

关键性资源识别功能如表3-1所示。表3-1中所列出的功能不一定很合逻辑,但没有关系,只要列出即可。对于产品和服务这条线所列出的功能,可以把它们画成流程图的形式,这有助于对组织活动的深刻了解,并有利于进一步识别、合并、调整功能。这种流程图如图3-3所示。

表3-1　　　　　　　　　　　　关键性资源识别功能

生命周期			
产生	获得	服务	归宿
市场计划	产品开发	库存控制	销售
质量预测	质量检查记录	质量监控	质量报告

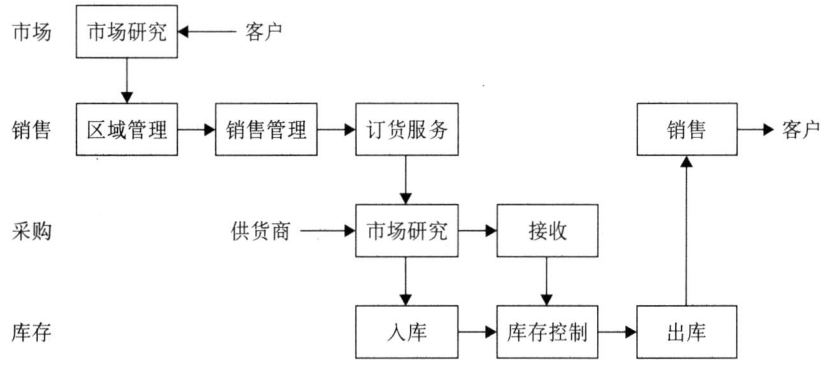

图3-3　功能初步流程图

图3-3也只是为了帮助深刻理解管理功能,以后还要根据实际情况增加、合并或删除。它是组织管理功能关联图,而不是子系统的划分图。

根据支持性资源生命周期可以识别出其功能,如表3-2所示。

表3-2　　　　　　　　　　　　支持性资源识别功能

支持性资源	生命周期			
	产生	获得	服务	归宿
人事	人事计划	调动招聘	培训	退休、辞退
财务	财务计划	拨款、应收款	银行业务	应付款业务
……	……	……	……	……
产品	需求计划	采购、入库	库存	发货

识别功能后,可以把功能和组织之间的关系画在一张表上,这就是组织/功能矩阵,如表3-3所示。这张表不仅表达了组织与功能之间关系的现状,而且应该表达它们之间的合理关系。系统分析阶段要按功能对各组织作进一步的调查。

表 3-3　　　　　　　　　　　　　　组织/功能矩阵

组织	功能								
	市场		销售			采购与库存		财务		
	计划	预测	销售区管理	销售	订货服务	采购进货	库存控制	财务计划	成本核算	基金管理
财务科	B			C			C	A	A	A
销售科	A	A	A	A	A					
供应科		B				A	A			
……										

注：A 表示主要负责，B 表示参加，C 表示一般参加。

四、定义数据类

数据类是指业务过程中所需要的逻辑上相关的数据，也就是把数据分成若干大类。常用的方法有两种。

（一）实体法

实体就是与组织有关的可以独立考虑的事物，如产品、人员、客户、设备等。每个实体可以用四种类型的数据加以描述，即文档型、事务型、计划型和统计型，其特点可用表 3-4 来表示。

表 3-4　　　　　　　　　　　　实体法中的数据类

类型	反映的内容	特点
文档型	反映实体的现状	一般一个数据仅和一个实体有关，可能为结构型（如表格）和描述型（如文本）
事务型	反映生命周期各阶段过渡过程相关文档型数据的变化	一般一个数据要涉及各个文档型数据，以及时间、数量等多个数据；这种数据的产生可能伴有文档型数据的操作
计划型	反映目标、资源转换过程等计划值	可能与多个文档型数据有关
统计型	反映企业状况，提供反馈信息	一般来自其他类型数据的采样，如历史性、对照性、评价性的数据，数据综合性强

把实体和数据类以矩阵方式表达，就得到实体/数据类矩阵，如表 3-5 所示。

表 3-5　　　　　　　　　　　　实体/数据类矩阵

数据类	实体			
	产品	客户	现金	人员
计划	产品计划	市场计划	预算	人员计划
统计	产品需求	销售历史	财务统计	人员统计
文档	产品规范成品	客户	财务会计	职工档案
事务	订货	发运记录	应收业务	人事调动记录

（二）功能法

每个功能都有相应的输入和输出的数据类型，对每个功能标出其输入、输出数据类，然后与实体法得到的数据类比较、分析、调整，最后归纳出系统的数据类，一般系统有 30~60 个数据类。

图 3-4 是一个功能法的例子。

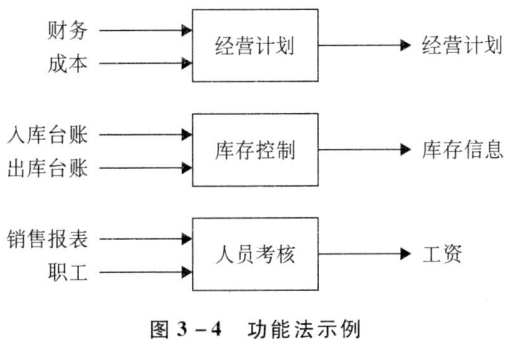

图 3-4 功能法示例

五、分析企业和系统的关系

分析企业和系统的关系主要用几个矩阵来表示：

（1）组织/过程矩阵。它在水平方向列出各种过程，垂直方向列出各种组织，如果这一组织是这一过程的主要负责者或决策者，则在对应的矩阵元中画"*"，若为主要参加者就画""，若为部分参加者就画"/"。这样便一目了然。

（2）组织/系统矩阵。如果组织已经有现行系统时，就可以画此矩阵。在矩阵元中填"C"，表示这一组织用这一系统；如果这一组织以后想用某系统，可以在矩阵元中填入"P"，表示这一组织计划用这一系统。

（3）系统/过程矩阵。原理同上，用以表示某系统支持某过程，也可以用"C"和"P"表示现行和计划。用同样方法还可画出系统/数据类的关系。

六、确定经理的想法

确定经理的想法就是确定组织领导对组织长远的看法。作为系统组的成员应当认真地准备采访提纲、采访以及进行分析总结等。采访的主要问题可参考如下：

（1）你的负责领域是什么？
（2）基本目标是什么？
（3）你去年达成目标所遇到的三个最大的问题是什么？
（4）什么问题妨碍你解决它们？
（5）为什么需要解决它们？
（6）较好的信息在这些领域的价值是什么？
（7）如果有更好的信息支持，你在哪些领域还能得到最大的改善？
（8）改善的价值是什么？
（9）什么是对你来说最有用的信息？
（10）你如何测量？

(11) 你如何考核你的下级？
(12) 你希望作什么样的决策？
(13) 你的领域明年和三年内主要的变化是什么？
(14) 你希望本次规划研究达到什么结果？
(15) 规划对你和组织将起到什么作用？

以上问题仅供参考，应根据具体情况进行增删。一般来说，所提问题应是 openon 型的，即引导被访者展开详细问答，而不应是 closedown 型的，即只回答是或否的问题。

七、评价企业问题

系统组在采访以后应当根据这些资料来评价组织的问题。评价过程的流程图如图 3-5 所示。

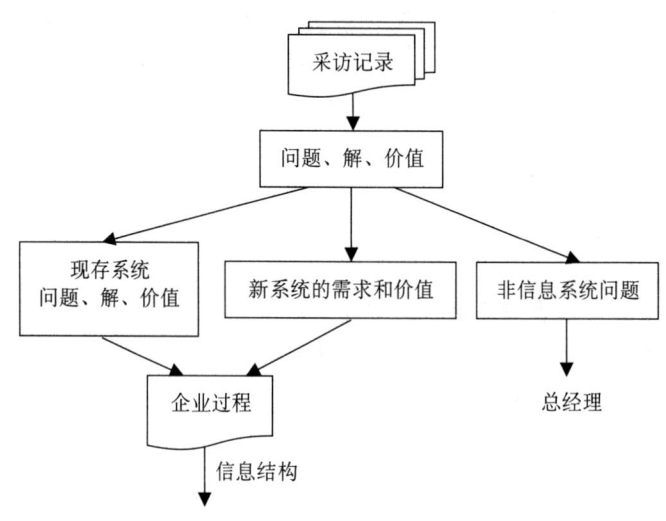

图 3-5 评价企业问题的流程图

根据这个流程图，可以归纳出评价企业问题的主要步骤如下：

(1) 总结采访数据。首先对采访的结果进行总结。为了使采访数据更加一目了然，可以汇集成一张表，如表 3-6 所示。

表 3-6　　　　　　　　　　总结采访数据

主要问题	问题解	价值说明	信息系统要求	过程/组影响	过程/组起因
由于生产计划影响利润	计划机械化	改善利润 改善客户关系 改善服务和供应	生产计划	生产	生产

(2) 分类采访数据。任何采访的数据均要分成三类：现存系统的问题和解、新系统需求和解、非信息系统问题。第三类问题虽不是信息系统所能解决的，但也应予以充分重视，并整理递交总经理。

(3) 关联数据和过程。把数据和过程关联起来，可以用问题/过程矩阵来表示，如表 3-7 所示。表 3-7 中的数字表示这种问题出现的次数。

表 3-7			问题/过程矩阵					
	市场	销售	工程	生产	材料	财务	人事	经营
市场顾客选择	2	2						2
预测质量	3							4
产品开发			4			1		1

八、定义信息系统总体结构

定义信息系统总体结构就是划分子系统，确定信息系统与各个部分及其相关数据间关系，并确定其开发先后顺序。子系统是指系统内联系密切的组织过程的组合。将大型的、较为复杂的系统分解为若干个相对独立又相互联系的子系统，意义非常重大。首先，划分子系统可简化开发；其次，这样开发出来的系统便于维护；最后，有利于分期分批实现子系统。

常用的方法是 U/C 矩阵法。U/C 矩阵，即功能/数据类矩阵，用来表达功能与数据类之间的联系。其具体步骤如下：

（一）构建初始的 U/C 矩阵

将前面定义过的业务过程和数据类分别写入二维表，判断过程与数据类之间的关系。若某数据类由相应的过程产生，则在过程与数据类的交叉点上标以 C（create）；若过程使用某数据类，则在过程与数据类的交叉点上标以 U（Use）。如表 3-8 所示。

在构造出初始的 U/C 矩阵后，需对其进行正确性检验，主要有：

（1）完备性（completeness）检验，指对具体的数据类必须有一个产生者（C）和至少一个使用者（U），功能则必须有产生和使用（U 和 C）发生。

（2）一致性（uniformity）检验，指对具体的数据类必须有且仅有一个产生者（C）。

（3）无冗余性（non-verbosity）检验，指 U/C 矩阵中不允许有空行和空列。

（二）调整 U/C 矩阵

初始 U/C 矩阵中的过程和数据类是随机填入的，过程之间的逻辑性较为缺乏，数据类之间的关系也不太紧密，因此，需要对其进行调整。调整 U/C 矩阵的步骤如下：

（1）调整业务过程。按照组织业务过程发生的逻辑关系，对初始的 U/C 矩阵中的过程一列进行重新调整，使相关的过程位置紧密。

（2）调整数据类。调整数据类的依据是使得 "C" 元素尽量地朝对角线靠近，如表 3-9 所示。

表 3-8　　初始的 U/C 矩阵

过程	经营计划	财务计划	财务	产品信息	出库台账	客户	工资	成本	职工	订单	调拨单	缺货单	出库单	销售单	采购清单	供货商	采购单	到货清单	销售报表	入库单	入库台账	库存信息
经营计划	C		U					U														
财务计划		C	U			U	U	U														
资产规模			C			U	U															U
产品预测	U			C		U																

续表

过程	数据类																						
	经营计划	财务计划	财务	产品信息	出库台账	客户	工资	成本	职工	订单	调拨单	缺货单	出库单	销售单	采购清单	供货商	采购单	到货清单	销售报表	入库单	入库台账	库存信息
销售区域管理				U		C				C												
成本会计				U			U	C	U													
人员计划	U	U							C													
人员考核							C		U												U	
订单处理				U						U		C	C									U
出库处理					C								U	C								U
缺货处理												U			C							U
发货处理						U							U	C				C				
采购处理															U	U	C	C				
到货处理																		U		C		
入库处理																				U	C	
供货商管理				U												C						
库存控制					U																U	C

表3-9 调整后的U/C矩阵

过程	数据类																					
	经营计划	财务计划	财务	产品信息	客户	订单	调拨单	缺货单	销售单	销售报表	库存信息	出库单	出库台账	入库台账	采购清单	供货商	采购单	到货清单	入库单	成本	职工	工资
经营计划	C		U																	U		
财务计划		C	U																	U	U	U
资产规模			C								U									U	U	
产品预测	U			C	U																	
销售区域管理				U	C	C																
订单处理				U		U		C	C		U											
发货处理					U				C	C	U											
库存控制											C		U	U								
出库处理									U			U	C	C								
入库处理														C					U			
缺货处理								U		U					C							
供货商管理				U												C						
采购处理															U	U	C	C				
到货处理																		U	C			
成本会计				U																C	U	U
人员计划	U	U																			C	
人员考核											U										U	C

（三）划分子系统

划分子系统是构建 U/C 矩阵的主要目的。在调整后的 U/C 矩阵中，将相关业务进行组合，形成一个子系统，并将其对应的数据类也划分在一起，即把子系统对应的"C"划在一个框内，如表 3-10 所示。

表 3-10　　　　　　　　　　　　　　子系统划分

	过程	数据类																				
		经营计划	财务计划	财务	产品信息	客户	订单	调拨单	缺货单	销售单	销售报表	库存信息	出库单	出库台账	入库台账	采购清单	供货商	采购单	到货清单	入库单	成本	职工	工资
经营计划	经营计划	C	U																		U		
	财务计划		C	U																	U	U	U
	资产规模			C								U									U	U	
销售管理	产品预测	U			C	U																	
	销售区域管理				U	C	C																
	订单处理				U		U	C	C			U											
	发货处理					U				C	C	U											
库存管理	库存控制											C	U	U									
	出库处理							U					U	C	C								
	入库处理														C					U			
	缺货处理								U			U					C						
采购管理	供货商管理				U												C						
	采购处理															U	U	C	C				
	到货处理																	U	C				
财务	成本会计				U																C	U	U
人事	人员计划	U	U																			C	
	人员考核										U											U	C

（四）确定子系统之间的关系

在框完所有的"C"之后，会发现还有很多"U"是散落在框外的，这些散落在外的"U"恰恰说明了子系统之间的关系。用箭头把这些"U"与子系统连接起来，就表示子系统之间的关系，如表 3-11 所示。

（五）得到子系统结构图

将表 3-11 简化，去掉所有的"U"和"C"，并使用双箭头，最后得到简化的子系统结构图，如图 3-6 所示。划分好子系统之后，还应对各个子系统进行分析和说明，并把它们写出来。

表 3-11　　　　　　　　　　　　　子系统之间的关系

过程		经营计划	财务计划	财务	产品信息	客户	订单	调拨单	缺货单	销售单	销售报表	库存信息	出库单	出库台账	入库台账	采购清单	供货商	采购单	到货清单	入库单	成本	职工	工资
经营计划	经营计划	经营计划子系统																			U		
	财务计划																				U	U	U
	资产规模										U										U	U	
销售管理	产品预测	U																					
	销售区域管理				销售管理子系统																		
	订单处理											U											
	发货处理												U										
库存管理	库存控制																						
	出库处理							U															
	入库处理											库存管理子系统					U						
	缺货处理								U														
采购管理	供货商管理				U												采购管理子系统						
	采购处理														U								
	到货处理																						
财务	成本会计				U																财务子系统	U	U
人事	人员计划	U	U																			人事管理子系统	
	人员考核										U												

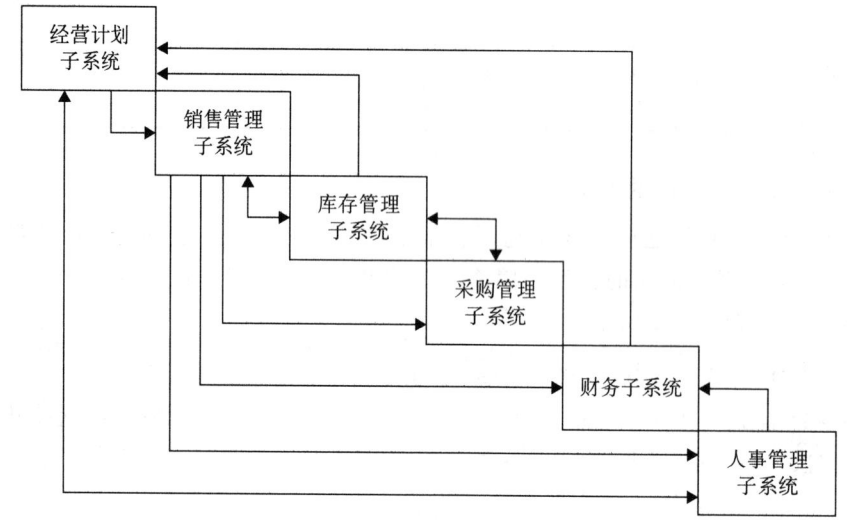

图 3-6　子系统结构图

第三节 系统规划其他常用方法

除了上节内容介绍的 BSP 法，系统规划还有很多其他方法，如关键成功因素法、价值链分析方法、战略目标集转化法、目的/方法分析法、组织信息分析与集成技术法、投资回收法等。本节主要针对前三种进行介绍。

一、关键成功因素法

关键成功因素法（Critical Success Factors，CSF）是由哈佛大学威廉·泽尼（William Zani）教授和麻省理工学院的约翰·波卡特（John Bockart）教授提出的。关键成功因素是指对组织成功起关键作用的因素。在每个组织中，都存在着对组织的成功起关键作用的因素。在不同的业务活动中，关键成功因素会有很大的不同，即使在同一类型的业务活动中，在不同时期内，其关键成功因素也会有不同。我们应该把精力集中于那些对管理活动确有帮助的信息，必须具备鉴别与选择信息的能力，即侧重于成功因素。CSF 法是通过分析找出组织成功的关键因素，然后再围绕这些关键因素来确定系统的需求，并进行规划。

（一）CSF 法的步骤

1. 目标识别

了解组织的战略目标，如某学校的目标是成为一个国际一流大学。

2. 识别所有的成功因素

在识别目标的基础上，可以使用逐层分解的方法引出影响组织目标的各种因素和影响这些因素的子因素，这一步骤可以使用树枝因果图作为工具。例如，为了实现成为国际一流大学这样一个目标，有众多因素对其产生影响，如教学成果、学术水平、办学条件等，而影响这些因素的子因素又可进一步细分，如图 3-7 所示。

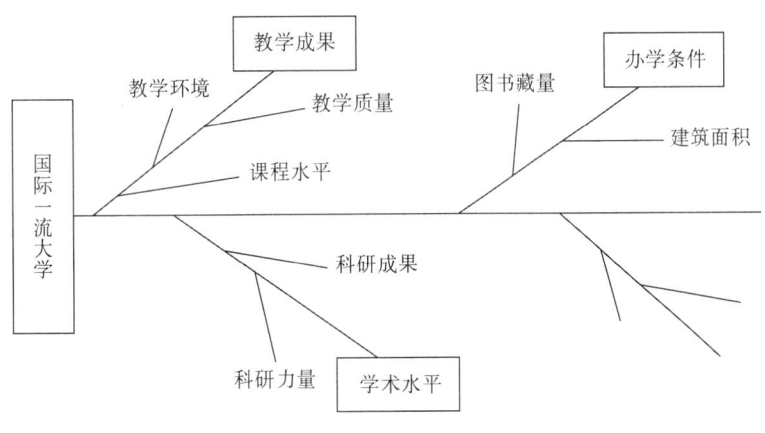

图 3-7　树枝因果图

3. 识别关键成果因素

对识别出来的所有成功因素进行评价，并根据组织现状以及目标确定其关键成果因素，这一步骤可以使用专家调查法或模糊综合评价方法等。但是，如何评价哪些因素是关键成功因素，不同的组织是不同的。对于一个习惯高层人员个人决策的组织，主要由高层人员个人来进行选择；对于习惯群体决策的组织，可以用德尔斐法或其他方法把不同人所选择的关键因素综合起来。关键成功因素法在高层应用，一般效果较好，因为每个高层领导人日常总在考虑什么是关键因素；对中层领导来说一般不大适合，因为中层领导所面临的决策大多数是结构化的，自由度较小，最好应用其他方法。

例如，对于一个学校来讲，衡量其成功与否的最重要的因素就是教学和科研，因此，我们确定的关键成果因素就是教学成果和学术水平这两项。

4. 明确各关键成功因素的性能指标和评估标准

针对所识别的每一个关键成功因素，确定评价的性能指标，并对每一个指标给出具体的评估标准，如图3-8所示。

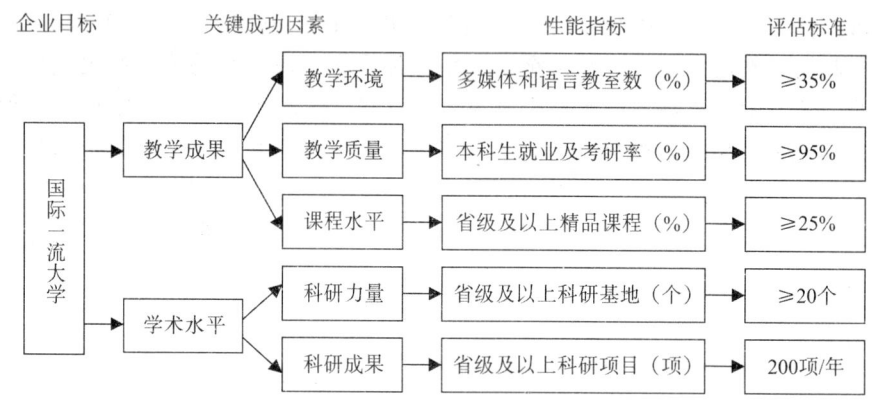

图3-8 关键成功因素的性能指标和评估标准

（二）关键成功因素的来源

对于一个组织来讲，关键成功因素有两类：一是组织所在行业的成功因素，二是组织自身的成功因素。具体来讲，组织的关键成功因素有以下四种来源。

1. 行业的特殊结构

行业的性质可能决定某些关键成功因素。例如，在汽车工业中，制造成本控制就是一项重要的关键成功因素；在超级市场行业，产品的组合和产品的价格则是其关键成功因素；而对于学校，教学和科研是其成功的关键。

2. 竞争策略、行业地位和地理位置

特定行业的竞争策略也会决定关键成功因素。例如，具有相似目标的两家百货公司，一家享有极高声誉，它会将优质的客户服务、新潮款式的商品以及质量控制作为竞争的关键成功因素；而另一家以打折闻名，它会将商品的定价、广告效力等作为竞争的关键成功因素。

一个组织在同一行业中处于不同的地位，或者同一行业中位于不同地理位置的组织，都会有不同的关键成功因素，切不可一概而论，要具体情况具体分析。

3. 环境因素

这里的环境是广义的概念，如国民生产总值、世界经济形势、国家行业政策等，这些因素的变化将会导致许多组织的关键成功因素发生变化。例如，东南亚发生的金融危机，导致许多国际组织改变了其关键成功因素。

4. 暂时性因素

组织内部的变化常会引起组织暂时性的关键成功因素。例如，某组织的一些管理人员因对上级不满提出辞职,这时重建管理组织管理班子立即成为这一组织的关键成功因素,直到重建工作结束。

二、价值链分析方法

价值链分析方法(Value-Chain Analysis,缩写为 VCA)视组织为一系列的输入、转换与输出的活动序列集合,每个活动都有可能对最终产品产生增值行为,从而增强组织的竞争地位。组织通过信息技术和关键业务流程的优化成为实现组织战略的关键。组织可以通过在价值链过程中灵活应用信息技术,发挥信息技术的使能作用、杠杆作用和乘数效应,增强组织的竞争能力。

规划的价值链分析法是能够帮助管理者通过分析组织的流程及活动对价值贡献的信息来制订信息系统规划的方法。

(一) VCA 法的作用

(1) 确定组织在总体战略目标下有效改变最重要的产品项目,产品品种和服务,在以价值为主要标准的情况下,最大限度地降低组织成本,创造增值价格,为相关价值链提供有效的服务。

(2) 利用分析结果,重构价值链体系,保障数据传递的畅通性,更好地控制价值链中各节点的优势,从而保障与规划的协调。

(二) 一个通过价值链方法规划的例子

塔尔博特(Talbott)公司是美国最早的领带制造商,诺德斯特龙(Nordstrom)百货商店每销售两条领带,其中就有 1 条 Talbott 公司生产的。2000 年左右,Talbott 公司每年要为 Nordshom 百货商店建立 4 条领带生产线,每条生产线可以生产 300 种款式的领带。尽管这样,要保持领带花样不落伍,对于 Talbott 公司来说还是越来越困难。在这种情况下,如何运用价值链分析方法满足顾客的需求呢?Talbott 公司通过两个主要步骤来实现这一需求。

1. 找出增加价值的过程

Talbott 公司查看组织的各个过程,并通过顾客的帮助,找出了能增加价值的过程。公司要求顾客定量地描述每个过程附加在其所接受的产品或服务上的价值。整个价值链为 100 分,每个顾客将 100 分分配到各个程中。公司以此来记录来自顾客的反馈结果,然后,应用价值链方法进行分析,如图 3-9 所示。

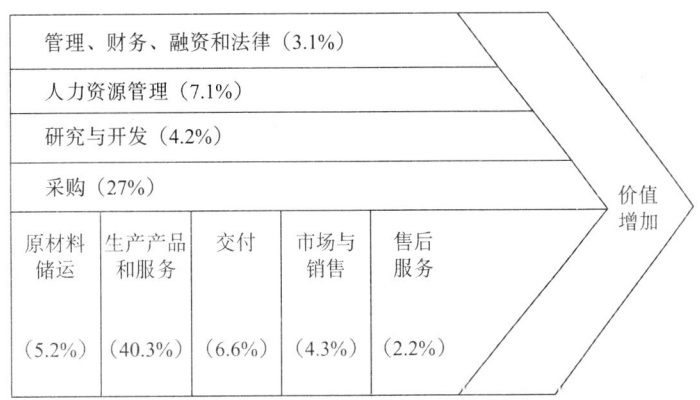

图 3-9 增加价值的过程

从图3-9可以看出，这一领带制造商附加值的最大来源是高质量的制造过程，其次是提供高质量的真丝或其他面料的采购过程。这些过程是顾客明显感觉到的过程，当这些过程得到IT技术的支持时，将会更大地增加领带的附加价值。所以，Talbott公司分析之后，建立了计算机辅助设计系统，以减少开发和制造新领带所花费的时间。

2. 找出减少价值的过程

找出减少价值的过程也是十分重要的。Talbott公司利用同样的方法建立一个减少价值的价值链，如图3-10所示。Talbott公司识别出销售过程是减少价值最多的过程。Talbott公司深入研究发现，由于销售人员向顾客许诺已经脱销的领带，因此失去了其他领带的销售机会。销售人员发现领带脱销后，再将这一事实转达给顾客通常需要3天的时间，这使顾客对Talbott公司提供高质量领带的能力失去信心。

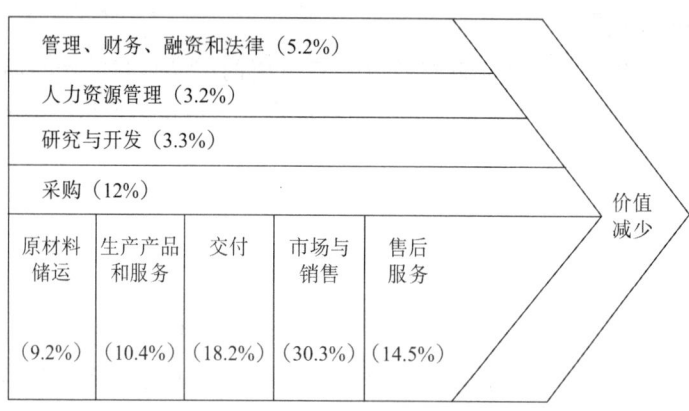

图3-10 减少价值的过程

为了纠正公司销售过程的不足，Talbott公司建立了一套能为销售人员及时提供产品信息的新IT系统。现在，销售人员能够利用便携的电子产品，通过计算机发出订单需求，同时可以接收到库存的更新情况。最终结果是使顾客对Talbott公司产生了新的信任。

三、战略目标集转化法

战略目标集转化法（Strategy Set Transformation，SST）由威廉·金（William King）于1978年提出，他把组织的战略目标看成是一个"信息集合"，由使命、目标、战略和其他战略变量（如管理的复杂性、改革习惯以及重要的环境约束）等组成。系统规划的一个重要任务是确定MIS的战略和目标，使其与组织总的战略和目标保持一致。在这些战略和目标指导下开发的信息系统，能支持组织长期战略的需要。SST法正是遵循这一重要思想而开展的规划工作。这一战略集合由系统目标、环境约束和战略计划组成，如图3-11所示。

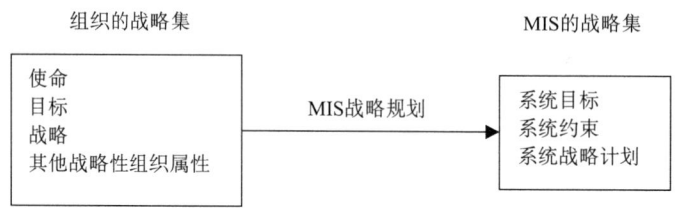

图3-11 SST法规划过程

这一方法的应用基本包括两个步骤。

（一）识别组织的战略集

先考察一下组织是否有成文的战略计划，如果没有就构造战略集合。构造战略集可以采用以下步骤：

（1）刻画出组织的关联集团。关联集团是与组织有厉害关系者，例如经理、雇员、供应商、顾客、政府代理人等。

（2）确定关联集团的要求。组织的使命、目标和战略就是要反映每个关联集团的要求，为此，要对每个关联集团要求的特性作定性描述，还要对这些要求被满足程度的直接和间接度量给予说明。

（3）定义组织相对于每个关联集团的任务和战略。在每个关联集团要求的特性被确定后，相对于这些关联集团的组织的任务和战略就要确定下来。

（4）解释和验证组织的战略集。识别组织的战略后，应立即交给组织负责人审阅，收集反馈信息，经修改后再进行下一工作。

（二）将组织的战略集转化成 MIS 的战略集

当组织战略集识别后，下一步工作就是将组织的战略集转化成 MIS 的战略集。MIS 战略包括系统目标、约束以及系统战略计划等。这个转化的过程包括对应组织战略集的每个元素识别对应的 MIS 战略约束，即应该是一一对应的，然后提出整个系统的结构。下面是一个组织目标转化的例子，如图 3 – 12 所示。

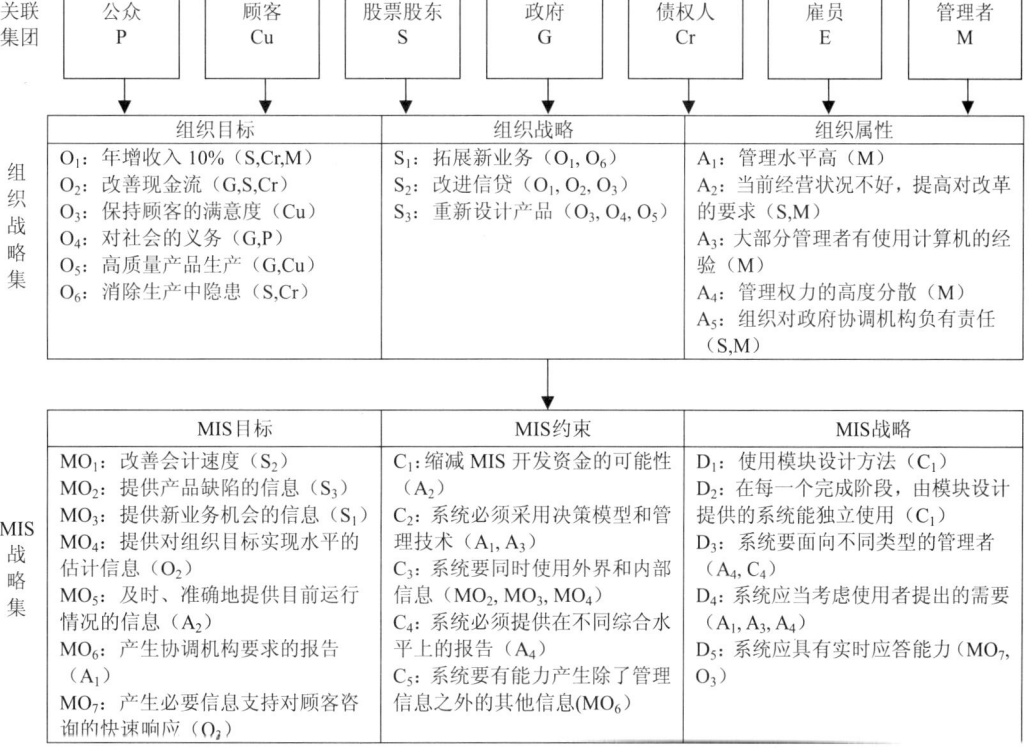

图 3 – 12　某企业使用 SST 法的过程

四、几种规划方法的比较

CSF 法能抓住主要矛盾，使目标的识别突出重点。由于经理们比较熟悉这种方法，所以使用这种方法所确定的目标，经理们乐于努力去实现，或者说此方法和传统的方法衔接得比较好。这一方法最有利于确定组织的管理目标，但在以后的目标细化和实现上就作用甚小。

SST 法从另一个角度识别管理目标，它反映了各种人的要求，而且给出了按这种要求的分层，然后转化为信息系统目标的结构化方法。它能保证目标比较全面，疏漏较少，但它在突出重点方面不如 CSF 法。

BSP 法虽然也首先强调目标，但它没有明显的目标引出过程。它通过管理人员酝酿过程，涉及系统目标，组织目标到系统目标的转换是通过组织/系统、组织/过程以及系统/过程矩阵的分析得到的。这样可以定义新的系统以支持组织业务过程，也就把组织的目标转换为系统的目标，所以我们说识别业务过程是 BSP 战略规划的中心。

20 世纪 80 年代初，有中国学者把这三种方法结合起来使用，称之为 CSB 法。这种方法先用 CSF 法确定组织目标，然后用 SST 法补充完善组织目标，并将这些目标转化成信息系统目标，用 BSP 法校核两个目标，并确定信息系统结构。这样就补充了单个方法的不足，但同时也使得整个方法过于复杂，削弱了单个方法的灵活性。

第四节　业务过程重组

业务过程直接体现组织的核心能力，是组织完成其使命、实现其目标的基础。传统组织管理模式下的业务过程被不同职能部门分割，大大降低了过程的效率和效益，难以及时捕捉迅速变化的市场机会，对市场形势和用户需求变化反应迟钝，导致组织竞争力减弱，致使整个组织效率与效益低下。因此，必须应用现代信息技术与管理方法，对组织业务过程进行改造与创新，这样组织才能在新的经济环境与市场形势下得以生存和发展。

一、业务过程重组的概念

20 世纪 80 年代以来，国际管理学术界和企业界兴起了管理改革的热潮。首先兴起的是业务过程改善（Business Process Improvement，BPI），它是帮助企业在业务过程操作上获得重大改进的系统方法，是寻求对企业业务过程连续、渐进的改善。但是，随着 BPI 的推进，许多企业发现渐进式的改善不能从根本上解决企业面临的挑战问题，于是 20 世纪 90 年代，美国的迈克尔·哈默（Micheal Hammer）博士把"重新设计（Reengineering）"的思想引入管理领域，提出了业务过程重组（Business Process Reengineering，BPR）的概念。

BPR 是指对企业业务过程进行根本性地再思考和彻底地重新设计，以求获取可以用诸如成本、质量、服务和速度等方面业绩来衡量的巨大成就。哈默主张"推倒重来"，倡导"在一张白纸上重新开始"。BPR 强调四个关键词。

（一）过程（Process）

所谓过程，即 BSP 法中所指的业务过程。企业流程重组定义中所强调的对象是过程，而非其他。每个企业都是由若干的过程组成的，过程是实施企业流程重组的重心，同时它又是不易被企业所认识的。企业依据亚当·斯密有关分工理论建立管理方法，使完整的系列活动被组织机构分割和掩盖。人们往往熟悉部门、科室和班组，但并不熟悉过程。组织分工明确，界线清楚，可以明白地画在组织结构图上，但过程却不是这样的。过程没有像部门一样的名称，像部门一样的领导者，一个完整的过程往往被分解为若干个环节，分别由不同的部门、不同的人员完成。

所以，企业流程重组首先应查明完整的过程。在重组的过程中，对象虽不是组织机构，但必然会对其产生影响，企业内部原有的组织安排、部门分工将会改变，甚至有些部门会合并或消失。

（二）根本性地（Fundamental）

"根本性地"是指不是枝节的，不是表面的，而是本质的。企业目前所采取的管理方法是基于固有的假设或习惯，但事实的真相究竟是什么？我们所要进行的思考，是摒弃那些固有的想法，从事物的本源去思考，去除所有限制我们思考的条条框框，找出本来的面目。只有看出问题，看透问题，才能更好地解决问题。

（三）彻底地（Radical）

"彻底地"重新设计，意味着企业流程重组所做的工作不是简单的修葺，不是边边角角的完善，也不是锦上添花的装饰，它所做的是推倒以后再重新建立。对于旧的、不合时宜的业务过程，企业要将它彻底推翻，进行重新设计和建立。

（四）巨大的（Dramatic）

"巨大的"成就是指"成十倍、成百倍地提高"。业务过程重组对于企业来讲不是一件轻而易举的小事，同时，企业希望它所带来的收益也不是区区小利，企业改造了很长时间，效率或效益才提高20%～30%，这是远远达不到企业目标的。

需要进行BPR的企业，或有进行BPR动机的企业，主要有以下几种情况：
（1）企业濒临破产，不改只能倒闭；
（2）企业竞争力下滑，企业调整战略或进行重构；
（3）企业领导认识到BPR能大大提高企业竞争力，而企业又有此扩张需求；
（4）BPR的策略在自己相关的企业获得成功，影响了本企业。

二、BPR的原则与步骤

（一）BPR的原则

1. 有一个明确的、具有启发性的目标，即共同远景

把企业业务过程看做是企业战略的对象，把过程与企业联系起来是业务流程重组成功的必要条件。然而，在一个复杂的企业中，过程和战略之间往往存在一条鸿沟，连接企业战略和业务过程的桥梁便是过程远景。因此，过程重组应该从企业战略开始，所期望的战略定位和过程远景应该是业务过程重组的起点。

2. 充分考虑顾客的价值

顾客的满意度和企业的竞争力之间存在着密切的联系，有效地提供顾客满意的产品和服务是BPR的一大驱动力，企业必须充分考虑现实顾客和潜在的顾客价值。

3. 领导层的支持和统一指挥

领导层的支持是BPR获得成功必须具备的一个条件。领导层要真正富有远见，除非领导层支持BPR工作，并能经受住企业内部的压力，否则人们不会认真对待。为了赢得安于现状的人的支持，领导层必须对这一工作表现出投入和坚持。在 BPR 的实施过程中，由于它是一个自上而下的过程，同时又是一个跨部门的综合性全新工程，所以需要充分作好纵向和横向的沟通，这就需要一个有权威的核心人物进行统一指挥。

4. 认识 BPR 的两大要素

信息技术/信息系统和组织管理是 BPR 实现的使能器（Enabler）。利用信息技术/信息系统改变企业的业务过程，简化业务过程；利用组织结构变革，达到组织精简，提高效率。没有深入地应用信息技术/信息系统，没有改变组织，严格地说不能算是实现了 BPR。

5. 树立典范、逐步推进，充分利用变革的涟漪效应

BPR 在实施过程中，一般不可能同时开展所有的过程，因此，需要精心挑选适合的项目进行试验，以一般渐进改善无法达到的显著增长效果，向员工表明业务流程重组的有效性，树立典范，再推广到整个组织，从而引起整个组织的变革，实现涟漪效应。

（二）BPR 的步骤

BPR 的实施大致可分为三个阶段。

1. 发现准备阶段

（1）企业定位，确定可能开展的项目，确定哪些过程划入可能再造的范围，同时提出再造的要求与目标；

（2）进行初步影响分析，在前项的基础上对项目加以审议；

（3）选择第一个项目，明确范围。第一个项目的选择意义重大，事关以后各过程是否能够顺利重组。

2. 重新设计阶段

（1）开始业务过程的重组工作，特别是要弄清楚现有业务过程中存在的问题；

（2）界定新的业务过程备选方案；

（3）评估每一个备选方案可能需要的代价及其产生的效益。

3. 具体实施阶段

（1）选出一个最适宜的可以实施的方案；

（2）实施方案，即更新模型及其他资料，为其他 BPR 的开展提供参考。

三、基于 BPR 的系统规划

系统规划和 BPR 有着非常密切的关系：它们有着共同的思想——使顾客满意；它们均采用系统的方法，均应由系统队伍去完成。在实际工作中它们也是相互衔接的。喜欢 BPR 的企业往往先实行 BPR，接着进行系统规划或计划；喜欢系统规划的企业往往在进行过程分析时融入 BPR 的思想。现在有将系统规划和 BPR 合二为一的趋势，即一个领导，一班人马，同时一起做，这就是我们所说的基于 BPR 的系统规划。

BSP 方法为信息系统规划提供了规范的步骤和方法，但是，因为 BSP 方法是在企业现有过程的基础上进行的，在定义业务过程时并没有面向过程的创新、再造和规范化的设计，这样规划的信息系统很难适应环境的变化。因此，在此基础上引入 BPR 的思想。

基于 BPR 的系统规划着眼于企业创新，特别是通过过程创新来规划企业信息系统建设，确定企业信息化的长远目标，在企业业务过程创新及规范化的基础上进行系统规划。在系统规划过程中以过程为主线，先进行过程规划，然后在此基础上进行系统的数据规划和功能规

划。其规划步骤与 BSP 方法大体一致，但要注意以下要点：

（1）正确把握信息系统建设、过程重组和企业战略之间的关系；
（2）使系统规划与过程重组互为前提，相互作用；
（3）选择合适的过程重组类型、正确的定位；
（4）选择核心业务过程为重组的突破口，逐步扩展；
（5）以业务过程为主线进行系统规划；
（6）在过程规划的基础上进行系统的数据规划和功能规划。

图 3-13 为基于 BPR 系统规划演示图。

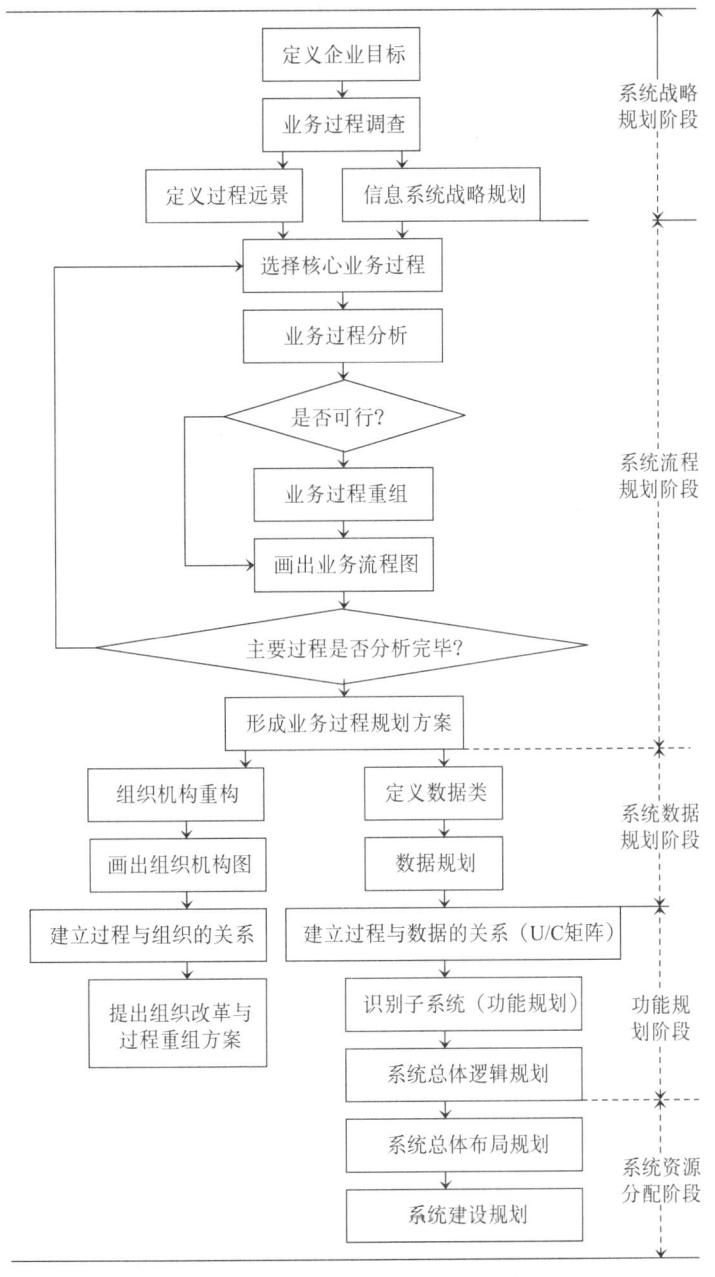

图 3-13 基于 BPR 的系统规划过程

第五节　可行性分析

在总体规划的后期，要对项目的可行性进行研究。可行性是指在企业当前情况下，研制这个信息系统是否必要、是否具备必要的条件。可行性的含意不仅包括可能性，还包括必要性和合理性。其实，可行性研究是任何一项工程正式投入开发之前必须进行的一项工作，这对于保证资源的合理利用，避免盲目投资，减少不必要的损失是十分必要的。信息系统的开发是一项耗资大、周期长、风险大的系统工程，因此，在新系统大规模开发之前，必须对系统开发的可能性、必要性和合理性进行分析、研究和评估。没有经过可行性研究的系统，常会因为不符合实际需要而推倒重来。

一、经济可行性

经济可行性（Economic Feasibility）就是计算项目的成本和效益，分析项目在经济上是否合理。如果不能提供研制系统所需要的经费，或者不能提供企业的利润，或一定时期内不能回收投资，就不应该开发这一系统。经济可行性主要解决两个问题，即资金可得性和经济合理性。

（一）资金可得性

首先要估算成本，计算项目总投资额。成本包括初始成本和日常维护费用。

1. 系统的初始成本

（1）各种软、硬件及辅助设备的购置、运输、安装、调试费用；
（2）机房及附属设施费用；
（3）其他费用，如办公、差旅等费用。

2. 日常维护费用

（1）系统维护（软件、硬件、通信）费用；
（2）易耗品费用，如磁带、打印墨水等；
（3）人员费用，如工资、劳保、福利等；
（4）内务开销，如公司设施、建筑物、远程通信等；
（5）其他费用。

注意防止成本估计过低的倾向，在估算成本时，往往只注意硬件而忽视软件，重视主机而忽视外设（现在的趋势是外设比重越来越大）。

（二）经济合理性

经济合理性就是预期信息系统建成后将给企业带来的效益。效益可分为直接经济效益和间接经济效益。

1. 直接经济效益

直接经济效益是指系统投入运行后对利润的直接影响，如节省了人员、减少了库存、增加产量等，这些效益可以直接折合成货币形式。把这种效益与系统投资、运行费用相比，可以估算出投资回收期。

设 P 是投资总额，M 是系统运行后的年效益，t 是资金的时间价值率，则回收期 T 为：

$T = P(1+t)\ t/M$

t 根据企业情况而定，一般不低于银行利率。

2. 间接经济效益

信息系统的效益很大一部分是很难用货币形式来表示的社会效益，如系统运行后，能够为企业提供准确、及时的信息，为管理者提供决策支持服务，从而增加企业的竞争力，改善企业的形象，这些都是间接效益。根据国外的统计，信息系统的间接效益，按其重要性排序如下：

（1）提供以前提供不了的统计报表和分析报表；
（2）提供了比以前更为准确、及时、适用、易理解的信息；
（3）为领导决策提供了有力的支持；
（4）促进了体制改革，提高了工作效率；
（5）减少人员费用；
（6）改进服务，增强顾客信任，提高企业的竞争地位；
（7）改善工作条件；
（8）培育了将来需要的潜在力量。

二、技术可行性

技术可行性（Technical Feasibility）是指根据现有的技术条件，能否达到所提出的要求以及所需要的物理资源是否具备，能否可获得。

（一）技术可行性研究的主要内容

（1）硬件，包括计算机的存储量，运行速度，外部设备的质量、功能及通信设备的性能、可靠性等是否满足要求。

（2）系统软件，包括操作系统提供的接口能力是否符合需要，是否具备实时处理能力或批处理能力；分时处理的响应时间能否接受；数据库管理系统的功能是否足够；程序设计语言种类的表达能力以及网络软件的性能是否满足需要等。

（3）应用软件，有无专用的软件。

（4）技术人员，包括各类技术人员的水平、数量、来源。是否具有一支较高技术水平的专业系统开发人员，是系统开发的关键。

（二）注意问题

（1）应该全面考虑信息系统开发过程所涉及的所有技术问题。信息系统开发过程涉及多方面的技术、开发方法、软硬件平台、网络结构、系统布局和结构、输入输出技术、系统相关技术等，应该全面和客观地分析信息系统开发所涉及的技术以及这些技术的成熟度和现实性。

（2）尽可能采用成熟技术。成熟技术是被许多人采用并反复证明行之有效的技术，因此，采用成熟技术一般具有较高的成功率。另外，成熟技术经过长时间、大范围使用、补充和优化，其精细程度、优化程度、可操作性、经济性要比新技术好。鉴于此，在可以满足系统开发需求、能够适应系统发展、保证开发成本的条件下，信息系统开发应尽量采用成熟技术。

(3) 慎重引入先进技术。在信息系统开发过程中，有时为了解决系统的一些特定问题，为了使所开发的系统具有更好的适应性，也需要采用某些先进或前沿技术。在选用这些先进技术时，需要全面分析所选技术的成熟程度，慎重作出决定。因为有许多先进技术和科研成果实际上仍处于实验室阶段，其实有性和适应性并没有得到完全地解决，也没有经过大量实验验证，无法为信息系统开发提供安全的保障，因此，需慎重地加以选择和使用。

(4) 着眼于具体的开发环境和开发人员。许多技术总体而言可能是成熟和可行的，但开发队伍中如果没有人能够掌握这种技术，而且项目组也没有引进掌握这种技术的人员，那么这种技术对本系统的开发仍然是不可行的。

三、社会可行性

社会可行性（Social Feasibility）是指所建立的信息系统能否在本企业实现，在当前环境下能否很好地运行，即组织内外是否具备接受和使用新系统的条件。社会可行性所包含的内容比较广泛，主要从政策、法律、道德、管理、人员、操作等社会因素及环境方面论证信息系统开发的可能性和现实性。

对于信息系统所服务的行业及其应用领域，中央和各地方政府颁布了法律和政策法规，企业需论证所要开发的系统是否与之有抵触之处。

从组织内部讲，信息系统的建立可能导致某些制度，甚至某些体制的变动。对于这些变动，组织的承受能力影响着系统的生存，尤其是从手工过渡到人机系统，这个因素影响更大。

组织中管理层的态度和组织内部管理的规范化程度，是制约一个系统能否进行开发的重要条件，要积极争取管理层的支持，并不断规范组织内部的管理体制及制度，使其向有利于系统开发的方向发展。

除管理层的支持外，组织中其他人员的素质及心理也要进行分析，这些关系到系统开发和运行的效果，如果员工没有相应的素质，那么再好的系统也不能发挥出理想的作用。

四、操作可行性

操作可行性（Operational Feasibility）是指分析和测定给定信息系统在确定环境中能够有效地从事工作并被用户方便使用的程度和能力。

五、可行性结论

在可行性研究中，对可行性分析要有一个明确的结论，可以是以下结论中的一项：
(1) 新系统既有必要又可能在目前开发；
(2) 原系统经维护后可继续使用，不必开发新系统；
(3) 原系统不需任何改动只需充分发挥其作用；
(4) 新系统在目前没有必要开发；
(5) 新系统在目前不具备开发条件。

如果结论是第一条，则分析人员要向拟建系统的单位主管提出系统开发建议书，即系统规划报告。

第六节 系统规划报告

在完成系统规划的所有内容之后，规划人员还必须编写系统规划报告。

信息系统规划报告的主要内容应包括以下几个方面：

1. 对组织的战略计划和有关营运计划的概述

(1) 环境的评述，包括预测和预测过程中的假设，可能的危机和机会。

(2) 对组织的评价，包括组织的优势与不足。

(3) 组织的目标与战略。

(4) 组织的未来和设想。

2. 管理信息系统计划概述

(1) 管理信息系统环境的情况，包括对未来技术和用户环境的预测，预测的前提假设，信息系统的危机分析与机会。

(2) 信息系统的评价，包括优势与不足、原因分析。

(3) 管理信息系统目标。

(4) 数据处理组织结构的设计。

3. 目前的能力

(1) 已有的设备、通用性软件、应用系统、人员和技术储备、费用分析和设备利用情况。

(2) 正在进行的项目情况。

4. 可行性分析

(1) 引言。①摘要，包括新系统的名称、目标和基本功能等；②背景，包括用户单位、新系统的承担单位或组织、本系统与其他系统的关系等；③定义，包括本报告中使用的专门术语及其定义等；④参考资料，包括本系统所引用的文件及技术资料等。

(2) 可行性研究的前提。①要求；②目标；③条件、假定和限制；④进行可行性研究的方法；⑤评价尺度。

(3) 对现行系统的分析。包括分析企业的目标与任务、组织机构及管理体制、现行系统的状况、可供利用的资源及约束条件、存在的主要问题及薄弱环节等方面。

(4) 新系统的方案。①新系统的目标；②新系统的功能；③新系统的结构；④计算机系统的配置；⑤新系统开发的进度计划，包括各阶段对人力、资金、设备的需求；⑥新系统实现后对组织机构、管理模式的影响。

(5) 可行性研究。①开发新系统的必要性；②开发新系统的经济性，包括支出、收益、收益投资比、投资回收期等；③开发新系统的技术可行性，包括设备条件、技术力量等；④组织管理上的可行性；⑤社会条件方面的可行性，包括法律方面的可行性和使用方面的可行性。

(6) 可供选择的其他方案。

5. 具体规划（至少有前两年的详细计划）

(1) 通用应用软件的购置计划。

（2）应用系统的开发计划。
（3）软件维护和更新安排。
（4）人力资源的开发计划，包括培训计划。
（5）资金需求计划。
（6）管理信息系统评价方法的叙述。

6. 为了使总体规划有效实施所需要的行动计划

以上所列的是一个全面的管理信息系统总体规划，它的前提是组织已经建立了比较成熟的战略计划过程。在这样的组织中，管理信息系统的计划容易实现。如果组织本身还没有一个成熟的计划，管理信息系统的规划制定相应地实施起来就比较困难。在这种情况下，规划的内容也就需要相应地调整和简化，实施的控制也会受到影响。

本章小结

系统规划是结构化系统开发方法的第一步，在信息系统开发过程中起着至关重要的作用，因此需要按照其原则及步骤，有计划、有目标、合理地开展工作，并选择适当的系统规划方法。

常用的规划方法有企业系统规划法、关键成功因素法、价值链分析方法和战略目标集转化法，这几种规划方法各有优缺点，组织需根据自己的目标和条件进行选择，也可以结合使用。

组织伴随着系统规划的过程，会遇到另一个难题，即业务过程重组。业务过程重组与系统规划关系密切，因此在企业系统规划法中引入业务流程重组的概念，使系统规划能够在企业创新，特别是在过程创新的基础上进行开展。

在系统规划的最后需要提交系统规划报告，可行性分析是此报告的主要内容。

本章习题

一、选择题

1. 以下哪种规划方法把组织的战略目标看成是一个"信息集合"，由使命、目标、战略和其他战略变量等组成。（   ）
   A. BSP   B. CSF   C. VCA   D. SST

2. U/C 矩阵法的作用是（   ）。
   A. 系统规划   B. 系统开发   C. 划分子系统   D. 定义数据类

3. 树枝因果图是哪种规划方法常用的工具？（   ）
   A. 企业系统规划法   B. 关键成功因素法
   C. 价值链分析法   D. 战略目标集转化法

4. "改善工作条件"是可行性分析中哪项内容所需进行调查的？（   ）
   A. 经济可行性   B. 技术可行性

C. 社会可行性　　　　　　　　　　D. 操作可行性

5. "原材料"属于哪种资源类型？（　　　）。
　　A. 关键性资源　　　　　　　　　　B. 支持性资源
　　C. 一般性资源　　　　　　　　　　D. 辅助性资源

二、判断题

1. CSF法能抓住主要矛盾，使目标的识别突出重点。　　　　　　　　　　（　　）
2. 可行性的含意就是可能性。　　　　　　　　　　　　　　　　　　　（　　）
3. BSP法自下而上地识别系统目标，识别企业过程，识别数据，然后再自上而下设计系统，以支持系统目标。　　　　　　　　　　　　　　　　　　　　　　　　　（　　）
4. 系统规划从组织目标出发，分析组织管理的信息需求，逐步导出管理信息系统的战略目标和总体结构。　　　　　　　　　　　　　　　　　　　　　　　　　（　　）
5. U/C矩阵是用来表达数据类的"使用"与"产生"之间的联系。　　　　　（　　）
6. 价值链方法是由威廉·金于1978年提出的一种可用于系统规划的方法。（　　）
7. "关联集团"是在SST法中所使用到的概念。　　　　　　　　　　　　（　　）
8. 对于一个濒临破产的企业，进行业务过程重组是毫无意义的。　　　　（　　）
9. 定义数据类的常用方法是资源的生命周期法。　　　　　　　　　　　（　　）
10. 系统规划是信息系统生命周期中的第一个阶段，也是系统开发过程的第一步，其质量直接影响着系统开发的成败。　　　　　　　　　　　　　　　　　　　　（　　）

三、填空题

1. 资源的生命周期是指一项资源由取得到退出所经历的阶段，可分为四个阶段：产生阶段、获得阶段、_____、归宿阶段。
2. _____是指根据组织的目标与战略制定出组织中业务流程改革与创新和管理信息系统建设的长期发展方案的过程。
3. SST法的战略集合由系统目标、_____和战略计划组成。
4. _____是指分析和测定给定信息系统在确定环境中能够有效地从事工作并被用户方便使用的程度和能力。
5. 系统规划的一般步骤包括：初步调查当前系统、分析确定系统目标、分解系统明确功能、拟定系统实现方案、_____、编写系统规划报告。
6. BSP法的优点在于利用它能保证信息系统独立于组织的_____，也就是能够使信息系统具有对环境变更的适应性。
7. _____可以反映组织与功能之间的关系现状，表达它们之间的合理关系，为系统分析阶段提供详细调查的依据。
8. _____规划的价值链分析法是能够帮助管理者通过分析组织的流程及_____的信息来制订信息系统规划的方法。
9. 如何使一个组织中的信息系统发展战略与组织发展战略保持一致是_____工作的核心问题之一。
10. 每个实体可以用四种类型的数据加以描述，即_____、事务型、计划型和统计型。

四、名词解释

1. 技术可行性　2. BPR　3. 数据类　4. 支持性资源　5. SST

五、简述题

1. 简述企业系统规划法的基本步骤。
2. 简述基于 BPR 系统规划的主要事项。
3. 简述系统规划的作用。
4. 简述在分析组织和系统的关系时,主要用到的几个矩阵。
5. 简述定义信息系统总体结构的基本步骤。

第四章 系统分析

系统规划完成后,即进入管理信息系统的系统分析阶段。系统分析开发信息系统基础性和方向性的工作,是整个开发过程中的重要和关键阶段,特别是开发大中型规模的信息系统,系统分析工作做得好坏将直接影响整个系统的成败。

第一节 系统分析概述

一、系统分析的任务

系统分析就是按系统规划所定的某个开发项目范围内,通过对现行系统的详细调查,明确系统开发的目标和用户信息需求,提出新系统的逻辑方案。

系统分析在整个系统开发过程中,是要解决新系统"做什么"的问题,把要解决哪些问题、满足用户哪些信息需求调查、分析清楚,从信息处理的功能需求上提出新系统的方案,再用适当的方法表示出来,形成系统逻辑模型。系统分析为下一阶段进行系统实现方案,即物理模型的设计、解决"怎样做"提供依据。

系统分析的过程一般分为五个步骤,如图 4-1 所示。

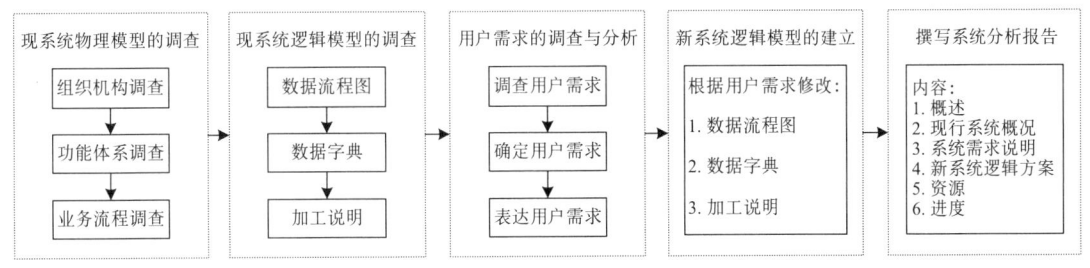

图 4-1 系统分析的步骤

二、系统分析的手段

系统分析的基本手段是调查和分析。调查是了解情况、弄清现状,分析一方面是将调查结果结构化、系统化、条理化,深化对系统现状的了解,另一方面是对调查结果进行思考和判断,发现原系统存在的问题。因此,调查和分析是相互补充、相互促进的,能够在认识原系统的基础上改造原系统,建立新系统。

本阶段工作的主角是系统分析员,其知识水平和工作能力对系统调查和分析的成功起着关键性作用。系统分析员应具备管理科学知识、信息系统知识、逻辑分析能力、口头书面表达能力和组织能力。

系统分析的难点在于理解和沟通。系统分析员对组织的管理业务缺乏足够的知识，用户对计算机、系统开发等相关知识也了解不够，系统分析员与用户的这种知识结构及其经历的不同，使得双方交流起来比较困难，因而系统调查容易出现遗漏和误解，这些遗漏和误解是研发系统的隐患，会使系统开发偏离正确的方向、开发工期一再延长甚至以失败而告终。

调查时应目标明确，调查内容紧紧围绕系统的任务。要对现行信息系统进行全面、深入、细致的调查，明确其执行的具体过程，发现问题，收集数据，为新系统的形成提供基本资料。调查内容有两个，一是管理业务状况的调查，二是数据流程的调查。

为获取所需的真实原始资料，调查策略上要以组织目标为基准、以组织机构为脉络、以业务流程为主线展开详细的调查。

三、详细调查的方法

系统调查分为初步调查和详细调查。初步调查在系统规划阶段已经完成，在系统分析阶段则要进行详细调查。详细调查也包括对组织机构、数据等的调查，但与规划阶段的调查目的和内容都是不同的。下面介绍详细调查的方法。

（一）收集业务资料

将各部门、科室和车间的岗位职责、办事流程以及日常业务中所用到的凭证、单据、报表、账册等各种图表收集起来，以便对它们进行分类研究。

（二）召开调查会议

这是一种集中征询意见的方法，适用于对系统作定性调查。会议一般由开发人员主持，可以按两种方法进行组织：一种是按职能部门召开座谈会，了解各个部门业务范围、工作内容、业务特点以及对新系统的想法和建议；另一种是各类人员联合座谈，着重听取使用单位对目前作业方式存在的问题及对新系统的要求。

（三）走访提问调查

虽然召开调查有助于大家的见解相互补充，以便形成较为完整的印象。但是，由于时间限制等其他因素，不能完全反映出每个与会者的意见，因此，需要在会后再进行个别走访提问，这是调查的主要方式。访问时一般向管理人员提出的问题包括业务内容和步骤，业务过程中涉及的数据，数据的格式和内容、数据的提供者、如何处理、处理后的去向等。

（四）发放调查问卷

根据系统特点设计调查问卷，用以向有关单位和个人征求意见和设计数据。这种方式适用于需要向许多单位或个人进行调查而调查的信息量又不大的情况，调查表要抓住中心，提问要简单、直接。问卷方式有以下两种：

（1）自由式。针对某个问题或过程，通过收集经验者的叙述来获取有价值的建议。

（2）选择/判断式。通过对题目的选择或判断控制回答问题的范围，以得到最明确的答案。

（五）参加业务实践

参加业务实践即与业务人员一起完成最基本的工作内容，这是最有效的方法。通过实践，可以较深入地了解现行系统中数据的产生、传递、加工、存储、输出等环节的工作内容和具体过程，这对以后的系统设计和程序设计都有重要意义。特别是对一些关键的、复杂的业务环节，更应亲自深入了解。

第二节　现行系统物理模型的调查

在组织中，伴随着物质、资金的流动产生了信息流，这三种流在整个组织相互交织并存，因而信息系统所处理的信息渗透于整个组织之中。调查的范围不能仅仅局限于信息和信息流，而必须从组织的生产、经营、管理等实际情况出发，逐步抽象，才能得到组织中信息系统活动的全貌。现行系统物理模型指组织的实际工作模式，用组织机构图、功能体系图、业务流程图表示。

一、组织机构调查

信息系统应支持组织的总目标，因此详细调查的第一步就要从组织目标入手，调查一个组织机构内部的部门设置及其相互关系。其目的是以企事业的组织机构为线索，通过职责来掌握系统的功能，从总体上了解这个系统。

（一）组织机构图

组织机构调查的结果用组织机构图表示，所谓组织机构图就是组织内部的部门划分及其相互关系的图示。

例如，某商贸公司主要经营厨房小家电产品，由于其产品种类繁多，业务量大，进货频繁，并且其进货、销售、库存主要采用人工管理，单凭手工记账已很难适应工作的需要。此公司准备采用管理信息系统来管理进销存业务，以规范内部管理，提高工作效率和决策的水平，降低经营成本，同时更好地服务客户。

如要开发这一商贸公司的进销存管理系统，首先要调查其部门设置及其关系，绘制出如图4-2所示的公司组织机构图。

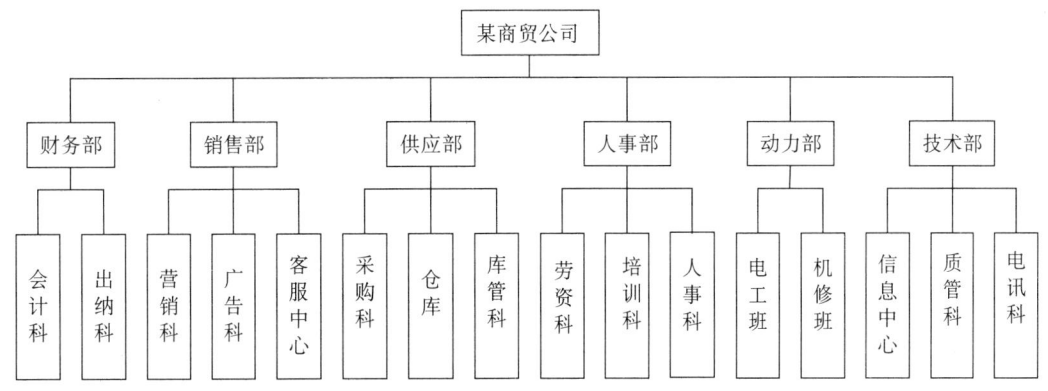

图4-2　某商贸公司组织机构图

组织的目标和任务及日常经营活动是由其内部的各管理部门职能分担实现的，通过对企事业的组织机构调查，可以掌握并抽取组织的各项基本活动，并最终使信息系统摆脱对组织机构的依赖，只有这样才能提高信息系统的应变能力。如公司中的销售管理，可由一个部门独立完成，也可由若干部门共同完成，不管组织机构将来如何变动，销售管理的过程和内容是一样的。

组织机构调查应注意的问题：①现行组织机构的不合理设置；②组织提供的组织机构图与现状不一致；③部门名称与职能的不相符。

（二）系统范围

在初步获取的组织机构图的基础上，进一步了解各部门的职能，分析它们之间的资金、物质流动和资料传递关系，画出与系统总目标相关的组织机构图。最终的组织机构图就是新系统所涉及的部门及这些部门之间的关系，称为系统范围。系统范围不但反映了系统的规模，也明确了系统的边界。

要为这一商贸公司开发用于解决进销存管理问题的管理信息系统，则在图 4-2 组织机构图的基础上，画出与进销存管理有关的组织机构，如图 4-3 所示，这就是系统范围。

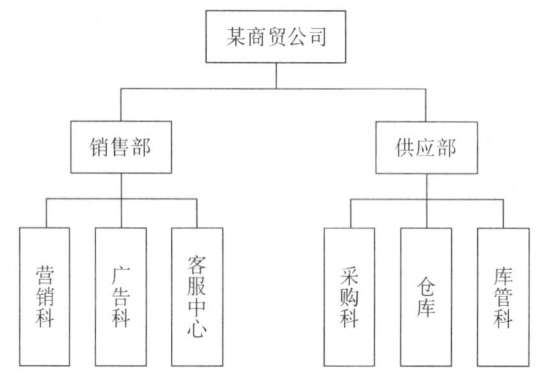

图 4-3 进销存管理组织机构图

对于系统范围内的组织机构，经组织主管领导批准，可根据现代管理学的要求以及是否便于计算机处理的原则进行优化，设置科学、合理、高效的组织机构。调查时还应详细了解各部门人员的业务分工和有关人员的姓名、职责、决策内容、存在问题和对新系统的要求等，为后续调查分析作准备。

在系统范围内，应对部门的业务及其相互关系进行调查，进一步掌握各部门的联系程度、主要业务职能、业务过程所承担的工作。

二、功能体系调查

为了使依附于部门的职能具有一定的独立性，保证所设计的系统具有较强的适应性，就应以部门的职能为主线，研究和设计系统。在深入部门调查其职能的基础上，提取并归纳部门的管理职能及其业务构成。

组织的总目标是由组织内各部门的职能实现的，这些职能又依赖其下面更具体的职能完成。功能体系调查就是以系统范围内的部门为调查对象，深入调查部门的职责、工作内容和分工，然后提炼、细化、汇总管理功能，绘制功能体系图。

功能体系图是以部门职能为主体的倒画树，可直观反映出系统范围内所有的职能以及每一职能的业务构成。如图4-4所示为某公司进销存管理的功能体系图。

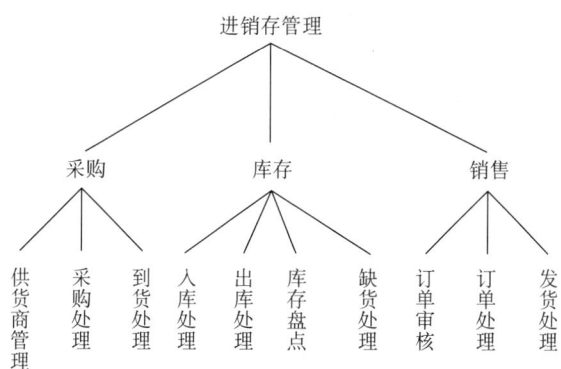

图 4-4 进销存管理功能体系图

功能体系图全面地反映了现系统的功能构成，但仅仅弄清这些还远远不够，系统分析人员还要通过与有关业务领导、管理人员进行讨论，分析系统缺少和薄弱的部分，同时还可运用管理科学、计算机和信息处理方面的知识以及以往研发系统的经验，充分发挥主导作用，发现和提出功能改进意见，优化功能体系图，并在新系统中予以体现。

组织机构图描述了系统边界以内的部门划分及其相互关系，功能体系图则反映这些部门所具有的管理功能，它们是对信息系统工作背景的综合性描述，只反映系统的总体情况，却不能呈现系统的细节性情况。但通过它们，可以看出信息处理工作集中的部门以及这些部门的主要职能。对于这些职能如何在有关部门具体完成，以及完成这些职能时信息处理的细节情况，则要通过业务流程调查搞清楚。

三、业务流程调查

管理信息系统实质上是对数据的管理。因此应从业务本身入手，调查业务实现的细节，以便发现业务实现过程中所涉及的相关数据。

业务流程调查就是以功能体系图为线索，详细调查每一基本功能的业务实现过程，并绘制业务流程图。对于功能体系图中所反映的每一个基本功能，了解其业务人员、工作内容、实现顺序以及业务与人员、业务与业务的关系，从而明确各环节所需信息的内容、来源、去向、处理以及提供信息的时间、形态等，调查结果用业务流程图表示。

业务流程图（Transaction Flow Diagram，TFD）是用规定的基本图符直观地描述业务具体的实现过程，其基本图符如图4-5所示。业务流程图既能够反映系统内各部门、人员、业务之间的关系，又能体现作业顺序及信息的流动。

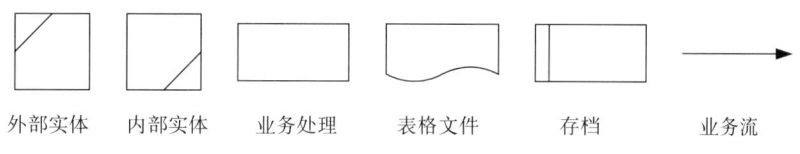

图 4-5 业务流程图基本图符

(一) 业务流程图的基本图符

（1）内部实体，是指系统内业务处理者，可以是部门或人员。

（2）外部实体，是指独立于系统外且与系统有联系的对象，可以是单位、人员或其他系统，如银行的储户、酒店的客人、企业的客户等。

（3）业务处理，是指业务人员所从事的具体工作内容，如审核、讨论、批准、制表、统计等。

（4）表格，是指系统内所处理的数据对象，可标注份数，如各种票据、凭证、报表等。

（5）文件存档，是指数据暂时存储或永久保存的物理地点或介质，如各种账簿、档案等。

（6）业务流，表示作业的先后顺序。需说明的是内部实体与业务处理之间的箭头表示业务的处理者，业务处理与文件存档之间的箭头表示数据存储方向。

(二) 业务流程图的绘制

业务流程图基本上按照业务的实际处理步骤和过程绘制，业务过程中所涉及的各种报表、票据、凭证、账册都要重点关注并标示在业务流程图中。不同系统开发中的业务流程图的绘制方法并不一样，但在同一项目中要求必须一致，其宗旨是将业务的实现过程及其细节反映清楚。图4-6、图4-7、图4-8分别是进销存管理的进货、销售、库存的业务流程图，图4-9是进销存管理总的业务流程图。

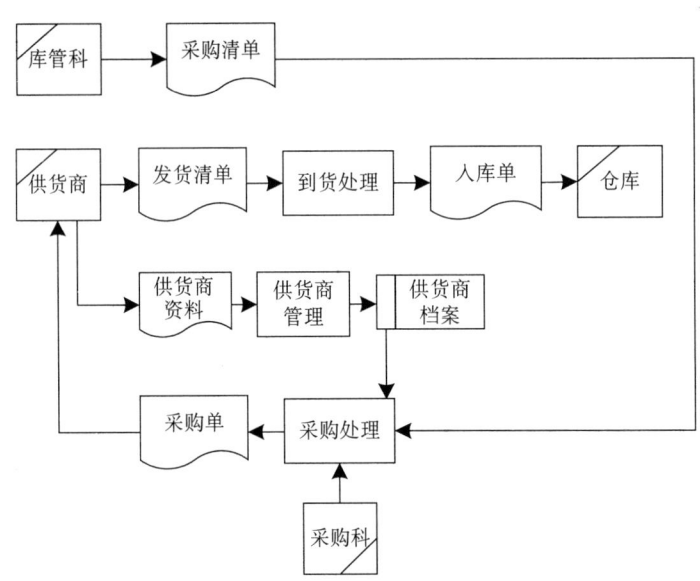

图4-6 进销存管理——进货业务流程图

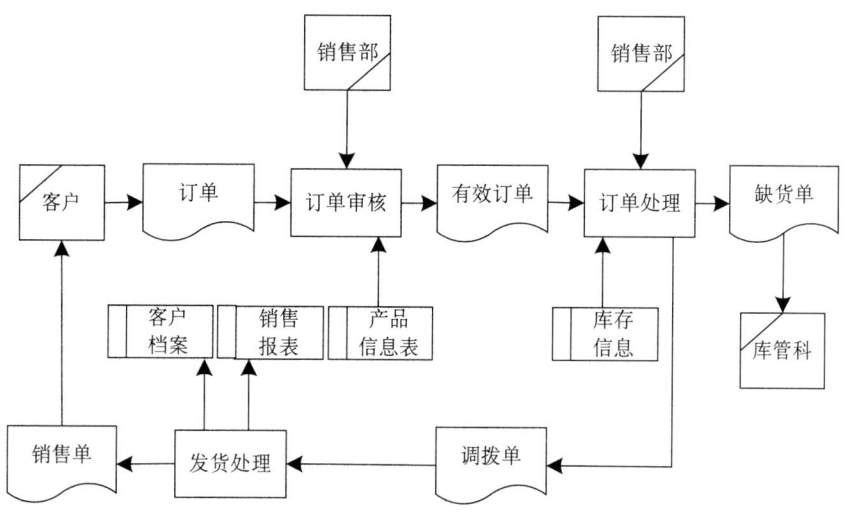

图 4-7 进销存管理——销售业务流程图

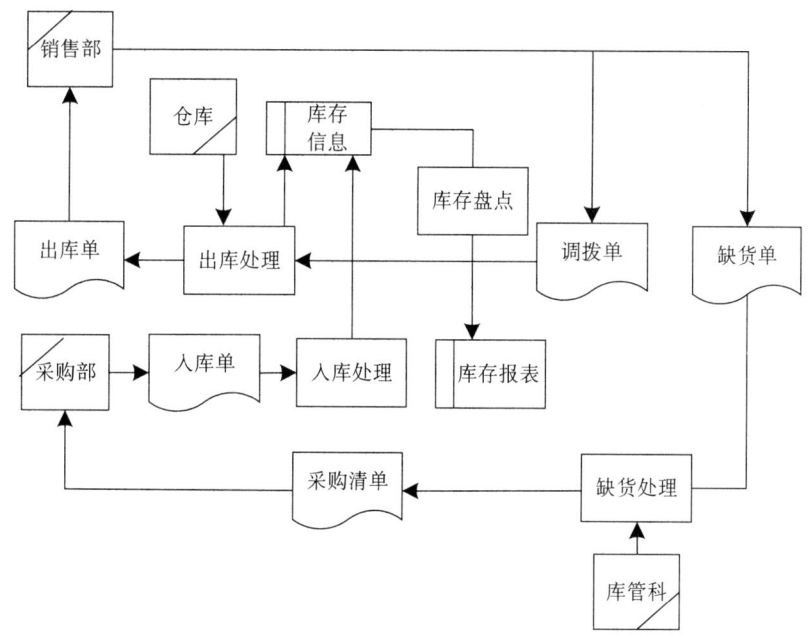

图 4-8 进销存管理——库存业务流程图

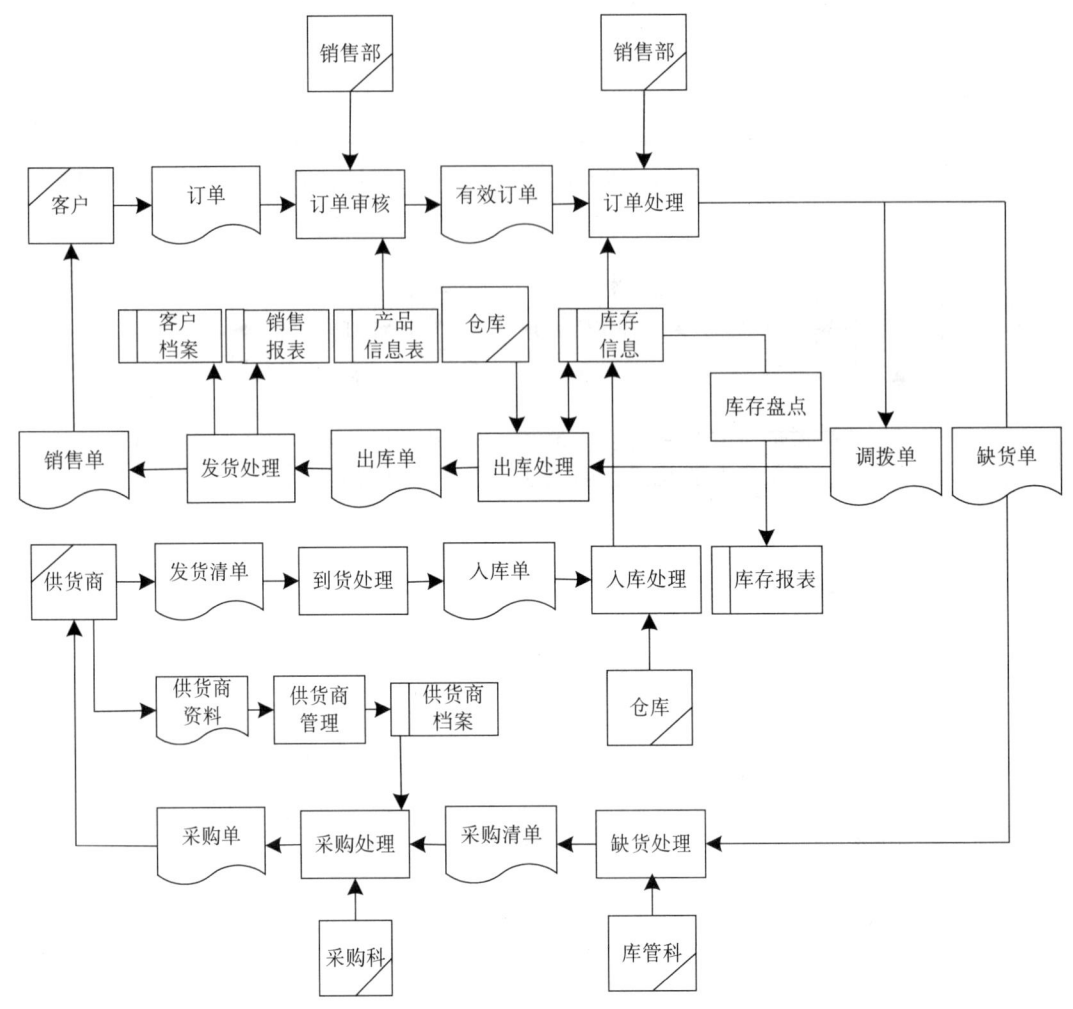

图 4-9 进销存管理总业务流程图

第三节 现行系统逻辑模型的调查

用业务流程图描述业务过程，虽然也直观形象地表达了数据的流动、处理和存储情况，但仍然没有摆脱具体的物理因素，也就是说，上一步的调查结果仅仅得到了现行系统的实际工作情况。现行系统逻辑模型调查的任务是，以业务流程图为背景，抽取数据流、存储数据、数据处理绘制数据流程图。现系统逻辑模型是指组织中信息处理的工作模式，由数据流程图、数据字典、加工说明构成。

一、数据流程调查

为了利用计算机对信息进行管理，还必须进一步剥离物理因素而抽取数据，抽象地反映信息的流动、加工、存储和使用情况，从而总结出现系统的信息处理任务。这一步工作的重点是以数据为中心,考察业务的具体实现过程。这是因为业务过程中产生数据,数据及其变化反映业务的实现过程,处理数据就是处理业务。

计算机信息系统只能完成数据处理工作,这些工作包含在大量的业务处理过程之中。但并非所有的业务处理都能够由计算机来完成,因此就需要从现行业务中抽取出能够由计算机自动或半自动完成的那一部分业务活动,这个抽取过程就是对业务流程图的分析过程,称为数据流程调查。数据流程调查把数据在组织内部流动情况抽象地独立出来,不考虑具体的部门、人员、场地、物质流、资金流、存储介质等,只从数据流动的角度考察实际的业务数据处理模式。数据流程调查的结果是绘制出数据流程图。

数据流程图(Data Flow Diagram,DFD)是用规定的基本图符直观地描述数据的流动及其处理、存储的图示。其基本图符如图 4-10 所示。

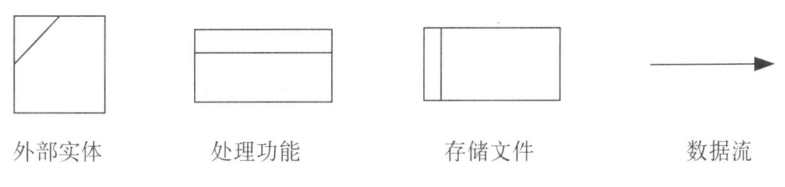

图 4-10　数据流程图的基本图符

数据流程图只是抽象地反映信息处理流程,这样便于从信息处理的角度考察复杂的实际系统。数据流程图把系统对各种业务的处理过程联系起来,便于从全局把握系统的总体功能。另外,数据流程图由自上而下不断扩展的各层组成,便于认识问题和解决问题。

(一) 数据流程图的基本图符

1. 外部实体

外部实体是指系统外数据的提供者或接受者。外部实体表示数据的外部来源或去向,反映了系统的开始与结束。因此,确定外部实体,实际上就是明确系统与外部环境之间的界限,从而进一步明确系统范围。它与业务流程图中外部实体的概念基本一致。

2. 处理功能

处理功能指对数据的加工。这种加工有两种情况:一是变换数据的内容;二是在原数据的基础上形成新的数据,即改变数据的组成。矩形框的上部填写处理的唯一标识,下部用动宾词组表达一个数据处理功能。

3. 存储文件

存储文件是指数据暂时存储或永久保存的逻辑描述而非物理地点或介质,框的左部填写其唯一标识,右部为存储数据的文件名称。

4. 数据流

数据流指的是加工的对象或处理的结果。箭头旁应标注所流经数据的名称,它是由一组确定的数据构成的,如发票数据流由品名、规格、单位、单价、数量等数据构成。

(二) 数据流程图的标识

在数据流程图中,对于外部实体存储文件、数据流每一构成元素都要有合理、统一而且唯一的命名和编号,这就是数据元素的标识。一般的命名规律是:S 为外部实体,P 代表处理功能,D 代表数据流,F 代表存储文件,如图 4-11 所示。

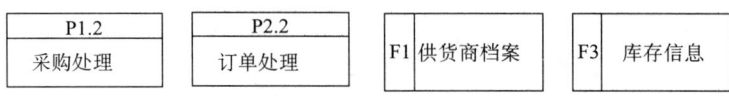

图 4 – 11 数据流程图元素的标识

对于分层的数据流程图处理功能的编号，以"-"分隔子系统，以"."分隔层次，如图 4 – 12 所示。

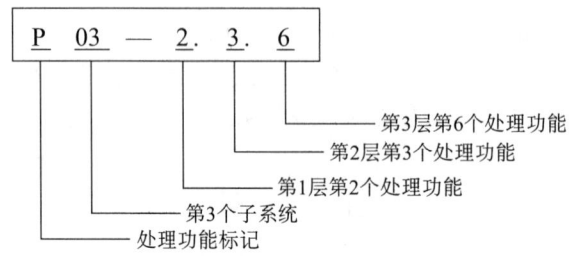

图 4 – 12 处理功能分层的标识

通过对数据流程图中各元素合理地命名、编号，可以有效地检查各个元素的统一性，避免重码出现，并且以此为基础来编制下面要用到的数据字典。

（三）数据流程图的绘制

数据流程图应依据"自上而下、从左到右、由外向内"的基本原则进行绘制。

1. 由业务流程图导出

按照业务流程图的业务处理顺序，从输入端向输出端逐步推进，分析其中数据的流动、传递、处理和存储等情况，按照以下具体方法进行：

（1）保留外部实体，剔除内部实体；

（2）将业务流程图中的表格表示为数据流；

（3）每当数据流的内容或其组成发生变化时，就用处理功能框表示；

（4）如果处理功能框涉及数据的存取，则应画出相应的存储文件框；

（5）在处理功能框与存储文件框的连线上用箭头标注出存储或读取关系。

在业务流程图导出的过程中可以发现和解决数据流程不畅、前后数据不匹配、数据处理不合理等问题。这些问题之所以产生，有的是因为原系统管理混乱，数据处理流程本身有问题；也有可能是调查了解数据流程有误或绘制有误。总之，这些问题都应该尽量地暴露并加以解决。一个合乎实际的并且畅通的数据流程是以后新系统用以实现这个业务处理过程的基础。图 4 – 13、图 4 – 14、图 4 – 15 分别是由图 4 – 6、图 4 – 7、图 4 – 8 业务流程图导出的进货、销售、库存数据流程图，图 4 – 16 是进销存管理总的数据流程图。

第四章 系统分析

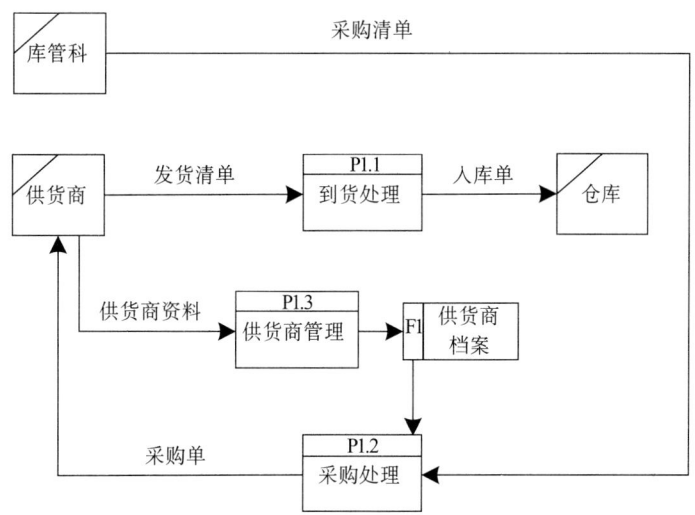

图 4-13 进货数据流程图

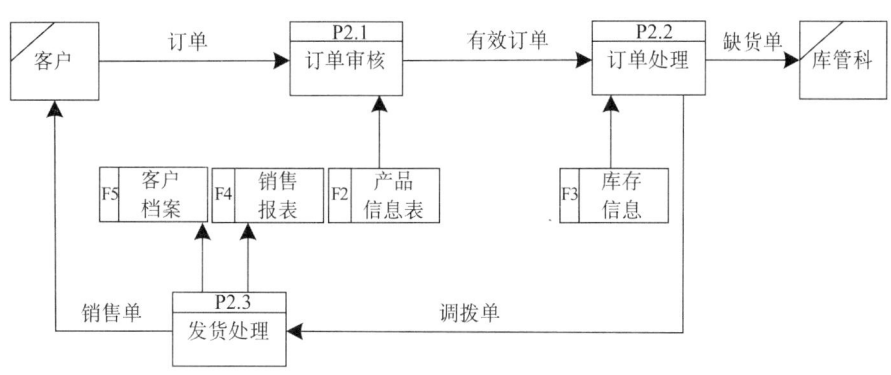

图 4-14 销售数据流程图

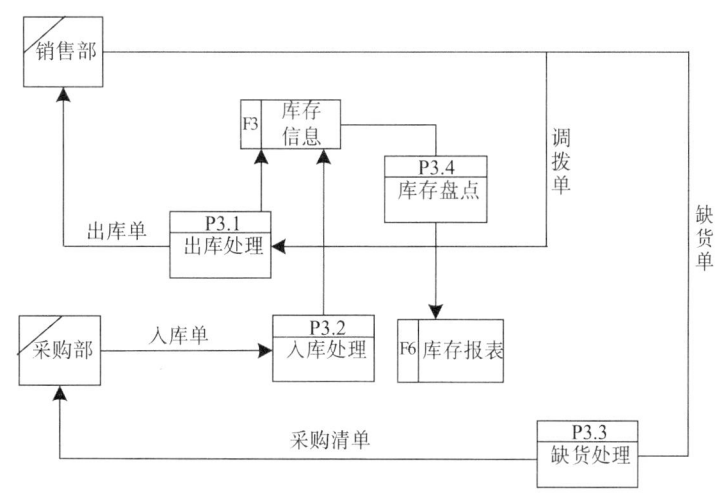

图 4-15 库存数据流程图

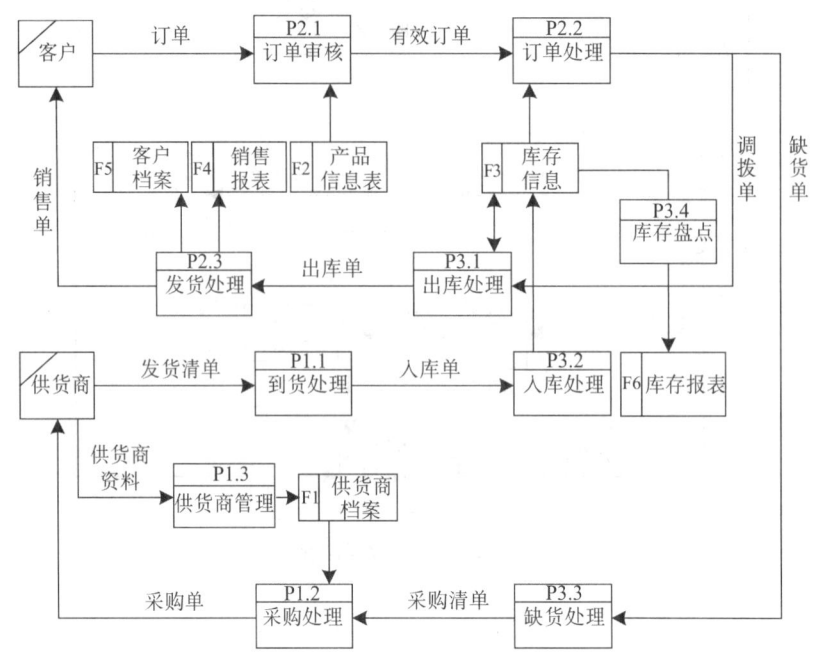

图 4-16 进销存管理数据流程图

2. 数据流程图的分层。

对于一个庞大而复杂的系统来说，如果系统分析员试图一次就建立完整的数据流程图，并将它的所有外部实体、处理、数据存储等画在一张图上，那只能导致失败。系统中大量的数据流和处理功能就好像一团乱麻，会把用户、系统分析员等搞糊涂。因此，在建立数据流程图的过程中，应掌握一定的方法和技巧。

一个系统的数据流程图的绘制过程是一个由整体到局部、由粗到细，逐步地将一个复杂的系统分解成若干个简单子系统的过程。数据流程图是分层次，即先绘制顶层数据流程图，然后对其进行不断的细化。所以一个系统的数据流程图是由一组不同细化的数据流程图所组成的。

（1）顶层数据流程图的绘制。先确定给系统提供数据的外部实体，再确定接受系统数据的外部实体，两者之间就是系统范围，系统的输入输出也就明确了。将系统当作一个数据加工项，据此可画出顶层数据流程图，它反映了系统与相关联的各外部实体的信息联系，因此又称关联图。图 4-17 是进销存管理顶层数据流程图。

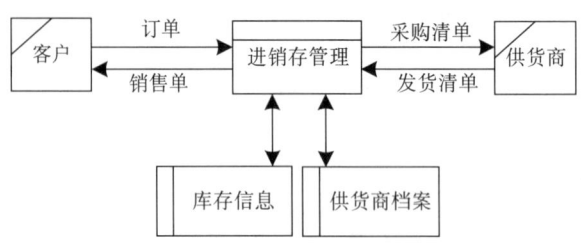

图 4-17 进销存管理顶层数据流程图

（2）数据流程图的细化。在绘制的过程中，可将比较复杂的数据加工当作一个处理整体对待，对其先不展开，只是画出这一处理整体与其他处理的联系，这就是顶层数据流程图一层细化。对于一层数据流程图，可继续展开形成一层数据流程图，进一步细化即二层数据流程图，二层中若还有复杂的数据加工，可继续展开为三层、四层……，直到所展开的所有数据加工简单、明确和具体为止。数据流程图的细化如图 4-18 所示。

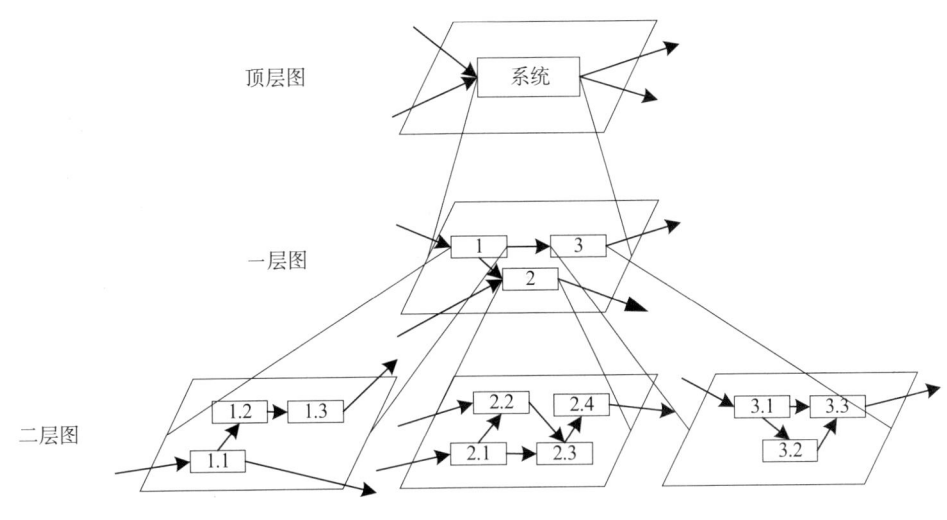

图 4-18　数据流程图的细化

图 4-18 中表示上层数据流程图中的一个处理功能被分解为下一张下层的数据流程图。例如，顶层图中的处理功能分解为一层数据流程图，一层图包含三个加工 1、2、3。一层图又分解为第二层数据流程图，例如一层图中的加工 3 被分解为含有 3.1、3.2、3.3 三个加工的流程图。

顶层图只有一张，用来确定系统与外部环境的关系，是对系统的高度概括。它把一个系统看作一个整体，或一个总的数据处理功能，在顶层的数据流程图上只指明来自系统外部的数据流和系统流出的数据流，暂时不考虑内部的各种信息存储、加工变换和数据流等情况。

一层图只有一张，把顶层图中的加工分解成几个部分。这一层分解不需要太细。一层图及以下各层中各个加工的一个子图对应上层的一个加工，这一子图内部细分为多个子加工。子图中包括父图中对应加工的输入输出数据流、子图内部各个子加工之间的数据流以及读写文件的数据流。进销存管理数据流程图的一层细化如图 4-19 所示。

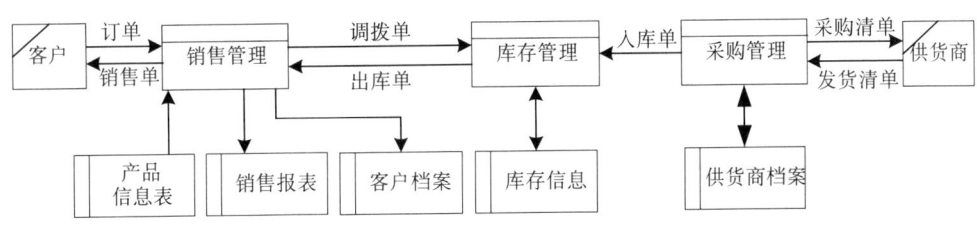

图 4-19　进销存管理数据流程图的细化

（3）绘制和细化原则。①数据守恒，即对于每一个处理功能，有输出必有输入，有输入必有输出。不守恒的原因可能是调查或绘制时遗漏了某些数据流，也可能是某些数据流确实没有被使用。②父子平衡，即在数据流程图自上而下逐层分解时，上层数据流程图（父图）中的数据流必须在其下层数据流程图（子图）中体现出来。③均匀分解，是指一般情况下父图中的每一个处理均应分解至同一层次。细化数据流程图时，应尽量避免特别不均匀的分解。因为不均匀的分解不易于理解,同时结构也不合理。

数据流程图中对于其各构成部分的描述较为笼统。作为补充,数据流程图还必须具有数据词典和加工说明。

二、数据词典

数据词典(Data Dictionary,DD)指数据流程图中所有成分定义和解释的文字集合。数据流程图从总体上描述了系统的逻辑功能,勾画出原系统的信息处理流程,但缺乏详细、具体的内容。数据词典对数据流程图中每一构成要素赋以实际的内容,起注解、说明作用,除此之外,数据词典还对系统分析中其他需要说明的问题进行定义和说明。数据词典对系统开发的具体实现起着关键性的作用,对将来的系统运行与维护也是必要的支持。

(一)词典条目

数据词典要描述的主要内容有数据项、数据结构、数据流、处理功能、存储文件和外部实体。对应的数据词典的解释条目有六类,其关系如图 4-20 所示。在数据词典中,数据项是数据的最小组成单位,若干数据项组成一个数据结构,数据结构被用来描述数据流程图中的每一构成要素。

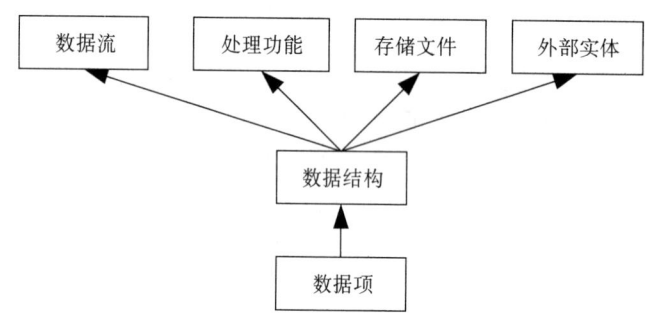

图 4-20 词典条目层次关系

(1)数据项,也称数据元素,是具有独立含义不可再分的数据最小单位,如学号、姓名、单价、数量等。

(2)数据结构。若干数据项的组合称为数据结构,也叫简单数据结构。例如,学生 = 姓名 + 年龄 + 性别。还有一种为复合数据结构,由其他数据结构组成或由其他数据结构与数据项混合组成。例如,成绩 = 课程名 + 分数 + 授课教师。其中,授课教师又是一个数据结构,它包括教师编号、教师姓名、系别、职称等数据项。

(二)编写数据词典的基本要求

数据词典由于内容丰富、具体详细,因而篇幅很大。编写数据词典是一项十分重要而繁琐的任务,其基本要求是:

(1)成分的定义必须明确、唯一、易理解;

(2)成分的命名、编号与数据流程图完全一致;

(3)完整描述各种成分,不得遗漏;

(4)无内容重复、相互矛盾的描述;

(5)格式规范、风格统一、文字简洁。

(三) 数据词典的格式及内容

数据词典的格式是根据各类条目的内容以及以编写、维护、使用方便为目的进行设计的。只要能达到使所描述的条目内容清晰、明确、规范，格式可有所不同。数据词典各条目的内容和格式大致如表 4-1 至表 4-5 所示。

表 4-1　　　　　　　　　　　　　数据项条目

数据项编号	数据项名称	长度	取值范围
A—001	商品编号	5	0—99999
A—002	商品名称	50	任何汉字
A—003	规格	20	任何字母，数字
A—004	单价	8	0—99999.99
A—005	计量单位	10	任何汉字
A—006	供货商名称	50	任何汉字
A—007	入库日期	8	YYYYMMDD

表 4-2　　　　　　　　　　　　　数据流条目

编号	名称	简述	数据来源	数据流向	组成
D—01	订单	销售前期客户订货的凭单	客户	销售部	订单号+客户名称+电话+结算方式+交货方式+运输方式+交货地点+交货日期+预付订金+商品编号+商品名称+规格+单价+计量单位+数量+金额
D—02	调拨单	销售部给库房的提货清单	销售部	仓库	日期+商品编号+商品名称+规格+单价+计量单位+数量+金额+备注+合计+调入部门+经手人
D—03	出库单	货物离开库房时开具的凭证	仓库	销售部	出库日期+商品名称+规格+计量单位+出库数量+单价+金额+备注+合计+出库部门+经手人
D—04	销售单	货物销售清单	销售部	客户	日期+客户名称+商品编号+商品名称+规格+单价+计量单位+数量+销售金额+备注+合计+经手人
D—05	缺货单	根据客户订单统计的仓库缺货清单	销售部	仓库	填单日期+商品编号+商品名称+规格+计量单位+现存数量+缺少数量+备注
D—06	采购清单	仓库提供给采购部的建议采购清单	仓库	采购部	日期+商品编号+商品名称+规格+计量单位+采购数量+备注
D—07	采购单	向供货商发出的订货清单	采购部	供货商	日期+供货商+商品名称+规格+单价+计量单位+数量+备注+采购部门+采购人

续表

编号	名称	简述	数据来源	数据流向	组成
D—08	发货清单	供应商给企业的发货单	供应商	采购部	日期+购货单位+商品名称+规格+单价+计量单位+数量+备注+发货单位
D—09	入库单	货物进入库房时开具的凭证	采购部	仓库	入库日期+商品名称+规格+计量单位+数量+单价+金额+供货商+金额合计+交货部门+经手人
D—10	销售报表	销售部给财务部的销售统计	销售部	财务部门	统计日期+月份+商品编号+商品名称+规格+单价+计量单位+销售数量+销售金额+备注

表 4-3　　　　　　　　　　存储文件条目

编号	名称	数据结构组成
F—01	供货商档案	供货商编号+供货商名称+职位+联系电话+邮编+供货商地址+备注
F—02	产品信息表	商品编号+商品名称+规格+单价+计量单位+现存数量+零售报价+供货商
F—03	库存信息	商品编号+商品名称+规格+单价+计量单位+现存数量+金额+数量上限+数量下限+备注
F—04	销售报表	日期+购货单位+商品名称+规格+单价+计量单位+数量+折扣率+折扣额+税额+价格合计+销售毛利+备注
F—05	客户档案	客户姓名+联系电话+职位+公司名称+邮编+公司地址
F—06	库存报表	库位编号+商品编号+商品名称+规格+单价+计量单位+上月库存+本月入库+本月出库+本月结存

表 4-4　　　　　　　　　　处理功能条目

处理功能

系统名：进销存管理　编号：P2.2
条目名：订单处理　别名：无

输入：有效订单	输出：调拨单、缺货单

加工过程：获得有效订单
　　　　　获得商品编号
　　　　　在库存信息中查找商品
　　　　　获得商品数量
　　　　　若商品数量大于订单数量
　　　　　出库处理
　　　　　若商品数量小于订单数量
　　　　　缺货处理

简要说明：

表 4-5　　　　　　　　　　　　　　外部实体条目

外部实体

系统名：进销存管理　编号：S01
条目名：供货商

| 输入数据流：采购单 | 输出数据流：发货清单 |

组成：
数据项名供货商名称 + 职位 + 联系电话 + 邮编 + 供货商地址

简要说明：

（四）数据词典的编写方法

数据词典编写方法有两种：

（1）手工编写，即手工或辅以计算机文字处理软件填写卡片的方式建立数据词典；

（2）计算机辅助编写，即在计算机上利用专门的系统工程软件自动生成数据词典。

数据词典是系统分析阶段的重要文档，它清楚地定义和详细地解释了数据流程图中未能详细表达的内容。随着数据流程图自上向下地逐层扩展，数据词典的内容也逐步充实与完善。数据词典能够保证数据之间的一致性和完整性、合理性与统一性，能有效地对资源进行控制和集中。数据词典虽然是在分析阶段建立的，但还需在系统设计过程中不断修改、充实和完善。

数据流程图从整体上反映了数据及其处理，但其所反映的数据加工较为笼统，因此作为数据流程图另一个重要的补充就是加工说明。

三、加工说明

加工说明是对数据流程图中每一个基本加工过程的详细描述。数据流程图中所有不再进行分解的数据加工，称为基本加工。基本加工主要是数据流程图最底层的加工，但也可以是上层数据流程图不进一步分解的加工。识别的主要原则是基本加工无子项，而非基本加工有子项。

基本加工是实现系统功能的基本组成部分，准确、清晰地描述基本加工，成为表达系统逻辑功能的关键。由于基本加工涉及详细的数据处理功能和处理过程，其描述往往需要多种工具，分类如下。

（一）结构化语言

结构化语言是专用于描述数据加工的处理功能和处理过程的规范化语言。结构化语言介于自然语言与计算机语言之间，语句类型少、结构规范、表达清晰、准确、易理解、无歧义。

1. 结构化语言中使用的词汇

（1）祈使语句中的动词，如计算、汇总、获得、核对等。

（2）数据词典中的名词，如姓名、学号、成绩、学生名册、成绩表等。

(3) 逻辑关系标准词汇，如与、或、等于、大于、小于、大于等于、小于等于。

使用词汇时应明确简练，不用抽象、含糊之词，尽量不使用形容词、副词。

2. 语句类型

(1) 祈使语句，说明要做的事情，一般用动词加宾语构成如获得成绩、计算总分、计算平均分。

(2) 条件语句，说明在满足一定条件下要做的事情。条件语句可嵌套其他语句，也可再嵌套条件语句，如表4－4处理功能条目中加工过程描述就采用了这种条件语句。

其一般形式为：

如果＜条件＞成立

则执行 A

否则执行 B

(3) 循环语句，说明在满足某种条件下反复要做的事情。此语句由循环条件和重复执行的语句构成，后者可以是祈使语句，也可以嵌套条件语句、循环语句。循环语句一般有如下两种形式。

形式1：

如果＜条件＞成立　　　　　例：$X=1$

执行 A　　　　　　　　　如果 $X<5$ 成立

执行 B　　　　　　　　　$Y=X*X$

执行 C　　　　　　　　　显示 Y

$X=X+1$

形式2：

　　　　　　执行 A　　　例：$X=1$

　　　　　　执行 B　　　$Y=X*X$

　　　　　　执行 C　　　显示 Y

直到＜条件＞不成立时止　　$X=X+1$

直到 $X<5$ 不成立时止

（二）判断树

判断树指用树描述不同条件组合所对应的处理，也称决策树。如果一个加工中判断的步骤较多，使用结构化语言描述，语句嵌套层次太多，则不便于基本加工的清晰表达。判断树是一种图形工具，适用于描述加工中有多个决策，而且每个策略和若干个条件有关的逻辑功能。

决策树的画法为左边结点为树根，称为决策结点，与决策结点相连的称为方案枝（也称条件枝），最右方的方案枝端点称为树梢结点，表示决策结果，即所采用的策略；中间各结点为分段决策结点。

例如，学籍变动决策树如图4－21所示，某企业根据销售额折扣的决策树如图4－22所示。

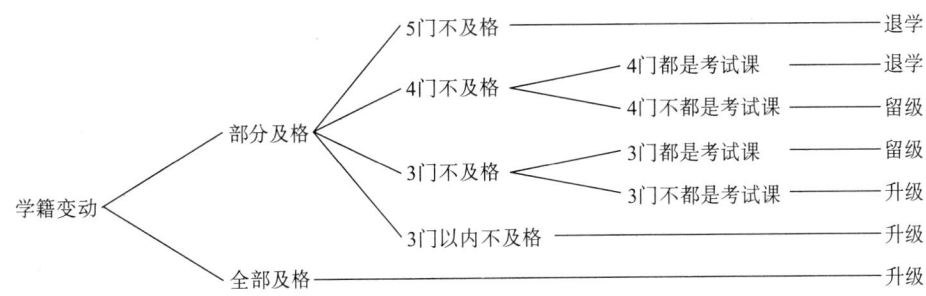

图 4-21 学籍变动决策树

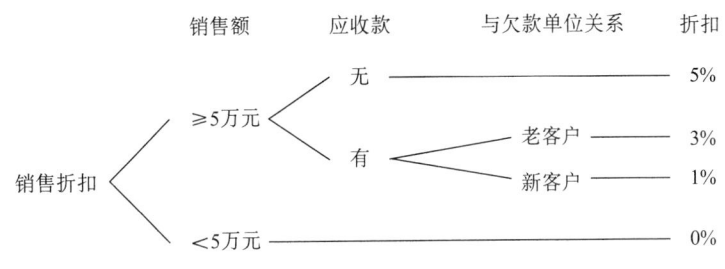

图 4-22 某企业销售折扣决策树

用决策树描述学籍变动和企业销售折扣政策,清晰地表达了在什么情况下应采取何种策略,比文字描述直观,一目了然,不易产生逻辑混乱。因而决策树是描述基本加工逻辑功能的有效工具。

(三) 判断表

判断表是指用表描述不同条件组合所对应的处理,也称决策表。在基本加工中,如果判断条件较多且相互组合,相应的决策方案较多,决策树的结构就比较复杂,同时注释也较为繁琐。判断表用于描述此类加工。

它是一种表格形工具,由条件说明、条件组合、决策方案、决策结果四部分组成,如表4-6所示。

表 4-6　　　　　　　　　　　　　判断表

条件说明	条件组合
决策方案	决策结果

1. 判定表的的编制

(1) 条件说明,列出所有的 n 个条件;

(2) 条件组合,列出所有的条件组合,条件组合数最多为 2^n 个;

(3) 决策方案,列出所有的决策方案;

(4) 决策结果,按全部条件组合列出其对应的决策结果。

2. 判定表的简化

(1) 条件组合的剔除,即将判定表中某些矛盾或无意义的条件组合进行剔除。

(2) 条件组合的合并,即将判定表中决策结果相同的某些条件组合进行合并。

某高校奖学金政策决策表及其简化如表 4-7、表 4-8 所示。

表 4-7　　　　　　　　　　某高校奖学金决策表

条件和行动	条件组合							
	1	2	3	4	5	6	7	8
考试课平均分	≥90	≥90	≥90	≥90	≥80	≥80	≥80	≥80
各门课总平均分	≥80	≥80	≥70	≥70	≥80	≥80	≥70	≥70
三好学生否	是	否	是	否	是	否	是	否
一等奖学金	√	√	√					
二等奖学金				√	√			
三等奖学金						√	√	√

表 4-8　　　　　　　　　简化的某高校奖学金决策表

条件和行动	条件组合					
	1	2	3	4	5	6
考试课平均分	≥90	≥90	≥90	≥80	≥80	≥80
各门课总平均分	≥80	≥70	≥70	≥80	≥80	≥70
三好学生否			是	否	是	否
一等奖学金	√	√				
二等奖学金			√	√		
三等奖学金					√	√

第四节　用户需求的调查与分析

一、概念

所谓用户需求,是指用户对新系统的所有要求和限制,通常包括功能、性能、可靠性、安全保密要求以及开发费用、周期、资源等方面的限制。用户需求是新系统目标的具体化,而新系统的逻辑模型是用户需求的明确、详细表示。

二、意义

对用户需求分析的意义有两点:一是全面理解用户的各项要求,二是准确表达被接受的用户需求。

新系统的开发必须以当前系统为基础,并对其修改而成。用户需求反映了当前系统所缺少或薄弱而新系统应该增加的部分,因此用户需求分析的作用是借助当前系统的逻辑模型导出新系统的逻辑模型,解决新系统"做什么"的问题(如图 4-23 虚线框内容所示)。

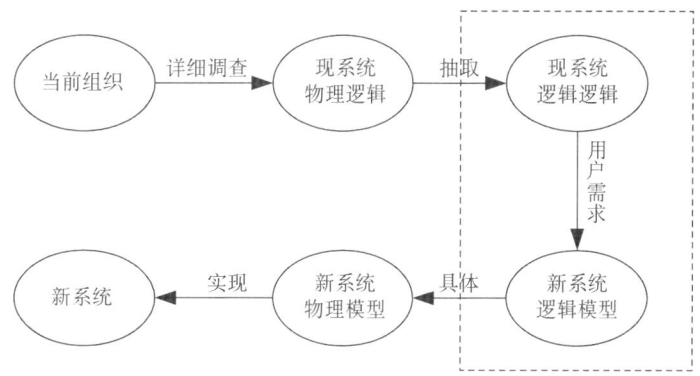

图 4-23 新系统模型建立示意

三、内容

用户需求分析的主要工作内容有以下三个部分。

(一) 调查用户需求

通过详细调查工作，系统分析员已较深入地理解了当前系统的现状和不足，初步掌握了用户需求。在此基础上，还应通过访谈、问卷调查、开调查会等方法专门收集来自各级用户的各种需求。系统分析员提出的需求和用户表达的需求就是初步的用户需求。

(二) 确定用户需求

对于初步的用户需求新系统不一定都要满足，因为用户提出的全部要求并非都是合理的，系统分析员提出的需求也并非完全正确。确定用户需求就是从初步的用户需求中选择新系统必须满足的需求。当用户和系统分析员所提出的需求出现矛盾时，应尽量满足用户的要求，也可通过讨论取得一致意见。

用户需求所包括的具体内容有功能需求、性能需求、可靠性需求、安全保密需求、资源使用需求、开发费用需求和开发进度需求。

(三) 表达用户需求

经过确定的用户需求，称作系统需求，即新系统应满足的要求和限制。对系统需求应清晰、准确、完整地进行描述，这个描述性文件就是用户需求说明书，也称作需求规格说明书。用户需求说明书提供了用户与系统分析员对所开发软件的共同理解，其作用相当于用户单位与开发单位之间的技术合同，是后续工作的基础。

用户需求说明书的内容及格式如下：
(1) 引言，包括目的、项目背景、参考资料、术语；
(2) 项目概述，包括目标、用户特点、假定与约束；
(3) 具体要求，包括用户需求细目详列，如功能、性能、可靠性、安全保密要求等；
(4) 运行环境规定，包括设备、支持软件、接口等。

第五节 新系统逻辑模型的建立

新系统逻辑模型是指新系统所具有的功能和应该完成的任务。这些功能和任务是系统设计的依据,即在系统设计阶段将考虑如何具体实现。详细调查和用户需求分析都是为确定新系统逻辑模型作准备的。

前面首先通过调查现系统物理模型(组织结构图、功能体系图、业务流程图),抽取了现系统逻辑模型(数据流程图、数据词典、加工说明)。根据系统需求,修改现系统逻辑模型(数据流程图、数据词典、加工说明),即可形成新系统逻辑模型,如图4-24所示。换句话说,考虑了用户需求的现系统逻辑模型就是新系统逻辑模型。

图 4-24 新系统逻辑模型

分析系统需求,确定现系统逻辑模型对应的地方,可能是数据流程图中某些数据流向不合理,数据词典中某些数据存储存在不必要的冗余,加工说明中某些处理过程不正确。

从形式上讲,新系统逻辑模型与现系统逻辑模型相比变化不大,可能只是在一个或几个处理中引进新技术,改变几处数据处理的流程,或者改变某些数据存储的组织方式。但是,这是经过周密调查和分析的结果,其影响不是局部的,对这种影响一定要有充分的估计。

新系统逻辑模型的建立是系统分析阶段的最终成果,同时又是系统设计阶段的开始,是系统分析阶段过渡到系统设计阶段的桥梁。本阶段的最终文档——系统分析报告,对下一步的设计和实现起着纲领性的指导作用。

第六节 系统分析报告

系统分析报告又称系统说明书,反映了系统分析阶段调查分析的全部内容,是本阶段最重要的文档。用户可根据系统分析报告评审和认可新系统的开发策略和开发方案,而系统设计员可以用它指导系统设计工作和系统实施标准,还可将其作为测试阶段验收的依据、系统开发成功与否的标准。

系统分析报告主要包括以下内容:

(1) 概述,包括新系统名称、目标、功能、背景、术语。

(2) 现行系统概况,包括现系统物理模型和现系统逻辑模型。现系统物理模型又包括组织结构图、功能体系图和业务流程图。现系统逻辑模型包括数据流程图、数据词典和加工说明。

(3) 系统需求说明,即用户需求说明书。

(4) 新系统逻辑方案,包括数据流程图、数据词典和加工说明。

(5) 资源。

(6) 进度。

本章小结

系统分析是系统开发生命周期中最重要的环节，是系统设计和实施的基础。本章首先介绍了系统分析的任务和特点，明确指出系统分析的主要目的是确定应用户要求开发的管理信息系统"做什么"，也就是了解用户需求。系统分析的主要方法就是通过详细、深入地调查用户现行系统的运行状况，熟悉用户业务流程，并在此基础上根据系统总目标，建立新系统的逻辑模型。

数据流程图描述了新系统的主要逻辑功能和数据流向。数据流程图由一套从高层到最低层的数据流程图组成。

数据字典对整个系统的每一个数据元素、数据结构、数据存储、数据流、处理功能和外部实体都有明确的定义，并且指出了数据字典中每一个项目数据流程图之间的关系。

系统分析报告是系统分析阶段的文档，是系统开发的基础性文件。要充分认识系统分析报告在系统开发过程中的重要性，并了解系统分析报告的构成。

一、名词解释

1. 系统范围
2. 数据结构
3. 外部实体
4. 加工说明
5. 父子平衡
6. 系统逻辑模型

二、简述题

1. 系统分析员应具备哪些知识和能力？为什么？
2. 系统分析中用到哪些图表工具？它们各自的作用和相互关系是什么？
3. 用业务流程图描述银行存取款业务。
4. 用业务流程图描述图书馆借还书业务并转换成数据流程图。
5. 什么是数据字典？其条目有哪些？
6. 什么是系统需求？它是如何确定的？
7. 试论述新系统逻辑模型建立过程。
8. 个人所得税政策如下：若月收入≤800元，不交税；若800元＜月收入≤1 500元，则交超过800元部分的5％；若月元收入超过1 500元，则交超过800元部分的5％和超过1 500元部分的10％。请用判断树进行描述。

第五章 系统设计与实施

经过系统分析后,对原系统的业务处理过程、数据流程、数据特征、处理功能以及存在的问题等都有了较深刻的了解,并建立了新系统的逻辑模型。从所获得的模型来看,系统分析提供的逻辑模型只解决了系统要"做什么"的问题,而如何做才能达到系统的目标,这一问题在系统分析阶段并没有得到解决,而系统设计则要在此基础上解决"怎么做"的问题。接下来,系统开发将进入一个新的阶段——系统实施,即把系统的物理模型转换成实际运行的系统,解决"具体做"的问题。

第一节 系统设计概述

系统设计也称为系统物理设计,系统设计阶段的主要目的是将系统分析阶段所提出的、充分反映用户信息需求的新系统逻辑模型转换成可以实施的、基于计算机与网络技术的物理模型。

一、系统设计的主要内容

系统设计的主要任务是从系统的总目标出发,根据系统分析阶段对系统逻辑功能的要求,并考虑到经济、技术和运行环境等方面的条件,确定系统的总体结构和各组成部分的技术方案,合理选择计算机和通信的软件、硬件设备,提出系统的实施计划。

(一)总体设计

把系统总任务分解成许多基本的、具体的任务,这称为系统总体设计,又称为概要设计。系统总体设计工作是自上向下进行的。其基本任务包括:
(1)系统总体结构设计;
(2)计算机物理配置方案设计。

(二)详细设计

详细设计是对系统总体设计中各个具体的任务选择适当的技术手段和处理方法,是对系统总体设计的深入,详细设计主要包括:
(1)代码设计;
(2)数据库设计;
(3)输入设计/输出设计和人机对话设计;
(4)计算机处理过程设计等。

二、系统设计原则

系统设计的优劣直接影响到整个信息系统的质量和所获得的经济效益。因此,为了设计的系统能最大限度地满足用户的需求，具有较强的生命力，系统在设计时应遵守以下原则：

（一）先进性

先进性是指整个系统软、硬件设备的设计符合高新技术的潮流。在满足现期功能的前提下，系统设计具有前瞻性，在今后较长时间内保持一定的技术先进性。

（二）系统性

系统本身是作为一个整体存在的，因此在系统的设计中，应时刻从整个系统的角度来考虑问题，如系统的代码要统一，设计规范要标准，对系统数据的采集要做到数出一处，全局共享，一次输出、多次利用。

（三）规范性

系统中采用的控制协议、编解码协议、接口协议、媒体文件格式、传输协议等符合国家标准、行业标准和公安部颁布的技术规范。系统具有良好的兼容性和互联互通性。

（四）可靠性

可靠性是指系统抵御外界干扰的能力以及受外界干扰时的自我恢复能力。一个成功的管理信息系统必须具有较高的可靠性才能保证系统质量，并得到用户的信任，如安全保密性、检错及纠错能力、抗病毒能力。

（五）经济性

经济性是指在满足系统需求的前提下，尽可能减少系统开发和使用的费用。一方面，在硬件投资上不宜盲目追求技术上的先进，而应以满足实际应用需求为前提；另一方面，系统设计中应尽量避免不必要的复杂化，各模块的联系应尽量简洁流畅，以便缩短处理流程，减少处理费用。

（六）可扩展性

可扩展性是指系统具备良好的输入输出接口，可为各种增值业务提供接口，如 GIS 电子地图、手机监控、智能识别等系统。同时，系统可以进行功能的定制开发，可以实现与公安内部系统的互联互通。

（七）灵活性

灵活性是指系统对外界环境变化的适应能力。为了保持系统更长久的生命力，系统要具有很强的环境适应性，为此系统应具有良好的开放性和结构的可变性。

第二节　系统总体设计

总体设计是系统设计中十分重要的一步，总体设计的好坏直接影响系统的质量和整体特性，系统越大，影响也越大。在总体设计中要牢记"整体大于部分之和"的思想，力求系统的整体性能最佳而不是各个局部最佳。

系统总体结构设计要根据系统分析的要求和组织的实际情况来对新系统总体结构形式和

可利用的资源进行设计，它是一种宏观、总体上的设计和计划。

一、概述

结构化设计的基础是模块化，此方法规定了一系列模块的分解原则和技术。系统总体设计将整个系统分解成相对独立的若干个模块，通过对模块的设计和模块之间关系的协调来实现整个软件系统的功能。采用模块化设计原理可以使整个系统设计简易，结构清晰，可读性、可维护性增强，同时也有助于信息系统的开发与组织管理。

（一）模块

模块（Module）是指用一个名字就可以调用的一段程序语句，可以将它理解为类似"子程序"的概念，如，Pascal 程序设计中的函数、过程等。

一个模块应具有以下四个要素。

（1）输入和输出。一个模块中的输入来源和输出去向都是同一个调用者，即一个模块从调用者那里取得输入，进行加工后再把输出返回给调用者。输入和输出是模块与其外部环境的信息交换。

（2）处理功能，指模块把输入转换成输出所作的工作。

（3）内部信息，指仅供模块本身引用的数据。

（4）程序代码，用来实现模块功能的程序。

前两个要素是模块的外部特性，后两个要素是模块的内部特性。系统结构设计主要关心模块的外部特性，模块的内部特性是程序设计阶段要解决的问题。

模块化就是把系统划分成为若干个模块，每个模块完成一个特定的功能，然后将这些模块汇集起来组成一个整体（即系统），用以完成指定功能的一种方式。

（二）模块结构图

模块结构图又称控制结构图，是用一组特殊的图形符号按一定的规则描述系统整体结构的图形，是系统设计中反映系统功能模块层次分解关系、调用关系、数据流和控制信息流传递关系的一种重要工具。

模块结构图主要关心的是模块的外部属性，即上下级模块、同级模块之间的数据传递和调用关系，而并不关心模块的内部属性。换句话说，也就是只关心它是什么、它能够做什么的问题，而不关心它是如何去做的。模块结构图的基本符号如图 5-1 所示。

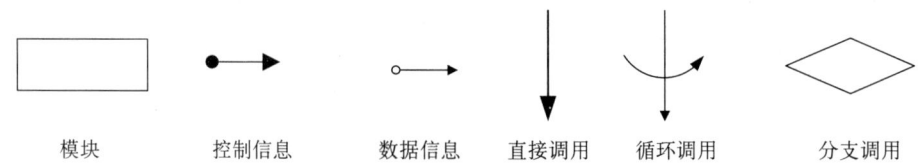

图 5-1　模块结构图的基本符号

1. 模块

在模块结构图中，用矩形框表示一个模块，在矩形框中间标上模块名称，这个名称应该反映模块的处理功能。模块名通常由一个动词和一个作为宾语的名词组成，如图 5-3 所示的"查询产品""读库存文件"。

2. 调用

在模块结构图中，用连接两个模块的箭头表示调用。箭头总是由调用模块指向被调用模块，被调用模块执行完后又返回到调用模块。模块结构图规定调用关系只能是上层模块调用下层模块，不允许下层模块调用上层模块；通常也不允许同层模块之间相互调用。

如果一个模块是否调用一个从属模块取决于调用模块内部的判断条件，则这一调用称为模块间的判断调用，采用菱形符号表示；如果一个模块通过其内部的循环功能循环调用一个或多个从属模块，则这一调用称为循环调用，采用弧形箭头表示（如图 5 – 2 所示）。

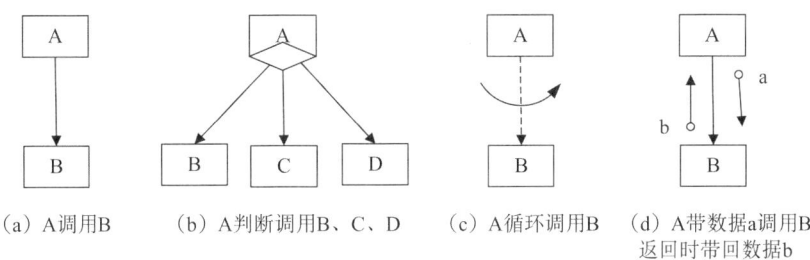

（a）A调用B　　（b）A判断调用B、C、D　　（c）A循环调用B　　（d）A带数据a调用B
返回时带回数据b

图 5 – 2　模块间的调用关系

3. 数据信息

在模块结构图中，当一个模块调用另一个模块时，调用模块可以把数据传送到被调用模块进行处理，而被调用模块又可以将处理结果数据送回调用模块。在模块结构图中用带空心圆的箭头表示数据信息，并在旁边标上数据信息名称，箭头的方向为数据的传递方向。如图 5 – 3（a）表示 A 模块调用 B 模块时，A 模块将数据 X 传送给 B 模块，B 模块将处理结果数据 Y 返回给 A 模块。

4. 控制信息

控制信息是为了指导程序下一步的执行必须传递的信息。在模块结构图中，用带实心圆的箭头表示控制信息，并在旁边标上控制信息名称。如图 5 – 3（b）"无此产品"就表示销售部门在输入的"产品名称"有误时的控制信息。控制信息与数据信息的主要区别是前者只反映数据的某种状态，不必进行处理。

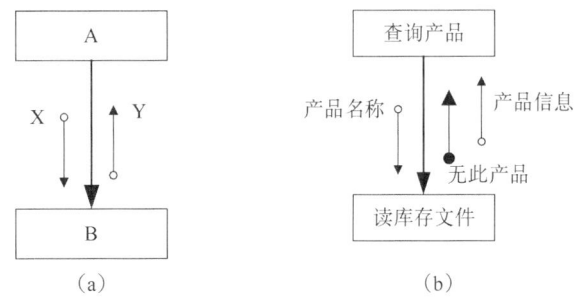

图 5 – 3　数据信息和控制信息

图 5 – 4 给出了模块结构图的例子，共有 10 个模块。其中，A 为主控模块，其所调用的 3 个模块中，B 模块与 B1、B2 模块是直接调用，C 模块与 C1、C2 模块是循环调用，D 模块与 D1、D2 模块是选择调用。它们在调用时相互之间还传递数据及控制信息。例如，B 模块

在调用 B2 模块时，B 模块将数据信息 Y1、控制信息 X2 传送给 B2 模块，B2 模块将处理结果 X3 控制信息返回给 B 模块。

每个模块都表明了这一模块的功能，数据从输入端获得，通过变换处理从输出端流出。

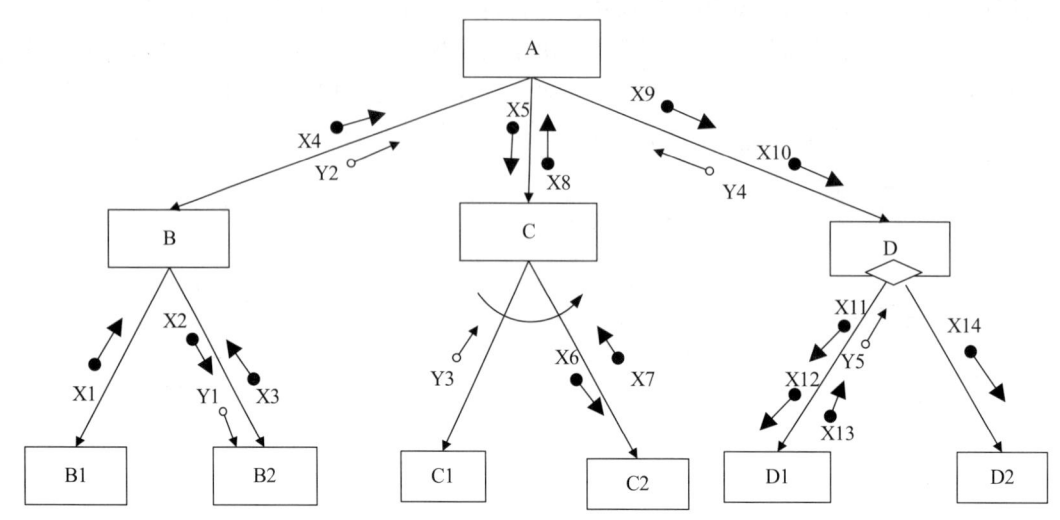

图 5-4　模块结构图示例

模块结构图是系统设计阶段最主要的表达和交流工具。这种图应当简明易懂，既要便于设计人员表达自己的设想，又要便于编写程序的人员了解实现要求，还要便于同管理人员商讨。

数据流程图是绘制结构图的依据。总体设计阶段的任务，就是要针对数据流程图规定的功能，设计一套实现办法。因此，绘制结构图的过程就是完成这个任务的过程。

（三）模块结构设计的原则

为了使系统有较合理的结构和良好的可维护性，模块结构设计应遵循以下原则。

1. 高内聚、低耦合（模块的独立性）原则

模块的内聚是对一个模块内部各成分之间相互关联程度的度量，标志着一个模块内各个元素彼此结合的紧密程度。在软件设计的时候，应尽量争取高内聚，因为高内聚的模块便于修改，并且易于实现模块的功能独立。模块的聚合程度越高，模块的独立性也就越好。

耦合指的是模块与其他模块相互联系、相互依赖程度的度量。模块耦合程度越低，说明模块之间的联系越少，相互间的影响也就越小，产生连锁反应的概率就越低。在对一个模块进行修改和维护时，对其他模块的影响程度就越小，系统可修改性就越高。相反，若系统模块间耦合越紧，修改一个模块时很可能不得不修改另一个模块。模块之间的耦合程度低说明系统分解得好。

子系统或模块要有充分的内在联系，内部功能单一，有较强的独立性，并且尽可能减少与其他子系统或模块之间的关系，包括调用关系、控制关系和数据交换关系。

2. 高扇入、低扇出原则

模块的扇入是指调用它的上级模块的个数。模块的扇入系数越大，表明这一模块被越多的上级模块所共享，其公用性越强，这当然是我们所希望的。但是不能为了获得高扇入而不惜代价。例如，把彼此无关的功能凑在一起构成一个模块，虽然扇入数高了，但模块的内聚

程度就低了,这种情况应该避免。

模块的扇出是指模块的直属下级模块的个数,如图 5-5 所示。模块的直属下级模块越多,表明它要控制的模块个数越多,所要做的事情也就越多,它的聚合度就越低。所以,要尽量把一个模块的直属下级模块控制在较小的范围之内。一个模块的扇出数过大和过小都不理想,过大比过小更不好。扇出数过大意味着管理模块过于复杂,需要控制和协调的下级模块更多,一般认为扇出的上限不应超过 7。

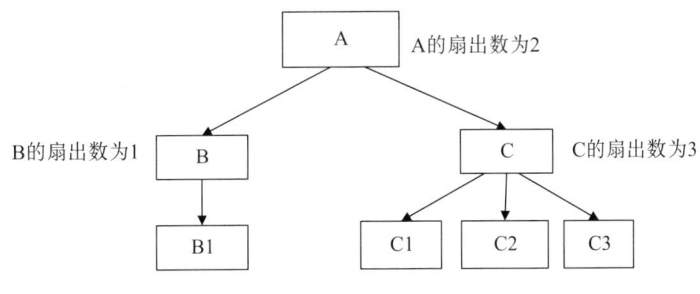

图 5-5 模块的扇出

3. 模块大小适中原则

模块的大小是指将来为实现模块功能所需编写程序的行数,过大的模块常常使系统分解不够充分,其内部可能包含若干部分的功能。过小的模块则有可能降低模块的独立性,造成系统接口的复杂。虽然模块设计不能过大也不能过小,但也不能生硬地划分,设计的出发点还是要保证功能划分的合理性。

4. 系统形状匀称原则

系统形状可用两个指标来衡量:一是系统的深度,二是系统的宽度。深度是将系统划分出的层数,宽度是系统中同层次上所包括的模块数,如图 5-6 所示。当系统的规模一定时,深度和宽度成反方向变动,即深度越大,宽度越小。

这一原则要求在系统模块划分时深度与宽度要保持适当比例。因为深度过大会造成系统中信息传递障碍增多,影响系统的效率;但如果宽度越大,也会造成系统指挥调度失灵。

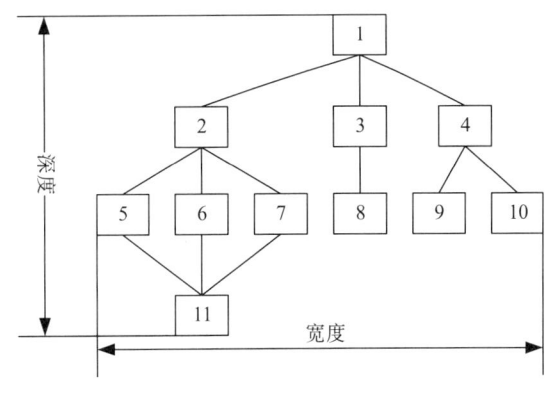

图 5-6 系统形状均匀举例

上述原则只是模块设计中的经验性或启发性原则,就某一具体系统而言可灵活运用上述原则。

二、模块结构设计

在系统分析阶段采用结构化分析方法获得了新系统逻辑模型,包括数据流图、数据字典、加工说明等,本节将讨论如何从数据流图导出系统初始的模块结构图。

数据流图有两种典型的结构:变换型(Transform)结构和事务型(Transaction)结构。这两种类型的数据流程图具有明显不同的特征。

如果数据流程图可以明显地分成输入、处理和输出三部分的线性结构,则它就是变换型数据流程图,如图 5-7 所示。

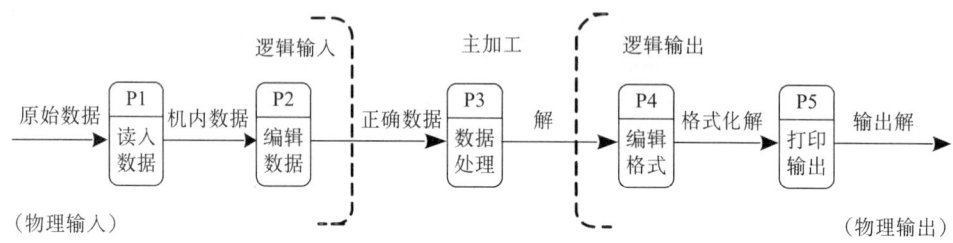

图 5-7 变换型结构

如果数据流程图大致呈束状结构,即一束数据流平行流入或流出,可能同时有几个事务要求处理,则它就是事务型数据流程图,如图 5-8 所示。

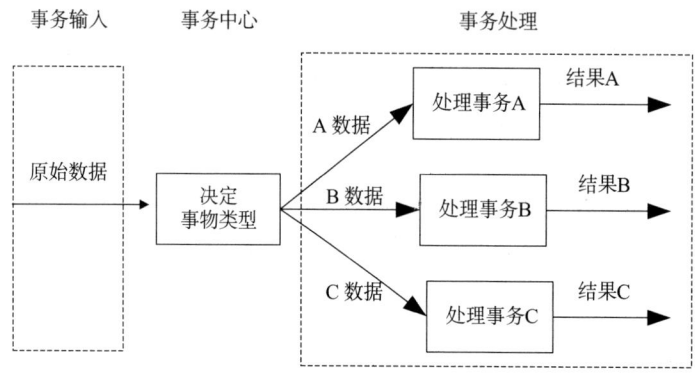

图 5-8 事务型结构

根据数据流程图结构类型的不同,从数据流程图导出初始结构图有两种技术,即变换分析和事务分析技术。

(一)变换分析技术

这一方法的基本思想是以数据流程图为基础,首先找出变换中心,确定模块结构图的顶层模块,然后按照自上向下的设计原则逐步细化,最后得到一个满足数据流程图所表达用户要求的系统模块结构图。整个过程可以分为以下三步。

1. 找出变换中心,确定主加工

主加工一般是对几股数据流汇合处的处理,是逻辑输入和逻辑输出之间的处理。

2. 设计顶层模块和第一层模块

找到主加工之后,遵照"自上向下、逐步细化"的原则,设计各层的模块。系统的主加工就是系统的顶层模块,也叫主控模块,其功能就是整个系统的功能。

系统的顶层设计完成后,第一层模块按输入、变换、输出等分支来处理。为每一个逻辑输入设计一个输入模块,其功能是为顶层模块提供相应的数据;为每一个逻辑输出设计一个输出模块,它的功能是输出顶层模块的输出信息;为主加工设计一个变换模块,它的功能就是将逻辑输入变换成逻辑输出。第一层模块与顶层模块之间传送的数据应该与数据流程图相对应。

3. 设计中、下层模块

对输入、变换、输出模块逐个分解,便可得到初始结构图。

输入模块要为系统提供逻辑输入,一般要进行变换,先确定实现最后变换的变换模块。这个变换模块显然又需要某些输入,对每个这样的输入,对应一个新的输入模块,用类似的方法依次分解下去,直到最终的物理输入为止。

对输出模块的分解与上面的办法类似。对变换模块的分解,目前还没有与上面类似的方法。此时,需要研究数据流程图中相应加工的组成情况。

运用以上方法,就可以获得与数据流程图 5-7 相对应的初始模块结构图,如图 5-9 所示。

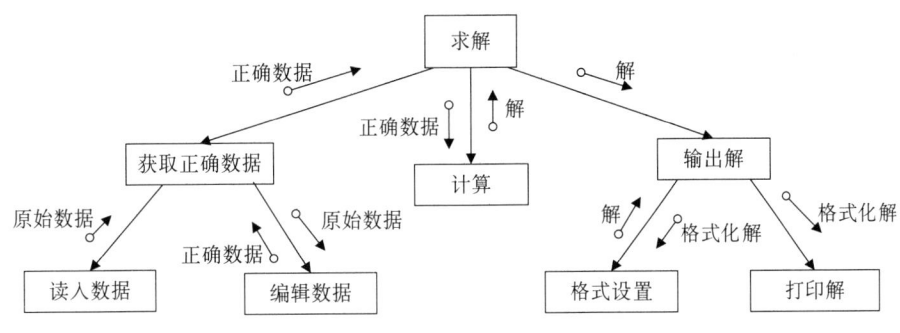

图 5-9 变换分析

(二) 事务分析技术

在事务型结构中,某个加工将它的输入分离成一束平行的数据流,分别执行后面的某些加工。对于这种类型的数据流图,可以通过事务分析得到相应的结构图。就步骤而言,这一方法与变换分析方法大部分类似,主要差别仅在于由数据流图到软件结构映射方法的不同。进行事务分析时,通常采用以下三步:

(1) 首先找出事务中心和事务来源;

(2) 按功能划分事务,将具备相同功能的事务分为同一类建立事务模块;

(3) 为每个事务处理模块建立全部的操作层模块,其建立方法与变换分析方法类似,但事务处理模块可以共享某些操作模块。

与图 5-8 相对应的模块结构图如图 5-10 所示。

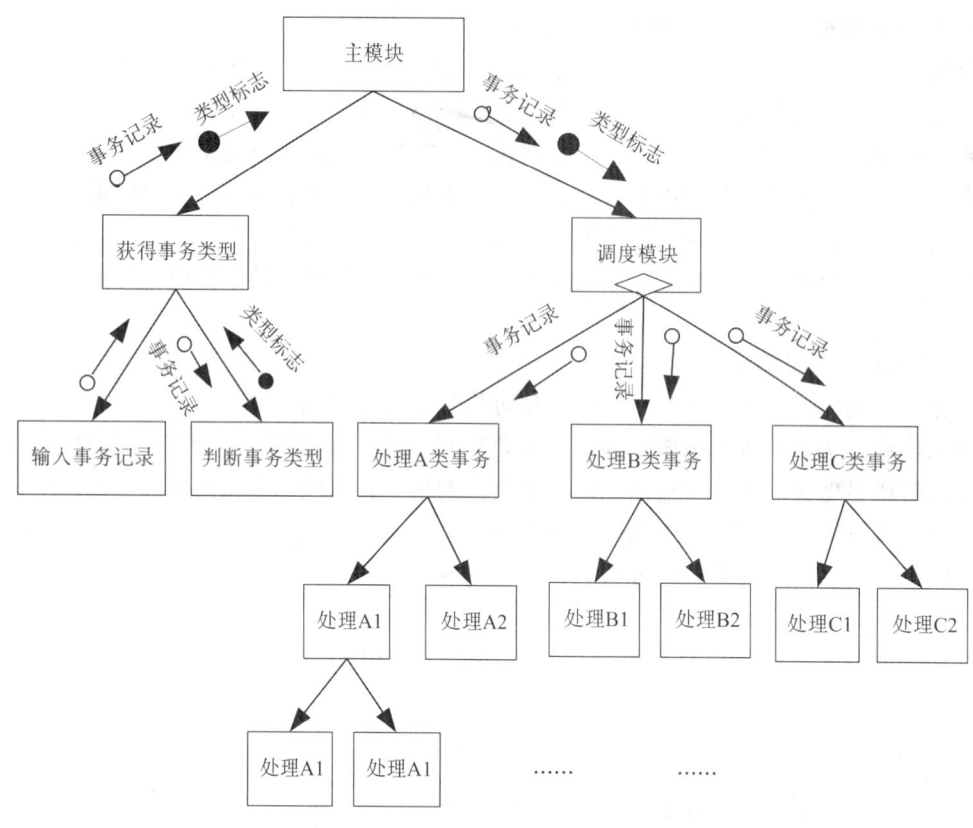

图 5-10 事务分析

在实际应用中，这两种方法往往交替使用。变换分析常用于将低层的数据流程图转换成结构图，事务分析常用于将高层的数据流程图转化为系统结构图。数据流图的某一局部可能是变换型，另一局部可能是事务型，如此等等。一般以变换分析为主，辅之以事务分析。

模块结构图可以由数据流程图转换而来。但是，结构图与数据流程图有着本质的区别：数据流程图着眼于数据流，反映系统的逻辑功能，即系统能够"做什么"；结构图着眼于控制层次，反映系统的物理模型，即怎样逐步实现系统的总功能。

因为数据流程图并没有完全反映用户的要求，如查询要求等，因此称之为初始结构图，最终还要参照说明书等文档进行调整。

下面通过运用变换型和事务型分析方法来分析进销存管理信息系统销售处理这个简单的流程，从数据流程图导出模块结构图，如图 5-11 所示。其具体的数据流程如下：①客户提供订单；②处理订单；③判断处理类型；④如果缺货，就进行缺货处理；如果货足，就进行发货处理。

1. 确定数据流程图中有几种导出类型

现在将图 5-11 中加上必要的虚线，将 P1、P2 看成一部分，P4、P5、P6 的并行结构看成一部分。那么，(输入 P1，P2)—(处理 P3)—(输出 P4，P5、P6) 就构成了一个标准的线性结构，则它是变换型数据流程图。接着进一步分析输出虚线框的内容，从 P4 处理的信息判断可分离成 P5 和 P6 两个数据流，数据流程图呈现束状结构，则这个虚线框中的部分就是事务型数据流程图。一般来说，实际业务中的数据流程图都是变换型、事务型等典型类型的复杂结合。

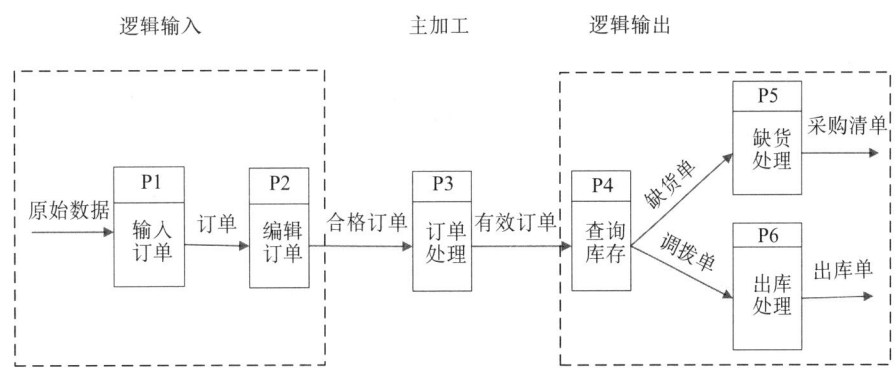

图 5-11 销售处理数据流程图

2. 按变换型导出分析

(1) 找出系统的逻辑输入、逻辑输出和主加工。从物理输入端开始，一步步地向系统的中间移动，直到数据流不能再被看作是系统的输入为止，则其前一个数据流就是逻辑输入。在图 5-11 中，物理输入流是原始数据，然后是订单输入流，然后是合格订单输入流，再往后就都是输出流了。所以，P1—P2 是逻辑输入。同理，从物理输出端开始，逆数据流方向一步步向系统的中间移动，直到数据流不能再被看作是系统的输出为止，则其后一个数据流就是逻辑输出。在图 5-11 中，采购清单、出库单是前一个处理输出后的信息输出流；缺货单、调拨单又是前一个处理输出后的信息输出流，再往前就可以看作是输入流了。所以，P4、P5、P6 是逻辑输出流。介于逻辑输入和逻辑输出之间的就是主加工。图 5-11 中的 P3 即为主加工。

(2) 设计模块的顶层和第一层。本例的主加工命名为销售处理。下层的结构按输入、变换、输出三个分支来处理。一是为每一个逻辑输入设计一个输入模块，向主控模块提供数据；二是为每一个逻辑输出设计一个输出模块，向主控模块提供输出的功能；三是为主加工设计一个变换模块，将逻辑输入变换为逻辑输出。每个模块的命名都应反映这个模块的功能。根据以上导出原则，图 5-12 中将销售处理下层结构划分为订购前处理（P1、P2）、处理订单（P3）、订购后处理（P4、P5、P6）三个模块。

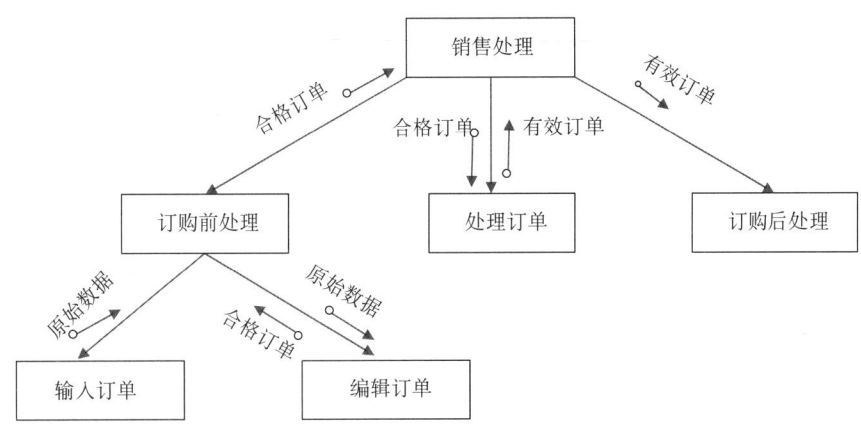

图 5-12 变换分析举例

（3）设计中、下层模块。中下层模块用上面所介绍的确定逻辑输入、逻辑输出和主加工的方法，将第一层每一个模块自上向下继续分解，直到最终的物理输入、输出流为止。图5-12 中将订购前处理划分为输入订单和编辑订单两个模块。由于订购后处理部分流程图属于事务型，下面用事务型流程图导出方法将其进行模块分解。

3. 按事务型导出分析

如图 5-13 所示，商品销售部分的流程图是事务型的，所以按照事务分析方法处理。

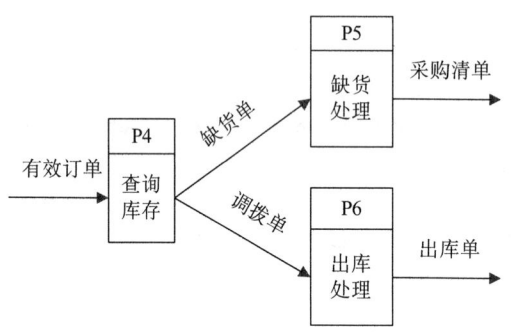

图 5-13 事务分析流程图

事务分析法首先设计主模块，即代表整个系统功能的顶层模块。下面一层是完成判断分析和分配调度的两个模块。判断分析模块根据外部信息进行数据的判断处理，得到分配处理的依据。分配处理模块按照判断处理信息调度给代表某一判断结果的下设模块。图 5-12 中已标明主模块名称为订购后处理，与总流程图导出的模块图中的模块名称相一致。下设库存类型判断及类型分配处理两个模块。类型判断下设输入订单信息和判断库存类型两个模块，向上层模块传入库存类型的控制信息和其他数据信息。类型分配处理模块利用传来的类型信息判断进行哪一个下层处理。事务分析举例如图 5-14 所示。

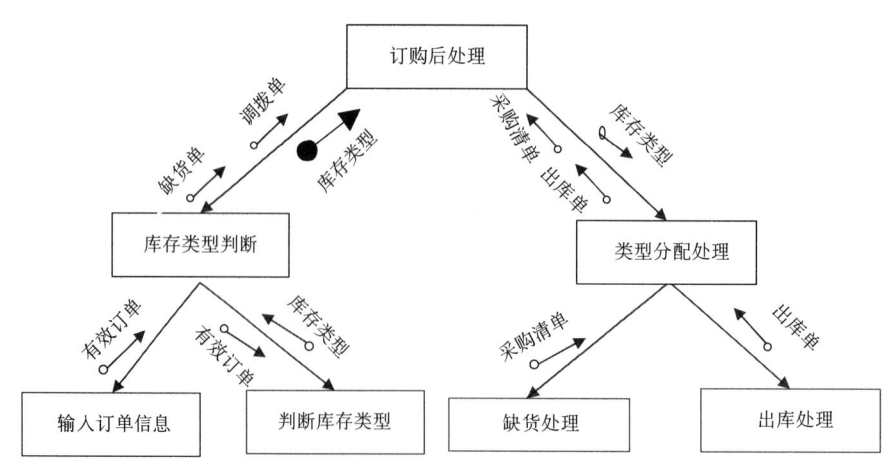

图 5-14 事务分析举例

4. 完成合并，给出图书借阅模块的结构图

将用两种方法导出的模块结构图合并，如图 5-15 所示，即为完整的商品销售模块结构图。从变换分析和事务分析分解得到的模块结构都具有较紧密的模块内联系和较低的

模块间依赖，因此便于修改和维护。上面讲解了针对变换型和事务型两种较典型的数据流程图模式导出模块结构图的方法，当遇到较复杂的实际问题时，就要将这两种分析技术联合使用。例如，商品销售的例子顶层采取变换分析，下层模块按照其形式分别选择分析方法。

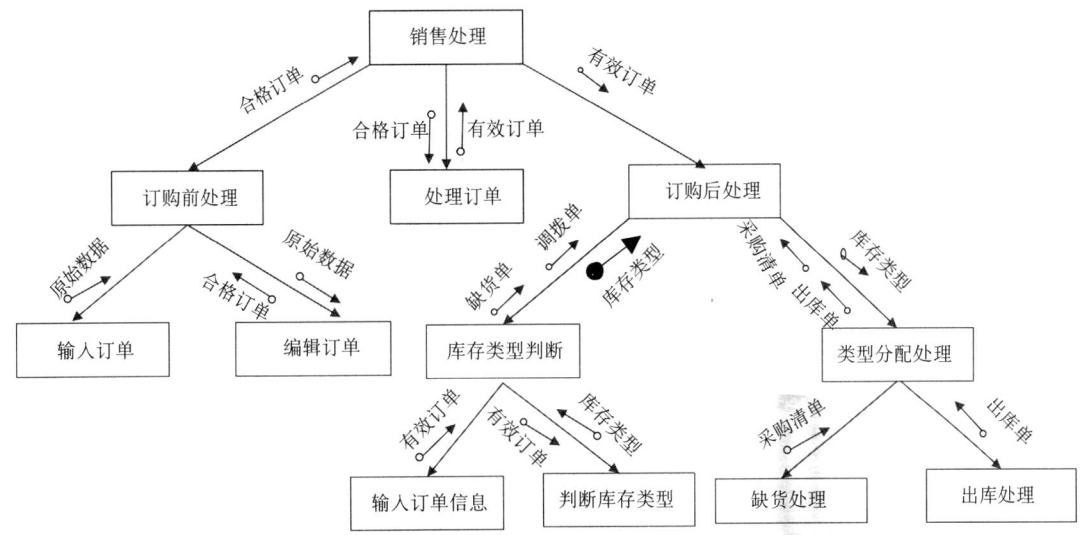

图 5-15 数据流程图导出模块结构图举例

三、系统物理配置方案的设计

管理信息系统是以信息技术为基础的人机系统，管理信息系统的平台是管理信息系统开发和应用的基础。计算机物理配置方案的设计包括计算机处理方式的选择、计算机软硬件的选择、网络系统的设计、数据库管理系统的选择等。随着信息技术的发展，多种多样的计算机软、硬件产品为信息系统的建设提供了极大的选择空间，同时也给系统的设计工作带来了新的困难。如何在众多厂家的产品中选择符合本系统所需要的计算机软硬件、网络系统、数据库管理系统产品，是本章要讨论的内容。

（一）设计的依据

1. 系统的吞吐量

CPU 每秒钟执行的作业数称为系统的吞吐量，用 TPS（Transaction Per Second）表示。系统的吞吐量越大，则系统的处理能力越强，软件、硬件的要求也越高。系统吞吐量、响应时间等计算机性能指标并不是越高越好，应本着实用性和适用性的原则理智地选取。

2. 系统的响应时间

从用户向系统发出一个作业请求开始，经系统处理后，再给出应答结果的时间称为系统的响应时间。如果要求系统具有较短的响应时间，则需要较快的计算机运算速度和网络系统传递速度。

3. 系统的可靠性

系统的可靠性是指系统在运行过程中抵御各种干扰，保证系统正常工作的能力，可以用连续无差错工作的时间来表示。

4. 系统处理方式

根据一个系统的地域范围选择采用单机系统或多机系统。如果系统的处理方式是集中式的，那么它既可以是单机系统，也可以是网络系统。若系统的处理方式是分布式的，则采用网络系统能更有效地发挥系统的性能。对多机系统，根据系统覆盖范围选择局域网或广域网。

5. 数据管理方式

对于任何一个组织来说，数据管理都是一件复杂而又重要的工作。在信息系统中，数据管理一般采用文件管理和数据库管理两种方式。利用文件进行管理是传统的数据管理方式，其缺点是数据共享性差，冗余度大。在数据库数据管理中，数据不再仅仅是服务于某个应用程序或用户，而成为一个组织甚至组织之间的共享资源，由数据库管理系统统一管理，实现了数据与程序的真正独立；并且最大限度地降低了数据冗余，充分做到了数据为多个用户共享，提高了数据的一致性；并且允许多个用户同时访问某一数据，也就是实现数据的并发使用，对数据的安全保密和完整性也有了保证措施。

（二）计算机硬件配置设计

计算机硬件的选择取决于数据的处理方式和运行的软件。管理信息系统对计算机的基本要求是速度快、容量大、通道能力强、操作灵活方便，但是计算机的性能越高，其价格也就越昂贵。因此，在计算机硬件的选择上应全面考虑。

如果系统应用的主要需求是计算机强大的计算能力，并且系统的数据处理是集中式的，则可以配置较高性能的大中型计算机作为主机。如果系统应用的目的是对企业进行管理，其应用本身又是分布式的，则可选择多台小型计算机或高性能的微机作为主机，分布式布置，是系统更为灵活、经济。

确定了数据的处理方式和运行软件后，在计算机型的选择上则主要考虑应用软件对计算机处理能力的需求：

（1）CPU 的性能要求。根据用户提出的时间、精度的要求，选择计算机的运行速度、字长及有关的性能指标。

（2）容量要求。根据用户系统规划时要求处理的可能数据量，选择计算机的内存、外存容量大小。

（3）I/O 通道数。从用户和系统的实际出发，选定外部设备。根据外部设备数量的多少合理选择输入/输出通道数，如 USB 接口的数量等。

（4）输入/输出方式。由于不同管理信息系统的设计目标不同，因此在系统设计时，应根据实际需要进行论证、选择。例如，超市收银系统因数据输入量很大，所以数据输入主要采用条形码扫描仪和键盘完成数据输入，而输出因为要给顾客提供购物凭证，所以不能只是采用屏幕显示，而要加上专用打印机打印等。

（三）计算机软件设计

1. 操作系统

操作系统是统一管理计算机软硬件资源的系统软件，在计算机和用户之间起到接口和桥梁的作用。一般常用的操作系统有 UNIX、OS/2、Linux、Windows 和 WindowNT。应根据实际系统情况选择功能较强、操作方便的操作系统。

2. 应用软件

计算机应用软件要根据应用需求进行系统配置，这样得到的系统容易满足用户的特殊管理需求。但随着计算机产业的发展，出现了很多商品化的应用软件，这些软件技术成熟、设计规范、管理思想先进，直接购买商品化软件既可节约投资，又能规范管理过程，还可以加快系统开发进度。但是在应用软件的选择上应考虑软件是否能够满足用户的需求，软件是否具有足够的灵活性，软件是否能获得长期、稳定的技术支持，能否升级等问题。

3. 开发工具

开发工具的选择首先依据的是管理信息系统应用的模式。若管理信息系统为 B/S 模式，如果网络操作系统选择的是 WindowsNT，则微软公司的 IIS 是建立支持 Web 应用的首选应用服务器软件。基于 B/S 模式的开发工具有 Jave、C#、ASP 等。而 C/S 模式的开发工具及运行环境一般安装在客户端计算机上，现在常选用可视化编程语言，如 PowerBuilder、Delphi、VC++、VB 等。

（四）数据库管理系统

数据库管理系统是为了有效地管理和使用数据，控制数据的存储，协调数据之间的联系，一个好的数据库管理系统对管理信息系统的应用有着举足轻重的影响。在数据库管理系统的选择上，主要考虑数据库的性能、数据库管理系统的安全保密性能和数据的类型。

目前，市场上数据库管理系统较多，流行的有 Oracle、Sybase、SQL Server 等。Oracle 作为一个通用的数据库管理系统，不仅具有完整的数据管理功能，还是一个分布式数据库系统，支持各种分布式功能，特别是支持 Internet 应用。SQL Server 是一种典型的关系型数据库管理系统，可以在许多操作系统上运行。由于 SQL Server 是开放式的系统，其他系统可以与它进行完好的交互操作。

（五）计算机网络设计

计算机网络设计是根据实际业务的需要去考虑如何配置和选用一个网络产品。在系统开发中，应根据实际需要选择主机—终端方式或微机网络方式。

1. 网络设计步骤

（1）网络拓扑结构的选择。在网络结构的设计上，应根据实际系统的信息流量、地域分布范围进行综合考虑，网络拓扑结构有总线型拓扑结构、星型拓扑结构、环型拓扑结构及网状拓扑结构等。在实际组网时采用的拓扑结构不一定是单一固定的，通常是几种拓扑结构的混合使用。

（2）网路的逻辑设计。通常首先按软件将系统从逻辑上分成各个子系统，然后按需要配置设备，如主服务器、主交换机、分系统交换机、子系统集线器（HUB）、通信服务器、路由器和调制解调器等，并考虑各设备之间的连接结构。

（3）网络配置。网络配置通常包括操作系统的选择、划定网络各节点的级别、确定管理方式、选择相应的软件系统等。网络配置与所选的操作系统有密切关系。

2. 网络操作系统

目前局域网中流行的网络操作系统有 WindowsNT、NetWare、UNIX、Linux 等。Windows 操作系统在整个局域网配置中是最常见的。NetWare 操作系统虽然远不如早几年那么风光，但是仍以其对网络硬件的要求较低而受到一些设备比较落后的中、小型企业的青睐。UNIX 操作系统稳定和安全性能非常好，但由于它多数是以命令方式来进行操作的，不容易掌握，因此小型局域网基本不使用 UNIX 作为网络操作系统；UNIX 一般用于大型的网站或大型的企业、事业局域网中。Linux 是一种新型的网络操作系统，它最大的特点就是源代码开放，可以免费得到许多应用程序，在国内得到了用户的充分肯定，它与 UNIX 有许多类似之处，目前这类操作系统主要应用于中、高档服务器中。

第三节 详细设计

系统的总体设计完成之后，还需要确定子系统和各模块的具体实现方法，这便是详细设计，包括代码设计、数据库设计、输入/输出设计、人机对话设计、计算机处理过程设计。

一、代码设计

代码设计是一个科学管理的问题，设计出一个好的代码方案对于系统的开发工作是一件极为有利的事情，它可以使很多机器处理变得十分方便，另外还把一些阶段中计算机很难处理的工作变成简单的处理。

代码是指用来表征客观事物实体类别和属性的一个或一组易于计算机识别和处理的、有序的特定符号或记号，一般用数字、字母或它们的组合来表示，以便于计算机系统识别和处理。

（一）代码设计的原则

合理的编码结构是信息系统是否具有生命力的一个重要因素，因此在代码设计时，应注意必须遵循以下基本原则。

1. 一致性

系统内部使用的代码应统一，在同一个代码体系中，代码结构、类型、编写格式必须统一，代码的使用范围越广越好。

2. 唯一性

要求保证在一个代码体系中，一个代码应唯一标志它所代表的事物或属性，这是代码在数据管理中最基本的作用。

3. 标准化、规范化

代码的编制应尽量标准化，凡是能够采用国家标准和行业标准的要坚决采用，在无国家标准、行业标准而又无相应国际标准可参照的情况下，可制定企业标准或约定，但在制订的同时，必须考虑与相关的国家标准和行业标准兼容的问题。

4. 可扩充性

代码越稳定越好，但要考虑系统的发展变化。当增加新的实体和属性时，可以直接利用原代码加以扩充，要预留足够的位置，以适应不断变化的需要。也就是说，必须为新的编码准备足够的空间；如果容量不够，则编码不便于今后的变化和扩充，那么随着环境的变化这种分类很快就会失去生命力。

5. 简单性

代码结构要简单，尽量缩短代码的长度，以便于输入，提高处理效率，有利于对数据进行统计、汇总、分析等操作，并且要便于识别和记忆。另外，避免使用一些容易混淆的字符和数字，如 0 和 o、2 和 z、5 和 s、v 和 u 等，空格一般不能出现在代码中。当代码长于 4 个字母或 5 个数字字符时，应分成小段，以便于读写。

6. 系统性

代码要有规律，逻辑性强，在整个系统中具有通用性，这样既便于计算机处理，也便于识别、记忆以及在人工处理中使用。

7. 易修改性

当系统条件发生某些变化时，代码应当容易修改。

（二）代码的种类

代码的种类很多，如图 5 – 16 所示。下面介绍几种主要的、常见的代码类别及其优缺点。在实际应用中，常常是根据需要采用两种或两种以上的基本代码的组合。

1. 无含义码

无含义码只起代替代码对象名称的作用，并不提供有关代码对象的其他信息。无含义码有顺序码和无序码两类。

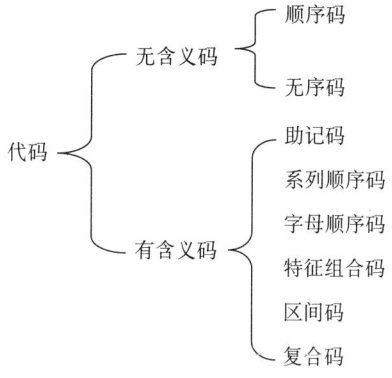

图 5 – 16 代码分类

（1）顺序码。顺序码是一种最简单、最常用的代码。此种代码是将顺序的自然数和字母赋予编码对象。通常，顺序码适用于比较固定的永久性编码。例如，在 GB2261 – 80《人的性别代码》中，1 为男性，2 为女性；又如，以我国人口多少对城市进行编码，北京 001，上海 002，天津 003，……；或者和其他编码方式配合使用。

顺序码的优点是代码简短、易于管理、易于添加，对代码对象的顺序无特殊要求。缺点是代码本身不给出有关代码的其他信息，不便于记忆。

（2）无序码。无序码是将无序的自然数或字母赋予代码对象。此种代码无任何规律，是靠机器的随机程序编写的。

2. 有含义码

（1）序列顺序码。序列顺序码是排序码的一种，排序码是把对象按预先选择的某种顺序排列，分别赋予代码。

序列顺序码是一种特殊的顺序码，它将顺序代码分为若干段并与分类对象的分段一一对应，给每个分类对象赋予一定的顺序代码。例如，国家标准（国务院各部、委、办局其他机构名称代码）GB4657-84 采用的就是系列顺序码，用 3 位数字表示 1 个机构，第 1 位数字表示类别标识，第 2 和第 3 位数字表示这一机构在此类别中的数字代码，如 300~399 为国务院各部，700~799 表示全国性的人民团体。

序列顺序码的优点是能表示一定的信息属性，易于添加。缺点是空码较多时，不便于机器处理，不适用于复杂的分类体系。

（2）字母顺序码。字母顺序码是按编码对象名称的字母排列顺序编写的代码。此种代码是将所有的代码对象按其名称的字母顺序排列，然后分别赋予不断增加的数字码。例如，按英文字母顺序排列的数值化字母顺序码示例见表 5-1，按汉语拼音字母顺序排列的数值化字母顺序码示例见表 5-2。

表 5-1　　　　　　　按英文字母顺序排列的字母顺序码表

代码	名称
01	Apple/苹果
02	Banana/香蕉
03	Cherry/樱桃
…	……

表 5-2　　　　　　　按汉语拼音字母顺序排列的字母顺序码表

代码	名称
01	苹果/PingGuo
02	香蕉/XiangJiao
03	樱桃 YingTao
…	……

字母顺序码的优点是代码对象容易归类，便于检索。缺点是在编制标准时，需要一次性地给新的分类编码对象留有足够空位，有时为了保证新增加的分类代码对象的排列次序，而原有空位又不多，就需要重新编码。

（3）区间码。区间码是把代码对象分区间进行编码，每个区间有不同的含义，这样，每位码本身及其所在的位置都代表一定的含义。典型的区间码有邮政编码、居民身份证编码。

例如邮政编码，第 1、2 位代表省、直辖市，第 3、4 位代表地市级，第 5、6 位代表县或区级。

又如我国公民身份证代码的编码规则，编码共 18 位，各位数字的含义如图 5-17 所示。校验码（身份证最后 1 位）是根据前面 17 位数字码，按照 ISO7064：1983.MOD11-2 校验码计算出来的。其方法如下：

①17 位数字本体码加权求和公式：

$S = Sum(Ai * Wi)$,$i = 0$,…,16
先对前 17 位数字的权求和。
Ai：表示第 i 位置上的身份证号码数字值
　　Wi：表示第 i 位置上的加权因子
Wi：79105842163791058 42
②计算模：
$Y = mod(S,11)$
③通过模得到对应的校验码：
Y：0 1 2 3 4 5 6 7 8 9 10
校验码：1 0 X 9 8 7 6 5 4 3 2
举例如下：
北京市朝阳区：11010519491231002X
广东省汕头市：440524188001010014

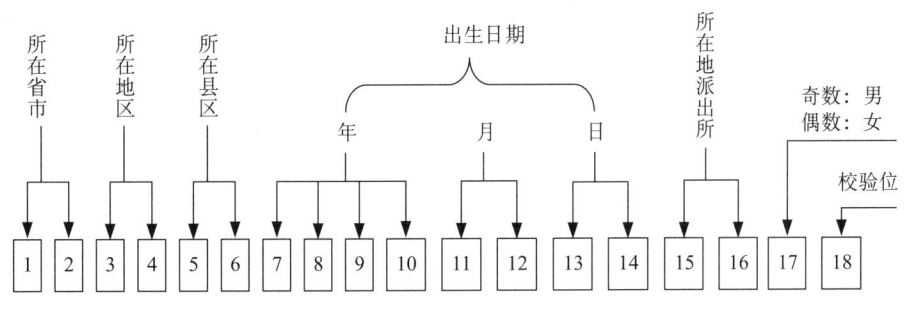

图 5-17 我国公民身份证代码示例

区间码的优点是能明确地表示对象的类别，有严格的隶属关系；代码结构简单，容量大，便于机器汇总。缺点是代码结构弹性差，当层次较多时，代码位数较长，不便记忆，同时维护也较困难。

(4) 助记码。助记码又称混合码，用可以帮助记忆的字母或数字来表示代码对象，将对象的名称、规格等作为代码的一部分。

例如：TV-C-42 代表 42 英寸彩色电视机；TV-B-12，代表黑白 12 英寸电视机。

人们习惯将缩写字母直接用于代码，这是助记码的特例。它从代码对象名称中提取几个关键字母作为代码。例如：kg，千克（kilogram）；cm，厘米（centimeter）等。

助记码的优点是简单、直观、便于记忆。缺点是当代码对象较多时，位数太多，处理不便，易产生重复。

助记码适用于数据项目较少的情况，否则容易引起联想错误。

(5) 特征组合码。特征组合码在码的结构中，为多个属性各规定一个位置，从而表示某一代码对象的不同方面特征。

例如，螺钉可选材料、直径、螺钉头形状代码如表 5-3 所示。如某一代码为 233，则表示"黄铜 φ1.5 六角形头螺钉"。

表 5-3　　　　　　　　　　某服装厂生产的服装编码

材料	直径	形状
1——不锈钢	1——φ0.5	1——圆头
2——黄铜	2——φ1	2——平头
3——钢	3——φ1.5	3——六角形头
……	……	……

特征组合码的优点是分类基准明确，码中的数字（或字母）与位置都代表一定的意义，因而检索、分类或排序都很方便，代码结构具有一定的柔性，适于机器处理。缺点是有时会造成代码过长，代码容量利用率低，不便于求和、汇总。

（6）复合码。复合码是一种应用较广的有含义代码，它由两个或两个以上完整的、独立的代码组成。

复合码的优点是代码结构具有很大的柔性，易于扩大代码容量和调整对象的所属类别。缺点是代码较长。

（三）代码的功能

通过代码设计可以建立起统一的信息描述规范，提高了代码通用化水平，加强了信息处理性能。具体来讲，代码的主要功能有以下几点：

1. 标识

这是代码最基本的功能，在一个信息分类的编码标准中，一个代码只能唯一地标识一个分类对象，以此来标识和确定某个具体的对象。例如，管理信息系统课程在经济类课程中的代码为"16314"。

2. 分类

按分类对象的属性分类时，要给不同的类别分别赋予不同的代码。这个代码又可以作为分类对象的标识，又可以利用计算机进行分类统计、查询等。例如，按照用途将代码分为 A 和 B 两类，则可以利用 A 和 B 对用途情况进行统计。

3. 排序

按分类对象的产生时间、所占空间等顺序关系分类时，代码可以作为分类的标识，利用计算机的排序统计功能。

4. 专用含义

有时可以利用代码提供一些专用符号来表示专门的含义。

5. 方便录入

由于用汉字表示事物的名称、属性和状态时，使用的汉字多，所以录入量大，录入速度慢。但采用代码后，代码的字符个数远远少于汉字字符的个数，这样不仅减少了录入量，而且录入速度也大大提高。

6. 节省存储空间，提高处理速度

采用代码比采用汉字使用的字符少，因而可以节省存储空间。同时，由于代码位数减少，提高了存取速度，这样就使运算、传递的速度得到提高，从而提高了效率。

二、数据库设计

数据库是信息系统的核心组成部分。数据库设计在信息系统的开发中占有重要的地位，数据库设计的质量将影响信息系统的运行效率及用户对数据使用的满意度。

在系统分析阶段进行新系统逻辑模型设计时,已从逻辑角度对数据存储进行了初步设计。到系统设计阶段,就要根据已选用的计算机硬件和软件及使用要求,进一步完成数据存储的详细设计。如何根据组织中用户的需求及组织生存环境,在指定的数据库管理系统上设计组织的数据库逻辑模型,最后建成组织数据库,这是一个从现实世界中向计算机世界转换的过程。

(一) 信息的转换

信息是人们提供关于现实世界客观存在事物的反映,数据则是用来表示信息的一种符号。若将反映客观事物状态的数据,经过组织成为计算机内的数据,将经历三个不同的状态——现实世界、信息世界、数据世界,如图 5-18 所示。

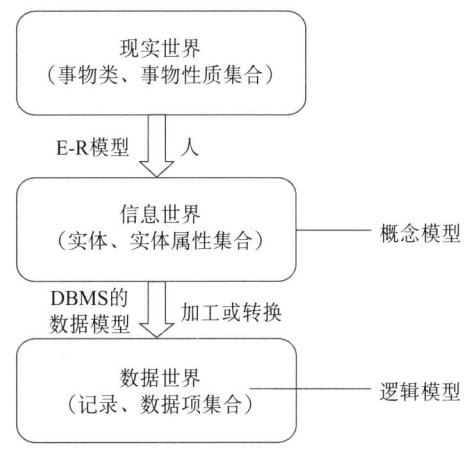

图 5-18 现实世界、信息世界和数据世界的关系

现实世界是由实际存在的事物组成的,事物之间有着错综复杂的联系;信息世界是现实世界在人脑中的反映,通常用概念模型来描述;数据世界是信息世界数据化的产物,通常用数据模型来描述;计算机世界是数据世界在计算机系统上的最终实现。例如,现实世界中的一个"事物",对应信息世界中的一个"实体",实体可以是一份订单也可以是供应商等。事物总是具有一些性质,反映事物的特征;实体总是具有一些属性,反映实体的特征,如订单的编号、签订日期等。实体的属性在计算机世界中用数据项描述,实体属性的集合在计算机世界中用记录描述。具有相同属性的事物的集合,如一组学生、一组教师、授课计划,形成了事物类,它们是信息世界中的实体集,简称实体;在计算机世界中,则形成一个个数据文件,如学生文件、教师文件。但是客观事务是复杂的,涉及同一事务的事物有多个,相互之间又有错综复杂的联系,如学生教师授课计划的教学系统,因此反映在信息世界就有实体及它们之间的联系(学习关系),反映在计算机世界就形成了逻辑数据库(许多数据文件的集合)。但在具体地研究某个实体时,就要对实体型属性型赋以一定的值,在数据世界就是面向用户的一条记录值,一项数据值。

数据库设计是管理信息系统建设的核心。数据库设计除用户需求分析外,还包括概念模型设计、逻辑模型设计和物理结构设计三个阶段,如图 5-19 所示。用户需求分析在上一章已经讲过,本节不再赘述。

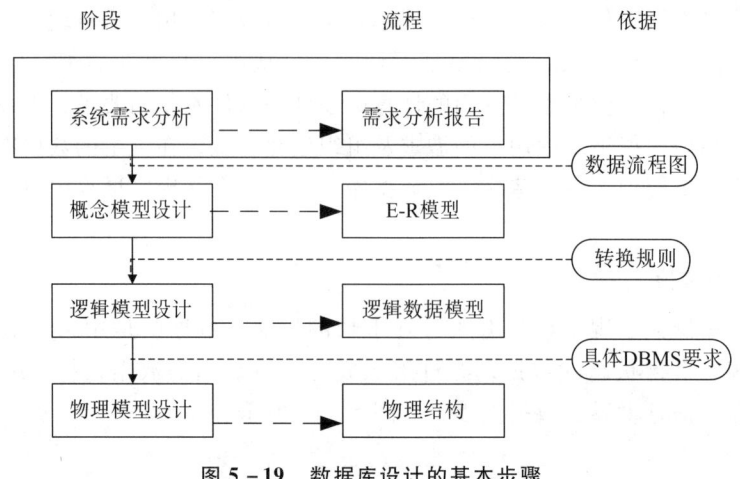

图 5-19 数据库设计的基本步骤

（二）概念模型设计

概念模型，也称信息模型，是整个数据库设计的关键。它通过对用户需求进行综合、归纳与抽象，形成一个独立于具体数据库管理系统的概念模型。它实际上是现实世界到计算机世界的一个中间层次，是现实世界到信息世界的第一层抽象，是数据库设计人员进行数据库设计的有力工具，也是数据库设计人员和用户之间进行交流的语言。

概念模型设计首先根据需求分析阶段的数据流图和数据字典对现实世界的数据进行抽象，从数据流图的底层出发，结合数据字典，设计数据库的概念模型。概念模型的表示方法很多，其中最为著名、最为常用的是 P. P. S. Chen 于 1976 年提出的实体—联系方法（Entity - Relationship Approach）。这一方法用 E-R 图来描述现实世界的概念模型，E-R 方法也称为 E-R 模型。

实体（Entity）是客观存在并可相互区别的事物。它可以是具体的人、事、物，也可以是抽象的概念或联系。实体用矩形框表示，矩形框内写明实体名，如图 5-20 所示。

属性（Attribute）是指实体所具有的某一特征。一个实体可以由若干个属性来刻画，如学生实体可以由姓名、性别、学号、身份证号码等属性来描述。属性在 E-R 模型中用椭圆形表示，并用无向边将其与相应的实体连接起来。

联系（Relationship）是指实体与实体之间的相互关系。在 E-R 模型中用菱形表示，菱形框内写明联系名，并用无向边分别与有关实体连接起来，同时在无向边旁标上联系的类型。

假设 A、B 是两个实体，并且均包括多个个体的总体。如图 5-20 所示。

（1）一对一的联系（1:1）。如果对于 A 中的 1 个实体，B 中有唯一的 1 个实体与其对应，并且，B 中的每 1 个实体对应 A 中唯一的 1 个实体。

（2）一对多的联系（1:m）。如果对于 A 中的每 1 个实体，B 中有 1 个以上的实体与之有联系，反之，B 中的每 1 个实体最多只能对应 A 中的 1 个实体。

（3）多对多的联系（m:n）。如果 A 中至少有 1 个实体对应 B 中 1 个以上的实体，反之，B 中也至少有 1 个实体对应于 A 中的 1 个实体。

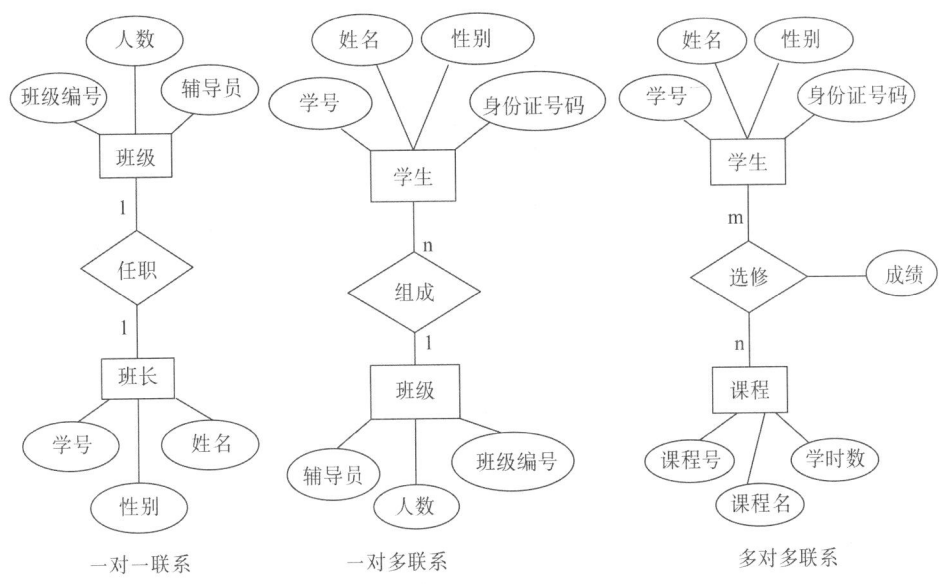

图 5-20 实体间的联系

关键字（key）。能唯一标识实体的属性或属性组称作候选码，从所有候选码中选定 1 个用来区别同一实体集中的不同实体的称作关键字，也叫主码。1 个实体集中，任意两个实体在主码上的取值不能相同，如学号是学生实体的主码。

下面以进销存系统中的采购为例设计 E-R 模型（如图 5-21 至图 5-26 所示）。

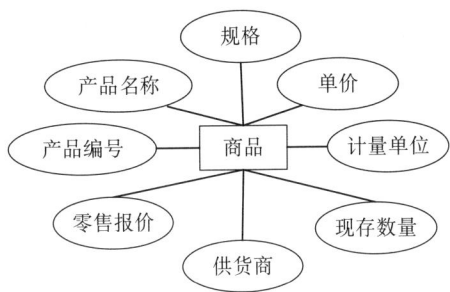

图 5-21 商品实体属性图

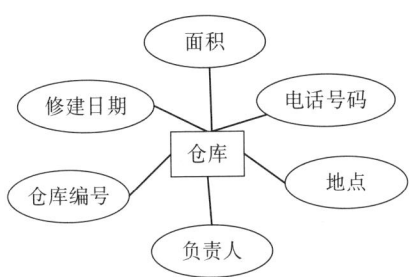

图 5-22 仓库实体属性图

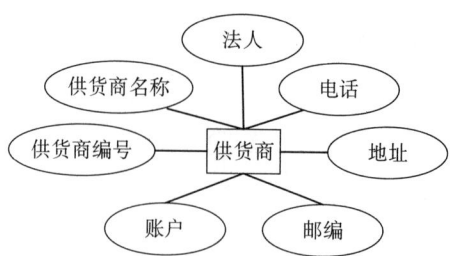

图 5-23 供货商实体属性图

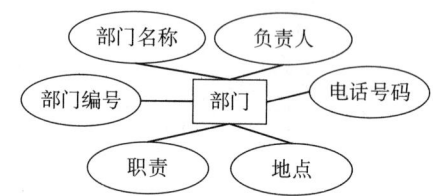

图 5-24 部门实体属性图

图 5-25 订单实体属性图

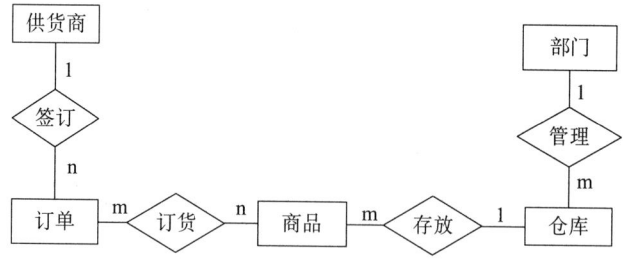

图 5-26 采购管理 E-R 图

(三) 逻辑结构设计

逻辑结构设计是将概念结构设计阶段完成的概念模型转换成某个数据库管理系统（DBMS）所支持的数据模型，并且对其优化。

逻辑结构设计的主要目的是保证数据共享，消除结构冗余，实现数据的逻辑独立性，这种模型提供的有关数据库内部构造的逻辑描述与计算机环境更加接近，因此能够为在某种特定的数据库管理系统上进行数据库物理存储结构提供便利。

1. E-R 模型转换为关系数据模型的方法

关系模型是应用最为广泛的模型，而 E-R 模型描述的是现实世界的实体关系模型，这就需要我们将 E-R 模型转换为关系数据模型。这种转化的方法简单实用，掌握起来也比较容易。具体转换可以根据以下规则，如表 5-4 所示。

表 5-4　　　　　　　　　E-R 模型转换为关系数据模型的规律

E-R 模型类型	1:1	1:n	m:n
转换表的个数	2	2	3
转换规律	A (A_1, A_2, …, A_m, B_1) B (B_1, B_2, …, B_n,) 或 A (A_1, A_2, …, A_m) B (B_1, B_2, …, B_n, A_1)	A (A_1, A_2, …, A_m) B (B_1, B_2, …, B_n, A_1)	A (A_1, A_2, …, A_m) B (B_1, B_2, …, B_n, A_1) C (A_1, B_1, C_1)
转换说明	实体 A 的关键字是 A_1，通过属性 B_1 与实体 B 联系。B_1 是实体 B 的关键字，实体 B 通过属性 A_1 联系实体 A，形成 1:1 的联系	实体 A 的关键字是 A_1，实体 B 的关键字是 B_1。实体 B 通过属性 A_1 与实体 A 联系，形成 1:n 的联系	实体 A 的关键字是 A_1，实体 B 的关键字是 B_1。添加实体 C，实体 C 的关键字是 (A_1, B_1)，形成 m:n 的联系

（1）1:1 的联系。先将两个实体分别转化为关系模式，然后将联系的属性和其中一个实体对应关系模式的主键属性加入到另一个关系模式中即可。如图 5-20 所示的局部 E-R 模式最终可转换为如下的关系模式：

班级（班级编号，专业，人数，学号）

正班长（学号，姓名，性别，班级）

或：

班级（班级编号，专业，人数）

正班长（学号，姓名，性别，班级，班级编号）

（2）1:m 的联系。先将两个实体分别转化为关系模式，然后将联系的属性和 1 端对应关系模式的主键属性加入到 n 端对应的关系模式中即可。如图 5-20 所示的局部 E-R 模式最终可转换为如下的关系模式：

班级（班级编号，专业，人数）

学生（学号，姓名，性别，出生日期，专业，入学时间，班级编号）

（3）m:n 的联系。先将两个实体分别转化为关系模式，再将联系转换为一个关系模式，其属性由联系的属性前面两个关系模式的主键属性构成。如图 5-20 所示的局部 E-R 模式最终可转换为如下的关系模式：

学生（学号，姓名，性别，出生日期，专业，入学时间）

课程（课程编号，课程名称，学分）

选修（学号，课程编号，成绩）

从以上说明可以看出，使用 E-R 图分析工具进行数据库设计主要包括以下步骤：①描述实体和属性，确定主码；②按照具体情况，分析出实体和实体之间的联系，确定实体和实体联系的属性；③绘制 E-R 图；④按照转化规律，转化为关系文件。

2. E-R 模型转换为关系数据模型

数据模型可以由实体联系模型转换而来，将 E-R 图转换为关系数据模型就是将实体、实体的属性和实体之间的联系转换成一组关系模式。下面以进销存系统中的采购管理 E-R 图为例。

（1）一对多联系。

由图 5-26 供货商与订单之间的关系转换为关系模式：

供货商（供货商编号，供货商名称，法人，电话，地址，邮编，账户，备注）

订单（订单号，客户名称，电话，结算方式，交货方式，运输方式，交货地点，交货日期，预付订金，商品编号，商品名称，规格，单价，计量单位，数量，金额，供货商编号）

由图 5-26 仓库与部门之间的关系转换为关系模式

仓库（仓库编号，修建日期，面积，电话号码，地址，部门编号）

部门（部门编号，部门名称，电话，地址，职责）

由图 5-26 商品与仓库之间的关系转换为关系模式

商品（商品编号，商品名称，规格，单价，计量单位，现存数量，零售报价，供货商，仓库编号）

仓库（仓库编号，修建日期，面积，电话号码，地址，负责人）

（2）多对多联系。

图 5-26 订单与商品之间的关系：

商品（商品编号，商品名称，规格，单价，计量单位，现存数量，零售报价，供货商）

订单（订单号，客户名称，电话，结算方式，交货方式，运输方式，交货地点，交货日期，预付订金，商品编号，商品名称，规格，单价，计量单位，数量，金额）

订单商品（商品编号，订单编号）

商品与订单是 m:n 的关系。例如，商品定了，订单号不能定；同理，如订单定了，商品不能定。商品、订单、订单商品的候选码分别是商品、订单号以及商品号+订单号。

这些关系模式将为下一步使用特定的 DBMS 建立数据库中的表提供基本结构。

（四）数据库的物理结构设计

如果说逻辑结构设计是面向用户的话，物理结构设计则是面向计算机的。数据库在物理设备上的存储结构和存取方法等称为数据库的物理结构设计，其主要任务是给逻辑数据模型选择一种最适合应用要求的物理结构。物理结构设计的主要内容是：①数据库存储结构的设计；②数据存放位置的选择；③数据索引文件的建立等。

设计数据库存储结构时需要综合考虑数据存取时间、存储空间利用率、数据库维护代价等方面的因素。一般来讲，"鱼和熊掌不可兼得"，比如消除数据冗余和关系冗余虽然能够节省存储空间，但同时也降低了检索性能，因此，在实际设计存储结构时，要依据用户使用功能的倾向性来决定设计方案。数据库存储设计一般包括关系的属性、数据类型、字段长度、备注说明等项目，表 5-5、表 5-6 以进销存管理信息系统部分逻辑设计为依据来设计数据库存储结构。

表 5-5 商品信息表

数据项名称	数据项简称	类型	长度	说明
商品编号	SPBM	文本	5	主码，唯一，不能为空。
商品名称	SPMC	文本	50	
规格	GG	文本	20	
单价	DJ	数值	8	
计量单位	JLDW	文本	10	
现存数量	SXP	日期	8	
零售报价	LSBJ	数值	8	
供货商	GHS	文本	50	
仓库编号	CKBH	文本	3	

备注：表中反应企业的工作人员信息。

表 5-6 供货商信息表

数据项名称	数据项简称	类型	长度	说明
供货商编号	GYSID	长整型	4	主码，唯一，不能为空。
供货商名称	GYSMC	文本	40	
联系电话	LXDH	文本	11	
邮编	YB	文本	6	
供货商地址	GYSDZ	文本	255	
法人	FRDB	文本	20	
账户	ZH	文本	20	
备注	BZ	文本	255	

备注：表中反应的是企业的供应商情况，企业可以对供应商进行分类，从而使采购方便的进行，以方便企业作出有效的管理。

数据设计还涉及一个较为重要的问题，即数据库的安全性和完整性保护的问题。安全性保护是防止机密数据被泄露，防止无权者使用、改变或有意破坏他们无权使用的数据。完整性保护是保护数据结构不受损害，保证数据的正确性、有效性和一致性。由于数据的保护与计算机系统环境的保护是密切相关的，因此这个问题需要在更大的范围内才能彻底解决。例如，计算机系统所在的环境、硬、软件，信息和通信设施等方面的保护，以及必要的行政和法律手段。而在系统设计与实施阶段的关键任务是从软件方面设计和实现数据保护的功能。例如，对数据并行操作（即多个用户同时存取和修改同一数据）的控制和管理，设置口令校验功能等。

三、输入/输出和人机对话设计

系统用户界面设计对于用户使用和系统安全性来说是十分重要的，它包括系统输入设计、输出设计和人机界面设计。一个好的输入系统可以为用户和系统双方带来良好的工作环境，为管理者提供简洁明了、有效实用的管理和控制信息。用户界面设计需要先进行输出设计，然后再反过来根据输出所要求的信息进行输入设计。

系统设计过程与实施过程相反，不是从输入设计到输出设计，而是从输出设计到输入设计。

（一）输出设计

输出设计是实现业务、管理功能所不可或缺的部分，能否为用户提供准确、及时、适用的信息是评价信息系统优劣的标准之一，管理信息系统只有通过输出才能为用户服务。对于大多数用户来说，他们最关心的并不是开发的信息系统使用了何种高新技术，而是信息系统能够提供给他们什么样的信息，以多快的速度、什么样的方式提供给他们。从系统开发的角度看，输出决定输入，即输入信息只有根据输出要求才能决定。

1. 输出内容设计

（1）确定有关输出信息使用方面的内容，包括用户的使用目的、使用周期、有效期、保管方法和机密安全性等；

（2）确定输出信息内容，包括输出项目、数据结构、数据类型、精度、取值范围、数据来源等。

2. 选择输出类型

输出类型包括以下几种：

（1）外部输出。输出目标是系统之外的环境，如向 Internet 发布信息。

（2）内部输出。系统内部子系统之间的信息输出，如将学生成绩子系统生成的学生成绩表输出给学籍管理子系统。

（3）中间输出。系统处理的一个中间结果的输出。

（4）交互输出。系统与用户间的对话输出。

（5）操作输出。在计算机运行过程中系统提供的与操作有关的输出，如错误信息、程序清单。

3. 输出格式设计

输出格式是指打印输出或显示输出中各数据项的安排情况。输出格式的好坏，直接影响用户对系统的看法。因此，要在原有的输出格式的基础上，进行某些调整，使输出格式更实用。

在输出格式设计中，应注意如下几点：

（1）规格标准化，文字和术语统一；

（2）使用方便，符合用户的习惯；

（3）美观大方，界面漂亮；

（4）便于计算机实现；

（5）能适当考虑系统发展的需要。

设计屏幕输出格式时，除了合理安排数据项的显示位置外，还应注意适当的色彩搭配，美观的屏幕格式能给人以享受，容易获得用户的好感。

设计纸质报表格式时，要先了解打印机的特性，包括对各种制表符号、打印字体大小、对换页走纸命令的熟悉，因为不少打印机往往其控制方式有独特之处。

在进行输出设计时，要将输出的报表画出标准图样，以便于编写有关的输出程序。输出设计需要给出输出的方式和用户界面的内容，如显示输出的屏幕格式、打印输出的格式以及每个显示、打印项目的类型、长度。输出设计时，也要注意在整个系统中统一设计风格。例如,对个体数据类(如入库单)查询功能模块的实现和输出方式,用户界面可要求所有设计人员按统一风格设计。为了说明上述的数据查询模块的用户界面和实现方式,下面以某企业管理信息系统功能模块"入库单查询"为例,给出其具体设计结果,如图5-28和图5-29所示。

4. 选择输出设备与介质

应根据输出的内容、格式、用户需求情况等因素确定。常用的输出设备有打印机、显示器、绘图仪、多媒体设备等;常用的输出介质有屏幕、磁盘、光盘、纸张、缩微胶卷等。需要送给有关人员或者需要长期保存的材料必须使用打印机打印出来;需要作为以后处理用的数据,可输出到磁盘或者磁带上;需要临时查询的信息,则可以通过屏幕显示。

5. 输出设计示例

下面以入库单查询模块为例,给出其具体设计结果。

当入库单查询模块运行时,操作人员输入查询条件后,如图5-27所示,计算机把满足查询条件的所有入库单的主要数据项,以每行一个入库单的形式显示在屏幕的数据显示区。操作人员从查询结果中找到具体要查询的入库单后,按回车键或双击鼠标显示选中的入库单,如图5-28所示。

入库单查询

查询时间段:N(4)年/N(2)月/N(2)日~N(4)年/N(2)月/N(2)日

入库单号	入库日期	原料(1)	…	原料(5)	记账标志
C(7)	D(8)	C(6)	C(6)	C(6)	C(1)

[打印查询结果] [退出]

图 5-27 入库单查询模块输出设计

入库单查询(结果显示)

入库单号:N(7)　　　　入库日期:N(4)年/N(2)月/N(2)日
供货单位编码:C(6)　　供货单位名称:C(30)

原料编码	原料名称	规格	数量	单价	金额
C(6)	C(20)	C(6)	N(7)	N(5,2)	N(9,2)

库管员编码:C(3)　　　　　　　　　　财务记账标志:C(1)

[打印查询结果] [返回查询界面]

图 5-28 入库单查询结果显示

（二）输入设计

要输出高质量的信息，首先就要输入高质量的信息。输入设计的目的是提高输入效率，减少输入错误。在此前提下，尽量做到输入方法简单、迅速、经济、方便。

1. 输入设计的目标与原则

输入设计的目标是在保证输入信息正确和满足需要的前提下，应做到输入方式简单、迅速、经济和方便使用者。

输入设计应遵循如下原则：

（1）输入量最小。输入量应保持在能够满足处理要求的最低限度。输入的数据越多，产生错误的概率越高，花费的时间成本也越高。

（2）数据转换少。输入数据尽量用其处理所需的形式记录，以便减少或避免数据由一种介质转换到另一种介质时可能产生的错误。

（3）输入简单。输入数据的准备及输入过程应尽量简单、易行（如减少汉字输入，采用条形码扫描输入），以减少错误的发生。

（4）尽早检验。应尽早对输入数据进行检查，以便尽早更正错误，离原始数据的发生点越近，错误越容易及时地得到改正。

（5）避免额外步骤。尽量避免不必要的输入步骤，当步骤不能省略时，应仔细验证现有步骤是否完备、高效。

2. 确定输入内容

输入内容主要是指向计算机输入原始数据。输入内容设计主要是根据数据库处理要求来确定的，包括数据项的名称、类型、长度、精度、取值范围、输入处理方式等。在确定输入方式时主要考虑输入设备和输入介质的类型。对于大量的数据还可以从相应的子系统或远程终端获取。

对于系统中的输入，一般根据信息采集的需要和数据库的约束，设计输入项目并验证输入差错。在这里只要注意简洁美观就可以了，并没有统一的要求。在文本框、表格单元或其他控件的相关事件代码中常常要查询、显示或更新数据源中的数据。

3. 选择输入设备和介质

常见的输入设备和介质有：

（1）键盘、鼠标输入。这种方式主要适用于常规、少量的数据和控制信息的输入以及原始数据的录入。

（2）磁盘导入。数据输出和接收双方事先约好待传送数据文件的标准格式，然后在通过软盘、光盘、移动硬盘等传送数据。

（3）数/模、模/数转化输入。这是一种直接通过光电设备对实际数据进行采集并将其转化成数字信息的方式，如条形码识别机、扫描仪、读卡机、传感器输入等。

（4）网路数据传送等。

信息系统对数据的准确性要求较高，应选择条形码阅读器、子系统或网络终端直接传送的方式，尽量减少用人工输入的方式，避免数据输入错误所造成的损失。

为了提高输入速度，一些更先进的输入技术与设备正在研发中，如语言输入、光笔输入。先进设备的使用无疑会提高信息系统的效率与增强器功能。

4. 输入格式设计

输入数据要尽量与原始单据格式相一致。在进行输入格式设计时，应本着便于填写、便于归档、能保证输入精度的原则。输入数据的形式一般可采用填表式，由用户逐项输入数据，输入完毕后再确认输入数据是否正确无误。

5. 输入信息的校验

在管理信息系统中，输入设计的目标是要尽可能地减少输入中的错误，因此对输入的信息进行正确性检查，是十分关键的环节，也是保证输入正确性的主要措施。信息校验的对象最重要的是主文件数据，它是系统的基础性数据；其次是各种金额和数量数据，如果这类数据出现差错会引起业务工作的混乱。表 5－7 给出了一些常用输入校验方法的具体内容。

表 5－7　　　　　　　　　　　　　　输入校验方法

检验方法	具体内容	举例
二次输入校验	要求同一内容输入两次，以两次输入内容一致作为正确性判断的依据。对于特别重要的数据输入，也可以要求输入两次以上	很多系统在注册身份时密码一般都需要两次输入
视觉校验	采用目测的方法检查输入数据的正确性，目测一般在屏幕前进行，在输入内容复杂的情况下也可以打印出来检测	从终端上输入数据，在屏幕上校验之后再送到计算机处理
校验位校验	在数据编码的后面加一位校验码，这一校验码是根据一定的计算方法由校验码前的各位编码计算出来的	身份证号码的校验位
控制总数校验	对所有数据项的值求和进行校验	图 5－28 的金额与计算机计算的"数量×单价"值进行比较，若两者不相等则给出警告
数据类型校验	从数据类型和数据格式的角度来检查输入数据的正确性	输入数量值时一定是数值型，不能输入非数值型数据，如果输入了非数值型值一定是错误输入
格式校验	检验数据记录中各数据项的位数和位置是否符合预先规定的格式	很多系统的密码设置为六位，在输入密码时数据不足六位就认为输入有误
逻辑校验	检查数据项的值是否符合逻辑	检查性别是否为男、女，否则输入有误
界限校验	通过检验数据是否在限定的取值范围内来检测输入数据的正确性	若规定学生的成绩在 0～100 范围内，如若输入此范围外的值，则可判断输入有误
顺序校验	检查记录的顺序与原始数据表是否一致	要求输入的记录无缺号时，通过顺序校验，可以发现被遗漏的记录
平衡校验	根据数据之间的计算关系来检查输入数据的正确性	会计凭证中的数据必须满足：借方金额合计＝贷方金额合计
对照校验	将输入的数据与基本文件的数据核对，检查两者是否一致	检查与输入的底稿是否一致
记录统计检验	统计记录个数，检查记录有无遗漏或重复	通过计算记录的个数检查数据记录是否有遗漏和重复

6. 输入设计示例

以某企业管理信息系统功能模块"原料入库单"的输入设计为例：

（1）用户界面。依据输出设计的入库单和相关数据库设计的结果，以及输入型用户界面的统一风格，对"原料入库单录入"设计出如图 5-29 所示的输入界面。

（2）输入方式。入库单上除了数据项"财务记账标志"之外，其他数据项都由键盘录入。其中，"原料"相关信息只需要输入相应编码，与"供货单位"相对应的"供货单位名称"，与"原料"相对应的"原料名称""规格"分别从供应商编码库和原料编码库中自动填入。

入库单					
入库单号：N(8)			入库日期：N(4)年/N(2)/N(2)		
供货单位编码：C(6)			供货单位名称：C(30)		
原料编码	原料名称	规格	数量	单价	金额
C(7)	C(20)	C(6)	N(7)	C(5,2)	C(9,2)
库管员编码：C(3)		财务记账标志：C(1)		保存	退出

图 5-29 原料入库单输入设计

（3）输入校验。其中，"数量""单价""金额"需要全部输入。输入后由计算机计算"数量×单价"，并与所输入的"金额"值进行比较，若两者相等则校验通过，否则给出警告信息，由操作者进行修改、确认。

（三）人机对话设计

人与计算机进行信息交流就是人机对话。从这个意义上讲，输入、输出都是人机对话。这里所说的人机对话是指人通过屏幕、键盘等设备与计算机进行信息交换，控制系统运行。因此，人机对话设计也称为屏幕设计。

人机对话设计的好坏，关系到系统的应用和推广。友好的用户界面，是信息系统成功的条件之一。

1. 人机对话设计的原则

人机对话设计的基本原则是用户第一，而不应从设计人员设计方便的角度来考虑。因此在设计时，对话界面要美观、醒目；提示要清楚、简单，不能有二义性；要便于操作和学习，有帮助功能；能及时反馈错误信息等。具体应注意以下几点：

（1）树立用户第一的观点。对话设计以用户需要为先。用户界面设计要解决的是用户与软件系统交互的问题，为此，必须要考虑用户的工作环境、工作习惯等，对话风格要清楚、简单、用词要符合用户观点和习惯。例如，尽量使用用户所在领域的专业术语、思维定式等。

（2）关键操作要用强调和警告。对话设计的目的就是通过灵活的信息确认更好地帮助用户与系统沟通。设计者可以通过菜单式、命令式、对话框、图像式、窗口式等方式强调或警告某些操作可能带来的后果，对用户使用系统起到一定的辅助和导向作用，避免误操作等带来的后果。

（3）对话设计界面友好。对话设计的一大重点就是错误信息提示。设计人员不但要在易出错的地方预先进行提示，还要在出错时以合适的建议帮助用户作出正确操作。一个较大的系统会分为很多子系统，每个子系统所面对的操作对象并不相同，对话设计既要达到整个系统风格统一，又要针对不同的操作对象采取不同的对话策略。如果系统的用户是没有经过培训、对系统操作不熟悉的用户，应预先设计出较全面的出错提示，帮助用户正确地使用系统。如图 5-30 1QQ 注册子系统的界面设计。

图 5-30 注册子系统的界面设计

2. 人机对话设计的基本类型

（1）菜单式。屏幕显示各种可供选择的操作，用户输入有关代号或把指针移到相应位置，操作计算机运行，这种方式称为菜单式。使用菜单式可使整个界面清晰、简洁。目前系统设计中常用的菜单设计主要有下拉菜单、弹出菜单和级联等形式。

（2）命令式。命令式是为操作水平较高的使用者准备的，用户可以直接输入某种语言或命令使系统完成某种功能。命令式减少了层层菜单选择的复杂操作，提高了系统的效率。

（3）对话框。对话框是系统在完成特定操作时用来与用户交流信息的矩形框。用户通过对话框的项目输入、选择或设置等，使系统按用户指定的要求来完成相应的任务。

（4）图像。在用户界面中，加入丰富多彩的画面能够更形象地为用户提供有用的信息，达到可视化的目的。

（5）窗口。通过窗口显示观察其工作领域的全部或一部分内容，并对所显示的内容进行各种系统预先规定好的正文和图形操作。

四、计算机处理过程设计

计算机处理过程设计又称算法设计，是指对模块结构图中每一模块功能实现过程的细节进行详尽描述。在系统分析阶段，加工说明对数据流程图中的每一个基本加工过程进行了详细描述，由于基本加工涉及详细的数据处理功能和处理过程，同时它又是实现系统功能的基本组成部分，而模块结构图中的模块是这些基本加工相应的转换，因此这种设计的依据是新系统逻辑模型中的加工说明。

计算机处理过程设计并不是具体的编程，而是细化成很容易从中产生程序的一种描述，到了系统实施阶段，这种对处理过程的详细描述就成为程序员编写程序代码的依据。为了保证描述的内容清晰、准确、易懂，通常采用图形、表格、专用语言等描述工具对模块处理过程进行设计。其中的一些工具如判断树、判断表可用于描述条件组合复杂的处理过程，它们的用法与前面是一致的，这里就不介绍了，下面分别介绍其他的描述工具。

1. 控制流程图

控制流程图（Flow Chart，FC）又称程序框图，是直观描述模块处理步骤、结构和处理内容的图示。它是使用最早、最广泛的模块处理细节的描述工具，在各类计算机高级语言教材中都有所涉及。FC 由具有特定含义的四种基本图符组成，这些基本图符构成了三种基本控制结构，共有六种具体形式。

（1）基本图符。

圆弧框⌒⌒：表示一个模块处理的开始和结束。

矩形框□：表示处理，对应一条或者多条顺序执行的程序命令。

菱形框◇：表示判断，对应程序中的条件命令。

流程线→：表示各处理步骤执行的先后次序。

（2）基本控制结构。所谓控制结构是指对模块内各处理步骤执行顺序的控制。它有三种基本控制结构，分别控制处理步骤按三种不同顺序执行。通常见到的控制流程图往往是这三种结构的混合，而不是单一的某种基本结构。这三种基本控制结构如下：

①顺序结构是最基本、最简单的控制结构。这种结构按照处理步骤出现的先后顺序一步一步执行，如图 5-31 所示。

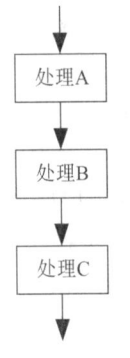

图 5-31　顺序结构

②选择结构是根据对给定的某一条件的判断,决定下一步所执行的处理步骤。选择结构有单分支、双分支、多分支三种具体形式,如图 5-32 所示。

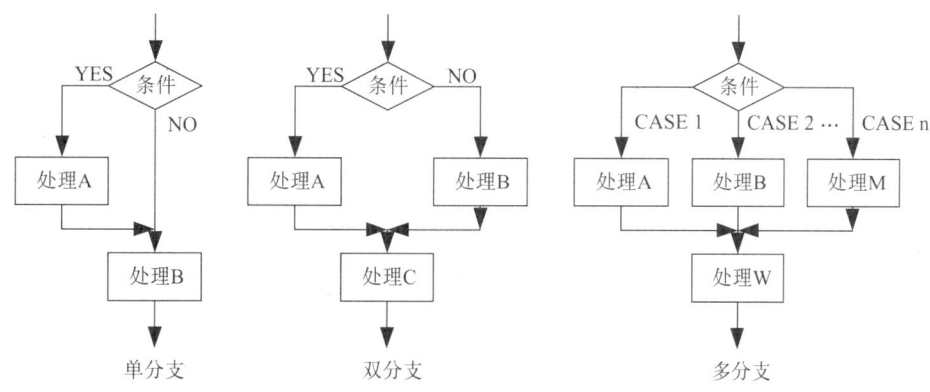

图 5-32 选择结构的三种形式

③循环结构是根据需要反复执行某些处理,被反复执行的这些处理称为循环体。这种结构有当型循环和直到型循环两种具体形式,如图 5-33 所示。当型循环先判断条件,条件满足时执行循环体,否则终止循环;直到型循环先执行循环体,再判断条件,条件不满足时执行循环体,否则终止循环。

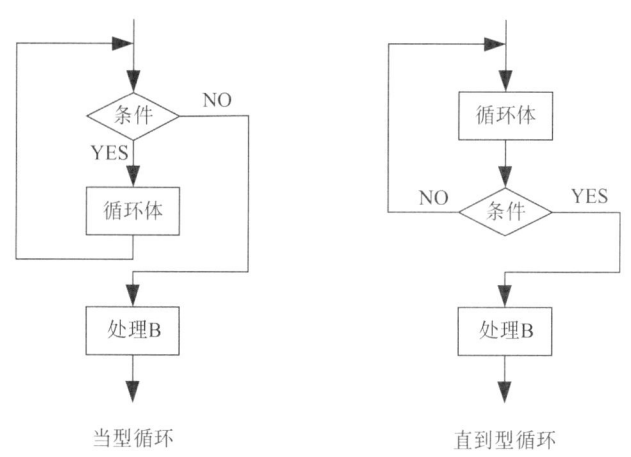

图 5-33 循环结构的两种形式

(3) 控制流程图的特点。用控制流程图描述模块,特别是处理过程复杂的模块,直观形象、简单易懂。但它也存在不足之处,主要是因为这种图中包括流程线,如果流程线画得较多、较长或不合适,就可能出现交叉,不仅使流程图看起来显得零乱,同时还会破坏模块良好的整体结构,这就会对模块的理解以及修改带来不便。

下面以某组织的验证出入库单据模块为例进行算法设计,如图 5-34 所示。

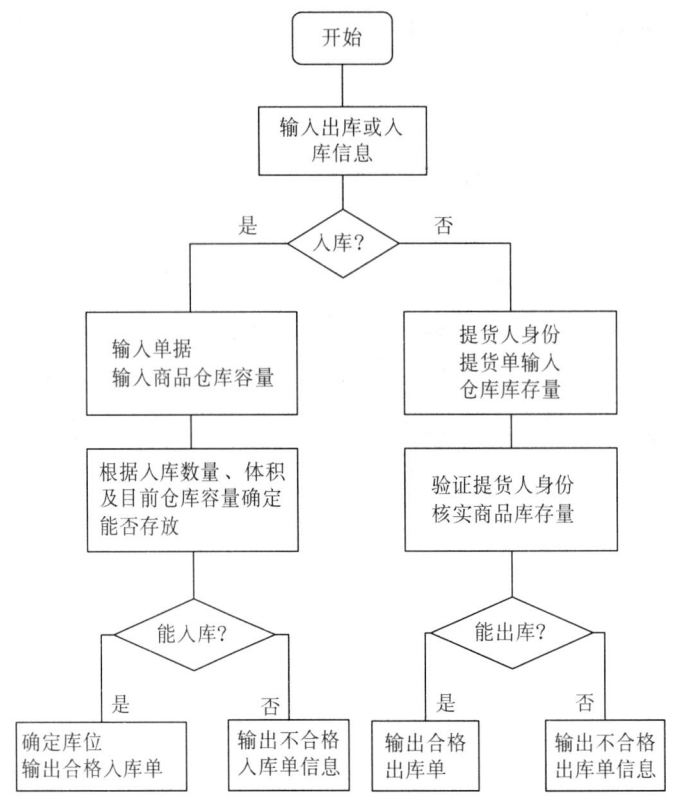

图 5-34 验证出入库单据模块控制流程图

2. 结构流程图

结构流程图（I. Nassi & B. Shneiderman，N-S）是直观描述模块处理细节的自上而下的积木式图示，其简称来源于最初提出这一名词的两位美国学者的名字。它与控制流程图最大的区别是取消了流程线，构成积木式结构，因此层次分明，一目了然。N-S 与 FC 较为类似，有三种基本控制结构，如图 5-35 所示。图 5-36 是对应图 5-34 的验证出入库单据模块的结构流程图。

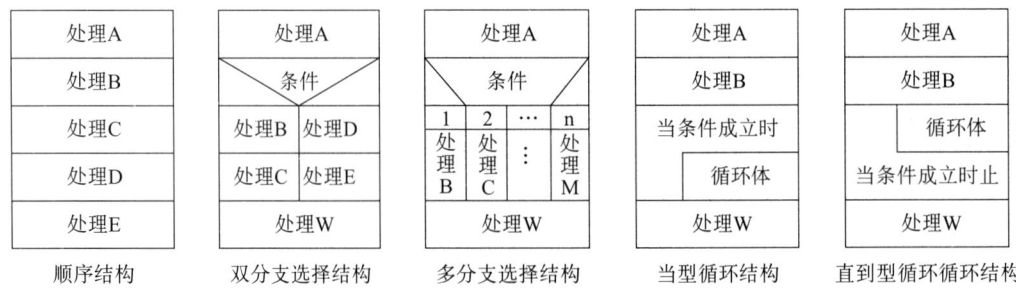

图 5-35 结构流程图的五种形式

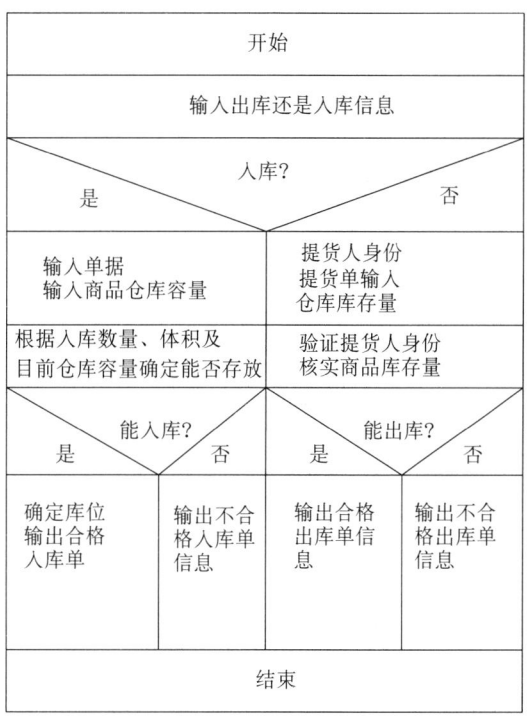

图 5-36　验证出入库单据模块结构流程图

五、系统设计报告

系统设计工作结束后,要提交系统设计报告,这是系统设计阶段的最终结果,也是下一步系统实施的基础,它应包括以下内容:

(1) 系统总体设计,包括系统结构图的设计、系统物理配置方案的设计;

(2) 系统设备配置方案,包括系统设备配置图、设备在各生产岗位的分布图、主机、网路和终端连接图等;

(3) 系统代码设计方案;

(4) 数据库设计方案;

(5) 输入/输出和人机对话设计;

(6) 计算机处理过程设计;

一旦系统设计被审查批准,整个系统开发工作便进入系统实施阶段。

第四节　系统实施

系统实施作为信息系统开发生命周期中的后期阶段,其目的是把系统设计的成果转化为可实际运行的系统。再好的系统设计,不通过系统实施也只是不能带来现实效益的空中楼阁。系统实施作为系统的物理实现阶段,对于系统的质量、可靠性和可维护性有着十分重要的影响。

系统实施阶段的主要任务是软硬件准备、程序设计、基本数据的录入和人员培训、系统转换和编写各种文档等。总之在系统实施阶段要实现系统设计阶段完成的新系统物理模型，即依据系统设计说明书、制订周密的实施计划，然后付诸实施的过程。

一、系统物理配置方案的实现

物理系统的实施是管理信息系统中计算机系统和通讯网络系统设备的订购、机房的准备和设备的安装调试等一系列活动的总和，其主要依据是系统设计中的系统物理配置报告和可行性报告中的财力资源约束。

（一）计算机系统的实现

随着计算机技术的发展，市场上涌现出各种计算机软、硬件产品，这为设计者提供了更为广阔的选择空间，但同时也带来了新的困难，即如何从众多厂家的产品中选择最适合系统的产品。因此设计者在购置计算机系统时一定要依据系统设计的物理配置方案的指导，同时还应考虑：①计算机系统是否具有合理的性价比；②计算机系统是否具有良好的可扩充性；③计算机系统能否得到供应商的售后服务和技术支持等。

软件系统的购置是指平台软件系统的购置。管理信息系统的平台软件通常包括操作系统、数据库管理系统、网络服务系统等软件。这些软件的购置比较简单，因为平台软件方案在系统设计阶段已经确定，供应商也比较明确。

（二）网络系统的实现

管理信息系统通常是一个由通信线路把各种设备连接起来组成的网络系统。管理信息系统网络有局域网和广域网两种。局域网实现楼宇内部和邻近楼宇之间的内部联系；广域网设备之间的通信通常利用公共电信网络，实现远程设备之间的通信。

网络系统的实施主要是通信设备的安装、电缆线的铺设及网络性能的调试等工作。常用的通信线路有双绞线、同轴电缆、光纤电缆以及微波和卫星通信等。

二、数据库设计

以关系模型为例，其过程分为：
（1）建立数据库表；
（2）建立表间关系；
（3）建立索引。

三、程序设计

程序设计的任务是使用计算机程序设计语言，把详细设计所得到的各模块的信息处理功能和过程描述转换成能在计算机系统上运行的程序源代码。

（一）程序设计的目标

随着计算机应用水平的不断提高，计算机软件越来越复杂，同时硬件价格不断下降，软件费用在整个应用系统中所占的比重急剧上升，从而使人们对程序设计的要求发生了变化。为了保质保量地完成信息系统的编程工作，从目前技术的发展及用户需求来看，衡量编程工作质量的指标主要有如下几个方面：

1. 规范性

在程序设计的过程中,程序的书写格式、变量命名等有了统一规范,会给今后的程序阅读、修改、维护等工作带来便利。因而在编程时走规范化的道路是十分必要的。

2. 可靠性

系统运行的可靠性是衡量系统质量的重要指标。一个程序应该在正常情况下正确地工作,而在意外情况下,也能适当地作出处理,防止造成严重的损失。这些都是程序可靠性的范畴,其可靠性通过高质量的程序设计、仔细周到的程序调试、详尽严格的系统测试等工作过程来把关。

3. 可理解性

一个程序,特别是大型程序,要求其不仅在逻辑上正确,计算机能够执行,而且应当层次清晰、简洁,对程序的书写格式、变量命名等统一规范,便于人们阅读与理解。只有程序做到了编程规范、结构清晰、可读性强,它的可维护性才能较好,否则将大大增加维护的工作量。

4. 可维护性

一个程序在其运行期间,总会逐步暴露出某些隐藏的错误,因而需要及时排错。同时,用户还会提出一些新的要求,这就需要对程序进行修改或扩充,使其进一步完善。另外,计算机软件、硬件的更新换代,应用程序也必须作相应的调整或移植。这些都属于程序的维护任务。考虑到一个 MIS 一般要使用三至十年,程序的维护工作量是相当大的。一个不容易维护的程序将不会有多大的实际使用价值。可维护性也是衡量程序质量的重要指标。

(二) 程序设计步骤

1. 理解系统的设计要求

首先要仔细地阅读系统设计说明书,吃透系统设计所提出的任务、功能和目标,明确自己所编程序在系统中所处的位置及与之相关的环境条件。

2. 熟悉计算机性能

在程序设计前要熟悉系统的开发环境,包括计算机的性能、操作系统、程序设计语言与数据库管理系统。

3. 细化程序处理过程

系统设计说明书中对处理过程的描述还是比较粗糙的,程序设计者在编程前要根据所选择的程序设计语言予以细化,并用一定的方法对处理过程进行描述。

4. 编写源程序

在完成前三个阶段工作的基础上,完成编程并在计算机上实现。

5. 调试

程序编制完成后,就需要对程序进行调试,检查程序的运行是否正常、程序的功能是否符合要求、模块程序的技术性如何、软件界面是否友好等,为新系统的运行初步奠定基础。

四、系统测试

系统测试是信息系统开发周期中一个十分重要的环节。尽量在系统开发周期的各个阶段均采取严格的技术审查,尽早发现问题并予以修正。如果问题没有在投入运行前的系统测试阶段被发现并纠正,而在系统运行中暴露出来,此时要纠正错误将会付出更大的代价,甚至会造成不堪设想的后果。

测试用例（Test Case）是为某个特殊目标而编制的一组测试输入、执行条件以及预期结果，以便测试某个程序路径或核实是否满足某个特定需求。通常把测试数据和预期的输出结果称为测试用例。测试用例标题应该清楚地表达测试用例的用途，比如"测试用户登录时输入错误密码时，软件的响应情况"。

（一）系统测试的目的

基于不同的立场，系统测试存在着两种完全不同的目的：

（1）从用户的角度出发，普遍希望通过系统测试暴露系统中隐藏的错误和缺陷，以考虑是否可接受这一产品。

（2）从系统开发者的角度出发，则希望测试成为表明系统产品不存在错误的过程，验证这一系统已正确地实现了用户的要求，确立人们对系统质量的信任。

总体来讲，系统测试的目的就是在计算机上以各种可能的数据和操作条件对系统进行试验，尽可能多地发现系统中存在的问题和错误。因此，系统测试是一个查找错误的过程。一般来说，这部分工作应交给专门的人员来完成。对于一个大型信息系统来说，测试小组应该担当起这项任务，开发人员只是配合其工作。

（二）测试的原则

在对系统进行测试时应该遵守以下原则：

（1）测试人员应当避免测试自己设计的程序。

（2）测试用例应考虑输入的数据和预期的输出结果。测试用例的设计应该由"确定的输入数据"和"预期的输出数据"组成。在执行程序之前应当有十分明确的期望输出，以便对照检查测试后的实际测试输出。

例如，在成绩查询系统中，学生班级信息查询，输入数据可按有此班级情况（字符有效、长度适合）、无此班级情况（包括字符的正确，如包含多国语言或者加减号等特殊符号；长度过长；无输入数据等）录入，然后检查输出结果是否符合要求。

（3）测试数据的选取应当考虑各种不同情况。供程序测试使用的数据不仅要选用合理的输入数据，而且还应选用不合理甚至错误的输入数据。为了提高程序的可靠性，应该认真组织一些异常数据进行测试，并注意观察和分析系统的反应。

（4）检查程序是否执行了规定以外的操作。

（5）注意保留测试用例，将会给重新测试和追加测试带来方便。

（6）对已发现的错误模块要引起足够重视。

（三）测试的方法

对软件进行测试的主要方法有人工测试和机器测试。

1. 人工测试

人工测试又称代码复审，主要有下列三种方法：

（1）个人复查是指源程序编完以后，直接由程序员自己进行检查。程序员由于心理上的原因对自己的错误不易发现，如果对功能理解有误，自己也不易纠正。所以这是针对小规模程序常用的方法，效率不很高。

（2）走查是指测试在预先阅读过软件资料和源程序的前提下，由测试人员扮演计算机的角色，用人工方法将测试数据输入被测程序，并在纸上跟踪监视程序的执行情况，让人代替机器沿着程序的逻辑走一遍，以发现程序中的错误。走查一般由三至五人组成测试小组，测试小组成员应是从未介入过软件设计工作的有经验的程序设计人员。

（3）会审的测试小组构成与走查相似，要求测试成员在会审前仔细阅读软件有关资料，根据错误类型清单（从以往经验看一般容易发生的错误）填写检测表，列出根据错误类型提出的问题。会审时，由程序员逐个阅读和讲解程序，测试人员逐个审查、提问，讨论可能产生的错误。会审要对程序的功能、结构及风格等全面进行审定。

2. 机器测试

通过在计算机上直接运行被测程序，来发现程序中错误。机器测试有黑盒测试、白盒测试和灰盒测试三种方法。

（1）黑盒测试，也称功能测试，是将软件看作黑盒子，在完全不考虑程序内部结构和特性的情况下，研究软件的外部特性。根据软件的需求规格说明书设计测试用例，从程序的输入和输出特性上测试是否满足其设定的功能。

（2）白盒测试，也称结构测试，是将对象看作是一个透明的白盒子，按照程序的内部结构和处理逻辑来选定测试用例，对软件的逻辑路径及过程进行测试，检查与设计是否相符。

（3）灰盒测试是介于白盒测试与黑盒测试之间的测试。灰盒测试关注输出对于输入的正确性；同时也关注内部表现，但这种关注不像白盒测试那样详细、完整，只是通过一些表征性现象、事件、标志来判断内部的运行状态。

（四）测试步骤

系统的测试工作一般有单元测试、组装测试、确认测试以及系统测试四个步骤，每一步都是在前一步的基础上进行的。

1. 模块测试

模块是程序最小的独立编译单位，由于每个模块完成一个定义明确而又相对独立的子功能，因此可以把它作为一个单独实体来测试，而且通常比较容易设计测试用例。模块测试的目的是保证每个模块作为一个单元能够独立运行，因此模块测试也称单元测试。模块测试根据模块的功能说明，检验模块是否有错误。这种测试在各模块编程后进行。

2. 组装测试

在每个模块完成了模块测试以后，需要按照设计层次模块图把它们组装起来，同时进行测试。各个模块单独执行可能无误，但组合起来相互产生影响，可能会出现意想不到的错误，因此要将整个系统作为一个整体进行联调，这就是组装测试。组装测试的主要目的是保证单元接口的完整性、一致性，人机界面及各种通信接口能否满足设计等要求，故也称为接口测试或集成测试。

3. 验收测试

经过组装测试，软件已装配完毕，接下来进行的验收测试和系统测试将以整个软件作为测试对象，且采用黑盒测试方法，检验系统说明书的各项功能与性能是否能实现，是否满足要求。

验收测试的方法一般是列出一张清单，左边是需求的功能，右边是发现的错误或缺陷。关系重大的软件系统，在验收以后并不会马上投入正式运行，而是有一个试运行阶段。验收测试又称合格性测试。

4. 系统测试

系统测试是对整个系统的测试，将硬件、软件及操作人员看作一个整体，检验它是否有不符合系统说明书的地方。重点检查系统的硬件和软件是否达到预期目标，如系统的安全性、正常数据数量以及超负荷量（如多个用户同时存取）等情况下是否还能正常工作。这种测试可以发现系统分析和设计中的错误。

（五）测试与调试

系统开发的最终目的是得到高质量的、完全符合用户需要的信息系统。因此测试发现问题后，还必须诊断错误，改正错误。这就是调试，即准确判断错误位置以及具体的出错情况，继而进行改正以排除错误。

进行测试时，通过比较测试结果与预期结果的差异来确认错误的存在。而错误在哪儿？如何解决？这就是调试的内容，所以调试又称排错或纠错。

五、人员培训

人员组织与培训是信息系统实施阶段一项重要的准备工作。实际上，人员组织与培训可以理解为在软件开发阶段对程序设计人员的组织与培训，也可以理解为在系统转换和交付使用前对人员的培训。在系统实施阶段所讨论的人员组织与培训，主要针对信息系统的使用方。

人员培训是信息系统成功实施的重要因素。培训有两个重要的目的：一是增加用户方人员对信息系统相关知识的了解，二是规范管理人员的行为方式。

为了使新系统能够按照预期目标正常运行，需要在系统转换前对用户进行必要的培训。用户比较熟悉或精通原来的手工处理过程，面对新的业务操作方式总会难以上手。一般来说，对用户单位人员的培训工作应尽早进行，如果不及时进行培训，促进全员共同参与，就会导致用户满意度较低、系统转换困难的局面。在培训中，应该根据每一个项目当前以及将来对技能的需要，正确判断组织、项目及个人所需要的培训内容。

1. 培训对象及内容

信息系统培训的对象主要是企业的各级管理人员及操作与维护信息系统的专业人员。因此，通过系统开发过程来培养一批既懂管理业务、又懂信息系统的企业专业人员，应是企业开发信息系统的主要目标之一。

信息系统的知识是非常广泛的，企业管理人员与企业信息系统专业人员的培训内容应各有侧重，管理人员的培训重点应该是信息系统的基本概念与一些结合具体项目的必需知识。一般建议的培训对象如下：

（1）管理人员培训。管理人员的理解和支持是新系统成功运行的重要条件。对用户管理人员的培训主要包括新系统的目标与功能；系统的结构及运行过程；对企业组织结构、工作方式等产生的影响；采用新系统后，职工必须学会的新技术的要领；今后如何衡量任务完成情况等。

（2）系统操作员培训。系统操作员是管理信息系统的直接使用者。统计资料表明，管理信息系统在运行期间发生的故障，大多数是因使用不当造成的。所以，对用户系统操作员的培训应该是人员培训工作的重点。对用户系统操作员的培训主要包括必要的计算机软、硬件知识、新系统的工作原理、新系统的输入方式和操作方式的培训，简单错误及时处置知识、运行操作注意事项等的培训。

（3）系统维护人员培训。对系统维护人员来说，除了要具有良好的计算机软、硬件知识外，还必须对新系统的原理和维护知识有深刻的了解。在较大的企业或部门中，系统维护人员一般由计算机中心的专业人员担任。培训用户系统维护人员的最好途径就是让他们直接参与系统的开发工作，这样有助于他们了解整个系统，为维护工作打下良好的基础。

2. 培训方式

为了提高软件的质量，提高组织中每个人的知识和技能就显得尤为重要。应该在系统开发的全过程实施培训工作，根据系统开发进度，有计划地、系统地进行。

需要特别强调的是对管理人员的培训要结合企业的实际，多举实例，在条件许可的情况下安排一些演示与参观，通过培训使各级管理人员明确开发与应用信息系统对企业生存与发展的重要意义，使他们在了解与掌握基本概念的基础上打消顾虑，积极参与信息系统的开发，并为下一步的应用作好准备。

对企业信息管理专业人员的培训应把重点放在系统知识与系统规范方面，培训方法除强调在实践中学习外，还可采取委托培养、进修与请人系统授课等方法。

六、系统的交付使用

系统的交付使用即系统转换，包括把旧系统的文件转化成新系统的文件、数据的整理和录入，也包括人员、设备、组织机构的改造和调整，有关资料档案的建立和修改，系统转换的最后形式是将全部控制权移交给用户单位。

系统转换是指以新系统替换老系统的过程，即老系统停止使用，新系统开始运行。系统转换的任务是保证新老系统进行平稳而可靠的交接，最后使整个新系统正式交付使用。系统转换过程需要项目开发人员、系统操作员、用户单位领导以及业务部门的通力协作才能完成，这是系统开发周期中动用人力物力最多的一个步骤，因此需要相互间的配合与协调。系统转换方式如下。

1. 直接转换

直接转换是指在确定新的管理信息系统运行准确无误时，在某一时刻终止现行系统，启用新的管理信息系统，中间没有过渡阶段，如图 5-37 所示。

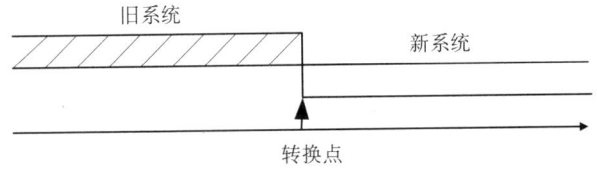

图 5-37　直接转换

直接转换的优点是简单、节省费用和人力。缺点是风险较大。直接转换适用于系统规模小、处理过程不太复杂、数据不很重要的场合。实际应用中，应使用一定的措施保证一旦新系统出现问题，旧系统能顶替工作。

2. 并行转换

并行转换是针对直接转换存在的问题，采用并行转换方法，即新旧系统同时运行一段时间，经过一段时间的考验，在新系统运行准确无误时，再替代旧系统，如图5-38所示。

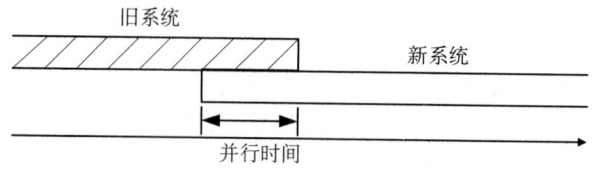

图 5-38 并行转换

并行转换的优点是安全、可靠，风险较小，有利于减轻管理人员心理压力。缺点是费用高、工作量大。并行转换适用于处理过程复杂、数据重要的较大系统转换。在银行、财务和一些企业的核心系统中，这是一种经常使用的转换方式。

3. 分段转换

分段转换是直接转换和并行转换的结合，即新系统一部分一部分地替代旧系统，直到全部代替旧系统，如图5-39所示。它既避免了直接转换的高风险，又避免了并行转换的高费用。分段转换主要有按功能分阶段逐步转换和按部门分阶段逐步转换两种。

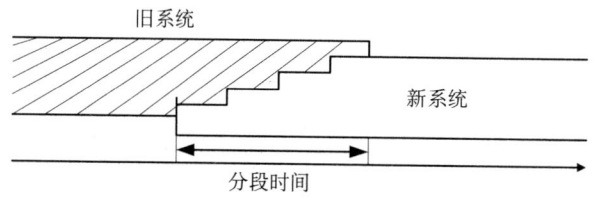

图 5-39 分段转换

分段转换的优点是既保证了转换的可靠性，又不至于费用太大。缺点是这种方式对系统的设计和实现都有一定的要求。这种方式接口复杂，必须充分考虑。当新、旧系统差别太大时，不宜采用此种方法。

实际工作中，这几种方式可以混合使用。例如，系统中不很重要的部分采用直接转换方式，重要部分采用并行转换方式。这样，各种方式取长补短，可将旧系统平稳地过渡到新系统。

在系统转换工作中，需要特别注意现行系统和新系统的文件保护工作，加强人员和资金的管理以及备份工作，以确保系统转换的安全。

七、系统实施阶段的文档

系统实施阶段的文档对系统正常的运行和维护十分重要。准备的文档对日后进行系统修改的程序员很有帮助，此外，也会使维护工作变得更加容易、快捷。系统实施阶段的文档包括程序设计报告、系统测试报告和系统使用说明书。

（一）程序设计报告

程序设计报告是对系统程序设计过程的总结，主要包括以下内容：

(1) 程序设计的工具和环境概述；

(2) 系统程序模块的组成及总体结构描述；

（3）程序之间的控制关系及描述；
（4）各程序模块之间采用的算法及描述；
（5）各程序流程及描述。

（二）系统测试报告

系统测试报告是对系统测试过程的总结，主要包括以下内容：
（1）系统测试的环境；
（2）系统测试方法；
（3）系统测试用例；
（4）系统测试步骤；
（5）系统测试的结果及分析。

（三）系统使用说明书

系统使用说明书是提供给用户的系统操作指南，主要包括如下内容：
（1）系统运行环境介绍；
（2）系统安装说明；
（3）系统的操作步骤、操作方法和数据的输入输出方式；
（4）出现异常和错误的例子；
（5）一些常见的问题；
（6）说明如何获取帮助以及更新用户手册的过程等。

本章小结

系统设计的目的是将系统分析阶段提出的系统逻辑方案转换成可以实施的、基于计算机与网络技术的物理（技术）方案。系统设计阶段的主要活动有：

（1）总体设计，其中包括模块结构设计、系统物理配置方案的设计；

（2）详细设计，包括代码设计、数据库设计、输入设计、输出设计、人机对话设计和计算机处理过程设计；

（3）系统设计说明书的编写。

系统设计说明书是系统设计阶段的成果和全面总结，也是系统实施的主要依据之一。要求系统说明书全面、准确和清楚地阐明系统的技术方案和在系统实施中采取的技术手段、方法和技术标准以及相应的环境条件要求。

系统实施是信息系统开发生命周期的后期阶段，其目的是把系统分析与系统设计所得的逻辑方案和物理方案，转换成可以实际运行的系统。

系统实施的主要活动有程序设计、系统测试、系统安装与调试和新旧系统的转换。程序设计的质量不仅体现在功能的实现上，而且十分强调程序的可读性、可理解性和可修改性。结构化编程方法是保证编程质量的基本方法。系统测试的目的是尽可能多地发现已编程序的错误。系统转换是系统实施的最后一步。转换中要作好数据准备、组织准备、物质准备、人员培训与系统初始化等工作。新旧系统转换的策略有直接转换、并行转换与阶段转换。

本章习题

一、选择题

1. 文件设计时，首先应设计（　　）。
   A. 共享设计　　　B. 非共享文件　　　C. 中间文件　　　D. 处理文件
2. 代码设计工作应在（　　）阶段就开始。
   A. 系统设计　　　B. 系统分析　　　C. 系统实施　　　D. 系统规划
3. 绘制新系统的模块结构图的基础是（　　）。
   A. 组织机构图　　　B. 功能结构图　　　C. 业务流程图　　　D. 数据流程图
4. 系统测试中的模块测试是（　　）。
   A. 主控程序
   B. 单个程序，使它能运行起来
   C. 功能模块内的各个程序，并把它们联系起来
   D. 调度程序
5. 新系统投入运行后，原系统仍有一段时间与它同时运行，称为（　　）。
   A. 跟踪检验　　　B. 测试　　　C. 校验　　　D. 并行切换

二、填空题

1. 计算机中数据在硬磁盘的存储方式有_____和_____两种。
2. 在屏幕上常用的人机对话方式有菜单式、命令式和_____等几种。
3. 邮政编码是_____码。
4. 在系统设计阶段，应尽量采用_____结构进行设计，这样，可以使系统具有对环境的适应性，并提高系统各部分的独立性。
5. 数据库的概念模型独立于具体_____，它是从用户的角度看到的数据库。
6. 程序设计说明书由_____编写，交给_____使用。
7. 通常见到的控制流程图有顺序结构、选择结构和_____三种基本控制结构。
8. 程序调试时应当用正常数据、错误数据和_____数据去进行调试。
9. 在系统转换过程中，不仅要进行机器转换和程序转换，而且要进行更难的_____转换。
10. 概念模型描述的是_____。

三、判断题

1. 助记码是一种顺序码。　　　　　　　　　　　　　　　　　　　　　　　（　　）
2. 系统设计过程中应先进行输出设计，后进行输入设计。　　　　　　　　　（　　）
3. 如果希望一个系统的响应时间快，那么首先要求计算机的运算速度快，对于实时系统来说，还要求通信线路的传送速率高。　　　　　　　　　　　　　　　（　　）
4. 模块的扇出是指模块的直属下级模块的个数。　　　　　　　　　　　　　（　　）
5. 系统实施就是新旧系统的转换。　　　　　　　　　　　　　　　　　　　（　　）

四、名词解释

1. 区间码　2. 系统的吞吐量　3. 模块化　4. 内聚　5. 测试用例

五、问述题

1. 数据库设计具体包括哪三部分设计？
2. 什么是逻辑校验？试举例说明。
3. 在代码的结构中要设置校验位，其目的何在？
4. 系统设计报告应包括哪些内容？
5. 什么是功能模块？
6. 区间码有哪些优缺点？
7. 系统设计的任务是什么？
8. 用结构化程序设计方法设计程序时，程序由哪几种基本的逻辑结构组成？
9. 程序员编写程序的主要根据是什么？
10. 系统实施阶段包括哪些主要工作内容？
11. 结构图和数据流程图有什么区别？
12. 什么是模块间的耦合？

第六章 系统的维护与评价

系统实施阶段完成后，就得到了一个可以运行的信息系统。此后，新信息系统将替代旧信息系统正式进入长期的运行维护阶段，即进入了信息系统生命周期的最后一个阶段——系统维护及评价阶段。此阶段的工作主要包括信息系统运行、维护与评价三个方面内容。

第一节 信息系统的运行

信息系统与其他系统一样，需要进行科学的组织管理和运行管理，否则信息系统就不能有效地发挥作用，不能自动地为管理工作提供高质量的信息服务，并且会陷于混乱和崩溃。能不能作好信息系统运行与维护工作，将直接影响软件产品的使用寿命。

一、信息系统运行的组织机构

为了搞好系统的运行工作，信息系统的运行管理必须设置相应机构，一般命名为信息管理部、信息管理中心等，其主要职责是信息的管理与信息系统的管理。根据其所涉及的部门范围及信息的重要性，在企业中的地位应高于其他部门。信息系统管理机构除了负责系统的运行管理外，还要承担信息系统的长远发展建设、通过信息的开发与利用推动企业各方面的变革等工作。

系统运行的组织管理机构包括各类人员的构成、各自的职责、主要任务以及其内部组织结构。这里所说的人员包括系统主管人员、数据收集人员、数据校验人员、数据录入人员、硬件和软件操作人员。

（一）系统运行管理的有关人员及其职责

（1）系统主管人员的职责。系统主管人员组织各方面人员协调一致地完成系统所担负的信息处理任务、掌握系统的全局，保证系统结构的完整，确定系统改善和扩充的方向，并按此方向组织系统的修改及扩充工作。

（2）数据收集人员的职责。数据收集人员及时、准确、完整地收集各类数据，并按时上缴给专职人员。

（3）数据校验人员的职责。数据校验人员保证数据录入人员录入前的数据逻辑上是正确的，能够反映客观事实。

（4）数据录入人员的职责。数据录入人员把数据及时、准确地输入计算机。

（5）硬件和软件操作人员的职责。硬件和软件操作人员按照管理信息系统规定的工作规程进行日常的运行管理。

（二）系统运行的组织方式

从信息系统在企业中的地位来看，系统运行的组织有以下几种方式。

1. 为企业的某业务部门所有方式

这种运行组织方式是一种早期零散式的组织形式,信息管理部门为企业的某个业务单位所有,系统内资源不能为企业的其他部门所共享。部门管期的局限性制约了系统整体资源的调配与利用,使系统的效率大受影响。其组织方式如图 6-1 所示。

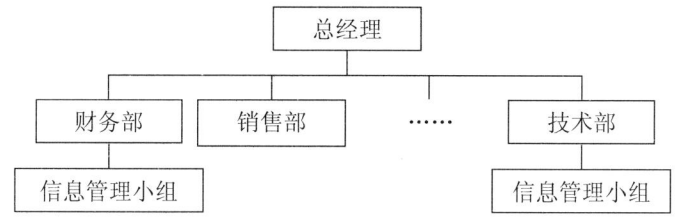

图 6-1 为企业的某业务部门所有

2. 与企业的部门平行方式

与其他部门平行的方式是指信息处与其他职能部门平级,享有同等的权力。这种方式改善了第一种模式下各部门系统各自为政的情况,能够有效地集成企业信息资源,信息系统的地位要比第一种方式高。但信息系统部门的决策能力较弱,系统开发、建立、运行中有关的协调和决策工作将受到影响。其组织方式如图 6-2 所示。

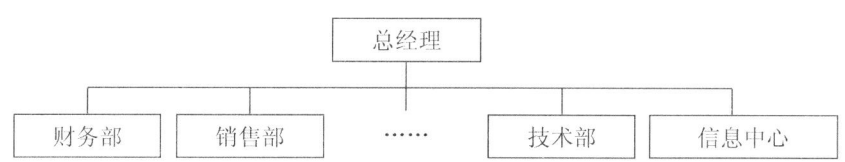

图 6-2 与其他部门平行的方式

3. 作为企业的参谋中心方式

参谋中心方式是指信息中心在经理之下、各职能部门之上。这种方式有利于集中管理、资源共享,能充分发挥领导的指挥作用和系统向领导提供的决策支持作用,但容易造成脱离业务部门或服务较差的现象。其组织方式如图 6-3 所示。

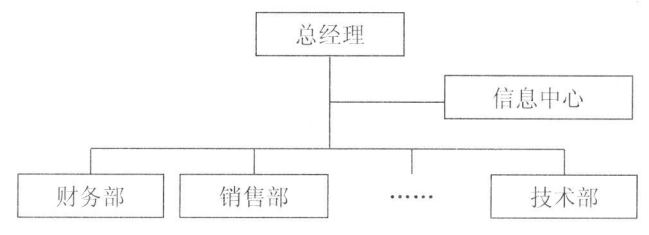

图 6-3 参谋中心方式

二、信息系统运行的管理

信息系统运行管理是系统管理的一个重要内容,它是确保系统按照预定目标运行并充分发挥其效益的一切必要条件、运行机制和保障措施。信息系统运行管理通常包括以下内容。

（一）基础数据管理

通过对基础数据的统一管理，可以实现资源共享，为系统开始运行准备基础数据、方法和手段等。基础数据管理主要包括对数据收集和统计渠道的管理、计量手段和计量方法的管理、原始数据的管理、系统内部各种运行文件、历史文件（包括数据序文件等）的归档管理等。

（二）运行制度管理

运行制度管理包括系统操作规程、系统安全保密制度、系统修改规程、系统定期维护制度以及系统运行状况记录的要求和日志归档等。

（三）设备运行维护

设备运行维护包括设备的使用管理、定期检查及维护、备品配件的准备及使用、各种消耗材料的使用及管理等。

（四）日常运行情况的记录

运行管理人员还要负责记录每天系统运行情况、数据输入与输出情况、工作量、工作效率、系统所提供的信息服务质量以及系统的故障情况。

三、信息系统的安全管理

信息系统安全是指信息系统资源和信息资源不受自然和人为有害因素的威胁和危害。信息系统的安全一般可以分为计算机硬件的安全、信息系统软件的安全、信息系统运行的安全、计算机病毒与预防、计算机犯罪与预防六类。

（一）计算机硬件的安全

计算机硬件的安全是指为了保障信息系统安全可靠地运行，硬件不出故障。如自然力造成的地震、火灾、水灾、雷击等以及不可抗拒的社会暴力活动或战争等，都是影响计算机硬件安全的因素。

（二）信息系统软件的安全

计算机软件安全是指为数据处理系统建立和采取的技术和管理的安全保护，以保护计算机软件不因偶然和恶意因素而遭到破坏、更改和泄露。

软件是保证计算机系统正常运行、促进计算机普及应用的主要手段。在信息系统中，软件的安全在整个系统中占有非常重要的位置。如软件的非法删除、复制与窃取将使系统软件受到损失，并可能造成泄密。

（三）信息系统数据的安全

信息系统数据安全是指数据信息的硬件、软件及数据受到保护，不受偶然或者恶意因素遭到破坏、更改、泄露，系统连续、可靠、正常地运行，信息服务不中断。

任何一个信息系统都是以处理数据为对象的。一方面，数据一旦被非法修改或被破坏，就会导致信息系统产生错误的结果。错误的结果，必然导致错误的决策，从而给信息系统的使用者造成大量的经济损失，甚至会导致整个系统瘫痪，造成不可挽回的经济损失。另一方面，信息系统中的数据泄露后，同样会给用户造成极大的经济损失。访问数据库权限设置、数据的加密等，能有效防止绝大多数非法用户入侵，不知道解密算法的人无法获得数据内容。

（四）信息系统运行的安全

信息系统运行的安全管理是通过对系统运行状况的监控，及时发现不安全的运行因素，以便采取有效的安全技术措施，保证信息系统的安全。

信息系统的安全，有很大一部分在系统的运行当中体现，因此，作好信息系统的运行安全管理是十分必要的。信息系统的运行安全管理是通过对系统运行状况的监控，及时发现不安全的运行因素，以便采取有效的安全技术措施，保证信息系统的安全。如一台远程终端上的用户可以通过计算机网络连接到信息中心的计算机上，在一定的条件下，终端用户可以访问系统中的所有数据，并可以方便地将其复制、删除和销毁。

（五）计算机病毒与预防

计算机病毒是指破坏计算机功能或者数据，并能自我复制的一组计算机指令或者程序代码。

目前，在所有对信息系统的安全威胁中，计算机病毒是头号威胁，它对系统的破坏最经常、最严重。对计算机病毒的防护已经成为信息系统安全与防护工作的主要内容。计算机病毒、蠕虫、木马等黑客程序等可以采用病毒预警软件或防病毒卡起到预防的作用。

（六）计算机犯罪与预防

计算机犯罪是指针对和利用计算机系统，通过非法操作或者以其他手段对计算机系统的完整性或正常运行造成危害后果的行为。计算机犯罪的对象是计算机系统内部的数据，包括计算机程序、文本资料、运算数据、图形表格等在计算机内部的信息。这种犯罪在主观上不一定表现为谋取利益，客观上表现为非法使用计算机系统，如黑客开发的"熊猫烧香"的病毒软件，就属于计算机犯罪。

预防计算机犯罪应从技术、管理和法律等方面着手进行。一方面强化安全技术的科研开发，适时研制出保护计算机系统安全的各类软件产品，为防范计算机违法犯罪提供技术保障。另一方面建立完善的内部控制系统。另外，比如在机房、终端室、数据介质库和网络控制室加强安全保卫，采用视频识别、指纹识别设备进行出入人员的身份验证；在重要的计算机系统设置电磁屏障，防止电磁波辐射和干扰；根据用户职责权限，对用户进行访问权限控制；研究磁介质数据的抹除技术和防篡改芯片，防止数据被抹去后被复原和防止数据被篡改。

第二节 系统的维护

系统投入使用后，常常会由于各种原因要对系统作适当的变更。为了保证系统能持续地与用户环境、数据处理操作以及其他有关部门的请求达成和谐，需要在使用中不断地完善。

系统维护的任务是改正软件系统在使用过程中发现的隐含错误，扩充在使用过程中用户提出的新的功能及性能要求，其目的是维护软件系统的正常运作。

一、系统维护的概念

信息系统维护是指在信息系统交付使用后，为了改正系统中存在的错误以及满足用户新的需求而修改系统的过程。

信息系统是一个复杂的人机系统,系统内外环境以及各种人为的、机器设备的因素都不断地在变化着。为了使系统能够适应这种变化,充分发挥软件的作用,产生良好的社会效益和经济效益,就要对机器进行检查、维修、保养及升级。另外,大中型软件产品的开发周期一般为1—3年,运行周期则可达5—10年。在这么长的时间内,除了要改正软件中残留的错误外,还可能要多次更新软件的版本,以适应改善运行环境和加强产品性能等需要。这些活动也属于维护工作的范畴。

软件维护是系统维护中最重要的,也是工作量最大、耗资耗时最多的一项维护工作。软件维护工作的目的在于使信息系统中的程序始终保持较新的状态。随着时间的推移,软件维护成本不断地增加。据统计,软件维护成本占整个开发成本的比例如图6-4所示。

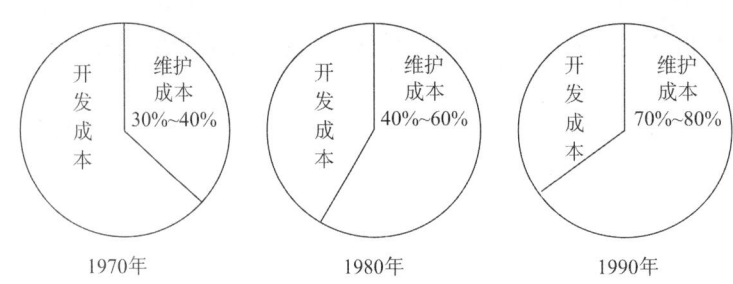

图6-4 软件维护的成本趋势图

二、系统维护的内容与类型

(一)系统维护的内容

1. 程序的维护

程序维护是指根据需求变化或软硬件环境的变化对程序进行的部分或全部的修改。系统的业务处理过程是通过应用程序的运行实现的,当业务发生变化或程序出现错误、效率低下时,就必然引起程序的修改和调整。因此,系统维护的主要活动是对程序进行维护。

2. 数据文件的维护

数据文件维护是指对系统中数据文件或数据库进行的修改。业务处理对数据的需求是不断变化的,同时环境或业务的变化、程序的修改都要求对数据的维护,包括新文件的建立和现文件内容的更新、结构的调整等。

3. 代码的维护

代码的维护是指对代码系统的修改。随着环境的变化,旧的代码不能适应新的需要,必须对其进行改造,包括代码的增加、修改、删除以及制定新的代码。其维护工作应由业务人员和计算机技术人员组成的代码管理小组来完成。变更代码应经过详细的讨论,确定之后应用书面形式写明并实施。

4. 硬件设备的维护

硬件设备的维护是指对计算机、外部设备以及网络设备的日常维护和管理,如机器部件的清洗、润滑,设备故障的检修,易损部件的更换等。硬件设备一旦发生故障,要有专人进行故障排除,以保证系统的正常运行。

5. 文档的维护

文档的维护是指根据应用系统、数据、代码及其他维护的变化,对相应文档进行修改,并对所进行的维护进行记载,以保证系统的一致性,为以后的维护打好基础。

(二) 系统维护类型

按照软件维护的不同性质,系统维护可以分为下面四种类型。

1. 适应性维护

适应性维护是指为了适应软件的外界环境变化而进行的修改。例如,操作系统版本更新、新的硬件系统的出现和应用范围扩大等,为适应这些变化,系统就要进行适应性维护。

2. 改正性维护

改正性维护是指改正在系统开发阶段已发生的、而系统测试阶段尚未发现的错误。这类故障通常是由于遇到了从未有过的某种输入数据的组合,或者是系统的硬件和软件有了不正确的界面而引起的。有些故障不太重要,可以回避;有些则很重要,甚至影响企业的正常运作。

3. 完善性维护

完善性维护是指为了扩充功能和改善性能而进行的修改。例如,对已有的软件系统增加一些新的功能,修改程序,以便提高处理效率,根据需要还可以对软件进行优化设计。

4. 预防性维护

预防性维护是指为了减少或避免以后可能需要的前三类维护而对软件配置进行的维护工作,对一些使用寿命较长、目前尚能正常运行但可能要发生变化的部分进行维护,以适应将来的修改或调整。

四类维护工作所占的比例如图6-5所示。

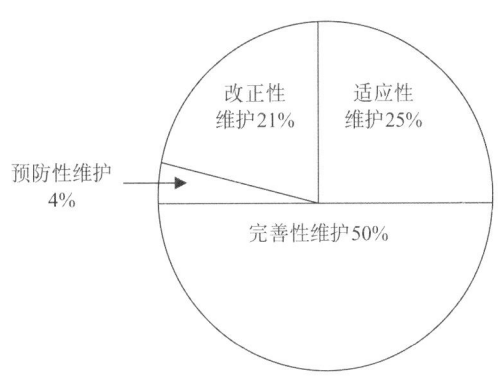

图 6-5 各类维护工作的比例

三、系统维护的管理

信息系统维护管理应该根据维护内容指派专人负责,并需要通过一定的审批手续。对于重大的维护项目要填写申请单,经批复后方可实施。审批人应对系统非常熟悉,能够判断维护的必要性和可能性、维护的影响范围、维护的工作量以及维护的后果等。系统维护管理的内容主要包括下面几个方面。

(一) 建立维护组织

系统维护工作不仅是技术性工作,而且要进行大量的管理工作。为了保证系统维护工作质量,建立一个负责维护的组织是非常必要的。信息系统投入运行后,由专门负责人进行管理,这个组织中的人员包括维护管理员、系统监督员及修改负责人等。其职责大致为:

(1) 维护管理员接受维护申请；

(2) 维护管理员将申请交给某个系统监督员去评价；

(3) 系统监督员必须是一名技术人员，必须熟悉产品，能够对维护申请作出评价；

(4) 系统监督员一旦作出评价，修改负责人必须决定如何进行修改。这些人员可以是一个人，也可以是一个小组。但是，在开始维护工作之前就应当把责任明确下来，这将大大减少以后工作开展的混乱状态。

（二）制定维护方案

系统维护工作不能采取零敲碎打的方法，而是应当有计划、有步骤地统筹安排。应当按照问题的严重性、紧迫性和管理部门对维护工作所确定的优先顺序来制定维护方案。方案的内容应包括维护工作的范围、采用的方法、所需资源、确认的需求、维护费用及维护进度安排等。

（三）维护实施

系统维护任务与新软件开发的过程基本上一致，只是由于时间限制，有可能省略或简化某些步骤。各类维护人员根据维护方案开展维护工作。当维护任务完成后，维护人员要将整个维护过程写成书面报告，交给维护主管。

（四）维护验收

维护工作完成后，由用户、专家及有关领导进行验收，同时要进行验收。其验收内容包括：

（1）全部软件文档已准备齐全，并已更新好；

（2）所有测试用例和测试结果已经正确记录下来；

（3）记录和寻找软件配置的工序已建立；

（4）维护工序和责任已经确定。

需要注意的是，在上述维护工作中也会产生一定的维护副作用，主要包括程序的副作用、数据的副作用和文档资料的副作用等。

软件系统维护的步骤如图6-6所示。

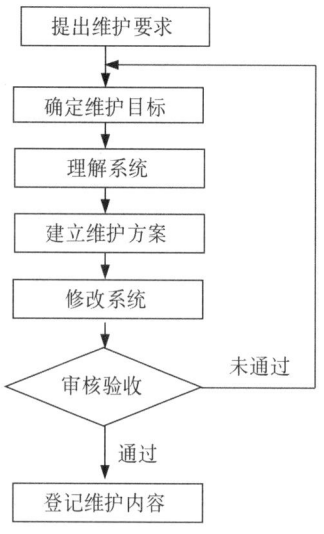

图6-6 软件系统维护的步骤

从图 6-6 中可以看出，根据软件维护的要求，在软件系统维护目标确定以后，维护人员必须先理解需要维护的软件系统，建立一个维护方案；由于系统的修改涉及面较广，某处修改很可能会影响其他模块，所以建立维护方案后必须要考虑的重要问题是修改的影响范围和波及面的大小；然后按预定维护方案修改程序和系统；还要对程序和系统的有关部分进行更新测试，若测试发现较大问题，则要重复上述步骤。若通过，则可修改相应维护内容并验收使用，结束本次维护工作。维护是对整个系统的维护，即包括程序、数据、代码等的修改，也包括涉及所有文档的修改。

四、系统维护报告

系统维护要形成专门的文档资料，即系统维护报告，用以反映维护过程和维护内容。系统维护报告的内容包括：

（1）系统维护的原因和必要性；
（2）维护内容描述，包括维护前内容、维护后内容以及新增内容；
（3）调试描述，说明修改后的调试方法、用例设计及调试评价；
（4）维护时间、设备和费用、维护人员；
（5）维护评价，包括维护前后系统的对比、维护完成后可能存在的问题及进一步要作的工作等内容。

第三节　系统的评价

在新系统的整个建立过程中，组织花费了大量的人力、物力、财力和时间资源。系统的运行效果如何，系统性能怎样，是否达到设计目标，还存在哪些不足……要回答这些问题，就需要在系统投入运行一段时间之后，在平时运行管理工作的基础上，对系统进行全面评估，其评估结果可以为系统进一步改进和扩展提供依据。

一、系统评价的概述

信息系统评价是指对一个信息系统的功能、性能以及使用效果等进行全面估计、检查、测试、分析和评审，包括用实际指标与计划指标进行比较，以确定系统目标的实现程度。

随着应用环境的发展变化和管理及技术水平的不断提高，有必要对信息系统进行技术评价、经济评价和社会效益评价。评价的最终目标是为更好的管理、决策提供可靠的依据。

（一）系统评价的目的

（1）检查系统目标、功能及各项指标是否达到了设计要求，满足用户要求的程度如何；
（2）检查系统的质量是否达到要求；
（3）检查信息系统中各种资源的利用程度，包括人、财、物以及硬件、软件资源等的使用情况。
（4）检查系统的实际使用效果与预期的比较；
（5）根据评审和分析的结果，找出系统的薄弱环节，提出进一步改进意见。

(二) 信息系统评价的内容

信息系统评价的内容主要包括以下几个方面：
（1）对信息系统的性能、功能的评价；
（2）对现有硬件、软件的评价；
（3）对信息系统应用的评价；
（4）对信息系统经济效果的评价。

(三) 信息系统评价的指标

信息系统的评价是一项难度较大的工作，它属于多目标评价问题，目前大部分的系统评价还处于非结构化的阶段，只能对部分评价内容作出可度量的指标，不少内容还只能用定性方法作出叙述性的评价。下面从系统建设评价、系统性能评价和系统应用评价三个方面提出信息系统的评价指标体系。其评价体系如图 6－7 所示。

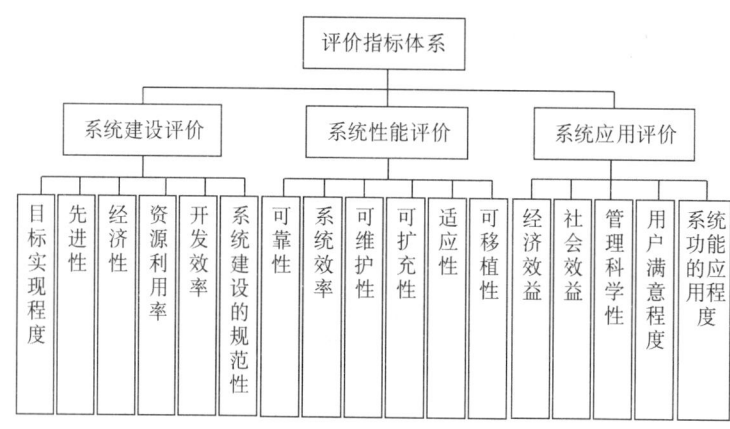

图 6－7　信息系统评价指标体系图

1. 系统建设评价

信息系统建设的评价是对信息系统开发、运行、维护和管理所作的评价，包括以下几项评价指标：

（1）目标实现程度。判断建设信息系统所实现的目标值与系统期望值的差异。目标实现程度表明了信息系统对其预先确定的目标的实现程度，其差异应该用数量化的方式描述出来。

（2）先进性。系统是否满足了用户的需要，是否充分利用了资源，是否融合了先进的管理科学知识，使组织管理融于先进的信息系统中，系统的设计是否科学、是否有较强的适应性。

（3）经济性，即系统的投资与所实现功能相适应的程度。经济性应与先进性相适应，既要考虑到系统的发展，使系统保持一定的先进性，又要考虑到系统对用户的实用性和经济承受能力，寻求一个良好的性价比。

（4）资源利用率，即信息系统对计算机、外部设备、各种软硬件、信息系统资源的利用程度。

（5）开发效率。开发效率与系统的规模有关，与开发小组的经验、水平和开发方法有关，也与资金、管理等非技术因素有关。

（6）系统建设的规范性。信息系统建设的规范性应当遵循相应的国际、国家或行业标准。规范化、标准化程度高的系统才有生命力。信息系统建设规范性的标志之一是系统的文档，文档要正确、规范、完备。

2. 系统性能评价

信息系统性能的评价是信息系统的各个组成部分，即人员、计算机软硬件资源、规程有机地结合在一起，作为一个总体对使用者所表现出来的技术特性。系统性能的评价主要有以下内容：

（1）可靠性。系统的可靠性取决于硬件、软件、人员的可靠性和数据的可靠性。在各项指标体系中，可靠性是第一位的。常用的系统可靠性指标包括硬件系统的可靠性、软件系统的可靠性、数据可靠性等。

（2）系统效率。系统效率是指系统完成其各项功能所需要的资源，是系统对用户服务所表现出来的与时间有关的特性。常用的系统效率指标包括周转时间、响应时间、吞吐量等。

（3）可维护性。系统的可维护性是指确定系统的错误以及修正错误所需作出的努力的大小，它取决于系统自身的模块化程度、简明性和一致性等因素。

（4）可扩充性。可扩充性是指系统处理能力和功能的可扩展程度，包括系统结构的可扩充性、硬件设备的可扩充性和软件功能的可扩充性等。

（5）适应性。适应性是指系统在运行环境的约束条件或用户需求变化时的适应能力。

（6）可移植性。可移植性是指系统从一种软硬件配置环境转移到另一种软硬件配置环境时系统自身需要改变的程度。

3. 系统应用的评价

系统只有给组织带来效益，才能体现自身的价值。系统应用的评价包括以下内容：

（1）经济效益，包括直接经济效益和间接经济效益。

直接经济效益指标主要包括：①系统投资额，包括软件硬件购置与安装费、应用系统开发或购置费等；②系统运行费用，包括通信、耗材、管理、系统折旧（5—8年）、日常维护费；③系统新增效益，包括成本降低、库存减少、资金周转加快、利润增加及人力减少；④投资回收期。

间接经济效益指标主要包括：①推动组织机构、管理制度与模式变革，这种作用一般无法用其他方法实现；②提高企业知名度、客户信任以及员工信心，使管理人员获得新知识、新技术、新方法，提高技能素质，拓宽思路；③加强部门和管理人员之间的联系，加强协作精神，提高企业凝聚力；④促进企业基础管理水平的提高。

（2）社会效益，指系统为国家、地区和企业的共同利益所作出的贡献，可以从提高社会总效益、加强组织应变能力、减少决策失误损失、改善劳动条件等方面衡量。

（3）管理科学性，指信息系统使管理体制、管理方法、管理流程向科学化方向发展，人员素质相应提高。

（4）用户满意程度，是指用户对系统的功能、性能、用户界面等各方面的满意程度。

（5）系统功能的应用程度。系统的目标和功能在系统方案设计时就确立了，系统的目标和功能实现了多少，应用到什么程度，是否达到预期的目标和技术指标。

二、系统评价方法

（一）多因素加权平均法

多因素加权平均法是一种比较简单易用的综合评价方法。这一方法利用系统评价理论中关联矩阵法的思想，把各项评价指标列成表格，然后请专家对每个指标按其重要性打一个权重,范围为 0—1,各权重之和为 1。再请专家分别对被评价系统的各个指标打分,分值范围为 0—100,其打分表如表 6-1 所示。

表 6-1　　　　　　　　　　多因素加权平均评价法

系统	指标				加权平均分 A
	指标 1	指标 2	……	指标 n	
权重 W			…		
系统 1/评分 X			…		

专家权重是指专家的权威性,权值大小由评价者根据专家的知识面和经验丰富程度决定。根据几个专家的打分表以及专家本人的权重,求得每个指标的权重值,计算方法如下:

(1) 求第 j 个指标的权重值(加权平均值)W_j:

$$W_j = \sum_{i=1}^{p} W_{i,j} \times E_i / \sum_{i=1}^{p} E_i \quad j=1,2,\cdots,n \quad (6-1)$$

其中:W_j,第 j 个指标的权重值(加权平均值);$W_{i,j}$,第 i 个专家对第 j 个指标的权重打分值;E_i,第 i 个专家的权重;p,专家数。

(2) 求第 j 个指标的评分值(加权平均值)X_j:

$$X_j = \sum_{i=1}^{p} X_{i,j} \times E_i / \sum_{i=1}^{p} E_i \quad j=1,2,\cdots,n \quad (6-2)$$

其中,X_j,第 j 个指标的评分值;$X_{i,j}$,第 i 个专家对第 j 个指标的打分值;E_i,第 i 个专家的权重;

(3) 求这一信息系统的综合加权平均值 A:

$$A = \sum_{j=1}^{n} W_j \times X_j / \sum_{j=1}^{n} W_j \quad (6-3)$$

其中:A,某信息系统的综合评分值;W_j,第 j 个指标的权值(加权平均);X_j,第 j 个指标的评分值(加权平均)。

(二) 层次分析法

层次分析法(Analytical Hierarchy Process,AHP)是美国运筹学家托马斯·萨蒂(Thomas L. Saaty)于 20 世纪 70 年代提出的,是一种适用的多准则决策方法,用于解决难以用其他定量方法进行决策的复杂系统问题。它将定性分析和定量分析相结合,充分重视决策者和专家的经验和判断,将决策者的主观判断用数量的形式表达和处理,能大大提高决策的有效性、可靠性和可行性。

因此,AHP 法非常适合信息系统的评价,尤其适用于多个信息系统的比较。但是,AHP 法要比前面多因素加权平均法的技术复杂。

层次分析法一般分为以下四个步骤:

(1) 分析评价系统中各基本要素之间的关系,建立层次结构模型;

(2) 对同一层次各元素关于上一层次中某一准则的重要性进行两两比较,构造判断矩阵,且进行一致性检验;

(3) 由判断矩阵计算被比较元素对于这一准则的相对权重;

(4) 计算各层要素对系统总目标的总权重,且对各备选方案排序。

层次分析法评价的流程如图 6-8 所示。

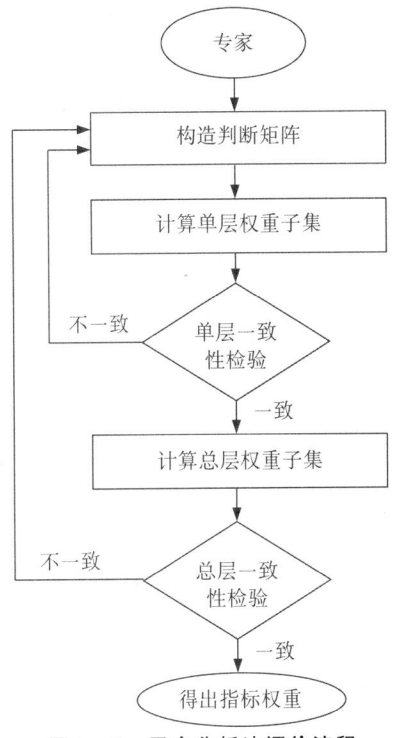

图6-8 层次分析法评价流程

(三) 数据包络分析法

数据包络分析法（Data Envelopment Analysis，DEA）可以看作处理具有多个输入（输入越小越好）和多个输出（输出越大越好）的多目标决策问题的方法。数据包络分析法评价流程如图6-9所示。

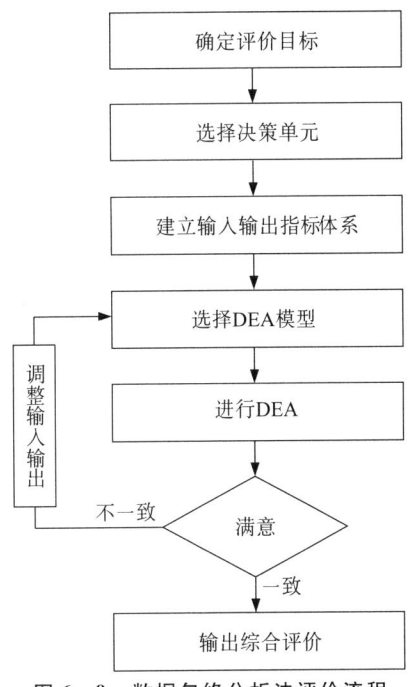

图6-9 数据包络分析法评价流程

在系统评价中，此方法可以根据投资项目的输入数据和投资后信息系统的输出数据来评价。输入数据是指投资项目在投资过程中需要耗费的某些量，例如投入项目资金总额、投入的总专业人数及素质情况等。输出数据是指建设项目经过一定的输入后，所产生的表明这一信息系统活动成效的某些信息量，根据输入数据和输出数据来评价信息系统规模效益的优劣，即所谓的评价信息系统间的相对有效性。

（四）经济效果评价法

建立企业管理信息系统的目的在于提供完整、准确的信息，提高管理工作效率和经营决策水平，减少管理中的失误，使生产经营活动达到最佳的经济效益，评价企业应用管理信息系统的经济效果，可以从直接经济效果和间接经济效果两方面来分析。

（1）直接经济效果，是指可以用直接计量的经济指标来衡量企业经济效益，通常采用年收益增长额、投资效果系数、投资总额等指标来计算。

（2）间接经济效果。间接经济效果反映在企业管理水平的提高以及企业效益的增长上，主要表现在管理体制合理化、管理方法有效化、管理效果最优化，基础数据完整、统一；管理人员摆脱繁杂的事务性工作，把主要精力放在信息的分析和决策等创造性工作上，提高企业的管理水平。

三、系统评价报告

信息系统评价工作的成果是信息系统评价报告。信息系统评价报告主要是根据信息系统可行性分析报告，信息系统分析报告，信息系统设计报告所确定的新信息系统目标、功能、性能以及计划执行情况、新信息系统实现后的经济效益和社会效益等给予评价。它既是对新信息系统开发工作的总结，也是进一步进行信息系统维护工作的依据。

信息系统评价报告的主要内容如下：

（1）引言，包括摘要，即系统名称、功能；背景，即系统开发者、用户；参考资料，包括设计任务书、合同、文件资料等。

（2）系统评价的内容，包括①对信息系统的性能、功能的评价；②对现有硬件、软件的评价；③对信息系统应用的评价；④对信息系统经济效果的评价；⑤系统存在的问题及改进意见；⑥对系统进行评价所采用的方法。

本章小结

本章着重介绍了信息系统运行、系统维护以及系统评价的相关内容。

首先，介绍了信息系统运行的组织和管理。

其次，介绍了信息系统维护的基本概念，介绍了信息系统维护的五个方面内容和四种维护类型，介绍了信息系统维护的过程和步骤以及系统维护可能产生的副作用。

最后，介绍了信息系统评价概念，信息系统评价的内容，信息系统评价指标，信息系统评价方法以及系统评价报告。

一、选择题

1. 系统运行的组织管理机构包括各类人员的构成、各自的职责、主要任务以及其内部组织结构。这里所说的人员包括（　　　）。

　　A. 主管人员　　　B. 数据收集人员　　　C. 数据校验人员　　　D. 数据录入人员
　　E. 硬件和软件操作人员

2. 从信息系统在企业中的地位来看，系统运行的组织有以下哪几种方式？（　　　）。

　　A. 为企业的某业务部门所有方式　　　B. 与企业的部门平行方式
　　C. 职能矩阵方式　　　　　　　　　　D. 作为企业的参谋中心方式
　　E. 以上问题均正确

3. 按照软件维护的不同性质，系统维护可以分为哪几种类型？（　　　）。

　　A. 适应性维护　　　B. 正确性维护　　　C. 改正性维护　　　D. 完善性维护
　　E. 预防性维护

4. 信息系统的安全一般可以分为哪几类？（　　　）。

　　A. 计算机硬件的安全　　　　　B. 信息系统软件的安全
　　C. 信息系统运行的安全　　　　D. 计算机病毒与预防
　　E. 计算机犯罪与预防

5. 信息系统评价的主要指标有哪些？（　　　）。

　　A. 系统建设　　　B. 社会效益　　　C. 系统性能　　　D. 系统应用
　　E. 经济效益

二、填空题

1. 为了作好系统的运行工作，信息系统的运行管理必须设置相应机构，一般命名为信息管理部和_____等，其主要职责是信息的管理与信息系统的管理。

2. _____是指破坏计算机功能或者数据，并能自我复制的一组计算机指令或者程序代码。

3. 计算机犯罪是指针对和利用计算机系统，通过_____或者以其他手段对计算机系统的完整性或正常运行造成危害后果的行为。

4. 用户满意程度是指用户对系统的_____、性能和用户界面等各方面的满意程度。

5. 系统维护的任务是改正软件系统在使用过程中发现的_____，扩充在使用过程中用户提出的新的功能及性能要求，其目的是维护软件系统的正常运作。

6. 系统维护报告内容的维护内容描述包括维护前内容、维护中内容和_____。

7. 系统评价的常用方法有多因素加权平均法、_____和数据包络分析法。

8. _____是指可以用直接计量的经济指标来衡量企业经济效益，通常采用年收益增长额、投资效果系数、投资总额等指标来计算。

9. 信息系统建设的评价是对信息系统开发、_____、维护和管理所作出的评价。

10. 信息系统评价报告主要是根据信息系统可行性分析报告、_____、信息系统设计报告所确定的新信息系统目标、功能、性能以及计划执行情况、新信息系统实现后的经济效益和社会效益等给予评价。

三、判断题

1. 在系统维护工作中，占任务量最大的工作就是完善性维护。　　　　　　（　　）
2. 数据文件的维护是指对系统中数据文件或数据库及文档资料进行的修改。（　　）
3. 适应性维护是指为了适应软件、硬件及其网络设备的外界环境变化而进行的修改。
　　　　　　　　　　　　　　　　　　　　　　　　　　　　　　　　　（　　）
4. 为了扩充功能和改善性能而进行的修改为改正性维护。　　　　　　　　（　　）
5. 计算机软件安全是指为数据处理系统建立和采取的技术和管理的安全保护，保护计算机软件不因偶然和恶意的原因而遭到破坏、更改和泄露。　　　　　　　　（　　）

四、名词解释

1. 信息系统维护　2. 系统评价　3. 程序的维护

五、简述题

1. 简述系统运行管理的有关人员及其职责。
2. 简述信息系统运行管理的内容。
3. 简述系统维护的内容包括哪些方面。
4. 简述信息系统评价的指标体系包括哪些方面。
5. 简述系统评价的目的和内容。

第七章　信息系统项目管理

信息系统的建设、开发是一项复杂的大型项目，在项目的开发过程中会出现很多预想不到的问题，只能采取相应的措施来预防和解决，而这些问题在制订系统目标时是无法控制的。为了尽可能经济有效地保质按时开发信息系统，应将信息系统的整个开发过程按照系统的观点，使用现代项目管理的科学理念和方法进行控制，将其作为一个工程项目来管理，才能以较小的投入，取得较为理想的效果。

第一节　信息系统项目管理概述

一、项目及项目管理

（一）项目

项目是指在一定资源约束条件下，为创造唯一的产品或服务而进行的一次性或临时性的努力。其中，资源包括时间、资金、人力、设备、材料、能源、动力等。服务是指为他人做事，并使他人从中受益的一种有偿或无偿的活动，不以实物形式而以提供劳动的形式满足他人某种特殊需要，如家政服务、物业服务等。

项目可以是建造一栋大楼，开发一个油田，或者建设一座水坝，如金茂大厦的建设、杭州湾大桥的建设、三峡工程建设都是项目；项目也可以是一项新产品的开发，一项科研课题的研究，或者一项科学试验，如调频空调的研制、艾滋病新药的研究、转基因作物的实验研究；项目还可以是一项特定的服务、一项特别的活动，或一项特殊的工作，如组织一场婚礼、筹办一场演唱会等。

项目具有如下特征。

1. 一次性

一次性是项目与日常运作的最大区别。项目有明确的开始时间和结束时间，只有一个起点和一个终点。项目在此之前从来没有发生过，而且将来也不会在同样的条件下再发生。而日常运作是无休止或重复的活动。如一个配送中心的建设是一个项目，但配送中心建成后的日常配送作业则不再属于项目管理的范畴。

2. 独特性

每个项目都有自己的特点，每个项目都不同于其他的项目。项目所产生的产品、服务或完成的任务与已有的相似产品、服务或任务在某些方面有明显的差别。项目自身有具体的时间期限、费用和性能质量等方面的要求。因此，项目的过程和成果具有自身的独特性。

3. 目标的明确性和多元性

每个项目都具有约束性目标（如时间、成本、质量等）和明确的成果目标，为了在约束目标下达到成果目标，项目经理在项目实施以前必须进行周密的计划。事实上，项目实施过程中的各项工作都是为项目的预定目标而进行的，项目的多目标性还表现在项目要满足各种利益相关者的不同需要，这些需要既有明示的，又有隐含的。

4. 整体性

项目是为实现目标而开展的任务的集合，它不是一项孤立的活动，而是一系列活动的有机结合，是一个完整的过程。强调项目的整体性就是强调项目的过程性和系统性。

5. 与环境的相互制约性

项目是否通过立项、顺利实施和交付使用，总是受当时当地环境条件的制约，项目在其寿命全过程中又会对环境产生积极和消极两方面的影响，从而形成对周围环境的制约。

（二）项目管理

项目管理是指在一定资源的约束条件下，为了实现既定目标，对项目进行计划、组织、协调、领导和控制的系统管理活动。例如，对建造一座大坝这一项目的管理，或者对研制一种新药这一项目的管理。

项目管理具有以下基本特征：

1. 目的性

虽然项目管理存在多元目标约束，但总体目标其实只有一个，就是完全实现用户的建设目标。而项目管理的分目标则是指在项目管理中围绕这个总体目标而制订的，在管理中体现出来的控制目标，这样的目标不是空洞的、抽象的目标，而是可以实施的、明确的目标，每个目标就是项目建设过程中要实现的价值或者要控制的风险，这样的目标要具体到时间和预算的框架中，使用户能够根据管理的建议作出正确的决策。

2. 系统性

绝大多数项目具有投资额大、建设周期长、建设环境复杂的特征，所以应该把项目作为一个系统工程进行管理。从方便控制的角度，努力去繁就简。根据项目管理生命周期特征，把项目从管理上分成若干个可控制的步骤，并把每个流程设计成若干个子流程，针对每个子流程制订实施和控制步骤，预先制定专家方案，努力使管理工作能够量化到指标上。通过这样的方法，既能保证项目在专家的管理控制下，又能使复杂的管理方案得到具体的可以实施的步骤和过程，也有利于用户和管理公司内部考评项目方案和管理绩效，避免项目管理工作方案和实践脱离。

3. 协作性

任何项目都是在一个特定的环境中建设的，根据业主构成特征和项目的工作范围，项目将要和政府、投资人、建设人及社会大众发生千丝万缕的联系，这里涉及的每个环节都可能对项目建设周期和成本造成潜在的影响，有的甚至直接影响到项目建设的总体目标。在国外，项目管理通常分为内部协作和外部协作。内部协作指项目管理团队、项目合同人、业主之间和项目内部的协作；外部协作指项目和政府、行业、项目未来的消费者及社会大众的协作。项目管理要针对每个协作环节制定协作方案，设立协作的控制流程，使这些方案都能围绕项目建设的总体要求。

4. 风险性

风险作为项目管理目标最具破坏性的因素，一直是项目管理中的主要控制对象之一。项目管理一般应对项目的每个环节收集专家意见，把项目实施中可能出现的风险尽可能地找出来，针对每个风险因素提出解决或者应急方案，同时评估风险可能对项目造成的影响和成本，并列入项目预算成本。

5. 价值性

项目必须给客户带来其所看重的价值，价值管理并不是对项目的预算进行管理控制，而是指通过管理项目如何给客户带来额外管理价值。

6. 科学性

科学性是现代项目管理的显著特点，体现在项目管理的理论、方法、手段的科学化。

二、信息系统项目及管理

（一）信息系统项目

信息系统项目是一类典型而特殊的项目，与一般工程项目有许多类似的地方。但不同于一般的工程项目，它是对客观世界的一种抽象，是具有逻辑性、知识性的产品，是一种智力产品。

信息系统项目具有如下特征。

1. 目标不精确性

管理信息系统项目的目标是不精确的，任务范围比较模糊，质量要求更多地由项目团队来定义。信息系统项目的开发建设在许多情况下，用户一开始只有一些初步的功能要求，给不出明确的想法，提不出确切的要求。信息系统项目的任务范围在很大程度上取决于项目组所作的系统规划和需求分析。由于用户对信息技术的各种性能指标并不熟悉，对信息系统项目所应达到的质量要求，各种技术指标，往往也是由项目组来确定的，用户更多地是对其进行审查。

2. 需求变化的频繁性

客户需求随着项目的进展而变化，导致项目的进度、费用等计划不断更改。尽管已经作好了系统规划、可行性研究，签订了较明确的技术合同，但随着开发工作的进行，用户的需求不断地进一步明确，从而导致程序、界面及相关文档经常修改，并且在修改过程中又可能产生新的问题，这些问题很可能在过了一段时间后才被发现。因此，要求项目经理要不断监控和调整项目计划的执行情况。

3. 创造性

每一个系统开发项目都是唯一的，即使是相同类型的信息系统建设项目，由于用户的组织规模、技术基础、组织文化等多方面的不同，每一个项目都是部分甚至是完全崭新的管理过程。由于管理工作的复杂性，项目管理人员不仅要熟练地使用各种知识和技能，还应尽可能富有创造性地开展管理工作。

4. 周期性

大部分项目从开始到结束的过程，都会经历类似的几个阶段，即启动、成长、成熟、中止，这也称为项目的生命周期。每个项目的生命周期都是独一无二的，但是每个项目的周期不允许少于这几个阶段。在项目的生命周期内，项目以先慢后快最后又慢的方式完成其整个生命过程。几乎所有项目的生命周期都有上述规律性，只是不同种类的项目其生命周期的表现不同而已。信息系统开发项目的生命周期也是如此。

5. 智力密集、劳动密集型

信息系统的开发受人力资源影响较大，项目组的结构、项目组成员的责任心和能力对项目的成功与否有决定性的影响。项目成员的知识结构、责任心、能力以及稳定性对信息系统项目的质量，能否开发成功起着决定性的作用。信息系统项目工作技术性很强，需要大量的高强度的脑力劳动。尽管近年来，随着信息技术的发展，信息系统的辅助开发工具越来越多，但在项目的各个阶段还是渗透了大量的手工劳动。这些劳动十分细致、复杂，容易出错。所以说，信息系统项目既是智力密集型项目，又是劳动密集型项目。

（二）信息系统项目管理

信息系统项目管理是保证信息系统建设项目顺利、高效地完成这样一种过程管理技术，它贯穿于信息系统的整个生命周期。信息系统项目管理是一项长期的任务，必须根据组织的改革和发展需要，将其分为若干个子项目，分步骤进行开发。项目管理的方法完全可以应用到信息系统项目的管理中，对信息系统进行项目管理是一种有效的管理方法。信息系统项目开发管理的基本问题就是如何按所选择的研制方法，进行有效的计划、组织和控制。同其他工程项目一样，开发信息系统也需要在给定的时间内计划、协调和合理组织各种资源。其管理的必要性体现在以下几个方面。

1. 项目管理是信息系统建设成功的保障

对于以往的信息系统建设，业界有两个 80/20 的估计：①80% 的项目都失败了，只有 20% 是成功的；②在失败的项目中，80% 是非技术因素导致的，只有 20% 是技术因素导致的失败。其中，非技术因素包括企业业务流程与组织结构的改造问题、企业领导的观念问题、企业员工的素质问题、项目管理问题等。

在绝大多数情况下，信息系统项目的失败最终表现为费用超支和进度拖延。即使有了项目管理，也不能保证信息系统建设就一定能成功，但项目管理不当或没有项目管理意识，信息系统建设必然会失败。显然，项目管理是信息系统建设成功的必要条件。

2. 信息系统开发本身非常复杂

信息系统开发本身非常复杂，主要表现在以下几个方面。

（1）技术手段复杂。信息系统建设试图用先进的技术手段解决社会经济问题。而计算机硬件和软件、数据通信与网络技术、人工智能技术、各种决策模型是当今发展最快的技术，是信息系统借以实现各种功能的手段。所有这些决定了信息系统建设的技术手段非常复杂。

（2）内容复杂，目标多样。信息系统面向管理，需要的信息量大、面大、形式多样、来源复杂；同时综合性的信息系统要支持各级部门的管理，组织各部门和管理人员的信息需求不尽相同，甚至相互冲突，很难让各方面都满意；另外，有些需求是模糊的，不易表达清楚，不容易通过模型进行实验；系统开发周期长，容易造成人力、物力和时间的浪费。

（3）投资密度大，效益难以计算。信息系统建设是一种高智力、劳动密集型项目，需投入大量的人力作系统分析、设计和编程，开发费用很大。同时，信息系统给组织带来的效益主要是间接效益，不便于衡量。

（4）环境复杂多变。信息系统的开发必须适应组织的竞争环境，系统建造者需要深刻理解组织面临的内外环境及其发展趋势，同时要考虑到管理体制、管理思想、管理方法和手段,考虑到人的习惯、心理状态以及现行的制度、惯例和社会、政治等诸多因素。由于信息系统的目标、功能既要适应组织当前的发展水平和能力,又要有足够的适应性,可以在一定范围内适应规章制度的变化。所以,信息系统对其开发单位提出了很高的要求。

(5)用户参与与否影响系统的开发。信息系统开发不仅仅是技术人员的工作,用户在系统分析、实施前期培训、系统转换等环节必须积极参与;同时,在系统分析中,用户也不仅仅是陈述需求,也要参与系统功能的分析,否则将造成用户与开发人员之间对需求误解,延误开发,造成资源浪费,或导致系统短命。

(6)信息系统建设可能会遇到阻力。信息系统的开发是一种变革,常常会遇到单位各类人员的不同阻力。其中,基层的阻力源于担心自己的工作被计算机替代,或由于难以改变自己的工作方式而采取不合作的态度;中层的阻力源于担心新的信息系统会使权力结构与管理方式发生变化,从而影响自己原有的地位;高层的阻力则是由于没有真正了解信息系统及其作用,不重视、不亲自参与而造成的对系统开发的不支持。

第二节 信息系统项目管理内容

从项目目标和约束角度划分,项目管理的内容包括项目进度管理、项目成本管理、项目质量管理。它们是实现项目目标的主要制约因素,如图 7-1 所示。

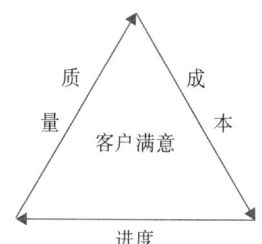

图 7-1 实现项目目标的制约因素

图 7-1 中三角形的三个边是相互影响的,任何一边发生变化都会影响另外两边。例如,如果产品的质量发生变化,那么产品的成本要重新估算,项目的进度也要重新安排;如果要赶进度,就要对成本或质量作出折中等。项目管理的作用是在项目目标之间作出一些权衡,在某一领域绩效的提高可能是以降低其他领域的绩效为代价的。项目管理需要积极地管理这些相互作用的目标。

一、进度管理

进度管理是指对项目各阶段的进展程度和项目最终完成的期限所进行的管理。是在规定的时间内,拟定出合理且经济的进度计划,包括多级管理的子计划。在执行计划的过程中,要经常检查实际进度是否按计划要求进行,若出现偏差,便要及时找出原因,采取必要的补救措施或调整、修改原计划,直至项目完成。其目的是保证项目能在满足其时间约束条件的前提下实现其总体目标。

进度管理是项目管理中的一个关键职能,对项目进展的控制至关重要。由于信息系统开发的复杂性,系统开发项目很少能够按期完成,如果按进度来衡量信息系统项目,很多信息系统项目都是失败的。所以,对系统项目的进度进行科学安排和管理,是保证系统项目按期完成的重要环节。

进度管理的主要内容包括需求管理、计划管理和进度控制三个方面。

(一) 需求管理

需求管理应当是已知系统需求的完整体现,每部分解决方案都是对总体需求一定比例的满足甚至是充分满足,仅仅解决部分需求是没有意义的。对关键需求的疏忽很可能是灾难性的,试想系统设计中的系统规划没做好将会带来什么样的后果。不同的需求组合起来,构成了一套完整的需求模型。用户需求决定了系统设计所要解决的问题,所要带来的结果。可以说,需求管理指明了系统开发所要做和必须做的每一件事,指明了所有设计应该提供的功能和必然受到的制约。需求管理的过程,从需求获取开始贯穿于整个项目生命周期,力图实现最终产品同需求的最佳结合。

从项目管理的角度看,系统需求包括功能需求、性能需求、环境需求、资源使用需求、成本消耗需求、开发费用需求、现实约束、预先估计以后系统可能达到的目标等。用户需求按图7-2所示从需求确认和需求变更管理两部分进行。

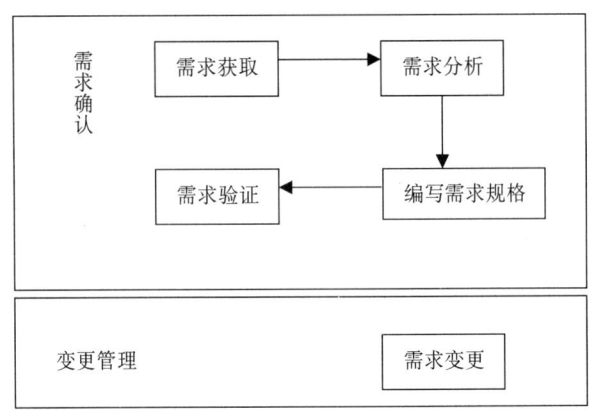

图7-2 需求管理过程

1. 需求确认

需求确认经历以下四个过程:

(1) 需求获取。需求获取也称为需求调查,是由分析人员通过座谈、走访式,深入了解用户对所开发的信息系统项目的需要和要求,获取用户需求。

(2) 需求分析。需求分析是对获取的用户需求通过综合考虑系统现状、技术条件、投资能力等因素,对系统的结构、功能、性能等方面进行深入分析,最终确定合理、可行的系统需求。

(3) 编写需求规格。将需求分析的结果采用规范的形式描述出来,形成需求规格说明书。信息系统需求说明书的编制是为了使用户和信息系统开发者双方对系统的初始规定有一个共同的理解,使之成为整个开发工作的依据,并作为项目演化的指导。一般来说,需求规格说明书的格式可以根据项目的具体情况采用不同的格式,没有统一的标准。

(4) 需求验证。由分析员、用户或专家对所确定的需求从软件的一致性、完整性等方面进行审核和验证，以确定正确和可行的需求，排除不可行的需求。

在需求验证过程中主要考察两个问题：①在需求分析中建立的分析模型是否正确地反映了问题域特性和需求？细化的系统需求是否充分和正确地支持用户需求？②需求规格文档是否组织良好、书写正确？需求规格文档内容是否充分和正确地反映了最终用户的意图？需求规格文档是否可以作为后续开发工作（设计、实现、测试等）的基础？

本节所述的需求验证是专指在编写完需求规格后，对需求规格文档进行的验证活动。需求验证活动的流程图如图7-3所示。

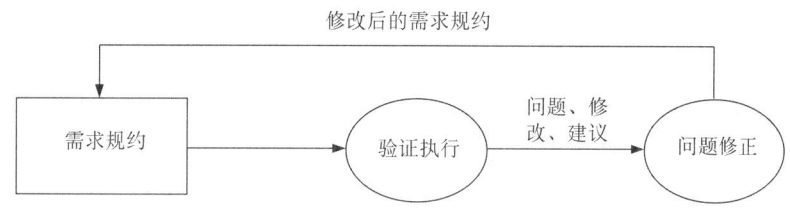

图7-3 需求验证活动流程

需求验证并不是可以一次结束的活动，它可能需要多次、反复地执行验证。执行验证层的重要方法是需求评审。在每次执行评审时都会发现一些问题，并给出相应的修改建议。这些问题应该在验证后及时地得到修正，在修正过程中应落实修改的建议。

2. 需求变更管理

在项目实施过程中，项目团队所要面对的将是一系列和多方面的考验。需求变更就是一个无法避免的事实，它会导致在项目开发过程中出现的成本增加、质量不过关等风险，而且越往后的变更产生的风险将越大。因此，项目组织需要对需求变更作出适当的管理，减小变更产生的风险。

(1) 需求变更的原因。需求变更的表现形式是多方面的，如老板临时改变想法、项目预算增加或减少、客户对功能的需求改变等。在项目中，变更可能来自方案服务商、客户或产品供应商等，也可能来源于项目组内部。

虽然需求变更的表现形式千差万别，但究其根本不外乎以下两种原因：①范围没有确定就开始细化。细化工作是由需求分析人员完成的，一般是根据用户提出的描述性的、总结性的短短几句话去细化，提取其中的一个个功能，并给出描述（正常执行时的描述和意外发生时的描述）。当细化到一定程度开始系统设计时，范围发生变化，原来的细节的描述就可能有很多需要改动。如原来是手工添入的数据要改成根据×××计算出来，原来的一个属性的描述要变成描述一个实体等。②没有指定需求的基线。需求的基线是指是否容许需求变更的分界线。随着项目的进展，需求的基线也在发生变化。是否容许变更的依据是合同以及其对成本的影响。比如，软件整体结构已经设计出来是不容许改变需求范围的，因为整体结构会对整个项目的进度和成本有影响。

(2) 需求变更的控制策略。按照现代项目管理的概念，一个项目的生命周期分为启动、策划、实施、收尾四个阶段。需求变更的控制不应该只是项目实施过程需要考虑的事情，而是要对整个项目生命周期的全过程进行控制。为了将项目变更的影响降低到最小，就需要采用综合变更控制方法。它包括找出影响项目变更的因素、判断项目范围的变更是否已经发生等。

进行综合变更控制的主要依据是项目计划、变更请求和提供了项目执行状况信息的绩效报告。为保证项目变更的规范和有效实施,通常项目实施组织会有一个变更控制系统。变更控制系统是一个正式和文档化的程序,它定义了项目绩效如何被监控和评估,并且说明了哪种级别的项目文件可以被变更,包括文书处理、系统跟踪、过程程序、变更审批权限控制等。

第一,项目启动阶段的变更预防。对于任何项目,变更都无可避免,也无法逃避,只能积极应对,这个应对应该从项目启动的需求分析阶段就开始了。对一个需求分析作得很好的项目来说,基准文件定义的范围越详细清晰,用户跟项目经理扯皮的幌子就越少。如果需求没作好,基准文件里的范围含糊不清,被客户抓住空子,许多工作将会变成无用功。如果需求作得好,文档清晰且又有客户签字,那么后期客户提出的变更就超出了合同范围,需要另外收费。这个时候千万不能手软,这并非是刻意赚取客户的钱财,而是不能让客户养成经常变更的习惯,否则后续工作很难高效顺利开展。相对于需求来说,WBS、风险管理、计划进度都是次要的,只要需求作好了就会事半功倍。

第二,项目实施阶段的变更控制。成功项目和失败项目的区别就在于项目的整个过程是否是可控的。项目经理应该树立一个理念,即需求变更是必然的、可控的、有益的。在项目实施阶段的变更控制需要作的是分析变更请求、评估变更可能带来的风险和修改基准文件。控制需求变更需要注意以下几点:①需求一定要与投入有联系,如果需求变更的成本由开发方来承担,则项目需求的变更就成为必然了。所以,在项目开始时,无论是开发方还是出资方都要明确这一条——需求变更,项目开发的投入也要变。②需求的变更要经过出资者的认可,这样才会对需求的变更有成本的概念,才能够慎重地对待需求的变更。③小的需求变更也要经过正规的需求管理流程,否则会积少成多,最终影响整个开发过程。在实践中,人们往往不愿意为小的需求变更去执行正规的需求管理过程,认为降低了开发效率,浪费了时间,但正是由于这种观念才使需求逐渐变得不可控,最终导致项目的失败。④要注意沟通的技巧。实际情况是用户、开发者都认识到了上面的几点问题,但是由于需求的变更可能来自客户方,也可能来自开发方,因此,作为需求管理者,项目经理需要采用各种沟通技巧来使项目的各方各得其所。

第三,项目收尾阶段的总结。能力的提高往往不是来自于成功的经验,而是从失败的教训中得来的。许多项目经理不注重对经验教训的总结和积累,很少系统地分析总结,或者不知道如何分析总结,以致同样的问题反复出现。事实上,项目总结工作应作为现有项目或将来项目持续改进工作的一项重要内容,同时也可以作为对项目合同、设计方案内容与目标的确认和验证。项目总结工作包括对项目中事先识别的风险和没有预料到而发生的变更等风险的应对措施的分析和总结,同时也包括对项目中发生的变更和项目中发生问题的分析统计的总结。

(3)需求变更的处理流程。需求变更既然不可避免,那么就必须有一套规范的处理流程。对于需求变更的处理流程,一般分以下面几个步骤,如图7-4所示。

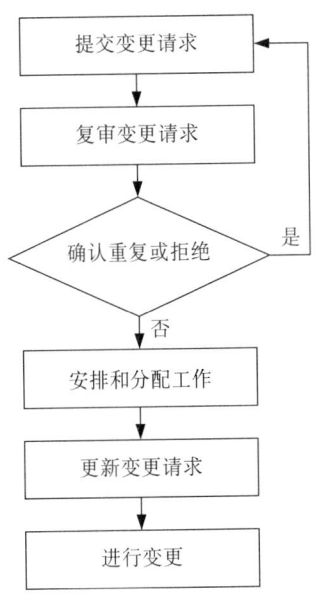

图 7-4 需求变更处理流程

提交变更请求,向项目变更系统提交项目的需求变更请求。通过将变更请求状态设置为已提交,变更请求被记录到变更请求追踪系统中并放置到变更控制委员会(CCB)复审队列中。

复审变更请求。此活动的作用是复审已提交的变更请求。在 CCB 复审会议中对变更请求的内容进行初始复审,以确定它是否为有效请求。如果是,则基于小组所确定的优先级、时间表、资源、努力程度、风险、严重性以及其他相关的标准,判定这一变更是在当前发布版的范围之内还是范围之外。

确认重复或拒绝。如果怀疑需求变更请求为重复的请求或已拒绝的无效请求,将指定一个 CCB 代表来确认重复或已拒绝的需求变更请求。如果需要的话,这一代表还从提交者处收集更多信息。

更新变更请求。如果评估变更请求时需要更多的信息,或者如果变更请求在流程中的某个时刻遭到拒绝,那么将通知提交者,并用新信息更新变更请求,然后将已更新的变更请求重新提交给 CCB 复审队列,以考虑新的数据。

安排和分配工作。一旦变更请求被置为已打开,项目经理就将根据需求的类型将工作分配给合适的角色,并对项目时间表进行必要的更新。

进行变更。指定的角色执行在流程的有关部分中指定需要变更的活动集(变更集)来满足变更需求,然后,将变更请求标记为已解决。

不论是项目变更还是项目需求变更都将直接影响到项目质量计划和质量标准的变更和变化,进而将影响到项目质量控制,因此要尽量减少项目变更。

(二)计划管理

计划管理是指对项目计划的编制、执行、调整、考核的过程管理。它是用计划来组织、指导和调节各项目管理活动的总称。

计划管理是项目管理中的一项重要工作,计划管理的目的是为了提高工作效率,合理有效地调度配置各种资源，进一步落实目标责任，提高管理决策的科学性及评价的可操作性。

项目计划管理一般包括以下内容。

1. 确定项目的应交付成果

项目的应交付成果不仅是项目的最终产品，也包括项目的中间产品。对于软件项目来说，其成果包括需求规约说明书、概要设计、详细设计、数据库设计、项目阶段计划、测试计划、测试报告、程序代码与程序文件、程序维护说明、用户手册、程序安装文件、验收报告等。

2. 项目的工作任务分解

工作任务分解是指从项目整体目标开始，自上向下，逐层分解，确定实现项目目标必须要做的各项工作，并画出完整的工作分解结构图。信息系统项目刚开始可能只能进行阶段性的划分，如需求分析、系统设计、程序设计、测试等。对于规模较大的项目，也可以对各个阶段拆分成不同的任务。其层次结构如实例图7-5所示。

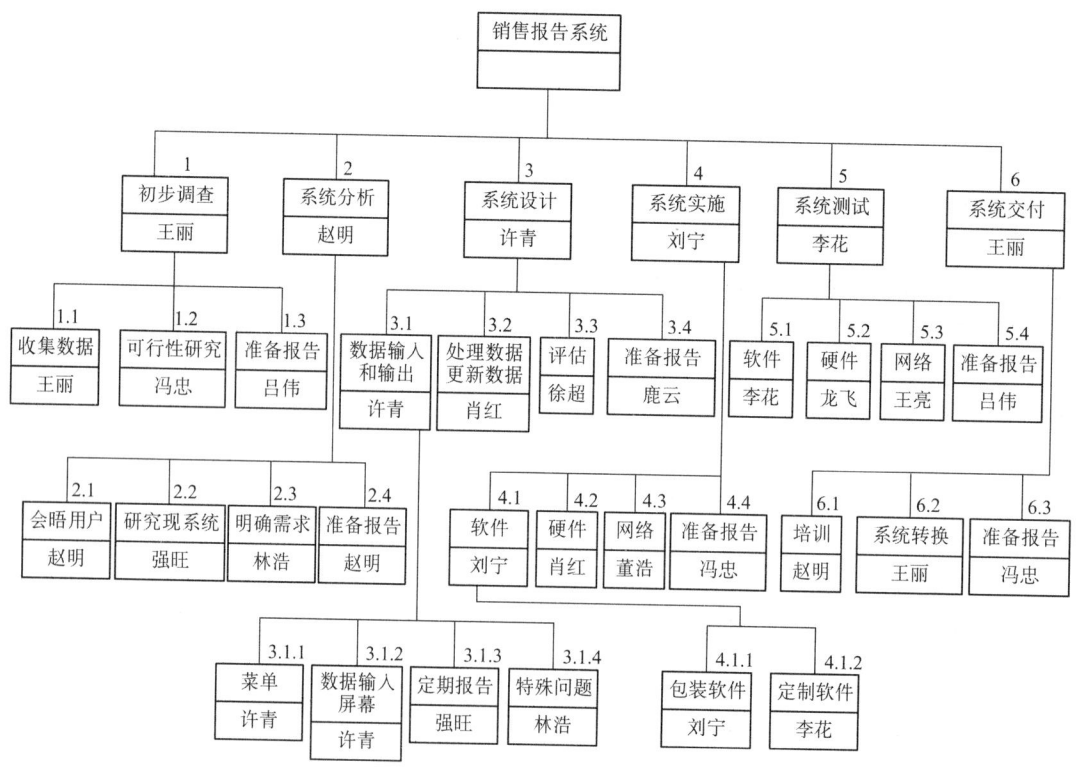

图7-5 某销售系统的 WBS 示意图

3. 确定任务之间的依赖关系

在资源独立的假设前提下确定各个任务之间的相互依赖关系，并按照选择的时间显示每项任务利用资源的情况、每项任务所需时间的情况以及每项任务起止时间的情况，获得项目各工作任务之间动态的工作流程。

4. 确定各个任务所需的时间

根据历史经验或相关方法给出各个任务需要耗费的时间和所需的人力资源要求，包括需要的技能、技术、知识、经验、熟练程度等。

5. 确定团队成员可支配的时间

确定每个项目成员具体花在项目中的确切时间和团队成员的角色构成、职责、相互关系、沟通方式等。

6. 确定管理工作

管理工作是贯穿整个项目生命周期中的一项活动，但也是比较容易被忽视的部分。

7. 编制项目总体进度计划

根据以上结果编制项目的总体进度计划，总体进度计划应该体现任务的名称、责任人、开始时间、结束时间、应提交的工作成果等内容。

8. 其他相关事宜

考虑项目的费用预算、可能的风险分析及其对策、需要组织内部或客户的协调或支持的相关事宜。

（三）进度控制

进度控制是项目进度管理中很重要的内容，主要是对项目的进度进行跟踪控制。根据跟踪获取的进度数据与原来的基准计划比较，对项目的进展情况进行分析，以保证项目在可以控制的时间内完成。常用的项目进度控制工具有以下几种。

1. 网络图

网络图 PDM（Precedence Diagrammming Method）是用于明确项目中各活动之间的逻辑关系的图示。此法用节点代表活动，用箭头线表示活动间的依赖关系，如图 7-6 所示。图中粗线表示关键路径，关键路径上的任何活动延迟，都会导致整个项目完成时间的延迟。

节点说明：

活动序号	负责人	工期
最早开始时间	活动概述	最早结束时间
最晚开始时间		最晚结束时间

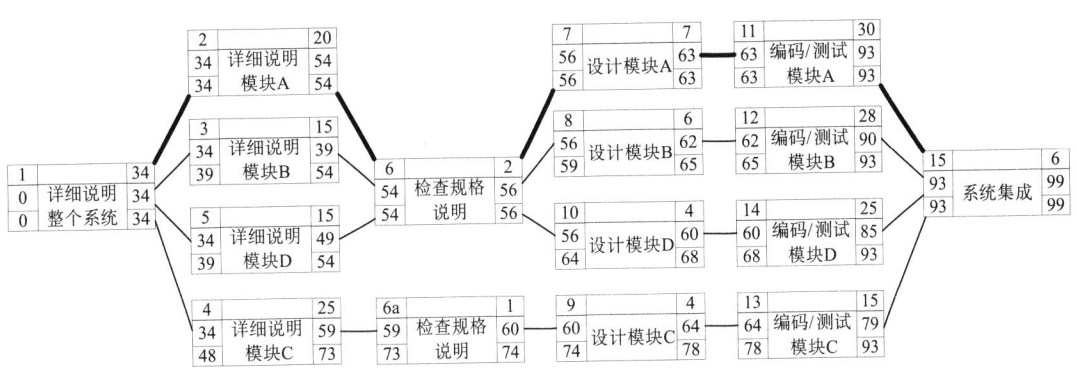

图 7-6 某系统的网络示意图

网络图是制订进度计划的一种常用工具，它可以描绘任务分解后各项任务的开始时间和结束时间，同时还能突出各项任务之间的依赖关系，是一种比较理想的工具。

2. 甘特图

甘特图（Ganttchart），也称横道图，用以表示特定项目的活动顺序与持续时间的图表。横轴表示时间，纵轴表示活动，线条表示在整个期间计划和实际的活动完成情况。它直观地表明任务计划在什么时候进行及实际进展与计划要求的对比。图7-7是一个甘特图的实例，其中空心棒表示计划起止时间，实心棒表示实际起止时间。

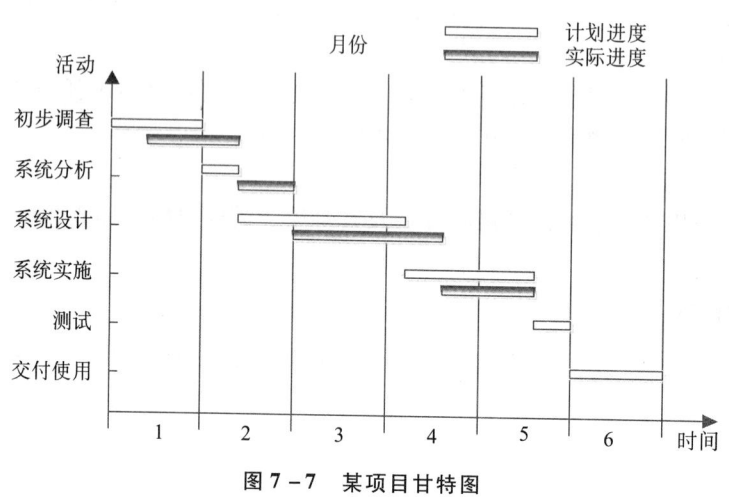

图7-7 某项目甘特图

甘特图简单、明了、直观，易于编制，因此它成为小型项目管理中编制项目进度计划的主要工具，即使在大型工程项目中，它也是高级管理层了解全局、基层安排进度时有用的工具。甘特图可以显示任务的基本信息，使用甘特图能方便地看到任务的工期、开始和结束时间以及资源的信息。管理者由此可简单地弄清一项任务或项目还剩下哪些工作要做，并可评估工作是提前还是滞后，或是正常进行。

在甘特图中，每一任务的完成不以能否继续下一阶段的任务为标准，其标准是否交付相应文档和通过评审。甘特图清楚地表明了项目的计划进度，并能动态反映当前开发进展状况，但不足之处在于不能表达出各任务之间复杂的逻辑关系。

3. 里程碑图

里程碑图用以描述实现项目最终目标所必须经历的重要事件及其完成或开始的时间的图示。里程碑是项目中重大事件，通常指一个可支付成果完成的时间点，仅表示事件标记，不消耗时间和资源，如图7-8所示。

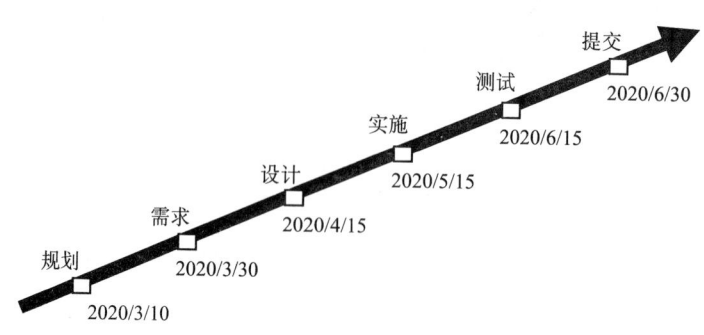

图7-8 项目的里程碑图

通过建立项目的里程碑和检验各个里程碑的到达情况,来控制项目工作的进展和保证总目标的实现。里程碑图体现了分段实现目标的思想,使用项目风险分段检测的方法,降低项目整体风险,是项目风险提前检测和提前释放的项目风险管理方法。

二、成本管理

信息系统的开发成本不同于其他物理产品的成本,主要是人的劳动消耗。另外,软件产品不存在重复制造的过程。因此,软件的开发成本主要是以一次性软件开发过程中所付出的工作量代价进行计算的。为了保证开发项目能在规定的时间内完成且不超过预算,成本的估算和管理控制非常关键。

项目成本分为直接成本和间接成本两类。

(一)直接成本

直接成本(Direct costs)是指项目本身的任务所引起的成本,包括为这一项目购买的设备和软件工具、参与这一项目工作的人员工资等。直接成本估算的基础是项目范围的准确定义、工作/任务的完整分解,一般可以按代码行、功能点及对象点采用自上向下估算法、自下而上估算法、参数估算法、专家估算法等进行估算。

1. 代码行估算法

软件项目的代码行估算是进行成本和工作量估算的重要依据之一。代码行估算法是指从过去开发类似产品的经验和历史数据出发,估算出待开发软件的代码行(Line of Code, LOC)。代码行估算法是一种直观而又自然的软件项目规模估算方法,它是对软件和软件开发过程的直接度量。

在代码行估算中,可以采用上述提到的四种方法估算出代码行的值,但是为了保证估算的准确性和客观性,估算值可以由多名有经验的开发人员分别给出,然后计算出所有估算的平均值。此外,估算人员也可以提出一个具有代表性的估算值范围,按照这个范围确定估算值中最佳的估算值(a)、可能的估算值(m)和悲观的估算值(b),并利用如下公式计算出期望值:

$$L = \frac{a + 4m + b}{6} \qquad (7-1)$$

在估算出代码行数之后还可以进一步度量每行代码的平均成本、代码出错率、软件开发的生产率等。

$$每行代码的平均成本 = 系统项目的总开销/LOC \qquad (7-2)$$

2. 功能点估算法

功能点估算法是一种基于软件功能的度量方法,是基于软件信息领域的可计算的(直接的)测量及对其复杂性的评估而导出的,其计算如图7-9所示。功能点估算法针对每个功能确定了外部输出数、外部输入数、文件数、用户查询数和外部接口数五个信息域特征,每个信息域特征值按下列方式定义。

(1)用户输出数。计算每个用户输出。外部输出是为用户提供的面向应用的输出信息,这些信息通常包括报告、屏幕信息、错误信息等方面的内容。每一个外部输出数据都要进行计数,从而获得外部输出数。

```
                        加权因子
测量参数      计数     简单   平均   复杂
用户输入数    □   ×    3     4     6    =  □
用户输出数    □   ×    4     5     7    =  □
用户查询数    □   ×    3     4     6    =  □
文件数        □   ×    7     10    15   =  □
外部接口数    □   ×    5     7     10   =  □
总计数值 ─────────────────────────────────→ □
```

图 7-9 计算功能点度量

（2）用户输入数。计算每个用户输入。它们向软件提供面向应用的数据。输入应该与查询区分开来分别计算。

（3）文件数。计算每个逻辑的主文件。逻辑文件是软件修改或保存的逻辑记录集合数据库的一部分，也可以是一个独立的文件。

（4）用户查询数。一个查询被定义为一次联机输入，它引发软件以联机方式产生某种即时响应，是软件以联机输出方式产生的独立查询信息。每一个不同的查询都要计算。

（5）外部接口数。外部接口是所有用来将信息与其他系统进行交互或共享的端口，如磁带或磁带上的数据文件，利用这些接口可以将信息从一个系统传送到另一个系统。

收集到以上五个信息域特征值后，就将每个计数与一个复杂度值，即加权因子关联上。采用功能点的组织建立一个标准，以确定某个特定条目是简单的、平均的还是复杂的。不过对复杂程度的确定多少有些主观成分。

每个功能的总计数值可以作为这个功能的功能点使用，以估算这一功能的成本和工作量。整个项目的估算还应考虑一些全局性的因素，并不是所有功能总计数值的简单相加。整个项目的功能点计算采用下面的公式：

$$总 FP = \sum 每个功能的总计数值 \times (0.65 + 0.01 \times \sum F_i) \qquad (7-3)$$

其中，$F_i(i=1, 2, \cdots, 14)$ 是基于对图 7-10 中问题的回答而得到的"复杂度调整值（0—5）"，等式中的常数是根据经验确定的。F_i 的取值在 0—5。

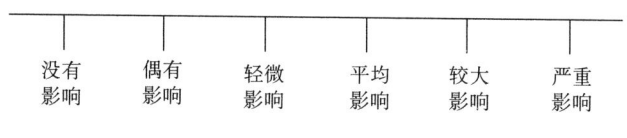

图 7-10 复杂度调整

F（1）系统需要可靠的备份和复原吗？
F（2）需要数据通信吗？
F（3）有分布处理功能吗？
F（4）性能很关键吗？
F（5）系统在一个已有的、实用的操作环境中运行吗？
F（6）系统需要联机数据项吗？
F（7）联机数据项是否需要在多个屏幕或多个操作之间切换已完成输入？
F（8）需要联机更新主文件吗？
F（9）输入、输出、文件或查询很复杂吗？

F（10） 内部处理复杂吗？

F（11） 代码需要被设计成可复用的吗？

F（12） 设计中需要包括转换及安装吗？

F（13） 系统的设计支持不同组织的多次安装吗？

F（14） 应用的设计方便用户修改和使用吗？

一旦计算出功能点，则可以使用它以规范软件生产率、质量及其他属性的测量和估算，也可以采用类似于 LOC 的方法来对每个功能点的错误数、缺陷数、成本、文档页数以及每个月完成的功能点数进行估算。

（二） 间接成本

间接成本（indirect costs）是指除了直接成本以外的所有生产成本，如培训费、房租水电费、市场费用、管理费及其他费用等。这部分的成本估算比较复杂，可以采用简单的摊派方法进行估算。

三、质量管理

信息系统的质量管理不仅仅是项目开发完成后的最终评价，而是在信息系统开发过程中的全面质量控制，包括系统分析、系统设计、系统实现的软件、文档、开发人员和用户培训的质量控制。之所以对信息系统采取全面质量控制，是因为在信息系统生命周期的各个阶段，对上一阶段的理解和本阶段的设计与实现上都存在着各种问题。

（一） 全面质量控制

在现代质量管理中，"质量"被定义为"用户的满意程度"。信息系统要使用户满意，必须满足两个条件：第一，设计规格要符合用户要求；第二，程序要按设计规格所说明的情况正确运行。

第一条是设计质量，只有设计规格符合用户要求，才能满足用户的功能要求，才能确定系统所解决的问题是用户所需要解决的。第二条是程序质量，程序符合设计规格，才能给问题以正确的解答。优异的程序质量是构成高质量系统的必要条件，但不是全部条件。

美国 IBM 公司曾经对造成信息系统质量问题的各种错误进行统计，结果表明编程错误占 25%，系统分析和设计错误占 45%，程序修改错误占 20%，文档错误占 7%，其他错误占 3%。从质量管理的角度看，系统分析和设计阶段的错误涉及的面广，是全局性的、方向性的错误。系统分析阶段隐藏的错误，在后面各阶段修正时所需费用呈指数型上升。若在系统分析阶段修正所需费用为 1；拖到系统设计阶段修正，则需要 4 倍的费用；在编程阶段修正需要 16 倍的费用；而拖到运行阶段再修正，则需要 30 倍的修正费用。由此可见，信息系统开发项目的质量控制从项目一开始就十分重要。

一般说来，可以采取下列方法和措施对系统开发的全过程进行质量控制与检查。

1. 严格挑选项目组成员

项目组人员的素质是保证信息系统质量的基本前提，他们除了熟悉本职业务和本行技术之外，还应在较长的开发期内善于与人合作。

2. 加强培训工作

在系统开发的整个过程中，有计划、分阶段地对各类人员进行有关知识和开发技术的培训。

3. 正确选择系统开发策略与方法

正确的开发策略与方法是质量保证的重要条件。在项目开发之前，应结合项目特点，如项目的规模、项目的结构化程度、用户的信息技术水平，确定开发策略，选择开发方法，如结构化方法、原型法等。

4. 设立质量控制点

分别在系统规划、系统分析、系统设计、系统实施阶段设立质量控制点。在各开发阶段结束时，立即进行阶段审查，把好质量关。

（1）系统规划阶段：①系统目标是否合理？②是否具备系统开发的基础条件？③项目计划安排是否切实可行？

（2）系统分析阶段：①现行系统的描述是否正确？②新系统功能是否明确？③新系统逻辑模型是否合理？④子系统的划分是否合理？

（3）系统设计阶段：①软、硬件选型及网络方案是否合理？②模块的划分是否合理？③数据库的设计是否合理？④信息规范化程度如何？

（4）系统实施阶段：①程序的结构化程度如何？②程序的正确性如何？③测试方案及用例是否完整？④测试报告是否规范？⑤技术指标考核情况怎样？

5. 建立严格的文档管理制度

文档必须齐全、规范，与开发工作同步，方案、程序的版本与文档一致。

6. 建立集体评议制度

集体评议的目的是及早发现系统开发中的问题，找出解决问题的办法，集思广益，充分交流思想，保持整个系统协调一致。

（二）软件质量管理

信息系统的核心是应用软件，软件的质量决定信息系统的生命。对软件进行质量管理，提高其质量特性，对开发者和用户都十分重要。

1. 软件质量特性

从使用者的角度考虑，软件的质量可由以下特性指标来定义：

（1）功能性，指软件实现的功能达到设计规范和满足用户需求的程度；

（2）有效性，指在规定条件下，用软件实现某种功能所需的计算机资源的有效程度；

（3）可靠性，指在一定的应用环境中，软件正常工作的能力；

（4）安全性，指防止意外和人为破坏的自身保护能力；

（5）易使用性，指用户学习、操作、理解软件的容易程度；

（6）可维护性，指当环境改变或运行发生故障时，使其恢复正常运行的难易程度；

（7）可扩充性，指改变和扩充软件功能的难易程度；

（8）可移植性，指使软件从现有运行平台向另一个运行平台过渡的难易程度；

（9）可重用性，指整个软件或其中一部分作为软件包被重用的程度。

从用户的角度来看，在软件的不同生命期，所侧重的特性有所不同。在软件运行初期，人们往往把重点放在功能性、效率、可靠性、安全性、易使用性这些特性上；在系统维护期，重点放在可维护性、可扩充性上；在移植和链接期，人们期望软件有较好的可移植性及可重用性。实践表明，在软件的支付总费用中，运行初期费用约占20%～30%，其余费用体现在维护、扩充、移植和链接方面。因此，必须从整个生存期的观点来把握软件的质量特性。

为了进行软件质量控制和管理，需要将这些面向用户的质量特性转化为与软件本身有关的内容，或者说转化为面向技术的特性。这种转化是通过定义一组二级特性来完成的。二级特性进一步刻画了软件质量特性，利用这些二级特性，可以测量一个软件的质量。

这些二级质量特性指标如表7-1所示。

表7-1　　　　　　　　　　　软件质量二级特性指标及其含义

二级特性指标	含义
可追踪性	在特定的开发和运行环境下，提供从实现到用户需求的可追溯的思路
完备性	实现全部所需功能
一致性	软件从设计到实现的技术和标识一致
精确性	按用户定义的精度输出
简单性	以可理解的方式，简化功能的定义和实现
可操作性	提供软件操作规程和有用的输入/输出
培训性	提供用户操作的培训
通信有效性	使用最少的通信资源执行各项功能
处理有效性	以最少的处理时间，实现各种功能
设备有效性	设备有效性：占用最少的系统设备，实现各种功能
模块性	软件结构具有模块内高聚合、模块间低耦合的特性
系统无关性	不依赖于运行环境的特性
自描述性	对功能的实现可进行自我说明
结构性	具有良好的软件结构
清晰性	对程序结构的清晰描述
可兼容性	系统结构和数据存储结构广泛兼容
文档完备性	文档齐全，描述清楚，符合国家标准
健壮性	在意外情况下能继续运行，出现故障能快速恢复的能力
公用性	采用公用的通信协议、数据表示和接口标准
可见性	开发和操作可监控
保密性	对数据存取过程和传输过程加密
可防护性	提供授权管理和身份识别
数据安全性	提供各类数据文件的安全备份
通用性	在一定范围内，软件可普遍使用

软件质量主要特性指标与二级特性指标的关系如表7-2所示。

表7-2　　　　　　　软件质量主要特性指标与二级特性指标的关系

主要特性指标	包含的二级特性指标
功能性	可追踪性、完备性、一致性
可靠性	可操作性、简单性、健壮性、可预防性

续表

主要特性指标	包含的二级特性指标
有效性	通信有效性、处理有效性、设备有效性
安全性	保密性、可防护性、健壮性、数据安全性
易用性	培训性、简单性、清晰性、自描述性、可见性
可维护性	一致性、简单性、模块性、结构性、清晰性、可见性、自描述性、文档完整性
可扩充性	可扩充性、模块性、结构性、一致性、简单性、公用性
可移植性	清晰性、模块性、自描述性、系统无关性、可扩充性、通用性
重用性	通用性、模块性、结构性、系统无关性、公用性

2. 软件质量管理内容

软件质量管理是为确保项目的结果满足用户需求并达到质量要求所需实施的一系列管理活动。这些管理活动大致上可分为质量控制和质量设计两类。

（1）质量控制。质量控制活动可以进一步分为计划、规程评价和产品评价。

为了进行质量控制，首先需要制订一个软件质量管理计划。这个计划确定质量目标、各个阶段应达到的要求、进度安排以及所需资源。这个计划贯穿软件的整个生存期，指导各个阶段的具体工作。

规程是指在软件生存期中应当遵循的一些政策、规则和标准的具体实施的描述。在软件开发过程中要满足已有的标准，但不同的软件要求不完全相同。例如前面提到的软件特性，有的系统特别强调软件的可靠性，而有的软件强调效率。因此，应根据对软件的具体要求，将这些共同的标准、规范具体化。在规程中，应包括软件质量保证功能的描述，如希望得到的质量度量，在什么阶段进行评审及评审形式，应达到的测试水平等。各类软件人员的职责在规程中也应明确说明，并说明为了达到质量目标必须进行哪些活动。

软件产品评价的目的是确保产品符合需求，这类似于硬件的产品检验。评价的方法有设计的审查、代码审计、分析测试结果等。

（2）质量设计。质量设计确定软件应达到的水平，需要考虑高质量的软件如何设计，如何通过测试确定质量等问题。首先应确定这一软件产品的主要质量要素，并尽量使指标定量化。其次，质量管理人员必须预先制订测试计划，软件运行后要有测试报告来确认是否达到了预定的质量水平。

第三节 信息系统项目建设的组织与管理

信息系统项目是智力密集、劳动密集型的项目，它受人力资源的影响较大，信息系统项目成员的结构、责任心、能力以及项目团队的稳定性等因素对信息系统项目的质量和成功起着决定性的影响。

一、信息系统项目的组织机构

如何组织参加信息系统项目的人员，使其发挥最大的效用，对成功地完成信息系统项目至关重要。为了保证信息系统开发工作的顺利进行，必须首先建立类似项目组的组织机构。

信息系统的开发队伍一般采取按职能划分的模式，即把参加开发项目的人员按任务划分为若干个专业小组。小组的数目和每个小组的任务可以根据项目规模、复杂程度和周期长短来确定。要开发的项目在每个专业小组完成阶段加工后，沿工序流水线向下传递。例如，可设立的小组分别为计划组、设计组、实现组、测试组、维护组等。除了这种模式之外，还可根据具体情况，采用课题划分模式或者矩阵模式。

二、信息系统项目团队人员组成

项目团队的组织，是信息系统成功开发的重要因素之一。信息系统的建立是比较大的工程项目，必须进行任务的分解，由不同的人员共同来完成。项目团队的组建一般由项目经理、核心团队、合同团队三部分组成。

（一）项目经理

项目经理负责管理项目的开发活动和开发方向，应具有很强的管理才能、丰富的组织经验和协调能力，掌握项目开发过程中的转折点，在参与项目的各方之间找到一个让各方都满意的方案。项目经理主要负责以下工作：

（1）制订项目计划，明确各项目具体任务需要的时间，控制项目的进度；

（2）确定开发项目所用的技术和方法，并在项目的进行过程中应用这些技术来组织完成具体的工作；

（3）有计划地分配现有的各种资源，合理安排技术人员的工作，正确处理各种资源的短缺和技术人员离开项目团队的情况；

（4）掌握项目参与各方的实际需求，协调项目参与各方的关系；

（5）控制项目的规模，随着管理信息系统项目的开发，若出现功能需求及系统规模不断增长的情况，项目经理必须合理地控制项目的规模；

（6）正确地评价团队中的每一位成员，正确地评价他们的工作成绩，并给予适当的激励，肯定团队成员的贡献。

（二）核心团队

核心团队成员从项目开始到项目结束始终在项目中，一般包括系统分析员、系统设计员、数据库系统管理员、系统管理员、程序设计员、文档管理员等。

1. 系统分析员

系统分析员负责确定具体的系统需求，并正确地传达给系统设计员和其他开发人员。系统分析员应该具备丰富的相关业务领域知识，能够与企业的业务负责人员更好地交流，并明确地表达实际的业务需求。系统分析员的工作包括下列内容：

（1）设计业务需求调查问卷；

（2）同业务人员进行交流，明确具体业务需求；

（3）了解企业组织结构及人员配备；

（4）明确企业内部职能的划分及同其他部门的关系；

（5）收集相关业务的原始单据和报表；

（6）确定需要输入和输出的内容及数据的处理流程；

（7）明确数据间的计算关系；

（8）参与系统使用人员的培训。

2. 系统设计员

系统设计员是管理信息系统项目团队中非常重要的角色，负责管理信息系统的总体设计和详细设计。系统设计员不仅要具备相关领域业务知识，理解具体的业务需求，而且要具备丰富的计算机硬件、软件知识，实现系统分析中提出的业务需求。系统设员要完成下列工作：

（1）根据业务需求，设计目标系统的运行模式及业务流程；

（2）评估并选择系统的网络设备、硬件设备和相关软件；

（3）确定目标系统的功能结构；

（4）完成数据库数据模型的设计；

（5）确定数据编码方案；

（6）对系统功能结构中的模块进行处理过程和输入、输出设计。

3. 数据库系统管理员

数据库系统管理员负责数据库系统的正常使用管理，保证数据库系统的安全性和保密性。数据库系统管理员应该非常熟悉所应用的数据库系统，其主要工作如下：

（1）数据库系统的逻辑设计和物理实现；

（2）数据库系统的升级；

（3）采用适当的措施对数据库系统进行加密数据；

（4）确定评价数据库系统性能的指标，并监控数据库系统的性能及规模增长和系统的正常运行。

（5）确保数据库系统正确的备份和恢复；

（6）数据库系统的日常管理。

4. 系统管理员

系统管理员也是管理信息系统项目团队中很重要的角色，负责计算机系统的管理，保证计算机系统的安全。系统管理员必须具有丰富的计算机硬件和软件知识，并能够随时投入工作。系统管理员的工作包括如下内容：

（1）硬件系统的安装和软件系统的配置；

（2）硬件、软件系统的升级；

（3）创建系统安全机制，保证系统的安全运行；

（4）确定评价系统性能的指标，并监控系统的性能；

（5）计算机系统的日常管理和突发问题的解决。

5. 程序设计员

程序设计员的工作是进行程序设计，即使用开发工具来实现系统设计中的内容。程序设计员应该熟悉系统的硬件环境，熟练掌握所使用的数据库系统和计算机程序设计语言。程序设计员的工作包括：

（1）按照统一的规范书写程序源代码；

（2）系统交付使用前的程序调试；

(3) 合同所规定的系统维护期内的程序维护。

6. 文档管理员

在管理信息系统的开发过程中,存在着普遍不愿意在开发阶段书写文档的不良现象。但实际情况表明,没有完整系统的文档会给未来系统的维护带来巨大困难,这也是管理信息系统项目管理的一种失败。配备专门的文档管理员来负责项目文档的书写和管理是一种比较好的选择。文档管理员应该具有比较强的写作能力,且有耐心,主要负责如下工作:

(1) 参照统一的文档书写规范,撰写及整理项目开发各阶段的文档;
(2) 对文档分类,并编制文档目录;
(3) 文档的日常管理。

7. 企业业务人员

信息系统项目的开发需要系统开发人员与用户之间的相互配合。开发人员和用户的配合与协作非常重要,这主要有以下两个方面的原因:一方面是信息系统的开发人员往往对计算机系统非常熟悉,但是对具体业务不是很了解,所以考虑问题时一般从计算机技术的角度出发,在进行系统分析与设计时不容易正确理解实际系统的需求;另一方面,用户对具体业务非常熟悉,但是对信息系统的开发方法不是很了解,可能会提出计算机系统难以实现的要求。

系统的开发人员与用户必须相互配合,反复讨论,才能作好信息系统的分析与设计工作。在项目组中的业务人员主要负责如下工作:

(1) 协助系统分析员了解企业的组织机构、人员配备、组织内部的职能划分及各部门之间的关系;
(2) 直接或协助系统分析员填写相关需求调查表;
(3) 提供相关的原始单据和报表;
(4) 提供相关的数据指标体系及相应的计算公式;
(5) 协调企业与项目组与其他各方之间的关系。

(三) 合同团队

合同团队成员是在开发项目时灵活雇用的外部"技术临时雇员"。通常,合同团队成员只能在短期内为项目工作,他们掌握的技术只是在项目特定的时期内需要。他们适时地参与到项目中,一旦所分派的任务完成,他们就离开项目。

本章小结

信息系统项目管理是管理信息系统开发的重要组成部分,管理信息系统的开发是一项复杂的系统工程,为了合理利用各种有限的资源,需要引入项目管理的思想和方法。本章主要讨论了信息系统开发管理中项目管理的内容。首先,介绍了项目管理的基础知识;其次,介绍了信息系统项目管理的内容,包括项目的进度管理、成本管理和质量管理;最后,介绍了信息系统项目建设的组织与管理。

本章习题

一、选择题

1. 项目定义中资源主要包括（　　）。
   A. 时间　　　　　　B. 资金　　　　　　C. 设备　　　　　　D. 人力
   E. 能源和动力

2. 项目具有的特征有（　　）。
   A. 一次性　　　　　B. 多重性　　　　　C. 整体性　　　　　D. 层次性
   E. 独特性

3. 需求确认经历下面哪几个过程？（　　）。
   A. 需求获取　　　　B. 需求分析　　　　C. 需求变更　　　　D. 编写需求规格
   E. 需求验证

4. 为了把好质量关，设立质量控制点应从下面哪些方面入手？（　　）。
   A. 系统规划　　　　B. 系统调查　　　　C. 系统分析　　　　D. 系统设计
   E. 系统实施

5. 需求变更管理的内容包括（　　）。
   A. 需求变更的原因　　　　　　　　　　B. 项目实施阶段的变更控制
   C. 需求变更的控制策略　　　　　　　　D. 需求变更的处理流程
   E. 项目启动阶段的变更预防

二、填空题

1. 项目是指在一定资源约束条件下，为创造唯一的产品或服务而进行的_____或临时性的努力。

2. 服务是指为他人做事，并使他人从中受益的一种有偿或_____的活动。

3. 从项目目标和约束角度划分，项目管理包括_____、项目成本管理、项目质量管理等方面的内容。

4. 项目管理是指在一定资源的约束条件下，为了实现既定_____，对项目进行计划、组织、协调、领导和控制的系统管理活动。

5. 进度管理的主要内容包括_____、计划管理和进度控制三个方面。

6. 计划管理的目的是为了提高_____，有效合理地调度配置各种资源，进一步落实目标责任，提高管理决策的科学性及评价的可操作性。

7. 常用的项目进度控制工具有网络图、里程碑图和_____。

8. 进度管理是指_____对各阶段的进展程度和项目最终完成的期限所进行的管理。

9. 信息系统项目团队的核心团队一般包括系统分析员、_____、数据库系统管理员、系统管理员、程序设计员和文档管理员。

10. 项目经理负责管理项目的开发活动和开发方向，应该具有很强的管理才能、丰富的_____和协调能力，掌握项目开发过程中的转折点，在参与项目的各方之间找到一个让各方都满意的方案。

三、判断题
1. 计划管理是指对项目计划的编制、执行、调整、考核及其反馈的过程管理。（　　）
2. 甘特图可以描绘任务分解后，各项任务的开始时间和结束时间，同时还能突出各项任务之间的依赖关系，是一种比较理想的工具。（　　）
3. 信息系统的开发成本等同于其他物理产品的成本。（　　）
4. 从质量管理的角度看，系统分析和设计阶段的错误涉及的面广，是全局性的、方向性的错误。（　　）
5. 从使用者的角度考虑，软件质量特性指标主要有15项。（　　）

四、名词解释
1. 信息系统项目　2. 信息系统项目管理　3. 软件质量管理

五、简述题
1. 信息系统项目有什么特点？
2. 信息系统开发中项目管理包括哪些内容？
3. 简述需求变更的处理流程。
4. 软件质量管理包括哪些内容？
5. 项目经理主要负责的工作有哪些？

第八章　现代应用系统

信息在社会经济系统中始终起着至关重要的作用，它在控制、预测人类认识和心理等方面极大地影响着系统的运转。而信息处理的手段更是直接关系到上述各个方面。信息技术不仅影响着各个组织系统的状态，更重要的是它不断地改变着其结构和运行规则。所以，管理信息系统作为信息技术的主要应用已经渗入社会经济系统的各个领域。本章我们将向大家介绍一些管理信息系统应用方面的知识。

第一节　企业资源计划

ERP 是 Enterprise Resource Planning（企业资源计划）的简称，是 20 世纪 90 年代美国 Gartner Group 公司根据当时计算机信息、IT 技术发展及企业对供应链管理的需求，预测信息时代企业管理信息系统的发展趋势和即将发生的变革，而提出了这个概念。

ERP 是针对物资资源管理、人力资源管理、财务资源管理、信息资源管理集成一体化的企业管理软件。它包含客户/服务架构，使用图形用户接口，应用开放系统制作。除了已有的标准功能，它还包括其他特性，如品质、过程运作管理以及调整报告等。特别是 ERP 采用的基础技术将同时带给用户软件和硬件两方面的独立性，从而更加容易升级。ERP 的关键在于所有用户能够裁剪其应用，因而具有天然的易用性。

在引入 ERP 之前，企业内部信息的交流大部分是通过纸张的传递。尽管有的企业已经存在一些形式的网络系统，但人们还是习惯通过有形的文件来传达信息，这是因为企业内部各个系统各自为政、互相割裂的缘故。ERP 正是为了改变这种局面而产生的，它将组织中的各个功能模块有机地集成起来，共同运作。

一、ERP 的发展

ERP 发展至今，经历了五个发展阶段，如图 8-1 所示。

图 8-1　ERP 的发展

（一）20 世纪 40 年代的库存控制订货与 20 世纪 60 年代的 MRP 系统

库存控制订货点法涉及五个量值：安全库存量、最大库存量、订货提前期、单位时区需求量和订货点。其量值为经验值,不在本书研究范围内,故不作介绍。

物料需求计划(Material Requirements Planning,MRP)是一种实现对企业库存和生产有效管理的企业管理软件,其主要内容包括客户需求管理、产品生产计划、原材料计划以及库存记录。

MRP 产生于 20 世纪 60 年代中期,美国生产管理和计算机应用专家奥列韦·怀特(Oliver W. Wight)和乔治(George W. Plosh)首先提出,IBM 公司首先在计算机上应用了 MRP 的软件产品。MRP 是在订货点法(Order Point System)计划基础上发展形成的一种新的库存计划与控制方法,是建立在计算机基础上的生产计划与库存控制系统。MRP 是为了克服早期库存控制中提出的订货点法的缺陷,其核心是根据生产计划表上何时需要什么物料来订货,即解决了物料未来的短缺现象,而且通过预测投料情况来进行生产安排,又不使库存量过多而造成资金积压。

在工业企业中,产品大多结构复杂,品种繁多,编制产品物料需求计划是十分复杂、繁重、困难的工作。IBM 的约瑟夫·A. 奥列基(Joseph A. Irlicky)于 1965 年提出了"独立需求""非独立需求"概念,并且随着计算机技术的发展以及在企业管理中的广泛推广与应用,在计算机上实现了用于装配型产品生产与控制的 MRP 系统。

(二)20 世纪 70 年代的闭环 MRP 系统

MRP 与能力需求计划(Capacity Requirement Planning,CRP)一起形成计划管理的闭环系统,称为闭环 MRP 系统。MRP 建立在以下两个假设条件基础之上:一是采用无限能力计划,即假设有足够的生产设备和工时来保证生产计划的实施;二是假设物料采购计划是可行的,即认为有足够的进货能力来保证采购计划的实现。由此就容易产生生产计划与生产能力的不匹配、不平衡问题。

20 世纪 70 年代,MRP 增加了 CRP 内容,将物料需求计划与能力需求计划进行有机结合,形成闭环 MRP,通过相互信息沟通解决了上述的问题。闭环 MRP 的结构如图 8-2 所示。但是,MRP 的一个关键问题是,它还不能覆盖整个生产过程,仅仅涉及生产中的物流方面,而与物流密切相关的还有资金流,即财务管理,还有技术管理、销售管理等方面。

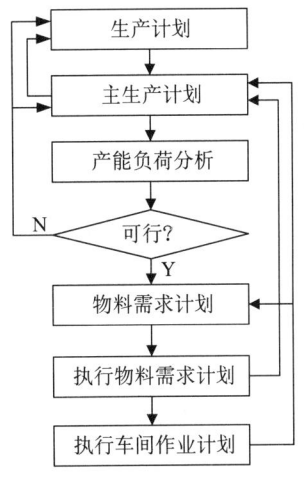

图 8-2 闭环 MRP 结构

(三) 20 世纪 80 年代的 MRP Ⅱ 系统

1. 制造资源计划的概念

制造资源计划（Manufacture Resource Plan，MRP Ⅱ）是对企业的制造资源进行计划、控制和管理的软件，是对闭环 MRP 的改进。MRPⅡ 实现了物流与资金流的信息集成，并增加了模拟功能。

MRP Ⅱ 是一套适用于制造行业企业的先进管理方法，在这套管理方法中，主生产计划 MPS（Master Production Scheduling）和物料需求规划 MRP 是其核心功能。借助产品和部件的构成数据，即物料单 BOM（Bill of Material）、工艺数据和设备状况数据，将市场对产品的需求转变为对加工过程和外购原材料、零部件的需求，用计算机完成主生产计划、物料需求规划、能力平衡规划、采购和库存控制、生产成本核算等，从而在一定意义上实现了对企业复杂生产过程的优化科学管理，从管理角度确保企业的市场应变能力。MRP Ⅱ 的原理如图 8-3 所示。

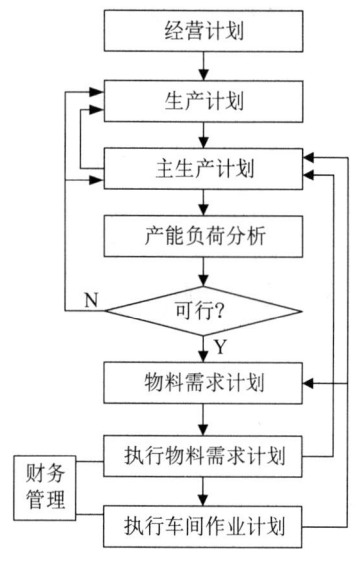

图 8-3　MRP Ⅱ 原理图

2. MRP Ⅱ 的组成

MRP Ⅱ 基于企业经营目标制订生产计划，围绕物料转化组织制造资源，实现按需按时生产。具体地说，是将企业产品中的各种物料分为独立需求物料和相关需求物料，并按时间段确定不同时期的物料需求，从而解决库存物料订货与组织生产问题；按照基于产品结构的物料需求组织生产，根据产品完工日期和产品结构规定生产计划；根据产品结构的层次从属关系，以产品零件为计划对象，以完工日期为计划基准倒排计划，按各种零件与部件的生产周期反推出它们生产与投入的时间和数量，按提前期长短区别各种物料下达定单的优先级，从而保证在生产需要时所有物料都能配套齐备，不需要时不要过早积压，达到减少库存量和减少占用资金的目的。从一定意义上讲，MRP Ⅱ 系统实现了物流、信息流与资金流在企业管理方面的集成，并能够有效地对企业各种有限制造资源进行周密计划，合理利用，提高企业的竞争力。

MRP Ⅱ系统分为五个计划层次：经营规划、生产计划大纲、主生产计划、物料需求计划及车间作业计划或生产作业控制。

MRP Ⅱ系统作为一种企业管理信息系统，必然要包含企业管理的基本功能；MRP Ⅱ作为一种管理思想虽具有广泛的适应性，但在应用上不能采用千篇一律的模式，而应该与企业具体的生产环境和内部条件密切相关。在 MRP Ⅱ 的应用中，不同的企业有不同的做法，不同的应用阶段也各有侧重点。同时，企业的生产需要随着市场的发展而变化，因而 MRP Ⅱ 系统结构也不是一成不变的。

（四）20 世纪 90 年代的 ERP 系统

进入 20 世纪 90 年代，随着市场竞争的进一步加剧，企业竞争空间与范围的进一步扩大，在 20 世纪 80 年代主要面向企业内部制造资源全面计划管理的 MRP Ⅱ 思想逐步发展为怎样有效利用和管理企业整体资源的管理思想，ERP 也就随之产生。

ERP 是在 MRP Ⅱ 的基础上扩展了管理范围，给出了新的结构。ERP 是将企业所有资源进行整合集成管理，简单地说是将企业的三大流，即物流、资金流、信息流，进行全面一体化管理的管理信息系统。

ERP 对于 MRP Ⅱ 在生产管理方式、管理功能、财务系统功能、事务处理控制、计算机信息处理等方面进行了改进。

1. ERP 的概念

以 MRP Ⅱ 为基础逐步发展起来的 ERP，其基本思想是把原来的制造资源计划拓展为围绕市场需求而建立的企业内外部资源计划。ERP 把客户需求和企业内部的制造活动以及供应商的制造资源整合在一起，形成一个完整的供应链，其核心管理思想主要体现在以下三个方面：

（1）体现对整个供应链资源进行管理的思想；
（2）体现精益生产、敏捷制造和同步工程的思想；
（3）体现事先计划与事前控制的思想。

2. ERP 系统的结构

ERP 的基本构架和基本逻辑与 MRP Ⅱ 并无本质上的不同。ERP 系统从功能上看仍是以制造过程为中心，其核心是 MRP，体现了制造业的通用模式。

ERP 在 MRP Ⅱ 原有功能的基础上，向内、外两个方向延伸。向内主张以精益生产方式改造企业生产管理系统，向外则增加战略决策功能和供需链管理功能。

ERP 管理系统主要由以下功能子系统组成。

（1）支持企业整体发展战略的战略经营系统。这一系统的目标是在多变的市场环境中建立与企业整体发展战略相适应的战略经营系统，实现基于 Intranet/Internet 环境的战略信息系统，完善决策支持服务体系，为决策者提供全方位的信息支持。完善人力资源开发与管理系统，既面向市场又注重企业内部人员的培训。

（2）全面成本管理系统。在一个不完全竞争的市场环境中，价格在竞争中仍旧占据着重要的地位。ERP 的全面成本管理系统的作用和目标就是建立和保持企业的成本优势，并由企业成本领先战略体系和全面成本管理系统予以保障。

（3）敏捷后勤管理系统。很多企业存在着供应链影响企业生产柔性的情况。ERP 的一个重要目标就是在 MRP 的基础上建立敏捷后勤管理系统，以解决如供应柔性差、生产准备周期长等制约企业柔性生产的瓶颈，增加与外部协作单位技术和生产信息的及时交互，改进现场管理方法，缩短关键物料供应周期。

作为一种先进的管理手段，ERP 系统所涉及的管理内容和目标是不断扩展的，在知识经济环境下，知识是企业最宝贵的资产和资源，是推动经济增长的动力，知识管理成为 ERP 系统的新内容。企业的价值不在于拥有多少厂房、设备和产品，而在于知识产权、客户的信赖程度、与商业伙伴合作的能力、电信基础结构以及雇员的创造潜力和技能等。知识资源已成为企业最重要的战略资源，把企业的知识资源纳入 ERP 管理之中，即把知识的识别、获取、开发、分解、储存、传递、共享等组成一条知识链，并对其进行有效管理。知识管理成为 ERP 新的管理内容和发展方向，而如何管理和利用好企业的知识资源，为企业创造更多的财富也成为企业管理的新课题和重大任务。

（五）21 世纪的 ERP II

ERP II 是 2000 年美国调查咨询公司 Gartner Group 在原有 ERP 的基础上扩展后提出的新概念。Gartner 给出的定义是：ERP II 是通过支持和优化企业内部和企业之间的协同运作和财务过程，以创造客户和股东价值的一种商务战略和一套面向具体行业领域的应用系统。为了区别于 ERP 对企业内部管理的关注，Gartner 在描述 ERP II 时，引入了"协同商务"的概念。协同商务是指企业内部人员、企业与业务伙伴、企业与客户之间的电子化业务的交互过程。为了使 ERP 流程和系统适应这种改变，企业对 ERP 的流程以及外部的因素提出了更多的要求，这就是 ERP II。

ERP II 定义的是一种新的商业战略，它由一组行业专业化的应用组成，通过它们建立和优化企业内部和企业之间的流程、协作运营和财务运作流程，从而优化客户和股东价值。

ERP II 与 ERP 的主要区别是强调了协同商务的作用。ERP II 强调未来的企业注重深度行业分工和专业分工及企业之间的交流，而不仅仅是企业业务过程管理。下面分别从业务、应用和技术等方面来说明其相对于 ERP 的优势。

（1）ERP II 的作用。从传统 ERP 的资源优化和业务处理扩展到利用企业间协作运营的资源信息，并且不仅仅是电子商务模式的销售和采购。

（2）ERP II 的领域。ERP II 的领域已经扩展到非制造业。

（3）ERP II 的功能性。超越传统通用的制造、分销和财务部分，而扩展到那些针对特定行业或行业段业务。

（4）ERP II 的业务处理。从注重企业内部流程管理发展到外部联结。

（5）ERP II 的系统结构。与单调的 ERP 系统结构不同，ERP II 系统结构是面向 Web 和面向集成设计的，同时是开放的、组件化的。

（6）ERP II 的数据处理方式。与 ERP 系统将所有数据存储在企业内部不同，ERP II 面向分布在整个商业社区的业务数据进行处理。

可以看出，除了系统结构的不同之外，ERP II 的这些特征代表了对传统 ERP 的扩展。

ERP II 能够增强公司改善内部效率及数据自动化的能力，提升公司对后勤功能的控制，帮助分享客户、产品、竞争对手及市场信息。这个新的模式利用开放的架构将数据分配设计扩展，以支持公司对内及对外的协同流程。协同方案为商业价值链上的每一位参与者提供功能及重要信息，这是一个最重要的、支持商业运作需求的概念。这个模式意味着整个商业流程中的每个参与者都可随时取得所需的功能及信息。这当中需要一个能将各种方案整合在 ERP II 内，并能支持广泛与营商有关事项的架构。有些公司能透过 ERP II 的各项功能达到以上目的，有些公司则需向不同的供货商提出要求，组织各种功能的方案配合其独特的需要，如财务管理系统。

不同的分析员对 ERPⅡ有不同的描述。从技术上来说，可以将 ERPⅡ描述为包括 ERP 系统及其他围绕 ERP 系统所出现的各个模块的功能活动。这些功能活动普遍包括管理、决策、培训、文件存盘、沟通、人事等。所有这些模块及功能都要和平共存才能建立一个 ERPⅡ方案，并通过 ERPⅡ系统中的接口把整个 ERPⅡ方案凝固。

二、ERP 的功能

ERP 系统将企业所有资源进行整合集成管理，是将企业的三大流，即物流、资金流、信息流进行全面一体化管理的信息系统。它不仅可用于生产型企业的管理，也可用于其他类型的企业，如非生产型、公益事业的企业也可导入 ERP 系统进行资源计划和管理。ERP 系统主要有以下几个功能。

1. 财务管理功能

ERP 中的财务模块与一般的财务软件不同，作为 ERP 系统的一部分，财务模块和其他模块有相应的接口，能够相互集成。一般 ERP 的财务部分分为会计核算与财务管理两大块：会计核算主要是记录、核算、反映和分析资金在企业经济活动中的变动过程及其结果；财务管理的功能主要是基于会计核算的数据，再加以分析，从而进行相应的预测、管理和控制活动。它侧重于财务计划、控制、分析和预测。

2. 生产控制管理功能

这一功能是 ERP 系统的核心功能，它通过合理配置企业内外部供应、需求和已经拥有的各种资源，制订出切实可行的生产计划，并以生产计划为导向，将企业的整个生产过程有机结合在一起，使企业能够有效地降低库存，提高效率。同时各个原本分散的生产流程自动连接，也使生产流程能够前后连贯地进行，保证各生产部门、工序间的衔接，而不会出现生产脱节，耽误生产交货时间，保证了企业整体计划的完成，使企业资源配置达到最优化，以较少的投入获得更大的产出。

3. 物流管理功能

这一功能包括采购管理、销售管理、库存管理、航运管理等模块。主要对采购、库存、销售业务进行全面的、综合的管理，可以帮助企业优化供应链，减少库存积压，缩短交货周期，提高资金周转率。

4. 人力资源管理功能

以前的 ERP 系统基本上都是以生产制造及销售过程为中心，但近年来，人力资源越来越受到企业的关注，被加入到 ERP 系统中来。人力资源主要包括人事管理、考勤培训、绩效估计、工资管理和后勤管理等方面。全面管理人力这一重要资源，可以帮助企业将复杂的人事考勤、薪资核算工作化繁为简，提高工作效率，优化人力资源管理。

例如，作为中国工程机械行业领军企业的三一集团有限公司（以下简称"三一集团"）是一家拥有世界级体量的全球最大工程机械制造商之一，其在信息化建设领域有着长期的探索，与 SAP 的合作也已近 10 年。三一集团陆续采用了智能化车间、大数据挖掘等技术，并在 2013 年开启了基于信息化的企业流程变革。三一集团信息化系统以 SAP ERP 为核心，外围集成 SAP 产品数据管理等研发管理系统、制造执行系统、服务管理系统、经销商管理系统等，分别支持从研发、制造、交付到服务的核心业务，管控人力资源和财务两大核心资源，并为集团的经营业绩管控提供有效手段。目前，SAP ERP 解决方案已被三一集团的泵送事业部、重机事业部、重起事业部、重装事业部等大型事业部采用。

SAP 帮助三一集团简化流程、提高效率、加速转型、创新未来，打造以 SAP ERP 为核心的端到端业务管理平台，全面优化三一集团的研发、生产、供应链、销售及售后服务等核心业务流程，并在此基础上完善集团管控，提升精益管理，降低运营成本，创建集团共享服务中心，将变革嵌入集团管理的各个关键节点。SAP ERP 着眼于构建一个领先于全球工程机械行业的流程信息化体系，以支持三一集团在新行业环境下的转型升级，提升在国际市场中的竞争优势，并驱动未来的商业创新。同时，SAP 将三一集团打造为全球工程机械行业的信息化企业标杆。

三、ERP 的实施

成功实施 ERP 将导致多数企业发生重大的技术变革，但更重要的是 ERP 项目所带来的管理变革。这种变革主要表现在企业原来的业务管理模式与 ERP 的管理模式有差异，企业必须选择向 ERP 模式靠拢，从而导致变革。管理模式的变革会引起企业管理流程的变化。

ERP 的实施过程可以划分为以下三个阶段：

第一阶段，实现基本 ERP，包括销售和运营计划、需求管理、主生产计划、物料需求计划、能力计划、车间作业和采购作业计划以及来自车间和采购部门的反馈机制的实现，还包括提高库存记录的准确度、校正物料清单和工艺路线的准确性。

第二阶段，实现财务管理功能和供应链的集成，把 ERP 的功能拓展到整个供应链，包括工厂内部、供应商、分销中心以及客户。

第三阶段，持续不断地改进和提高。这是一个没有终点的过程，也是 ERP 系统运行管理的过程。

四、ERP 系统的应用现状和发展趋势

（一）ERP 系统的应用现状

从 20 世纪 80 年代算起，ERP 系统作为一种信息化管理软件管理工具进入我国已经有 30 多年的历史。初期 ERP 系统主要是在国有的大型工业企业中采用。随着我国市场经济的发展，ERP 理念逐渐在企业界中传播，而且市场的残酷竞争以及许多行业利润率的下滑也促使企业决策管理者寻找更加行之有效的资源管理系统和手段来维持企业的竞争活力，于是近年来尤其是 2000 年以来 ERP 系统在我国企业中开始得到普及。

SAP 是世界最大的独立软件供应商之一，其 ERP 软件占据全球企业应用软件市场 36% 的份额，包括 IBM、Microsoft、HP、Intel、Compaq 等在内的业界顶尖厂商都是它的客户。同时，SAP 还拥有一支包括德勤公司在内的强大的咨询与技术支持合作伙伴队伍，这些合作伙伴在长期的咨询服务实践中对 SAP 的 ERP 软件在各种不同行业的具体应用特点有深入而独到的理解与体会。

我们认为所有以 ERP 理论思想为产品设计基础的，涵盖企业财务、物流、供应链、生产计划、人力资源、设备、质量管理等各类资源管理的软件操作系统，都可以统称为 ERP 软件。国内外有很多 ERP 软件，国外顶尖的 ERP 软件当属 SAP 公司的 SAP ERP 软件，它以

功能强大、开放性强、设计思路与流程严谨位居全球 ERP 软件之首；其次，德国的 Oracle ERP、美国的 Infor ERP 等都是世界顶尖级产品。近几年国产 ERP 软件也在蓬勃发展之中，其中用友的 ERP 软件位居国内 ERP 软件之首，其次，金蝶、神州数码、浪潮等公司的 ERP 软件也各自占据着部分市场份额。

（二）ERP 系统的发展趋势

ERP 从诞生之日起就在不断发展，下面从三个方面对 ERP 未来的发展趋势进行展望。

1. 管理范围更加扩大

ERP 的管理范围有继续扩大的趋势，继续扩充供需链管理，将电子商务、客户关系管理、办公自动化等都融入 ERP 系统中。此外，ERP 系统还日益和 CAD、CAM、CAPP、PDM、POS 系统以及自动货仓等系统融合，互相传递数据，这样就将企业管理人员在办公室中完成的全部业务都纳入到了管理范围，实现了对企业的所有工作及相关内外部环境的全面管理。

2. 继续支持与扩展企业的流程重组

企业要适应内外部环境的变化，就要不断地调整组织机构和业务流程。因此，ERP 的发展必然要支持企业的这种变化，使企业的工作流程能够按照业务的要求进行组织，以便集中相关业务人员，用最少的环节、最快的速度和最经济的形式，完成某项业务的处理过程。

3. 运用最先进的计算机技术

信息是企业管理和决策的依据，计算机系统能够及时而准确地为企业提供必要的信息，因此 ERP 的发展离不开先进的计算机技术。随着计算机和数据库技术的发展，利用数据仓库、数据挖掘技术对系统数据进行系统的存储和管理，并通过各种数据统计分析工具对系统数据进行分析，为企业的各种经营活动提供决策信息。

第二节　客户关系管理

一、客户关系管理的概念

（一）客户关系的概念

客户是企业的一项重要资产。客户关系是指企业为达到其经营目标，主动与客户建立起的某种联系。这种联系可能是单纯的交易关系，也可能是通信联系，也可能是为客户提供一种特殊的接触机会，还可能是为双方利益而形成某种买卖合同或联盟关系。

为了更有效地管理客户关系，通过对用户信息资源的整合，从而为客户提供更快更周到的服务，利用技术手段建立起连接企业与客户，能够促进双方及时、有效沟通的管理机制，就是我们本节要介绍的客户关系管理。

（二）客户关系管理的概念

最早发展客户关系管理的国家是美国，美国在 1980 年初便有所谓的"接触管理"（Contact Management），即专门收集客户与公司联系的所有信息。1985 年，巴巴拉·本德·杰克逊 Barbara B. Jackson 提出了关系营销的概念，使人们对市场营销理论的研究又迈上了一个新的台阶;到 1990 年则演变成包括电话服务中心支持资料分析的客户关怀(Customer Care)。1999 年,Gartner Group 提出了客户关系管理的概念。

客户关系管理(Customer Relationship Management,CRM)是一种以客户为中心的经营策略和营销模型,通过对信息技术的运用,实现对销售活动的流程优化和自动化管理。CRM 为企业提供全方位的管理视角,赋予企业更完善的客户交流能力,最大化客户的收益率。CRM 不是单纯意义上的管理工具,它融合了企业策略、管理思想以及信息技术、通信技术的很多东西。CRM 基本上涵盖了市场营销、销售和客户服务三个业务,其核心是客户的资源价值管理。它将客户价值分为既成价值、潜在价值和模型价值,通过一对一营销原则,满足不同价值客户的个性化需求,提高客户忠诚度和保有率,实现客户价值持续贡献,从而全面提升企业盈利能力。

例如,在酒店行业,客户关系管理非常重要,国外许多连锁酒店集团都已经应用 CRM 系统。如希尔顿酒店认为客户关系管理就是创造价值,包括为顾客创造价值,以及为业主、加盟者和管理者创造价值。CRM 在希尔顿的酒店管理思想中,代表 Customer Really Matters(客人确实重要),它包括追求业务策略的清晰制订,聚焦最有价值的顾客,追求短期成功,向客人提供实际利益,充分运用现有的科技和资源以及在各个接触点建立共同的宾客视图。以客户为中心,来展开一系列的管理,尤其对客户信息的管理是最为看重的。

二、CRM 的系统功能

集成了客户关系管理思想和最新信息技术成果的 CRM 软件系统,是帮助企业最终实现以客户为中心的管理模式的重要手段。图 8-4 可以代表当前人们对 CRM 的主流认识。

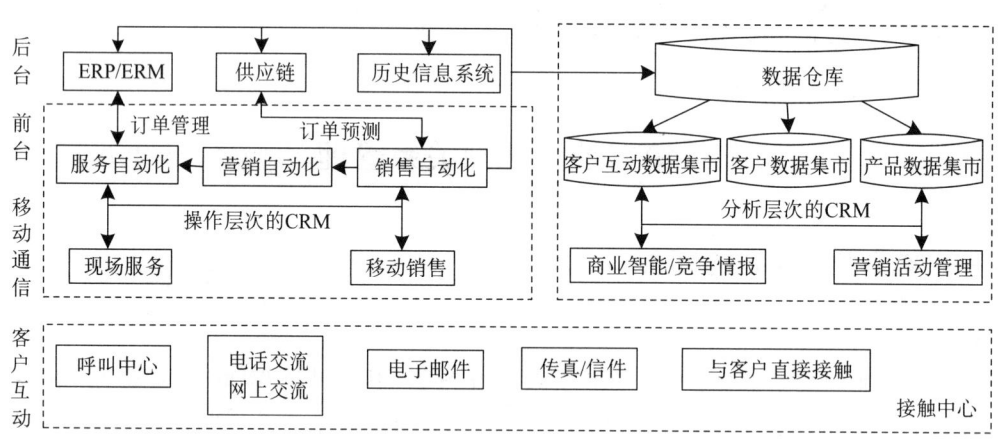

图 8-4 CRM 系统图

在上图中,CRM 的功能可以归纳为三个方面:对销售、营销和客户服务三部分业务流程的信息化;与客户进行沟通所需要的手段,如电话、传真、网络、E-mail 等的集成和自动化处理;对上面两部分功能所积累的信息进行的加工处理,产生客户智能,为企业战略战术决策作支持。一般来讲,当前 CRM 产品所具有的功能都是上图的子集。

CRM 软件的基本功能包括客户管理、联系人管理、时间管理、潜在客户管理、销售管理、电话销售、营销管理、电话营销、客户服务等,有的软件还包括了呼叫中心、合作伙伴关系管理、商业智能、知识管理、电子商务等。下面着重阐述 CRM 系统功能。

（1）客户管理。其主要功能包括客户基本信息、与此客户相关的基本活动和活动历史、联系人的选择、订单的输入和跟踪、建议书和销售合同的生成。

（2）联系人管理。其主要功能包括联系人概况的记录、存储和检索；跟踪同客户的联系，如时间、类型、简单的描述、任务等，并可以把相关的文件作为附件；客户内部机构的设置概况。

（3）时间管理。其主要功能包括日历；设计约会、活动计划，在出现时间冲突时，系统会给出提示；进行事件安排，如约会、会议、电话、电子邮件、传真、备忘录；进行团队事件安排；查看团队中其他人的安排，以免发生冲突；把事件的安排通知相关人员；任务表；预告/提示；记事本；电子邮件；传真。

（4）潜在客户管理。其主要功能包括业务线索的记录、升级和分配；销售机会的升级和分配；潜在客户的跟踪。

（5）销售管理。其主要功能包括组织和浏览销售信息；对销售业务给予战术、策略上的支持；对地域（省市、邮编、地区、行业、相关客户、联系人等）进行维护；把销售员归入某一地域并给予授权；地域的重新设置；根据利润、领域、优先级、时间、状态等标准，用户可定制关于将要进行的活动、业务、客户、联系人、约会等方面的报告；提供类似BBS的功能，用户可把销售秘诀贴在系统上，还可以进行某一方面销售技能的查询；销售费用管理；销售佣金管理。

（6）电话营销管理。其主要功能包括电话本；生成电话列表，并把它们与客户、联系人和业务建立关联；把电话号码分配给销售员；记录电话细节，并安排回电；记录电话营销内容草稿；电话录音，同时给出书写器，用户可作记录；电话统计和报告；自动拨号。

（7）营销管理。其主要功能包括产品和价格配置器；在进行营销活动如广告、邮件、研讨会、展览会等时，能获得预先定制的信息支持；把营销活动与业务、客户、联系人建立关联；显示任务完成进度；提供类似公告板的功能，可张贴、查找、更新营销资料，从而实现营销文件、分析报告等的共享；跟踪特定事件；安排新事件，如研讨会、会议等，并加入合同、客户和销售代表等信息；信函书写、批量邮件，并与合同、客户、联系人、业务等建立关联；邮件合并；生成标签和信封。

（8）客户服务。其主要功能包括服务项目的快速录入；服务项目的安排、调度和重新分配；事件的升级；搜索和跟踪与某一业务相关的事件；生成事件报告；服务协议和合同；订单管理和跟踪；问题及其解决方法的数据库。

（9）呼叫中心。其主要功能包括呼入呼出电话处理；互联网回呼；呼叫中心运行管理；软电话；电话转移；路由选择；报表统计分析；管理分析工具；通过传真、电话、电子邮件、打印机等自动进行资料发送；呼入呼出调度管理。

（10）合作伙伴关系管理。其主要功能包括对公司数据库信息设置存取权限，合作伙伴通过标准的Web浏览器以密码登录的方式对客户信息、公司数据库以及与渠道活动相关的文档进行存取和更新；合作伙伴可以方便地存取与销售渠道有关的销售机会信息；合作伙伴通过浏览器使用销售管理工具和销售机会管理工具，如销售方法、销售流程等，并使用预定义的和自定义的报告；产品和价格配置器。

（11）知识管理。其主要功能包括在站点上显示个性化信息；把一些文件作为附件贴到联系人、客户、事件概况等上；文档管理；对竞争对手的Web站点进行监测，如果发现变化，会向用户报告；根据用户定义的关键词对 Web 站点的变化进行监视。

（12）商业智能。其主要功能包括预定义查询和报告；用户定制查询和报告；可看到查询和报告的 SOL 代码；以报告或图表形式查看潜在客户和业务可能带来的收入；通过预定义的图表工具进行潜在客户和业务的传递途径分析；将数据转移到第三方的预测和计划工具；柱状图和饼图工具；系统运行状态显示器；能力预警。

（13）电子商务。其主要功能包括个性化界面、服务；网站内容管理；店面；订单和业务处理；销售空间拓展；客户自助服务；网站运行情况的分析和报告。

三、CRM 的应用现状和发展趋势

随着 3G 移动互联网的部署，CRM 已经进入了移动时代。移动 CRM 系统就是一个集 3G 移动技术、智能移动终端、VPN、身份认证、地理信息系统（GIS）、Web service、商业智能等技术于一体的移动客户关系管理产品。直到今天，云计算的全球化使得传统 CRM 软件已逐渐被 Web CRM（又称在线 CRM、托管型 CRM 和按需 CRM）超越。美国知名在线 CRM 厂商 Salesforce 和国内云计算的倡导者 CloudCC CRM、用友、金蝶都是如今 CRM 的杰出代表。现在，越来越多的客户倾向于采用 Web 来管理 CRM 等业务应用程序。

CRM 产品的未来发展趋势将是前台和后台的信息系统将进一步融合；呼叫中心的功能将大大扩充，真正实现电话、Web、E-mail、传真、无线通信、直接接触等的融合，成为联系中心；基于网络的自助服务将成为企业向用户提供服务的重要方式；现有的 CRM 产品将融入更多的合作伙伴关系管理的功能；未来的 CRM 产品将融入知识管理和竞争情报的部分理念，成为知识管理和竞争情报的有力工具。

第三节 供应链管理

一、供应链管理的概念

（一）供应链的概念

供应链的概念是从扩大生产概念发展来的，它将企业的生产活动进行了前伸和后延。供应链是指商品到达消费者手中之前各相关者的连接或业务的衔接，是围绕核心企业，通过对信息流、物流、资金流的控制，从采购原材料开始，制成中间产品以及最终产品，最后由销售网络把产品送到消费者手中。供应链就是将供应商、制造商、分销商、零售商，直到最终用户连成一个整体的功能网链结构。

（二）供应链管理的概念

供应链管理（Supply Chain Management，SCM）这一名词最早在 20 世纪 80 年代在咨询业中被提出，后经供应链世界论坛定义为供应链管理是从提供产品、服务和信息来为用户和股东增添价值的，从原材料供应商一直到最终用户的关键业务过程的集成管理。

20 世纪末，全球经济一体化的步伐不断加快，资源在全球范围内的流动和配置大大加强，企业面临着更加激烈的竞争环境。这种竞争已不再是企业间的竞争，而是供应链与供应

链之间的竞争。在这种竞争环境下，企业即使采用了 ERP 等信息管理技术实现了内部信息化单元的集成，但相对于大的社会与市场环境，仍然是一个个信息化孤岛。因此，企业必须用 SCM 来拆除企业间的围墙，实现跨企业的供应链协作。严格地说，供应链并不是一个一对一、业务对业务的链条，而是一个多重业务和关系的网络，它囊括了原材料、零部件和设备的采购，产品的制造与装配、包装与暂存，运输与配送，分销与销售以及最终交付用户和售后服务等环节，从供应商的供应商一直到客户的客户。SCM 是对整个供应链上的需求与供给进行计划、协调、执行、控制、优化和决策的各种活动和过程，它的内容是从提供产品、服务和信息来为用户和股东增添价值，从原材料供应商一直到最终客户业务过程的管理，其目标是使客户所需的正确的产品（Right Product）能够在正确的时间（Right Time）、按照正确的数量（Right Quantity）、正确的质量（Right Quality）和正确的状态（Right Status），以正确的价格（Right Price）送到正确的地点（Right Place），并实现总成本最小。SCM 为企业提供了其业务的内、外部互联及实现集成和管理的机会，出色地管理其全部的业务流程，展示了一种业务伙伴间关系和管理的新型方法。

供应链管理是对商品、资金、信息在供应商、制造商、分销商和顾客组成的网络中流动的管理。供应链管理的核心是以供应为基点，将生产、流通直到消费者终端连接起来，实施高度组织化和现代化的管理。其三大要素是计算机及通信网络技术、优化的组织架构和良好的贸易伙伴关系。供应链管理的经营理念是从消费者的角度，通过企业间的协作，谋求供应链整体最佳化。成功的供应链管理能够协调并整合供应链中所有的活动，最终成为无缝连接的一体化过程，如图 8-5 所示。

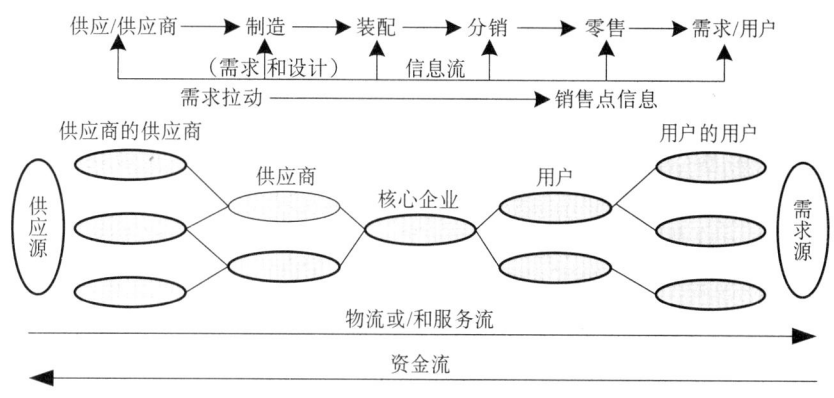

图 8-5 供应链管理概念图

供应链管理的精髓表现在以顾客的需求为大前提，透过供应链内各企业紧密合作，有效益地为顾客创造更多附加价值；对从原材料供应商、中间生产过程到销售网络的各个环节进行协调；对企业实体、信息及资金的双向流动作出管理；强调速度及集成，并提高供应链中各个企业的即时信息可见度，以提高效率。因此，供应链管理的基本概念就是建立在这样一个合作信念之上的，即它能够通过分享信息和共同计划使整体物流效率得到提高。供应链管理使渠道安排从一个松散连接着的独立企业群体，变为一种致力于提高效率和增加竞争力的合作力量。

二、SCM 的系统功能

供应链管理的典型功能主要由采购管理、产品管理、库存管理、销售管理、客户关系管理（包括渠道管理）、预算管理、竞争对手分析、信息管理、系统管理（包括内部权限管理、系统模板选择、系统基本设置）功能等几部分组成。

（1）采购管理。采购管理系统包括生产资料和非生产资料等各种业务采购。采购企业可以通过虚拟的在线产品目录，迅速而实时地访问产品信息；通过在线交易来实现传统采购交易中的多种功能，降低采购周期与成本，保证自身业务高效地进行。对于专业的采购人员来说，他们可以通过系统对库存状况的分析来评估供应商的实力；可以迅速了解供应商的信息，避免传统交易中的种种障碍，对于采购时间有限定的产品极为有利。

（2）产品管理。用户可以方便地在网上查询产品分类、新产品介绍、产品价格、产品库存（如相关的供求情况）等，也可以通过产品的搜索引擎进行查找。后台进行产品信息的录入、删除、修改。

（3）库存管理。完成出入库管理、分仓管理（仓库档案增删改）、存量查询（一览表、汇总、明细）、盘点结存、移库调拨、残损管理、退货管理、安全库存管理等库存业务管理的基本过程。

（4）销售管理。销售管理是对分销业务进行管理的主要功能，包括销售流程管理、产品价格管理、客户信用额度管理以及优惠策略管理。

（5）订单管理。对于客户订单通过订单履行来完成，即订单处理、订单确认、订单状态管理，包括取消、付款、发货等多种状态，以及订单出库和订单查询等。

（6）销售统计。可以通过销售统计查询某个产品、某地区的下级分销商以及某个下级分销商具体情况，还可以形成周/月报表。

（7）竞争对手分析。竞争对手的存在经常会影响销售的顺利进展，甚至会直接因此而造成销售失败，所以知己知彼尤为关键。在这个模块中，允许输入并查看竞争对手的产品、部件、价格、企业情报，并允许对竞争对手进行企业实力与背景、产品、价格等的比较，包括对竞争对手产品、价格、市场策略等收集分析。

（8）信誉额度管理。通过对客户的信誉额度进行管理，来约束客户在使用先取货后付款方式下可以成交订单的最大金额，以控制风险。

（9）渠道健康情况监测。如货物周转周期过长或有货物超期未到、信用透支严重等，可以用颜色报警。基于渠道的销售统计有日常交易量、查询交易明细、渠道成本、流通率、效率计算等。对于客户反馈及投诉，建立在线的客户服务，解决客户的投诉和反馈信息。

（10）预算和计划。根据企业业务要求，参考本月发生额，就下个月份的资金（进出）、库存（进出）、人员、运输等因素进行预算申请及制订相应的业务计划，并通过内部流程的审批。

（11）分析和预测模块。对销售管道中的线索来源、销售机会、销售进度、账户区域分布、客户组织结构等进行图表分析，能够最直观地展现销售业绩，以便于销售人员和经理人员及时发现问题的关键所在，正确作出决策。

三、SCM 的应用现状和发展趋势

供应链是随着企业满足客户需求模式的发展而发展的。1960 年至 1975 年是典型的"推式"生产方式的时代,从原材料推到成品,直至客户一端;1975年到1990年,企业开始集成自身内部的资源,企业的运营规则也从"推式"转变为以客户需求为源动力的"拉式"生产方式;进入20世纪90年代,供应链管理逐渐受到重视,供应链正在改变企业的竞争力格局,互联网创造了一个对供应链具有深远影响的强有力手段——协同工作。随着计划流程所需的大部分输入信息已经可以从基层迅速传递到整个企业,以及更多的数据直接来自最终用户,一体化的集中供应链计划变得更加有效。供应链管理由此跨越了企业间的围墙,建立跨企业的协作,生产企业和物流企业越来越多地使用供应链管理技术和现代科技手段,提升自己的核心竞争力。

供应链管理的另一个发展是供应链执行决策变得日益分散化。因此,供应链从面向库存的供应推动模式发展到面向需求的拉动模式,对供应链效率的不断追求越来越强调分散与集中相结合的结构与方法,即集中计划与分散执行相协调的模式。

今天,互联网创造了一个对供应链具有深远影响的强有力手段——协同工作。随着计划流程所需的大部分输入信息已经可以从底层迅速传递到整个企业,以及更多的数据直接来自最终用户,一体化的集中供应链计划将变得更加有效。相关人员也可以根据业务状况的最新进展来检查和调整有关信息,销售代表能够掌握最新的客户信息,迅速更新需求预测,并逐渐做到支持客户直接更新。同时,购买方和销售方有关产品季节性、促销活动以及新产品发布等信息的共享,将进一步强化这一趋势的发展,从而提高客户服务水平和降低供应链成本。

未来供应链管理的发展趋势是必须借助于市场上各种相关的系统和软件,构建基于Internet的电子供应链,实现供应链集合,使链上的各环节同步化。互联网和企业信息门户将供应商、合同商、制造商、分销商以及用户的业务点进行整合,从而实现更加便携的供应链管理。供应链管理将向全球化、敏捷化、绿色化和电子化方向发展。

第四节 电子商务

一、电子商务的概念

(一)电子商务的概念

电子商务(Electronic Commerce,EC)是指通过信息网络以电子数据信息流通的方式在全世界范围内进行并完成的各种商务活动、交易活动、金融活动和相关的综合服务活动。

电子商务是在Internet开放的网络环境下,基于浏览器/服务器应用方式,实现消费者网上购物、商户之间网上交易和在线电子支付的一种新型的商业运营模式。电子商务可以分为三个方面:信息服务、交易和支付。其主要内容包括:电子商情广告;电子选购和交易、电子交易凭证的交换;电子支付与结算以及售后的网上服务等。

电子商务的交易对象可能是企业、政府部门,也可能是普通的个体消费者。因此根据交易对象性质不同,一般将电子商务分为五种形式:

(1) B2C,即企业与消费者之间的电子商务(Business to Consumer,B2C),如当当网。

(2) B2B,即企业与企业之间的电子商务(Business to Business,B2B),如阿里巴巴。

(3) C2C，即消费者与消费者之间的电子商务（Consumer to Consumer，C2C），如淘宝网。

(4) B2G，即企业与政府部门之间的电子商务（Business to Government，B2G），如网上报税。

(5) C2G，即消费者与政府部门之间的电子商务（Consumer to Government，C2G），如网上办证。

（二） 电子商务的特点

电子商务是在网上开展的一种先进的交易方式，网络是电子商务最基本的构架。电子商务强调参加交易的买方和卖方、银行或金融机构、厂商、企业和所有合作伙伴，都要通过企业内部网、企业外部网和因特网密切结合起来，共同从事在计算机网络环境下的商业电子化应用，实现在 Internet 上的真正意义上的电子商务。Internet 上的电子商务市场是一个资源丰富的信息库，它能够实时地为用户提供其所需的各类商品的供应量、需求量、发展状况及买卖双方的详细情况，从而使厂商能够更方便地研究市场，更准确地了解市场和把握市场。Internet 上的电子商务市场又是世界各地的厂商进行广告宣传的好渠道，全球性的 Internet 网络可以使厂商广告传播的面最广而所需的费用最低。与传统商务相比，电子商务有以下四大特点：

(1) 全球性。Internet 的全球信息共享特征使电子商务的交易活动突破了时间和空间的限制，表现为跨国、跨地区交易变得容易，企业联合和兼并加剧以及通过网络联合的虚拟企业的出现。

(2) 直接性。电子商务的网上交易促使供需双方直接沟通，减少了中间环节，提高了商贸的效率和便利性，降低了成本。

(3) 均等性。网络提供了丰富的共享信息资源。网络上的中小企业可能拥有和大企业同样的信息资源，可以及时掌握市场供求数据和金融信息，通过分析、预测作出正确决策，创造无限的商机。

(4) 信用风险大。网上交易的虚拟化增加了交易过程的不确定性，还可能受到黑客的侵袭和经济犯罪的威胁。

二、电子商务系统

（一） 电子商务系统的概念

电子商务系统是一个以电子数据处理、Internet、数据交换和资金汇兑技术为基础，集订货、发货、运输、报送、保险、商检和银行结算为一体的综合商务信息处理系统。它有四大基础设施和两大支柱。

1. 四大基础设施

(1) 网络基础设施，包括电信网、有线电视网、无线通信网和互联网等。

(2) 信息发布工具，如网页制作工具、超文本标记语言、JAVA 语言等。

(3) 信息交换基础设施，如 EDI、E-mail、超文本传输协议（http）等。

(4) 商业服务基础设施，指保证信息传输安全、电子支付安全的基础设施。

2. 两大支柱

电子商务实质上使用先进的信息技术改变传统的商务模式。作为一项系统工程，电子商务不仅要解决许多技术问题，更重要的是需要得到整个国家和社会的支持。电子商务的两大重要支柱：

（1）公共政策、法律、法规，如有关电子商务的税收制度、定价原则、隐私权的保护以及商务运作的法律等。

（2）技术标准，包括用户接口标准、安全标准和传输协议等。

目前国内比较著名的电子商务网站有很多，如京东、当当、淘宝等，图8-6给出了京东商城和淘宝网的主页。

图8-6 京东、淘宝网网页版主页

(二) 电子商务系统的组成

一个完整的电子商务系统，在 Internet 信息系统的基础上，由参与交易的信息化企业、信息化组织和使用 Internet 的消费者主体、提供实物配送服务和支付结算服务的机构以及提供网上商务的电子商务服务商组成。

电子商务应用系统的组成如图 8-7 所示，其组成要素有以下几点：

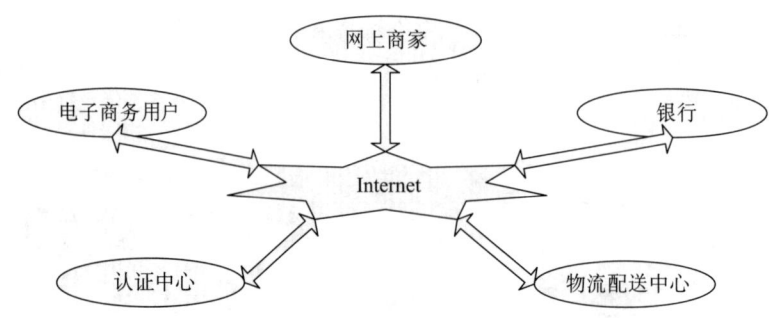

图 8-7 电子商务系统组成图

1. Internet、Intranet 或 Extranet

Internet 是电子商务的基础，是商务、业务信息传送的载体；Intranet 是企业内部商务活动的场所；Extranet 是企业与企业以及企业与个人之间进行商务活动的纽带。

2. 电子商务用户

电子商务用户可分为个人用户和企业用户。个人用户使用浏览器、电视机顶盒、个人数字助理（PDA）、可视电话等接入 Internet，获取信息、购买商品。企业用户建立企业内联网、外联网和企业管理信息系统，对人、财、物、产、供、销进行科学管理。企业利用 Web 网站发布产品信息、接受订单，即建立电子商场。如需要在网上进行销售等活动，还要借助电子报关、电子报税、电子支付系统与海关、税务局、银行进行有关商务、业务等的处理。

3. 认证中心

认证中心是法律承认的电子商务管理与认证的权威机构，负责发放和管理数字证书，使网上交易的各方能相互确认身份。数字证书是一个包含证书持有人的个人信息、证书序列号、有效期、发证单位的数字签名等内容的数字文件。

4. 网上银行

网上银行可以在 Internet 上实现传统银行的业务，为用户提供 24 小时实时服务；网上银行与信用卡公司合作发放电子钱包，提供网上支付手段，为电子商务交易中的用户和商家服务。

5. 物流配送中心

物流配送中心接受商家的送货要求，组织运送无法从网上直接得到的商品，跟踪商品流向，将商品送到消费者手中。

(三) 电子商务系统的功能

电子商务系统可提供网上交易和管理等全过程的服务，因此，它具有广告宣传、咨询洽谈、网上订购、网上支付、电子账户、服务传递、意见征询、交易管理等各项功能。

1. 广告宣传

电子商务可凭借企业的 Web 服务器，在 Internet 上发布各类商业信息。客户可借助网络检索工具（Search）迅速找到所需商品信息，而商家可利用网上主页和电子邮件在全球范围内作广告宣传。与以往的各类广告相比，网络广告成本最为低廉，而给顾客的信息量却最为丰富。

2. 咨询洽谈

电子商务可借助非实时的电子邮件、新闻组和实时的讨论组来了解市场和商品信息、洽谈交易事务，如有进一步的需求，还可用网上的白板会议来交流即时的图形信息。网上的咨询和洽谈能超越人们面对面洽谈的限制，提供多种方便的异地交谈形式。

3. 网上订购

电子商务可借助网页邮件交互传送实现网上订购。网上的订购通常都是在产品介绍页面上提供十分友好的订购提示信息和订购交互格式框。当客户填完订购单后，通常系统会回复确认信息单来保证订购信息的收悉。订购信息也可采用加密的方式，使客户和商家的商业信息不会泄漏。

4. 网上支付

电子商务要成为一个完整的过程，网上支付是重要的环节。在网上直接采用电子支付手段将可减少成本。网上支付将需要更为可靠的信息传输安全性控制，以防止欺骗、窃听、冒用等非法行为。

5. 电子账户

网上支付必须有电子金融来支持，即银行或信用卡公司及保险公司等金融单位要提供网上操作的金融服务。而电子账户管理是其基本的组成部分。信用卡号或银行账号都是电子账户的一种标志，而其可信度需配以必要的技术措施来保证，如数字凭证、数字签名、加密等手段的应用提供了电子账户操作的安全性。

6. 服务传递

对于已付款的客户应将其订购的货物尽快地传递到其手中。而有些货物在本地，有些货物在异地，电子邮件可以在网络中进行物流的调配。而最适合在网上直接传递的货物是信息产品，如软件、电子读物、信息服务等，能直接将其从电子仓库中发到用户端。

7. 意见征询

电子商务能十分方便地采用网页上的"选择""填空"等格式文件来收集用户对销售服务的反馈意见，这样能够使企业的市场运营形成一个封闭的回路。客户的反馈意见不仅能提高售后服务的水平，更使企业获得改进产品、发现市场的商业机会。

8. 交易管理

整个交易的管理将涉及人、财、物多个方面，企业和企业、企业和客户及企业内部等各方面的协调和管理。因此，交易管理是涉及商务活动全过程的管理。电子商务的发展，将会提供一个良好的交易管理网络环境及多种多样的应用服务系统。这样，能保障电子商务获得更广泛的应用。

（四）电子商务的支付问题

1. 电子支付

电子支付是以金融电子化网络为基础，利用电子媒介，以计算机技术和通信技术为手段，将货币以电子数据（二进制数据）形式存储在银行的计算机系统中，并通过计算机网络系统以电子信息传递形式实现流通和支付。电子支付系统的功能是实现实时的付款交易活动,当顾客在浏览器上点击"付款"后,支付过程就自动完成。电子支付的形式有信用卡、电子支票和数字现金等。

2. 信用卡

信用卡系统是一种建立在金融网基础上的、可以实时在线支付的系统,其功能包括消费结算、通存通贷、自动取款和代理收费等。

3. 电子支票

电子支票是显示在屏幕上的支票。电子支票的使用者凭信用卡或银行账号到提供电子支票的银行注册,才能在网络上生成电子支票。电子支票的内容包括支付人的姓名、支付人金融机构名称、支付人账户名、被支付人姓名、支票金额等。

4. 电子现金

电子现金又称数字现金,是以数字形式代表的现金货币,具体是用一串加密的数字来表示现金。电子现金具有货币价值、可交换性、可存储性和重复性的特点。

三、电子商务的应用现状和发展趋势

随着互联网普及率的不断提升,中国电子商务市场稳步发展。艾媒咨询i(iMedia Research)数据显示,2019年,中国的网络零售总额已达到195209.7亿元,占社会零售总额的24.7%。另,据智研咨询发布的《2020—2026年中国移动电商产业运营现状及发展前景分析报告》数据显示:截至2020年3月,我国手机网民规模为8.97亿。手机网民用户的快速增加,推动了我国手机网络购物的飞速发展。移动终端和支付技术的进步使得电商在网民中的渗透率提升,电商体系在中国已发展成熟。随着电商的稳步发展,各大电商平台都不遗余力地开拓新的营销模式来增加消费者的欲望,近两年最流行的网络消费模式是直播带货和社团团购。

目前,电子商务与产业发展深度融合,加速形成经济竞争新态势。电子商务广泛深入地渗透到生产、流通、消费等各个领域,改变着传统经营管理模式和生产组织形态,正在突破国家和地区局限,影响着世界范围内的产业结构调整和资源配置,加速经济全球化进程。发达国家和新兴工业化国家把电子商务作为强化竞争优势的战略举措,制定电子商务发展政策和行动计划,力求把握发展主动权。随着我国对外开放水平提高和市场化进程加快,大力发展电子商务已成为我国参与全球经济合作的必然选择。

我国电商行业发展具有以下趋势:

第一,新零售时代流量获取话题突出,平台通过多样模式创新争取用户。电商行业进入新零售时代以来,关于用户流量获取的问题越来越受到各大平台关注。线上平台获客成本持续走高以及发展线下导致转型成本较高都成为各平台发展所面对的考验。面对流量获取的问题,电商平台开始探索更多新型的电商模式,如社交电商、直播电商等创新模式,电商平台对于流量的争夺趋于白热化。

第二,电商体系加速成熟,行业发展将更加规范化。中国消费者生活水平日益提高、电商普及程度不断加强、国家政策鼓励电子商务的发展,多方因素推动电商体系发展更加成熟。中国电商行业已进入成熟发展阶段,电商在中国零售行业的位置愈加重要。但与此同时,这一行业仍然存在诸多乱象,《电商法》的出台是政府重视行业规范发展的信号,未来相关监管措施仍会进一步加强。

第三，消费者电商购物更注重品质，平台背书影响力扩大。电商供应链环节的日益完善，使消费者多样化的消费需求得到满足，用户对电商购物的关注也从商品丰富度、性价比，逐渐向商品质量保障方面转移。在消费升级的背景下，质量保障成为各大平台争取用户的关键。而随着电商行业发展逐渐往头部靠拢，未来平台背书的作用将更加明显，口碑建设的重要性愈加突出。

第四，电商平台加强社交化布局，组团拼购模式发展速度提升。现阶段各大电商平台开始注重产品社交化布局，如纷纷进入拼购、社区拼团等细分赛道，平台在社交化领域的竞争开始受到关注。电商社交化运营模式是降低平台获客成本的有效手段，并且有助于商家解决销路问题，整体发展迅速，未来入局到社交化运营的电商平台将继续增加。

第五，电商平台加码内容营销，视频成新阶段获客重要载体。在获客成本不断攀升的情况下，电商平台对于内容营销的重视程度不断提高。而消费者信息获取趋向碎片化，电商平台内容营销的模式也能有效满足用户需求。未来5G应用更加深化后，以视频为载体的内容营销模式将是平台获客的重要手段，能够从展现形式、增强消费者信息等角度更好地帮助电商平台产品销售。

第六，基础设施完善助力电商平台加强渗透，下沉城市争夺将更趋激烈。中国电商发展的基础环境正不断完善，如物流配送覆盖的地域、购物支付的便利性等。逐渐完善的基础设施也有助于电商平台加强对更多地区和人群的渗透。未来随着一、二线城市用户消费逐渐饱和，下沉市场将成为电商平台新的发展重点。

第五节　电子政务

一、电子政务的概念

（一）电子政务的概念

20世纪90年代后，随着国际互联网技术的迅速发展及其在政府公共管理中的应用，电子政务、电子政府等一些新的概念随之产生。电子政务是指政府机构在其管理和服务职能中运用现代信息技术，实现政府组织结构和工作流程的重组优化，超越时间、空间和部门分隔的制约，建成一个精简、高效、廉洁、公平的政府运作模式。电子政务模型可简单概括为两方面：政府部门内部利用先进的网络信息技术实现办公自动化、管理信息化、决策科学化；政府部门与社会各界利用网络信息平台充分进行信息共享与服务、加强群众监督、提高办事效率及促进政务公开等。

当然，电子政务的上述业务内容并不是一出现就具备了的，而是在电子政务从简单到复杂的发展过程中逐步建立和完善起来的。在我国，2001年12月，国家信息化工作领导小组召开第一次会议，将电子政务建设列为国家信息化的首要工作，至此，我国的电子政务建设开始进入全面推进时期。2002年1月，国务院信息化工作办公室和国家标准化管理委员会联合成立了电子政务标准化总体组，全面启动电子政务标准化工作。《电子政务标准化指南》的印发，标志着我国电子政务标准化工作已经正式启动。我国电子政务进入实质性应用阶段。

2002年11月，中国共产党第十六次全国代表大会明确提出要"推行电子政务，提高行政效率，降低行政成本，形成行为规范、运转协调、公正透明、廉洁高效的行政管理体制"，以电子政务带动政府管理体制改革。

（二）国内外电子政务发展现状

1. 国内电子政务现状

对我国来说，电子政务这个概念与电子商务一样是从国外泊来的。我国的电子政务发展过程基本上是与自身信息化历程同步的。具体来说，我国的电子政务是循着"机关内部的办公自动化"—"管理部门的电子化工程"—"全面的政府上网工程"这一条线展开的。从总体上看，与其他国家的电子政务发展特点基本相同。但由于各国国情不同，具体而言，我国的电子政务又与其他国家的有所不同，具体表现在：

第一，我国的电子政务起点较低。这是由于我国总体上信息化水平不高，因此我国电子政务的发展是从办公自动化开始的；而西方国家政府机关的办公自动化早在20世纪60—70年代就完成了，而我国在80年代才刚刚起步。

第二，我国的电子政务发展不平衡。由于我国地域广阔，各地区发展水平差距较大，这些差别主要表现在地区差别、城乡差别、行业差别上，因此我国的电子政务在发展过程中，是在中央政府的推动和需求的拉动下从一些行业管理部门开始的。另外，我国电子政务发展的不平衡表现为东部沿海地区、大城市发展较快。与这些重点部门和地区相比，其他行业部门和地方政府的电子政务发展相对迟缓。

第三，我国的电子政务目标和出发点更具有多样性。由于我国正处在市场经济体制的建立和完善过程中，政府对经济特别是企业的管理方式要进行彻底的改变，以及各级政府机构进行精兵简政，这些客观环境的变化，必然对政府政务活动造成影响，因此，我国的电子政务发展势必要满足或保障这些目标的实施。实际上，我国的电子政务发展目标不仅仅是提高政府部门办公效率和树立政府部门形象的问题，其更深层次的问题是如何进一步促进政务活动的改革。

2. 国外的电子政务的现状

（1）美国的电子政务发展现状。美国的政府网站建设已经相当完善和成熟。美国联邦政府一级机构和州一级政府已全部联网，几乎所有县市都建有自己的站点。美国的政府网站内容非常丰富。以人口调查站点为例，用户可以通过直观地图的形式，查看州一级甚至县一级人口详尽的统计数据，包括当地从事各种职业的人口组成等。

（2）加拿大的电子政务发展现状。加拿大的电子政务虽然起步较晚，但发展进程较快。在电子政务建设方面，加拿大政府大力推广电子政务在各行业的应用，不仅实现了教育、就业、医疗、电子采购、社会保险等领域的政府电子化服务，而且根据需要不断增加和集成新的政府门户网站，先后建立了加拿大政府门户网站、加拿大出口资源网站、加拿大青年网站等诸多政府网站。

（3）法国的电子政务发展现状。法国政府部门的网站内容很丰富。从部长栏中，可查到部长简历，部长办公室主要人员，部长活动日程、讲话、新闻发布等，其他栏目有宏观经济数据、企业生活、公众生活、欧洲与世界、地区经济，还有远距离服务、实用信息、论坛、资料摘要等。网民如果需要订阅新闻，只需要填写网络表格便可获取。此外，各部门也有内部网络，供内部有关人员查询。

(4) 英国的电子政务发展现状。英国的电子政务起步也比较早。早在 2001 年，英国的成年网民中就有 18% 的人使用政府机构网站获取服务或官方文件等信息，政府机构网站总数达 1000 多个，每星期的访问请求超过 2000 万次。现在，人们可以通过网络获取关于就业、理财、旅行、生活等方面的政府信息与服务，而无须再排长队。

(5) 德国的电子政务发展现状。德国初期开展的电子政务项目多为一些与企业及百姓密切相关的事务，如申报纳税、企业增值税号的查询、企业向统计局上报外贸统计资料、大学生申请优惠贷款等。按照计划，德国将逐步推出并完善各项政务的网上业务，与公民有关的事务除了必须面谈的之外，都可上网办理。

(6) 日本的电子政务发展现状。日本的电子政务工程主要有五大方面的基础建设：①政府机关（中央和地方）内部因特网以及情报信息化的基础作业；②综合行政互联网的相互连接；③申请、发出手续的在线化；④地区情报信息基础作业；⑤居民户口管理互联网系统的建设。从上述五大方面的基础建设项目内容可以看出，电子政务对硬件的功能要求非常高，对高速信息平台的容量和载体通过能力要求非常大，只有以光纤为主要材料的超级宽带网才能承担。目前，随着相关技术的更新发展，日本电子政府的建设步伐已大大加快。

(7) 韩国的电子政务现状。韩国在实施电子政务的过程中，围绕下述工作重点开展了一系列卓有成效的建设工作：①建立、完善电子政务的法律与制度保障；②实现政务信息数字化，建立公用电子资料库；③重视政务信息的公开；④政府信息公开；⑤再造行政业务，提高公务员的能力和素质。

3. 电子政务的全球发展总体现状

从电子政务在全球的发展来看，表现出以下特点：

第一，电子政务在各国的发展起步时间大致相同，即大多数国家都是在 20 世纪 90 年代中期前后开展电子政务建设；

第二，电子政务的发展目标基本上都是指向提高政府工作效率、树立政府形象等方面；

第三，电子政务的出发点基本上都是以满足国民对政府经济事务的管理和社会服务等方面的要求为主。

（三）电子政务的基本模式与功能

电子政务所包含的内容极为广泛，几乎可以包括传统政务活动的各个方面。根据近年来国际电子政务的发展和中国电子政务的实践，目前电子政务的主要模式有政府对市民间的 G2C 模式、政府对企业间的 G2B 模式、政府与雇员间的 G2E 模式和政府部门与政府部门间的 G2G 模式。

1. G2C 电子政务模式

G2C 电子政务是指政府（Government）与公民（Citizen）之间的电子政务，是政府通过电子网络系统为公民提供各种服务。G2C 电子政务所包含的内容十分广泛，目前主要的应用包括以下一些方面：

(1) 电子身份认证系统；

(2) 社会保障服务系统；

(3) 公民信息服务与电子民主管理系统；

(4) 电子医疗服务系统；

(5) 电子就业服务系统；

（6）教育培训服务。

2. G2B 电子政务模式

G2B 电子政务指政府与企业（Business）之间的电子政务。企业是国民经济发展的基本经济细胞，促进企业发展，提高企业的市场适应能力和国际竞争力是各级政府机构共同的责任。对政府来说，G2B 电子政务的形式主要包括以下几种：

（1）政府电子化采购；

（2）电子税务系统；

（3）电子工商行政管理系统；

（4）电子外经贸管理；

（5）综合信息服务系统。

3. G2E 电子政务模式

G2E 电子政务是指政府与政府公务员（Employee）之间的电子政务。G2E 电子政务是政府机构通过网络技术实现内部电子化管理的重要形式，也是 G2G、G2B 和 G2C 电子政务模式的基础。G2E 电子政务主要是利用 Intranet 建立起有效的行政办公和员工管理体系，为提高政府工作效率和公务员管理水平服务。具体的应用主要有以下几种：

（1）公务员日常管理。如利用网络进行日常考勤、出差审批、差旅费异地报销等，既可以为公务员带来很多便利，又可节省领导的时间和精力，还可有效降低行政成本。

（2）电子人事管理。包括电子化招聘、电子化学习、电子化沟通等内容。

G2E 电子政务的形式不一而足，主要应从不同政府部门需求的实际出发，探索具体可行的电子化管理方式。

4. G2G 电子政务模式

G2G 电子政务即政府与政府之间的电子政务，它是指政府内部、政府上下级之间、不同地区和不同职能部门之间实现的电子政务活动。通过 G2G 电子政务的开展，打破了机关组织部门的垄断与封锁，加速了政府内信息的流转和处理，避免了政府各部门之间相互推诿的现象，提高了政府内部的行政效率，并能以整体的形象提供"一站式"服务。其主要内容包括以下几种：

（1）政府内部网络办公系统；

（2）电子法规、政策系统；

（3）电子公文系统；

（4）电子司法档案系统；

（5）电子财政管理系统；

（6）各类电子资料库；

（7）电子培训系统。

从上面概括的应用方面来看，传统的政府与政府间的大部分政务活动都可以通过利用网络技术，高速度、高效率、低成本地实现。

二、电子政务的应用现状和发展趋势

（一）电子政务的发展阶段

根据网络技术发展情况、基础设施建设情况以及应用的需求情况，各国普遍采取经济性和效益性相结合的电子政务策略，分步实施，不断完善。一般认为，电子政务的发展需要经历四个阶段。

第一阶段：Web展示阶段。政府借助于网络发布一些政策、法规、指南及联系方式等信息，仅仅局限于静态网站建设，静态信息发布及查询。

第二阶段：互动阶段。在这一阶段实现了网上信息的动态发布，更加体现了政府的服务功能，通过各种自动表单的应用推进政府内部无纸化办公的发展。

第三阶段：事务阶段。在这一阶段政府与用户网上完成双向互动，内部无纸化办公进一步深入，不同部门之间可以进行互联互通。

第四阶段：革新阶段。在这一阶段引入了信息门户的技术，将政府内部办公与政务业务集成起来，不同部门之间可进行协同办公，实现了外部公众与政务之间真正的互动。

（二）电子政务的应用现状

经过近年来突进式的大规模建设，我国电子政务治国理政和服务于民的架构已经形成：中央级传输骨干网开通，国家电子政务外网投入运行，可以承载中央和地方部门的部分政务业务，为进一步整合内、外网及专项网资源，实现国家电子政务网络的互连互通和政务业务系统的协同互动奠定了基础；各级政府门户网站开通运行，为更好地服务群众搭建了桥梁。

在其他方面，"金税工程"有力地促进了税收管理水平的改善和提高。增值税防伪税控系统、电子发票申报系统系列产品相继投入使用，国家税收征管跃上新的台阶；"金卡"工程首先在北京、上海等12个大城市试点，后逐步扩展至全国城乡，如今IC卡已应用在全国各行各业中；"金盾工程"的实施增强了公安机关快速反应、协同作战的能力，提高了公安机关的工作效率和侦察破案水平，对于稳定社会秩序、打击刑事犯罪成效显著。

截止到目前，电子政务建设已经覆盖了税务、海关、农业、银行、公安和社会保障等关系国计民生的重要领域，并已开始为政务部门履行经济调节、市场监管、社会管理和公共服务职能提供重要的技术支撑。

（三）电子政务的发展趋势

电子政务的发展，必将进行资源整合，促进政府向扩展型和服务型政府转型，大幅度提升公共管理和服务水平及创新力。随着信息系统资源整合和IT服务外包的发展，电子政务将实现系统简约化、集成化，降低IT成本，提高信息资源利用率和安全性；实现统一窗口、整合资源，提供"一站式"服务；以政务业务流为主线，重点推进跨部门应用；多种渠道和终端方式结合，为大众提供普遍服务。

第六节 决策支持系统

决策贯穿于管理的全过程，管理工作的成败，首先取决于决策的正确。决策错了，再好的管理也无济于事。本节从决策的概念谈起，逐步介绍决策的过程、决策支持系统、人工智能与专家系统、联机分析处理及商务智能方法与应用。

决策支持系统是结合与利用计算机强大的信息处理能力和人的灵活判断能力，以交互方式支持决策者求解半结构化和非结构化决策问题的信息系统。

一、决策

(一) 决策的概念

决策是人们为达到一定目的而进行的有意识、有选择的活动。

对于决策有以下三种理解：一是把决策看作是一个包括提出问题、确立目标、设计和选择方案的过程。这是广义的理解。二是把决策看作是从几种备选的行动方案中作出最终抉择，是决策者的拍板定案。这是狭义的理解。三是认为决策是对不确定条件下发生的偶发事件所作的处理决定。这类事件既无先例，又没有可遵循的规律，作出选择要冒一定的风险。也就是说，只有冒一定风险的选择才是决策，这是对决策概念最狭义的理解。

(二) 决策过程

在一定的人力、设备、材料、技术、资金和时间因素的制约下，人们为了实现特定目标，可从多种可供选择的策略中作出决断，以求得最优或较好效果的过程就是决策过程。

决策科学的先驱西蒙（Herbert Alexander Simon）建立的决策过程的基本模型包括三个阶段，如图 8－8 所示：

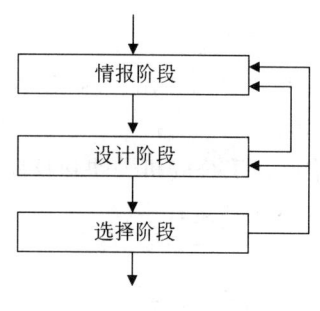

图 8－8 西蒙决策模型

(1) 情报阶段。决策的第一步是调查企业内外的情况，搜集有关数据并进行分析处理，以发现问题，寻找机会。

(2) 设计阶段。问题确立之后，提出各种解决问题的可能方案。

(3) 选择阶段。设计阶段结束后，决策者按共同的准则对可行的方案进行比较，选出一种方案并付诸实施。

后来西蒙在他的决策过程模型中又增加了决策实施阶段，但仍强调前三个阶段是决策过程的主要部分。

(三) 决策问题的类型

1. 按制定决策的组织层次分

组织中的层次不同，其决策的类型也不同。通常把组织中的决策类型分为三类，即战略决策、管理决策和业务决策。这种决策分类同组织中的层次结构，即战略层、管理层和操作层相对应。

战略决策是指企业适应时刻变化着的外部环境的一种决策，具有全局性、长期性与战略性的特点。对企业而言，战略决策是有关企业生存的重大决策，比如确定或改变企业的经营方向和经营目标、新产品开发、企业上市、企业兼并、企业合并、开拓海外市场、合资经营、扩展生产能力等均属战略决策。

管理决策是指对企业的人力、资金、物资等资源进行合理配置以及改变经营组织机构的一种决策，具有局部性、中期性及战术性的特点。管理决策的制定必须纳入战略决策的轨道，为企业实现战略目标服务。像机构重组、人事调整及资金筹措与使用等都属于管理决策的范畴。

业务决策是建立在一定的企业运行机制基础上，是有关日常业务的决策，具有琐碎性、短期性与日常性的特点，如车间每日产量、食堂饭菜花色品种与质量等。

2. 按问题的结构化程度分

依据问题的结构化程度不同，可将决策划分为三种类型，即结构化决策、半结构化决策和非结构化决策。这三种类型的决策与组织的管理层次有一定的联系。

结构化决策是指建立在清楚的逻辑基础上的决策。一般是指决策方法和决策过程有固定的规律可遵循，可用形式化的方法描述和求解的一类管理决策问题，如可用解析的方法、运筹学的方法、经验方法、程式化的方法等来解决决策问题。

非结构化决策是没有明确决策规则的决策。一般是指决策方法和决策过程没有什么规律可遵循并难以用确定的方法和程式表达的，即只能根据当时的情况和决策者手中所掌握的数据，临时作出决定的一类决策问题。

半结构化决策是指介于前两者之间的一种情况，即决策方法和决策过程有一定的规律可遵循，但又不完全确定的情况。

管理人员所面临的许多决策，既不是绝对的结构化决策，又不是完全的非结构化决策，而是介于二者之间的所谓"半结构化决策"。

二、决策支持系统

（一）决策支持系统的概念

决策支持系统（Decision Support Systems，DSS）是管理信息系统应用概念的深化，是在管理信息的基础上发展起来的系统。DSS是能帮助决策者利用数据和模型去解决半结构化决策问题的交互式系统。

决策支持系统面向决策者，其输入和输出、起源和归宿都是决策者。决策支持的概念强调"支持"而不是"代替"。人是决策的主体，决策支持系统力求为决策者扩展决策能力，而不是取而代之。从概念上讲，决策支持系统由三个部分组成，即语言系统、问题处理系统和知识系统，如图 8-9 所示。

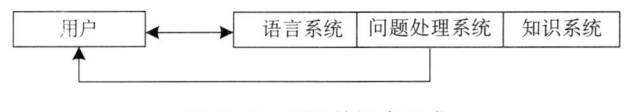

图 8-9 DSS 的概念组成

按照决策支持系统本身的功能来分，我们可以把决策支持系统分为专用决策支持系统，决策支持系统工具和决策支持系统生成器。

专用决策支持系统（Special Decision Support Systems，SDSS）是指专门针对某种问题的决策支持系统，如专用于电站投资的支持系统、专用于某地区货运汽车调度的决策支持等。

决策支持系统工具（Decision Support System tools，DSST）是指用于支持系统失策的一些工具，如某种语言、操作系统、某种数据库软件等。

决策支持系统生成器（Decision Support System Generator，DSSG）通用于任何决策支持系统。实际上由于决策的复杂性，决策涉及面太大，不可能建造一个通用的决策支持系统，而只可能建造一个生成器，这个通用生成器可以生成各种决策支持系统，所以它是通用的。但正因如此，它也不是那么直接，必须还要经过生成。DSSG可以帮助决策者快速而容易地建立专用决策支持系统，如IFPS（Interactive Financial Program System）、Excel等。它类似于专家系统外壳，是一种开发环境。

SDSS、DSST和DSSG的关系可用图8-10表示。

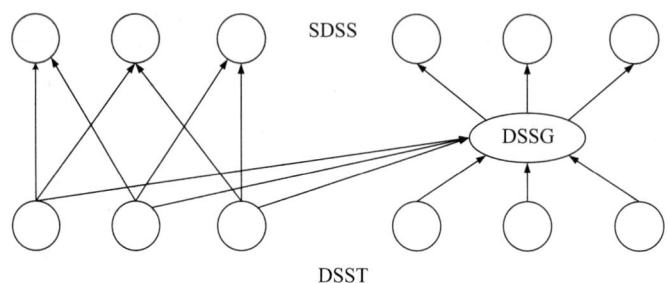

图8-10　SDSS、DSST和DSSG关系图

由图8-10可以看出，一个专用的DSS可以由工具组合而形成，也可以由DSSG开发得到。一个DSSG也可把DSST作为成分连到SDSS中。

（二）决策支持系统的结构

决策支持系统一般结构如图8-11所示。

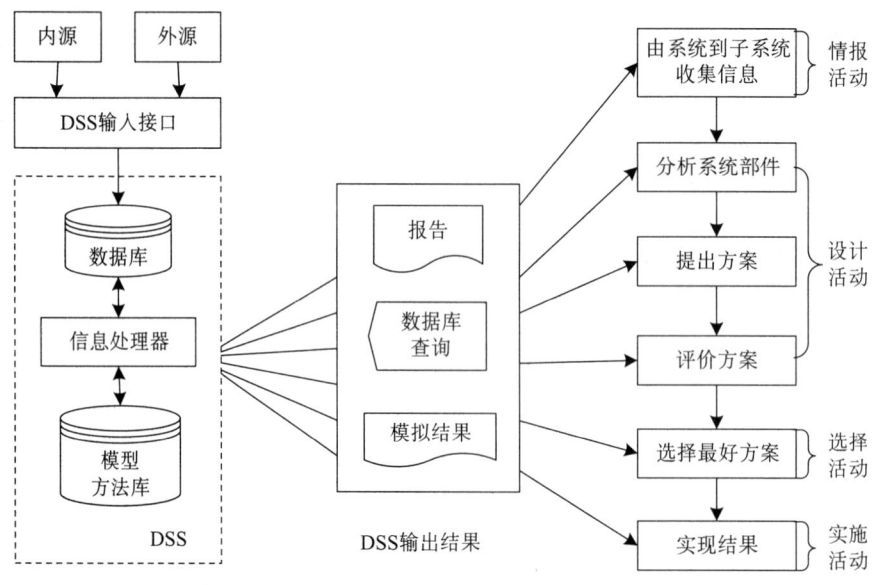

图8-11　决策支持系统一般结构

由图 8-11 可以看出，决策支持系统的信息可来自内源和外源。决策支持系统本身包含一些库，如数据库、模型方法库。有时模型方法库分开为模型库和方法库。决策支持系统应有信息处理器。决策支持系统有两个接口，一个是与内源和外源相联的 DSS 输入接口，一个是 DSS 的输出接口。由输出接口产生一些报告、模拟结果以及查询结果，用以支持决策的四个阶段，即情报阶段、设计阶段、抉择阶段和实施阶段。

（三）决策支持系统的特点

1. 面向决策者，支持决策全过程

DSS 所解决问题的性质决定了决策者在系统中的主导地位，所以开发和设计 DSS 必须以决策者为核心，面向决策者的决策特点、偏好、技能和知识，针对决策者所关心的决策问题。

决策过程通常分为情报阶段、设计阶段、选择阶段和实施阶段。决策支持系统支持整个决策过程，而不只是其中的一个或几个阶段。也就是说，决策支持系统应该为决策的情报收集过程提供支持，完成大量相关数据资料的收集汇总分类和加工处理功能；决策支持系统应该为决策的方案设计工作提供支持，用大量的模型、方法和数据为面临的问题提供多种可能的方案；同时，决策支持系统还要评价这些方案，给出各种可能的预算结论和指标特征，并与决策人员交换数据和信息，完成方案的比较和筛选；决策支持系统还要为方案的实施提供应有的支持和帮助。

2. 主要解决半结构化和非结构化问题

所谓结构化问题，是指问题的目标和所涉及因素间的因果关系均很明确，并都能明确地用科学方法描述。对这类问题的求解可以采用人们比较熟悉的算法和解题规则。非结构化问题是一些新颖的、始料不及的、非常规的问题，问题的目标和所涉及因素间的因果关系均不明确，因而对这类问题没有固定的求解算法和规则。人们对于非结构化问题的处理不像结构化问题那样可以得到准确的答案。半结构化问题是介于结构化问题和非结构化问题之间的问题。实际上，大量的决策问题都属于半结构化问题。

结构化问题可以由管理信息系统和事物处理系统很好地解决。而半结构化和非结构化问题既要利用系统自动化的数据处理，还要依赖决策者的直观判断，所以 DSS 行之有效。

3. 支持决策而非代替决策

DSS 面对的主要是半结构化和非结构化问题，因而只能为决策者扩展决策能力，而不是也根本无法取代决策者在决策中的主导地位。在决策支持系统中过分强调计算机的作用是非常不当的，这也是很多决策支持系统不太成功的原因。人是无法被替代的，最重要的决策问题往往是依靠决策者的经验和直觉，而这些是无法通过计算机定量计算和分析的。即使是智能决策支持系统，虽然结合了专家系统，利用专家的经验和知识解决复杂的分析和判断过程，但仍然无法替代决策者本人。所以，一个真正成功的 DSS 必须而且也只能是辅助决策的信息系统。

4. 交互式的处理方式

交互处理表现在很多方面，如模型选择、结果比较、意外状况应对、随机的数据查询等。交互处理的方式非常适合非计算机人员更好地利用系统，而他们正是 DSS 最主要的用户。

（四）决策支持系统的主要功能

（1）收集、管理和提供与决策有关的组织内部信息，如销售情况、库存状况、运输能力和财务状况等；外部信息，如政策法规、经济统计、市场变动等；方案执行反馈信息，如预测偏差、订货单的执行情况、运输方案和装车方案的实际效果等。

（2）存储并管理与决策有关的数学模型，如预测模型、库存控制模型等；算法和标准函数，如线性规划、路径优化算法等。

（3）灵活运用模型与方法对数据进行加工、汇总、分析、预测，得到所需要的综合信息，如销售预测、运输方案等。

（4）能够容易地修改和添加数据、模型和方法。

（5）不断提供各种选择方案，用灵活的人机对话功能与管理人员交换信息。

（6）在系统之间或决策人员之间具有良好的数据通信功能。

三、决策支持系统与人工智能、专家系统

传统决策支持系统实质上侧重于模型的定量计算，因而在对定性分析依赖性较强的非结构化决策支持方面没有取得很大的突破。非结构化决策问题特别是面向战略管理层的非结构化问题，如发现问题、寻求机遇、预测未来趋势等，问题本身的复杂性和动态性以及所需信息的不足，对 DSS 提出了更高的要求。如果系统能够具有一定的智能，DSS 将会发挥更大的作用。人工智能和专家系统的蓬勃发展，为 DSS 提供了新的方向。人工智能使计算机系统具有像人一样的推断能力，专家系统是人工智能的一个重要分支。

（一）人工智能

人工智能（Artificial Intelligence，AI）是研究、开发用于模拟、延伸和扩展人的智能的理论、方法、技术及应用系统的一门新的技术科学。人工智能是计算机科学的一个分支，它企图了解智能的实质，并生产出一种新的能以人类智能相似的方式作出反应的智能机器，这一领域的研究包括机器人、语言识别、图像识别、自然语言处理和专家系统等。人工智能从诞生以来，其理论和技术日益成熟，应用领域也不断扩大。人工智能是对人的意识、思维的信息过程的模拟。人工智能不是人的智能，但能像人那样思考、也可能超过人的智能。但是这种会自我思考的高级人工智能还需要科学理论和工程上的突破。

人工智能是研究计算机模拟人的某些思维过程和智能行为如学习、推理、思考、规划等的学科，主要包括计算机实现智能的原理、制造类似于人脑智能的计算机，使计算机能实现更高层次的应用。人工智能涉及计算机科学、心理学、哲学和语言学等学科，可以说几乎是自然科学和社会科学的所有学科，其范围已远远超出了计算机科学的范畴。人工智能与思维科学的关系是实践和理论的关系，人工智能处于思维科学的技术应用层次，是思维科学的一个应用分支。从思维观点看，人工智能不局限于逻辑思维，要考虑形象思维、灵感思维才能促进人工智能突破性的发展。数学常被认为是多种学科的基础科学，数学也进入语言、思维领域，人工智能学科也必须借用数学工具。数学不仅在标准逻辑、模糊数学等领域发挥作用，数学进入人工智能学科，它们将互相促进并且加速发展。

人工智能目前以基于知识的信息系统的形式被应用与商业化，其中最常见的是专家系统。但专家系统只是人工智能的应用领域之一，人工智能的应用领域还包括自然语言处理、

语言识别、计算机视觉与情景识别、模糊逻辑、神经网络以及遗传算法等。

（二）专家系统

专家系统（Expert Systems，ES）是一种运用知识和推理过程来解决那些需要特殊的、重要的人类专家才能解决的复杂问题的人工智能系统。专家系统处理现实中由专家分析和判断的复杂问题，利用专家推理方法的计算机模型求解问题。一个基于规则的专家系统向用户提出问题，跟据用户的回答再提出其他问题，直到系统具有足够的信息来得出结论或提出建议。专家系统适用于解决诊断性问题（发生了什么问题）和指令性问题（该做什么）。例如，利用专家系统诊断疾病或找出机器发生故障的原因，而且，还可以利用专家系统确定如何解决问题。

专家系统一般由知识获取设备、知识库、推理机、用户接口、解释器和综合数据库等部件构成，基本结构如图 8-12 所示，其中箭头方向为数据流动的方向。

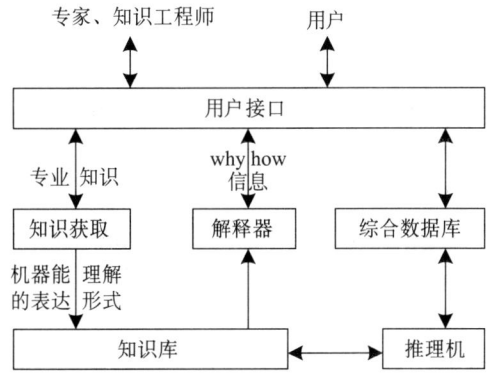

图 8-12 专家系统基本结构

专家系统的基本工作流程是用户通过用户接口回答系统提问，推理机将用户输入的信息与知识库中各个规则的条件进行匹配，并把被匹配规则的结论存放到综合数据库中，最后，专家系统得出最终结论并将其呈现给用户。

在这里，专家系统还可以通过解释器向用户解释以下问题：系统为什么要向用户提出这一问题（Why）？计算机是如何得出最终结论的（How）？

领域专家或知识工程师通过专门的软件工具或编程实现专家系统中知识的获取，不断地充实和完善知识库中的知识。其主要开发工具有 Gensym G2、CLIPS、Prolog、Jess、MQL4 等。

DSS 与 ES 的比较如表 8-1 所示。

表 8-1　　　　　　　　　　DSS 与 ES 的比较

关键特点	DSS	ES
主要目标	支持决策者	代替决策者
谁作决策	人	ES
面向谁	决策者	模拟专家
查询操作	用户问系统	系统问用户

续表

关键特点	DSS	ES
主要部件	数据库、模型库、会话部件	知识库、推理机、用户接口
操作形式	算法、满意解	启发式、最佳解
用户	主要决策	专家和其他人
设计队伍	分析员、程序员、用户	知识工程师、专家、用户
问题领域	通用	专用
问题顺序化	非顺序化	顺序化
支持性质	个人或组织	个人
推理或扩充能力	无	有一些
技术水平	DSS工具、专用DSS、DSS生成器	ES工具、专用ES、ES结构器

（三）专家系统与决策支持系统集成

将专家系统的定性分析判断能力与DSS模型化定量计算能力相结合，便出现了智能决策支持系统（Intelligent DSS，IDSS）。与DSS相比，IDSS在结构上增加了知识库、推理机与问题处理系统，人机对话部分还增加了自然语言处理功能。

知识库是IDSS的核心部件，在模型数值计算的基础之上引入了启发式等人工智能的求解方法，使原来传统DSS中依靠人的经验和直觉来完成的定性分析，如模型选择、结果比较等，部分或大部分由专家系统来实现。推理机还能自动获得新的知识，系统在知识方面的积累会使能力不断增强。

专家系统和决策支持系统相结合，既能充分发挥专家系统以知识推理形式解决定性分析问题的特点，又能发挥决策支持系统以模型计算为核心解决定量分析问题的特点，充分做到定性和定量分析的有机结合，使其解决问题的能力和范围都得到很大的发展。

专家系统工具和技术可以融入决策支持系统，为用户提供咨询环境以提高决策质量，完成常规的决策支持系统所不能完成的功能。但是专家系统有别于决策支持系统：运用决策支持系统时，用户必须对所处理的问题有一定的专业知识和专业技能，即用户应知道如何对问题进行推理，应提出哪些问题，如何得到答案和怎样进行下一步，此时的决策支持系统只能是辅助用户进行决策；然而，专家系统则不同，它本身就具有某个领域专家用以解决问题的专业知识，用户只需向专家系统提出问题的事实和表象即可。

四、决策支持系统的应用现状和发展趋势

（一）决策支持系统的应用现状

专家系统、人工智能等技术的兴起，为DSS中知识的获取提供了新的发展方向，结合专家系统定性分析和DSS模型定量计算的优势形成了DSS新的研究方向，即智能决策支持系统IDSS，它在解决非结构化决策问题方面较传统DSS有了一定进展。

近年来，DSS与计算机网络技术结合构成了新兴的能提供异地决策者共同参与进行决策的群体决策支持系统（Group DSS，GDSS）。GDSS利用便捷的往来通信技术在多位决策者之间沟通信息，提供良好的协商与综合决策环境，以支持需要集体作出决定的重要决策活动。

在GDSS的基础之上，将分布式的数据库、模型库与知识库等决策资源有机地集成，又

出现了分布式决策支持系统（Distributed DSS，DDSS），这一领域尚处于研究阶段。

（二）决策支持系统的发展趋势

决策支持系统正向智能化、群体和行为导向等方面发展。

1. 智能化 DSS

知识工程、人工智能和专家系统的兴起，为处理不确定性领域的问题提供了技术保证，使 DSS 朝着智能化方向前进了一步，形成了今天的 DSS 结构，确定了 DSS 在技术上要研究的问题。

2. 群体 DSS

群体决策比个体决策更合理、更科学，但是由于群体成员之间存在价值观念等方面的差异，也带来了一些新的问题。从技术上讲，个体 DSS 是群体 DSS 的基础，但需要增加一个接口操作环境，支持群体成员更好地相互作用。

3. 行为导向型 DSS

前面所介绍的各种 DSS 都是基于利用信息处理技术迎合决策者的需求，扩大其决策能力，都属于业务导向型的 DSS。行为导向型的 DSS 是从一个全新的角度，即行为科学的角度来研究其对决策者过程的支持，其主要研究对象是人，而不是以计算机为基础的信息处理系统。行为导向型的 DSS 主要是利用其对决策行为的引导来支持决策，而不仅仅用信息支持决策，这将会为人类最终解决决策问题开辟一条道路，但其研究范围和技术手段已超出今天信息系统的范围。

DSS 未来的发展将更加智能化、分布化、集成化，交互更加简单。随着信息技术、管理科学、人工智能及商务智能等技术的不断发展，DSS 从理论到实践将会不断前进，它在辅助企业管理决策方面会有更大的应用前景。

第七节 知识管理系统

一、知识管理系统的概念

（一）知识管理的概念

到目前为止，学术界还没有形成对知识管理的公认定义。本书对知识管理的定义为组织为了提高生存能力和竞争优势，建立技术和组织体系，对存在于组织内外部的个人、群组或团体内的有价值的知识，进行系统的定义、获取、存储、分享、转移、利用和评估等，确保组织成员能够随时、随地获取正确的知识，以便采取正确的行动。

从上述定义出发，知识管理的基本内涵主要包括以下几个方面：

(1) 知识管理的目标应与组织的目标相一致，即创造价值；

(2) 知识管理是一个动态的过程；

(3) 知识管理涉及组织的所有活动，需要采取各种有效的手段；

(4) 组织的知识管理不仅涉及组织范围内的知识，还应注重组织外部的、与组织的各种活动有关的知识。

（二）知识管理系统的概念

知识管理系统（Knowledge Management System，KMS）是指利用软件系统或其他工具，对组织中大量的有价值的方案、策划、成果、经验等知识进行分类存储和管理，积累知识资产避免流失，促进知识的学习、共享、培训、再利用和创新，有效降低组织运营成本，强化其核心竞争力的管理系统。

对于知识管理系统，并没有一个统一的定义。根据组织状况的不同，每个组织都需要发现适合自己的知识管理系统。当讨论知识管理系统时，我们集中在那些能够有效存储信息，同时能够实现高效知识流转、共享、发现的系统。

从企业管理角度来说，知识管理系统是企业实现知识管理的平台，它是一个以人的智能为主导，以信息技术为手段的人机结合的管理系统，其总体目标是将企业中的各种知识资源，包括显性知识和隐性知识，整合为动态的知识体系，以促进知识创新；通过知识创新能力的不断提高带动劳动生产率的提高，从而最终提高企业的核心竞争力。

例如，广州汽车集团股份有限公司是国内产业链最为完整的汽车集团之一，通过建平台（打造统一的集团知识管理技术平台，整合集团各业务系统知识，提供一个知识共享应用平台）、搭体系（搭建可保障集团知识管理长效运作的管理体系，包含组织、制度、流程、文化等内容）、融业务（将知识与产业链业务相结合，实现基于业务场景的知识应用），有力地促进了知识资源的整合与应用，为未来企业创新与协作奠定了坚实基础。

二、KMS 的系统功能

（一）知识管理系统的构成

知识管理系统是由网络平台、知识流程、企业信息系统平台、知识主管管理体制及人际网络所组成的一个综合系统。

1. 网络平台

网络平台是知识管理系统动作的技术基础，主要包括内联网、外联网和互联网。企业以企业内联网为核心，并通过它延伸至外联网和互联网。

2. 知识流程

知识流程是指知识通过知识收集、知识组织、知识传播三个环节相互连接、循环往复的没有终点的流动过程。它是知识融合、序化、创新的过程，是知识管理系统的命脉。

3. 企业信息系统平台

企业信息系统从早期的 EDPS、MIS、DSS、OAS 等发展到集成化的现代信息系统，ERP、SCM、CRM 共同构成了知识经济时代企业知识管理系统的信息系统平台。

4. 知识主管体制

知识管理系统由知识主管来负责协调和控制知识收集、组织和传播子系统的动作。知识主管是随着信息管理向知识管理过渡，由首席信息官演变而来的企业内知识管理的最高负责人。

5. 人际网络

知识管理系统是一个人机相结合的系统，完善的人际网络是保障其正常动作的有效机制。人际网络强调充分发挥人的主动性和创造性，加强人与人之间的沟通与交流，挖掘并激活人脑中的隐性知识，从而使企业知识创新永不停息。

(二) 知识管理系统的功能

1. 整合知识资源

知识管理系统应具备对分散在企业内部业务流程、信息系统、数据库、纸质信息资源以及企业与合作伙伴、顾客之间业务流程中的知识资源进行优化选择，以合理的结构形式集成、序化的功能，这实质上是一种含有人的创造性思维在内的动态过程。

2. 促进知识转化，扩大知识储备

知识管理系统应作为知识交流的媒介，促进隐性知识与显性知识之间相互转化；在转化过程中使知识增值、创新，并且将转化中经过验证的、有价值的知识存储起来，一方面可以避免因为人员调离而造成的知识流失，另一方面可以在更大范围内实现知识共享。

3. 实现知识与人的连接

即实现人向知识的连接、知识向人的连接及需求知识的人与拥有知识的人的连接。人向知识的连接可以基于智能搜索引擎技术的工具而实现。而利用"推"技术则可以实现知识向人的连接。利用"推"技术可以将知识主动推荐给用户，使知识被利用的机会大大提高，并减少用户主动寻找和挖掘知识的工作量，提高工作效率。人是最大的知识资源，良好的专家网络图可以有效地连接知识需求者与知识拥有者，以促进知识转移。

三、知识管理系统的应用现状

目前知识管理系统在企业信息资源管理中的应用有如下几个方面。

1. 知识管理系统可作为企业的智能搜索引擎

知识管理系统是一个以人的智能为主导，以信息技术为手段，以提高企业核心竞争力为目标的人机结合的管理系统，其包括知识收集子系统、知识组织子系统、知识传播子系统。其中，知识收集子系统是智能搜索引擎的搜索工具，它负责企业由内到外的知识收集工作；知识组织子系统是智能搜索引擎的知识转化、标引、分类等一系列知识序化系统，也是其核心部分；知识传播子系统是智能搜索引擎为用户提供知识查询的服务系统。这三个子系统间彼此联系，又相互制约，在系统的运行过程中，实现企业显性知识和隐性知识的互动、汇集、序化，将最恰当的知识在最恰当的时候提供给最恰当的人，以使其作出最恰当的决策。

2. 企业知识组织对传统图书情报学知识组织的拓展

传统的图书情报学界是以保存、组织和传播显性知识为基本职责的，隐性知识及其显性化并没有得到人们应有的重视。而企业的知识组织则是同时对显性知识与隐性知识进行管理。

在显性知识组织方面，企事业应该充分借助现代信息技术，建设企业的知识库。企业知识库是显性知识的存储库，它的建设是以企业知识体系结构为基础的。

在隐性知识组织方面，由于隐性知识存在于员工的头脑或组织结构和文化中，无法用语言或书面材料进行准确描述，因此不易被他人获知，也不易被编码。但它在企业知识中的比重比较大，而且通常价值含量也非常高，对于企业成长和发展有着重要的作用。因此企业必须重视和作好隐性知识显性化和编码化工作。

3. 企业的"知识地图"

企业的"知识地图"技术是一种知识库管理系统技术与 Internet 技术相结合，深入运用超文本技术的新型知识管理技术。它是揭示企业拥有的知识资源、知识存储地址及各知识条目之间关系的知识导航系统。"知识地图"不仅是显性知识的有效组织工具，而且可以促进隐性知识的转化。用于显性知识组织的"知识地图"的最终指向是具体的知识，而用于隐性知识组织的"知识地图"的最终指向是拥有知识的人。即"知识地图"是一种专家网络图，是知识需求者与知识拥有者之间的桥梁。

4. 知识组织方法的整合

知识组织的目标是将序化的知识提供给用户，因此它是以用户的知识需求为核心的，任何单一的知识组织方法都无法支持用户通过知识检索、浏览、高效、快捷地完成各项工作，无法实现用户根据需要将其选择的主题加入到原有的知识体系结构中，并决定知识结构如何显示。所以，以用户需求为导向，将各种知识组织方式进行有效整合是知识组织未来的发展方向。

本章小结

本章全面研究了管理信息系统应用方面的知识。管理信息系统作为信息技术的主要应用已经渗入社会经济系统的各个领域。以 ERP 为代表的管理信息系统主要支持企业内部管理业务，ERP 经历了五个发展阶段，其内涵和功能还在不断增加中。ERP 正与 CRM、SCM 等系统功能整合，运用最先进的计算机技术继续支持与扩展企业的流程重组，实现对企业的所有工作及相关内外部环境的全面管理。

客户关系管理是一种以客户为中心的经营策略和营销模型，通过对信息技术的运用，实现其对销售活动的流程优化和自动化管理。客户关系管理已经进入了移动时代。供应链管理是从提供产品、服务和信息来为用户和股东增添价值的，是从原材料供应商一直到最终用户的关键业务过程的集成管理。供应链管理将向全球化、敏捷化、绿色化和电子化方向发展。

电子商务是指实现整个贸易活动的电子化。电子商务打破了对市场的时空限制，使整个社会商业体系结构、消费者的消费观念和行为发生变化。作为一种全新的商业模式，电子商务正在对社会和企业变革带来深远影响。电子政务是由政务办公自动化发展而来的，办公自动化是电子政务系统的重要组成部分。电子政务发展是信息技术的迅猛发展以及互联网技术的广泛应用与政府内在改革需要的结果。

决策支持系统是结合与利用计算机强大的信息处理能力和使用者灵活的判断能力，以交互方式支持决策者求解半结构化和非结构化决策问题的信息系统。人工智能是研究计算机模拟人的某些思维过程和智能行为的学科。人工智能技术与决策支持系统相结合，形成智能决策支持系统。决策支持系统正向智能化、群体和行为导向等方面发展。

在企业管理中，知识管理系统是企业实现知识管理的平台，它是一个以人的智能为主导，以信息技术为手段，以提高企业核心竞争力为目标的人机结合的管理系统。知识管理系统包括知识收集子系统、知识组织子系统、知识传播子系统。

本章习题

一、选择题
1. 物料需求计划是一种实现对企业（　　）和生产有效管理的企业管理软件。
   A. 库存 B. 资金 C. 设备 D. 人力
2. 电子商务是指通过（　　）以电子数据信息流通的方式在全世界范围内进行并完成的各种商务活动、交易活动、金融活动和相关的综合服务活动。
   A. 商务 B. 信息网络 C. 数据库 D. 规范化管理
3. 数字证书是一个包含证书持有人的个人信息、（　　）、有效期、发证单位的数字签名等内容的数字文件。
   A. 网上银行 B. 认证中心 C. 证书序列号 D. 持有资产
4. 以下属于 G2B 电子政务模式有（　　）。
   A. 电子税务系统　　　　　　　　B. 电子医疗服务系统
   C. 社会保障服务系统　　　　　　D. 电子工商行政管理系统
5. 西蒙建立的决策过程的基本模型包括情报阶段、设计阶段和（　　）三个阶段。
   A. 决策阶段 B. 运行阶段 C. 反馈阶段 D. 选择阶段

二、填空题
1. MRPⅡ系统分为经营规划、生产计划大纲、_____、物料需求计划和车间作业计划共五个计划层次。
2. 根据交易对象性质不同，一般将电子商务分为 B2C、_____、C2C、B2G 和 C2G 五种形式。
3. 电子商务有四大特点：全球性、直接性、_____和信用风险大。
4. _____是指企业适应时刻变化着的外部环境的一种决策，具有全局性、长期性与战略性的特点。
5. 专家系统一般由知识获取设备、_____、推理机、用户接口、解释器和综合数据库等部件构成。

三、判断题
1. ERP 的基本构架和基本逻辑与 MRPⅡ本质上是相同的。（　　）
2. 供应链管理的经营理念是从制造商的角度，通过企业间的协作，谋求供应链整体最优化。（　　）
3. 电子政务的发展需要经历 Web 展示阶段、互动阶段、事务阶段和革新阶段。（　　）
4. 决策是人们为达到一定目的而进行的有意识、有选择的活动。（　　）
5. 决策支持系统向着智能化 DSS、个体 DSS 和行为导向 DSS 等方面发展。（　　）

四、名词解释
1. ERP　2. SCM　3. CRM　4. DSS　5. KMS

五、简述题
1. 简述 ERP 发展经历的五个阶段。

2. 简述 CRM 的系统功能。
3. 简述 DSS 的特点和主要功能。
4. 试举例阐述企业管理中知识管理的重要性。
5. 结合本章内容，试分析 ERP、SCM 和 CRM 的区别与联系。

第九章 管理信息系统典型案例

本章将列举一些企业实现信息化的具体案例,来说明管理信息系统的一些基本原理和方法以及成功与失败的经验教训,并以网上书店系统为实例,结合前面章节介绍的系统分析、设计和实施的方法,介绍建立一个信息系统的过程和方法。

第一节 中南控股集团有限公司信息化建设案例分析

中南控股集团有限公司创建于1988年,目前已经成为一个集房地产、建筑施工、安装、装潢、设计、监理、机械制造、生物医药和服装加工等行业于一体,业务遍及全国26个省、160多个城市及澳大利亚、阿尔及利亚等海外市场的跨行业、跨地区、多元化、综合性的大型企业集团。

目前中南集团已形成"4+1"业务布局——中南置地、中南建筑、中南高科、中南实业投资和中南教育,下有中南建设和磐石新能两家上市公司。集团现有员工10万余人,管理人员近2万余人。2019年综合营收2821亿元,位列中国企业500强第78位,中国民营企业500强第11位,中国房地产企业16强,中国建筑企业500强第8名。荣获鲁班奖25项、特别鲁班奖1项、詹天佑奖15项,以及钢结构金奖、中国建筑装饰奖等国家级大奖80余项,获得扬子杯、长城杯、白玉兰杯、泰山杯等省级优质工程奖200余项。

一、实施背景

经过30多年的快速发展,中南集团现已发展成包括建筑工程总承包、房地产开发、装饰工程、建筑安装、建筑装潢、建筑设计、工程监理等的多元化集团公司。随着组织越来越庞大,中南集团的领导逐步意识到信息化要为多元化发展服务。集团采用由集团总部统筹安排、步步为营的信息化策略,分步实施,逐步推广,通过以下几个方面实现信息化管理的导入:

(1) 建立EIP企业信息门户,为集团的所有用户提供统一的访问入口,建成企业对内宣传的窗口以及企业员工信息发布和协同沟通的平台。

(2) 建立PM项目管理系统。根据中南集团总部以及下属分公司、子公司、项目部对不同类型项目的开展和管理模式建设信息化管理平台,实现对项目成本、进度、安全、质量等方面的控制,并提供项目开展沟通协调的平台。

(3) 建立HR人力资源管理系统,实现人才资本流程的整合,提升领导力,加强绩效管理,加强团队建设,在合适的时候、将合适的人、分配到合适的工作中去,从而获得最大的商业价值,保证为集团持之以恒的发展提供所需的人才。

(4) 建立OA办公自动化系统,提高总部和下属分公司、子公司各部门日常工作效率,加强信息沟通协调、信息资源共享,逐步实现无纸化办公。

(5) 建立 B2B/B2C 网上销售采购平台。通过建立 B2B/B2C 网上销售采购平台,分别与供应商、目标消费群、业主等群体进行信息交流。

(6) 建立 BI 数据报表统计系统。建立集团 DW 中心数据存储库(Data Warehouse,缩写为 DW),借助商业智能应用,挖掘数据价值;建立集团及下属部门的财务、业务数据分析、预警平台,使决策者和各级管理人员及时了解整个集团及下属部门的运营情况,实现决策方式从传统拍脑袋决策向科学决策的转变。

(1) 建立 EIP 企业信息门户。建立企业对内宣传的窗口以及企业员工信息发布和协同沟通的平台;提供单点登陆 SSO,为集团的所有用户提供统一的访问入口(支持不同的访问终端);提供信息发布的接口,实现内容的聚集和展现利用,并提供全文检索的内容管理。支持领导、员工及合作伙伴使用不同的访问设备及不同的信息浏览工具访问门户的信息内容和应用资源。

(2) 建立 PM 项目管理系统,对中南集团的核心业务项目实现全生命周期的信息化管理,建立集团、各分/子公司,项目部多层级的项目信息化管理体系;加强对众多项目资源,如资金成本、人力资源、物资设备材料、时间进度的管理和控制,通过信息系统实现 PDCA 循环,即 Plan(计划)、Do(执行)、Check(检查)和 Act(处理),使中南集团各项工作有条不紊地开展,并实现对资源的有效把握;加强对项目质量安全的管理,并为项目的开展建立一个协同的平台,优化业务开展模式。

(3) 建立 HR 人力资源管理系统。借鉴国外先进的企业人力资源管理理念,结合中国国情,实现对集团人力资源规划与发展的管理。从企业的战略发展需要以及项目管理的实际问题出发,动态适应企业与项目组织的多变性及地域的广泛性,达成项目式与集团型企业的人力资源管理,创造企业整体人力资源优势。充分考虑企业机构与项目组织人员的协调与统一,优化人力资源业务流程,并针对工程项目管理特点而设置 KPI(关键绩效指标)。

(4) 建立 OA 办公系统。集成电子邮件、联系人、信息发布、信息交流等功能实现了个人的事务管理;公文流转、工作流管理等实现了日常行政审批的复杂流程应用;行政事务、工作报告等功能规范了中南集团日常的行政管理。

(5) 建立 ERP 供销存物流系统,对物资供应、销售、库存及运输进行管理。通过系统编制物资用料及采购计划,对日常的出、入库进行流程管理,实现按需采购,降低库存成本。

(6) B2B/B2C 网上销售采购平台。为中南集团搭建的 B2B/B2C 平台是一个面对供应商的采购平台,以降低采购成本、优化分供方;这一平台将来还可以成为为所有采购商和供应商服务的公用平台,成为物料的采购和分销中心。通过这一平台可与供应商建立协同合作关系,在平台上实现网上招标、投标、供应商自我维护、订单状态跟踪等业务过程,把集团与供应商紧密联系在一起。这样可以降低采购成本和缩短采购周期,提高采购业务效率,减少不必要的人工联络及传递误差。

(7) 建立 BI 数据报表统计系统。为集团建立 DW 中心数据存储库,对整个集团业务数据进行深度挖掘与分析;提供曲线图、柱状图、饼状图等多种展现形式,使决策者和各级管理人员及时了解整个集团及下属部门的运营情况,为中南集团各级领导的决策提供强有力的支持。

源于易建科技在建设行业的经验和功能强大、性能优异的产品以及完整的行业解决方案和专业完善的配套服务，中南集团最终选择了易建作为其信息化的合作伙伴。

二、解决方案

针对中南控股集团有限公司的信息化需求，易建对应用系统的应用范围，各子系统的主机平台、中心数据存储库、下属子公司、分公司、项目部的网络互联互通、远程移动办公的接入等运行环境进行了统一的规划，各子系统软件架构设计统一建立在易建的一体化集成平台上。

中南集团信息管理系统的整个解决方案遵循了以下原则：

（1）先进性。各应用子系统都基于J2EE工业标准的B/S应用模式，使之在选用平台、采用技术上具有先进性、前瞻性和扩充性，确保了中南集团信息管理系统具备良好的稳定性、可扩展性和安全性。

（2）实用性。考虑到在尽量满足业务功能需求的前提下，又要适应各业务角色的工作特点，系统不仅做到了简单、实用和人性化，而且提供了个性化界面和内容定制的功能。

（3）可靠性。由于系统用户群比较复杂，既有集团总部的用户，也有各子公司、分公司、项目部的操作层、管理层和业务层的远程用户，同时还涉及供应商、目标消费群、业主等群体，易建在系统中建立了冗余保护措施，以保证系统的可靠性和安全性。

（4）开放性。在系统构架、采用技术、选用平台方面都遵循行业标准，有较好的开放性。

（5）可维护性。系统设计标准化、规范化，按照分层设计、软件构件化实现。系统结构分层，业务与实现分离，逻辑与数据分离；以统一的服务接口规范为核心，使用开放标准。

（6）可伸缩性。考虑到企业信息化是一个循序渐进、不断扩充的过程，系统采用积木式结构，整体构架可以与原有系统进行无缝连接，为今后系统扩展和集成留有扩充余量。

（7）可移植性。选择开放的应用平台，建设一套与平台无关，以统一的服务接口规范与各种数据库相连的应用组件。

三、平台及开发技术解决方案

在软件开发技术上，采用目前企业广泛使用的J2EE工业标准的企业级分布式技术架构，运用JAVA与XML等开发技术。为集团各子系统提供统一的平台、分布式组件技术、负载均衡等技术的应用，有效地利用网络带宽、计算资源，确保系统的稳定性及可靠性。在系统平台上，易建科技向中南集团推荐了Oracle + BEA + SUN的平台方案，为集团跨平台、专业型工程项目管理系统提供了一个高可用性、稳定的支持平台。

四、具体实施

中南集团信息管理系统涉及面广，在项目的实施上，由易建和中南集团总部精诚团结，对整个项目进行统筹安排，步步为营，分步实施，逐步推广。整个项目建设总共分为两期，建设周期两年。一期项目实施内容包括EIP企业信息门户、PM项目管理系统、DW数据仓库、BI商业智能、OA企业办公系统和HR人力资源系统；第二期项目实施内容包括ERP供销存物流系统、B2B/B2C 网上商务平台。项目实施分为以下阶段：

（1）第一阶段：启动与调研。在项目启动初期，易建科技和中南集团成立了由双方专家组成的项目实施小组，根据项目的范围和规模设置适当的项目组，并且与客户共同确定项目实施的组织结构，确定项目小组和各个单元和岗位设置以及岗位的具体职责。在项目总体方案的基础上，进行项目启动访谈，对企业高层以及各个管理层级进行访谈，收集集团决策层、各职能部门领导、各子公司领导等各方面的意见，分析确定各子系统实施与管理改进的关键域，并针对各个关键域分析确定系统总体目标。合作双方充分分析识别各类项目实施中可能面临的风险，并结合集团的实际工作情况以及集团企业管理信息平台各子系统实施的内容，共同确定了详细的项目实施计划。在调研过程中，易建科技深入系统应用的各部门中，对实际工作业务进行深层次的调研，并对原有的手工业务流程进行优化、重组及整合。

（2）第二阶段：设计与开发。在项目设计与开发阶段，易建科技在双方项目实施小组前期的调研需求基础上，立即着手进行系统设计，对中南集团企业管理信息平台的系统蓝图与技术进行详细的规划、设计与开发；围绕所确定的关键业务管理范畴中的业务流程与数据调研分析，按照在应用实施领域的划分，分析企业的业务流程及其管理流程需求，分析企业各个部门的职能和管理权限，分析企业数据流需求，编写各种职能和流程的系统应用方法，提交整体系统应用方案；在需求分析与系统设计的成果基础上，针对企业的个性化需求对标准软件系统进行定制修改。在集团信息管理平台项目实施第一期，结合易建科技的产品，对中南集团的各子系统 EIP 企业信息门户、PM 项目管理系统、DW 数据仓库、BI 商业智能、OA 自动办公系统、HR 人力资源系统进行了相应的二次开发；在项目实施第二期，对 ERP 供销存物流系统、B2B/B2C 网上销售采购平台、BI 数据报表统计系统进行了定制开发。

（3）第三阶段：实施与交付。在项目实施与上线阶段，对集团企业管理信息平台的各子系统、第三方工具软件以及各种网络系统、数据备份、防火墙、入侵检测等运行环境进行部署、集成、调试；对第一期、第二期实施的子系统分阶段进行安装部署。并根据两期实施的子系统对系统的使用人员进行培训，并和各部门人员协作对各项业务数据进行采集与录入；同时，对系统管理人员分阶段进行了系统管理和系统设置方面的培训。项目测试运行一段时间后，系统正式上线。

五、应用效果

通过中南集团和易建科技双方的共同努力，集团在企业信息管理系统各子系统的导入和应用，取得了理想效果，集中体现在以下方面：

（1）规范企业管理。通过集团有限信息管理系统各子系统从上致下的推广使用，从企业的基础编码、各种凭证表单的样式到业务流程都进行了规范，并保证了新规范的执行。

（2）提高工作效率。复杂的计算工作、报表统计工作、各种文档的查询检阅工作，在手工处理的时候，费时耗力，而且易出错。如今，这类工作都交给计算机进行处理，用户从烦琐的、重复性的工作中解脱出来，大大提高了用户的工作效率。

（3）加强协同效率。通过网络和应用，将地域分布广泛的集团总部、分公司、子公司、项目部都集中到同一个办公信息平台上，加强了总部与下属单位之间横向与纵向的协同，信息数据传递更准确、更便捷。系统提供灵活定制的工作流，实现了业务审批控制自动化流程，与传统的手工审批处理相比较，信息化审批处理能记录流程过程中的全部活动，并使企业的业务流程规范化、程序化，使流程业务协同并进，提高了运作效率。同时，使决策有效地融入项目管理过程，方便领导决策。

（4）实现对项目的成本、进度、安全、质量等方面的控制。通过 PM 系统的成功实施，建立了以工程项目的成本控制为中心、以进度计划为主线，对工程项目管理进行全生命周期管理，优化整合企业资源，支持多项目管理、支持多公司集团式管理的模式，实现了对项目成本、进度、安全、质量等的有效控制。

（5）科学决策。通过集团 DW 中心数据存储库、BI 数据报表统计系统的建立，为决策者提供了强大的报表设计与浏览功能。集团各级管理者通过系统能随时获得集团经营状况的数据，为领导的科学决策提供了有力的支持。

第二节　中国红牛财务管理软件应用案例

红牛是全球最早推出且最成功的功能饮料品牌之一。1966 年，红牛维生素功能饮料诞生于泰国，迄今已有半个多世纪的发展历史。凭着其优秀的品质和卓越的声誉，红牛功能饮料已畅销全球 100 多个国家和地区，早在 2012 年全球销售额就超过 60 亿美元，稳居全球功能饮料行业领先地位。

1995 年 12 月，红牛为实现其全球化战略进入中国，在深圳成立了红牛维他命饮料有限公司（以下简称"红牛公司"），大力开拓国内市场。1997 年 10 月，公司将总部迁至北京，注册资金 1 亿元，是北京市最大的中外合资饮料企业之一。至今，红牛占据了中国功能饮料市场的最大份额。

为什么红牛品牌在中国如此成功呢？主要原因有两个：一是企业定位准确且善于经营，二是企业管理做得好。企业管理包括财务管理，财务是企业管理的重点部分，而红牛找到了最适合自己的财务管理软件——新中大 Intfi 国际财务软件，这无疑大大帮助了企业的整体管理。

一、红牛公司组织架构

红牛中国公司总部设在北京，产品覆盖除港澳台以外的全部中国省份，建有北京、海南和湖北 3 个生产基地，全国有 30 多个分公司、代表处和 80 多个办事处以及 500 多家大型经销商组成的全国营销网络。

总部为集团管理机构，全面把握企业采购、生产、销售的总体业务和调控。分公司为按不同区域设立的管理机构，主要按照省、自治区、直辖市的行政区划设立，负责当地市场营销活动的管理和调控。办事处隶属于各地分公司，负责辖区内经销商、大客户的管理与监控，搜集市场信息。经销商包含一、二、三级经销商，通过它们，红牛饮料被送达到全国各地的零售点和最终消费者手中。

为配合全国行销的需要，红牛公司以北京总公司为中心、由 500 多家分支机构和大型经销商组成了一个覆盖全国的大型行销网络。随着企业规模的不断扩大和市场竞争的日益激烈，原有的财务信息管理系统已无法满足其高速发展的需求，其问题主要表现在：

（1）各地财务及业务信息的传递滞后，使企业无法快速响应市场需求，管理决策者不能及时发现和控制经营过程中发生的问题；

（2）业务数据和财务数据无法共享，大量数据在业务部门处理后，不能为财务部门所用，必须重复维护；

（3）无法有效实现对下属分子公司资金监控和管理，无法形成统一集中汇总的集团财务分析和决策；

（4）单纯的财务核算功能已无法满足企业发展的需要，企业迫切需要利用信息系统来提升企业管理水平；

（5）饮料行业的一些独特的业务处理无法纳入计算机管理。

在这种情况下，红牛公司决定更换其原有系统，并对多家管理软件厂商产品进行了多方比较论证，又经过多轮招标，最终新中大软件股份有限公司的 Intfi 国际财务软件凭借其强大完善的管理功能和贴合行业特性的饮料行业解决方案而一举夺标。

二、新中大饮料行业解决方案特性

由于饮料行业的特性，市场占有情况直接决定了饮料企业的生存和发展，而饮料企业的生产销售受到天气、季节等不可控因素的影响较大，因此饮料企业必须具备对市场反应敏捷的回应能力。

新中大饮料行业解决方案能有效提高企业对市场的反应速度，减少企业在各环节的库存资金占用，实现企业财务的精细化核算和全面管理，并增强对各分支机构的管理监控能力，全面提升企业核心竞争力。这一方案同时还充分考虑到饮料行业的各种特殊业务处理，如包装物的控制、散包装业务处理、搭赠品处理、货物状态（如良品、临期品管理）、促销赠饮等业务的处理。新中大饮料行业解决方案是以财务业务协同管理为基础、供应链管理为重点的饮料行业全面信息化解决方案。

三、红牛公司信息化解决方案

（一）红牛公司选用新中大 Intfi 国际财务软件模块说明

红牛公司集团总部：总账、财务报告、现金中心、客户中心、供应商中心、固定资产、员工管理、决策分析、库存管理、销售管理、集团管理、远程增量复制。

各地销售分公司：总账、财务报告、现金中心、客户中心、供应商中心、库存管理、销售管理、远程增量复制等模块。

（二）应用解决方案

（1）财务业务一体化处理。红牛集团总部和各地分公司通过 NGReper 工具相连接，集团总部可以随时在系统上查询各地的运营情况，包括各分支机构的销售情况以及各地的库存信息。这就加速了企业对市场的反应速度，同时，大大减轻了原先分公司定期要向总部报送各种报表的工作量。

（2）集团管理和分析。通过集团账簿合并功能可以了解到整个集团目前的运营情况，并可设定所需指标，如盈利能力指标、库存周转率指标等，对各地进行横向和纵向对比，为各地分支机构考评提供依据。

（3）集团预算功能。集团总部编制预算下发到各地分子公司，分子公司接受总部下发的预算并执行,预算能直接控制到业务的发生,保证了集团统一财务政策的有力执行。

(4) 降低资金风险。通过客户中心与现金中心建立企业信用评估及控制体系,从最大程度上降低资金风险,体现资金的时间价值。可以根据客户信用情况对应收账款的发生进行控制和警示,并对超期账款进行跟踪,发出催款通知单。

(5) 特殊业务处理。细节考虑周到,全面支持各种特殊业务处理。建立代销商仓库,可以动态掌握代销商库存情况,灵活的散包装业务、搭赠品、货物状态(如良品、临期品管理)、退换货、促销赠饮等业务的处理,全面考虑饮料企业的需求。

(三) 网络解决方案

为了解决各地分支机构和集团总部信息交互的问题,红牛信息系统采用先进的NGReper远程增量复制技术和广域互联技术将二级单位加以互联,以较低的成本实现总部与各地分支机构的信息实时共享。

四、有方法保证的快速成功实施

快速高质的实施是保证整个系统在企业中成功应用的关键因素。为确保整个系统的顺利实施,需要有一套规范科学的方法。新中大公司在其 8 万多用户成功应用的基础上,总结归纳了一套成熟的实施方法论,正是由于有了正确的方法指导,整个系统得以快速高效的实施。

(一) 成立项目小组

实施财务管理信息系统,首先需要组织和人的保障。在红牛公司领导的大力支持下,红牛和新中大公司双方共同成立了实施项目小组,并明确了双方的分工和职责。

(二) 建立计划控制和保障体系

确立项目计划,并通过一整套完整规范的文件表单,如项目进度控制单等,来保障计划的每一步得以顺利推进,遇到问题能得到解决。

(三) 业务建模

由新中大公司咨询师、技术工程师组成的小组对红牛公司的各个财务业务环节进行深入调研,分析红牛的业务需求,然后通过信息化和流程优化的原则进行业务建模,形成相应的规范操作手册,并指导全国各地公司的上线工作。

(四) 数据准备和录入工作

新中大公司人员按照企业业务模型指导企业人员进行数据准备工作,并对准备的数据进行检查。在验证无误后依照规范操作手册录入系统,进入试运行阶段。经过了一段时间的稳定试运行之后,系统正式上线。

(五) 模型修正

在实施过程中,根据各地一些特殊的业务需求和实际情况不断对业务模型进行修正,以使整个系统更贴近红牛公司的实际情况。

(六) 多层次多角度分阶段地培训

在上述工作开展的同时,新中大公司的培训工程师对企业相关人员进行了 A、B、C 3 类培训。根据搭建的模型系统,对用户进行基础培训,即 C 级培训,针对实际操作人员、维护人员、系统管理员等进行操作培训，即 B 级培训。高级培训也即 A 级培训主要针对的是系统管理员及相关领导。

五、实施效益

在成功使用新中大 Intfi 国际财务软件之后，红牛公司已从原来的利用简单的财务信息系统进行企业财务核算工作，转变为利用企业管理信息系统来提高企业的管理水平，使企业多方面的管理水平得到了提升。

穿透式矩阵化集团管理系统，实现了异地实时查询与统计分析。集团利用新中大财务管理软件强大的查询功能，可在总部直接了解到各地分支机构的财务业务情况，减少了原先各地分支机构向集团总部手工报送近 70% 的报表。

新中大国际财务管理软件的财务业务一体化模式使财务业务数据高度共享，减少了原先大量业务数据向财务数据转换的工作，大大减少了财务人员核算的工作量。

对分支机构进行分布式集中管理，并通过强大的集团预算编制、预算执行和预算评价 3 个过程，充分强化了集团的监控指导职能，保证了集团制定的财务政策能够得到准确、高质的执行。

数据实时反映，可随时查询所需的报表、相关财务业务信息，真正做到事前、事中和事后控制，便于公司决策层针对市场最新的变化和动向，作出准确、及时的决策。

第三节 常林股份打造 ERP 平台

国机重工集团常林有限公司（以下简称"常林"）前身为原林业部常州林业机械厂，始建于 1961 年，1996 年改制为上市公司，目前由中国机械工业集团有限公司所属中国国机重工集团有限公司管理。目前主要产品包括装载机、压路机、平地机、特种车辆、路面养护机械等上百个品种的机械产品，产品分布于全国所有省、市、自治区，并远销世界各地 100 多个国家和地区。公司是国家首批制造业信息化工程示范企业、江苏省工业化与信息化两化融合示范企业。近年来持续保持健康、快速的发展势头，至 2019 年末，拥有总资产 26 亿元、净资产 12 亿元，在职员工 1062 人。

一、HP 惠普、和佳强强联手为常林打造强大 ERP 平台

制造企业采用 ERP 降低企业成本、提高自身核心竞争力已经成为业内的共识。位居国内工程机械企业集团前列的常林有限公司早在 20 世纪 80 年代就启动了信息化建设，到 2003 年已经累计投入超过 1000 万元。

目前常林通过采用惠普与北京和佳软件技术有限公司（以下简称和佳）提供的全面整体解决方案，根据企业运营和管理的实际情况，充分考虑 ERP 系统运行中出现的各种问题，优化了原有的 ERP 系统，使 ERP 系统能够随时为企业提供快速、准确的服务，为常林未来的发展奠定重要基础。惠普与和佳的合作也是惠普企业计算及专业服务集团 2006 财年新销售战略的完整演绎，展现了以解决方案为核心的新销售模式在市场运作中的强大能量。

二、企业原有系统升级迫在眉睫

常林有限公司是国家大型企业、国家级高新技术企业、国内工程机械行业重点骨干企业、全国质量效益型先进企业。常林 ERP 项目是 2003 年科技部国家制造业信息化重大工程全国 13 家试点工程之一，肩负着国家制造业信息化工程的示范重任。

常林自从 2003 年开始实施 ERP 以来，用了 1 年的时间完成了 ERP 最核心的生产体系的管理，包括采购、库存和管理的建设。2004 年下半年项目进入了第二期建设，主要是把设备，包括车间管理、固定资产和财务分管理纳入进来，到目前为止整个二期的主体实施已经完成，目前在继续巩固、扩大范围。

随着信息化的整体推进，常林对于 ERP 系统的依赖程度已经非常高。现在每天要进行生产计划下达、物料需求运算、物料收发和订单结算等日常工作，但是，随着数据量的迅速增长，ERP 的运行速度变得越来越慢。现在一旦 ERP 系统出现一点问题，都会对企业的方方面面产生影响。在 ERP 项目建设的初期，常林出于经济投入的考虑，选择的硬件配置是 PC 服务器。但是随着应用的推进，常林感觉到硬件体系对信息系统的支持越来越力不从心了。例如，在业务的高峰阶段，在应用 ERP 系统中的库存、收货、仓库出库等模块时，一些核算就不能同时运行，系统运行速度慢；像车间派工等一些模块在当时的硬件环境下无法应用于实际企业运营。面对企业的快速发展，升级硬件环境迫在眉睫。

三、选择惠普动能服务器解决当前问题着眼未来发展

惠普根据客户的实际需求，与合作伙伴和佳软件一起，为常林提供了基于英特尔安腾处理器的惠普 HP Integrity 动能服务器的硬件环境，并且通过搭建一个模拟的环境进行检测，为常林提供有依据的、比较可靠的数据和依据。

为了保证让常林清楚地了解 ERP 系统运行的瓶颈到底在什么地方，惠普除了提供自己优秀的英特尔安腾处理器的 Integrity 动能服务器外，还请微软、Sybase、BEA 等企业一起加入，选择不同规模的操作系统、数据库、中间件的搭配为常林规划了 4 套方案，把常林的实际数据放入其中进行测试，并为常林提供 4 套测试报告。测试数据为常林实际使用 3 年左右的生产数据，对系统中用户经常使用的产品结构查询、库存业务查询、入库单维护、生产入库、车间派工以及采购收货 6 个模块进行性能测试。

除了根据常林当前的业务需求进行测试外，惠普还预测未来常林的业务发展情况进行测试，并提供相关的测试报告。常林有限公司总经理办公室副主任施轶华对此非常满意，她表示："惠普提供的检测报告里包括模拟了 50、80、100 个并发不同情况的测试数据。虽然我们目前可能还达不到 80～100 个并发的情况，但这样的数据让我们觉得比较放心，因为它证明优化后的软硬件环境是可以适应企业业务发展的。而且这些数据都是经过权威检测的数据，相比我们自己想象或预估硬件环境来说更有科学依据。"而且，根据测试结果显示，在惠普提供的优化环境测试中，常林 ERP 系统中的某项操作时间从原来的 1800 秒提高到 1.6 秒，另 1 项操作时间则从 600 秒改进到 0.1 秒。

另外，常林原来采用过惠普的产品，对惠普的品牌和服务有较强的认同感，这对常林选择惠普的动能服务器也起到了积极的促进作用。

四、强强联手共同关怀制造企业信息化需求

由于常林 ERP 项目是在业务不断发展过程中遭遇到硬件瓶颈的,因此,惠普和国内知名管理软件公司和佳软件联手为其提供量身定制的解决方案。这一解决方案在解决常林遇到的问题的同时,促进了惠普的销售,同时也推动了和佳 ERP 在用户当中的使用效果,取得了三赢的结果。

北京和佳软件技术有限公司成立于 1998 年,是国内最专业的 ERP 软件提供商之一,主要从事 ERP 大型管理软件的开发、销售及服务工作,也是国内仅有的几家能够实现与国内外主流 CPU、数据库、中间件、操作系统、CAD 等应用软件全面集成的 ERP 提供商之一,为国内外用户提供包括管理咨询、应用集成、系统集成在内的企业信息化整体解决方案。公司成立至今,连续多年保持了快速增长,成为国内最具竞争力的 ERP 厂商。和佳软件拥有一流的管理团队,在 ERP 领域有着 20 余年的产品研发和项目实施经验,对中国 ERP 产业、企业状况、国际先进管理理念和技术理念等各方面有着充分而深刻认识。

在双方的合作中,惠普解决方案体验中心起到了承前启后、承上启下的关键作用。惠普解决方案体验中心从 2002 开始运作,就致力于与合作伙伴合作,将前端应用在基于英特尔安腾处理器的惠普 Integrity 动能服务器上进行移植、调优等工作,并以数据测试报告的形式,为合作伙伴提供强有力的工具。解决方案中心的工作分为 4 个层次,首先是提供基础设施平台,包括硬件平台与 iportal 交互式虚拟社区,其中硬件平台为 ISV/SI 提供应用移值与优化的基础,而 iportal 合作伙伴虚拟社区则基于互联网为项目组相关人员提供了强大的网上沟通平台。其二是解决方案的移值工作,在惠普动能服务器上完成应用向安腾平台的迁移,为此惠普已经推出了飞天计划,到目前为止实现了超过 300 个应用的成功移植。其三是解决方案的整体调优,也是就帮助 ISV/SI 进行解决方案的健康大体检,打造更为优化、强大的解决方案,并以软、硬件整体优化的形式,为合作伙伴的业务创造价值。最后是提供市场功能,帮助成功移值和优化的解决方案尽快转换成为合作伙伴的利润,并最终实现双方的价值。

而与之紧密合作的惠普企业计算及专业服务集团增值合作伙伴事业部,则致力于与微软、Oracle、BEA、Sybase 等平台级合作伙伴建立合作机制与管理流程,通过惠普解决方案体验中心的资深解决方案顾问,在惠普硬件平台上进行从应用到底层的完整优化与整合。目前推出的惠普动能服务器解决方案认证计划,就是对这一流程的模式化处理。这一计划包括银牌认证、金牌认证和白金认证三大类,而和佳就是首批金牌合作伙伴。

常林运营部部长施轶华对惠普与和佳的合作非常满意,她说:"ERP 系统已经在我们的生产运营中起到非常重要的作用,通过此次硬件系统升级,我们能够更加高效地利用 ERP 中的各个模块,以促进业务的不断发展。惠普与和佳软件在整个项目实施过程中紧密配合,给我们带来了优质服务,极大地保证了整个项目的成功实施。"

第四节 三九医药人力资源信息化案例

三九医药股份有限公司(以下简称"三九医药")是三九集团的核心企业。公司自成立以来,通过对外部市场的分析研究及对自身实力的综合评估,确立了以致力于高科技含量和高

服务水平的中药现代化、中医产业化、健康服务全球化的发展方向，明确提出了建设世界一流植物药企业的战略目标。经过十几年的快速发展，三九医药已经成为我国制药行业的佼佼者。

三九医药在科技是第一生产力的思想指导下，不断进行制度创新、技术创新、管理创新，执行高科技、高质量、高效益的方针，以生命健康产业为核心，以实业报国为己任，向着建设世界一流植物药企业的目标不断迈进。公司重视科技、尊重知识，为了将公司建设成知识型企业，努力强化规范企业内的各项管理流程，三九医药聘请翰威特咨询公司进行了公司岗位体系的规划、薪资体系和绩效管理流程的规划，并采用人力资源管理系统来强化咨询的结果，同时也希望系统能帮助公司规范企业的内部管理，强化"以人为本"的管理理念，为企业的信息化建设提供强大的技术支持与信息支撑，为公司战略目标的实现提供人力资源管理上的保障。

三九医药希望通过导入人力资源管理系统来实现以下工作：规划企业的组织结构与岗位体系、实现人员配置、具有完善的招聘与选拔功能、规划企业的薪酬体系与薪酬管理工具、高效的绩效和培训管理流程、强大的门户功能、完备的权限和系统控制体系。

三九医药规划人力资源管理系统以人力资源部的日常管理与操作为主体，以让员工与企业各个阶层的管理人员参与到工作中来为原则，将人力资源管理的各个方面转化为可以收集的信息，同时对这些信息进行分析与抽取，为企业的决策服务，为企业的发展提供强有力的信息支持。

三九医药在综合比较国内几个主要 eHR（Electronic Human Resource）软件厂商产品的技术性能和蕴含的管理理念的基础上，结合前期所作的咨询，最终确定选择东软和翰威特联合开发的慧鼎作为企业人力资源信息化解决方案。

一、集中管理、全员参与

东软针对三九医药自身的管理特点，在慧鼎人力资源管理解决方案的基础上，为其定制了适合并适用的三九医药人力资源管理系统。在绩效管理、薪酬管理、员工自助等方面，紧密地与咨询顾问所取得的成果相结合，使咨询成果转化为企业与人力资源部可以利用的宝贵管理与信息财富，为人力资源部的工作服务、为企业领导的决策服务、为员工与企业之间搭起沟通的桥梁。

三九医药人力资源管理系统体现了集中管理全员参与的应用模式与手段。人力资源部作为整个系统的核心，担任起所有人力资源管理运作环节的发起和管理职能，员工则做为信息的使用者与传递者。在各个管理流程中员工的参与作为人力资源管理者信息的来源与依据，同时，员工的参与也在人力资源管理者所制定与规范的管理流程中，做到有规可依，有规可循，极大程度地调动了员工的积极性，同时也规范了企业的管理。

人力资源管理者的职能范围是搭建企业的组织结构体系、规划企业的岗位体系、进行日常的人事变动、执行公司的薪酬管理体系、完成日常的薪酬管理运作、完成日常的招聘与选拔工作、规划企业的绩效管理过程、分析绩效考核结果数据、规划企业的培训管理过程、分析员工培训的信息数据、为企业领导制定公司各个发展方面的信息报告、了解并掌握员工最新的动态，及时调整已设定的工作流程与环节，以使它最大限度地适应企业的管理与发展。

其他参与人员的职能范围是分享人力资源管理者的信息成果、参与企业的绩效管理过程、参与企业的培训管理过程，以提交议案与意见的方式，为企业管理与业绩的提升贡献智慧。

二、相互配合，快速推动

三九医药人力资源管理系统项目先后经历了需求调研、客户化开发、系统实施、系统试运行四个阶段。其中客户化开发与系统实施占据了整个项目的大部分时间。

东软作为解决方案的提供商，本着为用户提供最优服务的原则，及时响应客户的要求，合理规划项目的进程。项目的成功实施从以下几个方面得到了充足的保证：

（1）三九医药对项目给予充分的重视。公司成立项目领导小组，双方定期开会，针对项目的进展以及存在的问题给予积极关注和认真推动，有利地保证了项目的实施。

（2）详尽的需求调研。针对用户的特点，东软在需求调研阶段充分了解用户现有的管理状况与管理流程。同时也规划出在管理流程中解决方案可以完成与解决方案不能完成的部分，让使用者本身对于即将使用的系统充分了解，也为他们将来的工作提供指导。

（3）严密的设计充分体现了用户自身的特点。根据三九医药的管理特点，解决方案从薪酬管理、绩效管理、培训管理、员工自助等几个方面对现有慧鼎人力资源解决方案进行了改造，以更加适合用户的需要。

（4）以专业态度来进行实施，以专业的培训来带动实施效果。

（5）充分重视顾客的意见。在每一次实施过程中，对于用户提出的意见，东软本着以客户为中心的思想来尽可能满足用户的需求。

三、主流的设计模式、安全的设计架构

三九医药人力资源解决方案从企业自身的环境与条件出发，从现有设计模式的现状出发，从可以更好地为用户服务与后续跟踪服务出发，确定了实现这一应用解决方案的技术体系与架构。

（一）采用 B/S 架构代替传统的 C/S 架构

（1）任何一个终端用户无需进行任何应用程序的安装，而直接采用浏览器访问，就可以对于本系统进行访问。外地员工只需接入互联网，即可以像本地员工一样自由地操作系统，得到最新的系统信息。

（2）系统实施服务简单，只需要进行服务器的安装与配置，极大地减少了实施工作，减化了实施的环节。

（3）远程维护变得可能，实施方在实施后续工作中，可以通过远程访问的形式，对于用户处的运行实时监控与跟踪，以最快的速度响应客户的需求与变更。

（二）分层设计利于移植与扩展

（1）采用 J2EE 架构，分层设计实现，将业务层、表现层与数据处理层分离。在灵活处理各种业务变化的同时，又极大程度地保证了数据处理的稳定。实施方可以根据用户的要求来快速调整系统的外观表现形式，而无需重新作大量的客户开发。

（2）采用灵活配置的语言管理机制，让不同国家或地区的使用者以不同的语言对于系统进行操作成为可能。

（三）人性化配置"我的工作区"

（1）系统运用 Potal 技术，为不同类型的用户定制不同风格与重点的用户工作区，同时

这样的定制可以根据用户情况的变化而发生相应的调整。

（2）分角色的权限定义，让不同的用户在同样的操作权限内可以得到不同的信息支持。

（四）严密的安全机制

（1）用户口令采用严密的不可逆算法进行加密，防止盗用用户口令与密码的现象发生。

（2）基于角色的权限管理，用户之间的权限划分逻辑严密、规划合理。

（3）详细的系统日志提供了对于系统的操作复查的依据。

（4）对于薪资、人事等重要数据的加密，保证了重要数据的安全。

（五）强大的外部接口

系统充分考虑到人力资源解决方案将作为企业信息化建设的一部分的发展趋势，以数据传递的方式实现了与企业其他运行管理系统的信息支持与共享。

四、合理高效的系统配置解决方案

（一）系统配置解决方案的特点

针对三九医药的企业规划与管理规模，东软为其制定了更加适合于企业使用的系统配置解决方案。这一方案的特点为实用、经济、高效。

（1）以免费的中间件产品 Tomcat 作为 Web 服务器。根据企业的管理规模，这一方案无需使用付费的中间件产品，即可支撑用户的使用。这也是这一解决方案高效易用的体现。

（2）以 SQL Server（Structured Query Language Server）数据库作为系统使用数据库。由于三九医药的其他管理系统正在使用 SQL Sever 数据库，从用户经济与管理的角度出发，本系统也采用 SQL Sever 作为数据库管理系统，用户可以安排统一的管理员管理，从而提高管理的效率。同时，这一方案也充分体现了人力资源解决方案的分层设计思想，可以完全根据用户的情况来决定使用的数据库平台，而不影响用户的其他管理需求。

（3）合理的备份机制。由于人力资源管理的特性决定了系统整体的数据量会在一个范围内，所以采用了每天完全备份的数据备份机制，这样就使用户在系统出现问题的情况下，对于数据的及时恢复成为可能，而不会影响管理者或用户的其他操作。同时，这也体现了这一解决方案在数据设计上的合理性与高效性。

（二）助力三九医药建设成为知识型企业

三九医药人力资源管理系统的成功实施，成为全体员工参与人力资源管理的平台，将在企业管理的各个环节发生巨大的作用。全体员工均可通过这一系统不同程度地参与人力资源管理，提高全员的凝聚力和归属感。目前三九医药员工已经可以通过本系统提交绩效方案，提交培训需求。人力资源管理者与企业领导可以通过本系统及时了解员工的意愿，从而调整管理的流程与企业的目标。

三九医药人力资源系统具有智能化功能，对于组织结构的分析、人员趋势的分析、薪酬分析、绩效分析等都提供强大的支持，可以为公司高级管理人员提供多种形式的分析报表，方便及时了解公司人力资源管理各方面的变化趋势。同时，也为决策执行者提供了有力的信息支持与保证。

公司党委书记余怀国认为，这一系统对于提升三九医药人力资源管理服务的效能和效率具有重要作用，是继基于知识管理的办公系统（KM）上线之后，公司推进企业信息化管理的又一新举措,将使公司建设知识型企业的步伐迈上一个新台阶。

在三九医药建设知识型企业的路上,人力资源管理解决方案将发挥越来越多、越来越深远的作用与效果。

第五节 学生信息管理系统的规划与分析案例

一、学生信息管理系统的规划

随着高校规模的扩大,学生人数不断增加,学生信息管理愈发繁琐。学生信息包括学号、姓名、班级等基本信息,还包括处罚、奖励、学籍等诸多信息。对学生信息的管理是每一所学校都必须面对的工作。以往学校都是采用传统的人工方式进行管理,或简单地运用Excel进行管理,效率低,保密性差,工作量大,对学生信息的查找和更新难度增加。

(一) 项目的背景

通过初步调查得知,某学院共有教职员工3758人,学院下设教务处、财务处和房产处等26处室,还设有计算机应用系、信息管理系和电子商务系等多个教学单位。学院教务处负责全院的教学、学生管理等工作。这一学院现行学生信息管理业务工作量特别大,同时还时常出现差错。有关人员迫切要求早日开发出全院学生信息的管理系统,用计算机代替手工登记学生信息、学籍变更信息、奖惩信息等,以及实现对相关信息的快速查询。学校主管领导也十分支持这项工作,已批准投资5万元人民币用于购置设备和软件开发。同时,学院还拥有雄厚的技术力量。

(二) 系统目标

管理全院学生的各种信息,方便学生信息的查询。系统的使用对象是学生管理部门,如教务处工作人员、校院系领导、班主任、教师等。

(三) 系统功能要求

(1) 学生基本信息的录入,包括学号、姓名、性别、班级、出生日期、籍贯等;

(2) 学生基本信息的修改维护;

(3) 学生学籍变动情况的记录,包括休学、复学、转系、结业、毕业等;

(4) 学生奖惩情况的记录和修改,包括奖励和处罚;

(5) 学生信息的查询;

(6) 院系设置管理,包括院系的添加、修改和删除等;

(7) 班级设置管理,包括班级的添加、修改和删除等。

(四) 系统实现环境

在Windows环境支持下前台工具选择VB、后台数据库采用SQL Server进行开发。为方便各部门可直接通过网络传输、查询数据,要求开发为网络版。

(五) 可行性分析

(1) 技术可行性。目前虽然各类高校中还有相当一部分学生信息管理停留在纸质基础上,但管理水平的迅速提高为信息系统的实现提供了可能。从处理精度方面看,数据库技术的出现,对数据的处理更为科学精确,而学生管理信息系统对数据精确要求并不是很高,系统的实现相当容易。从加快速度的方面看,传统的档案管理效率低,而利用计算机进行管理,使得系统效率提高,检索迅速,查找方便。从对存储能力要求看,现在计算机技术的快速发展,保证了信息存储量大、保存时间长、完全能够满足学生人数大幅增加的现状,因此技术上可行。

(2) 经济可行性。本系统开发的主要工具是 VB 和 SQL Server。如果从开发这个项目所需费用的结算和项目的效益看是可行的。首先开发这个系统所需要的工具简单,易于维护,安全性也能得到可靠的保障。开发费用也比较低。另外,在系统投入使用之后也能节省大量的人力、物力和财力。这样,系统的开发和运行同时带来了许多直接和间接的效益。因此开发这个系统对于学校来说经济上是可行的。

(3) 操作可行性。项目组从学校学生管理部门获取了许多学生信息管理方面的各种表格以及规章制度、业务规范等,从而对学生信息管理的方法和方式有了大体的了解,各级领导和老师也给予了有力的支持和帮助,且学生管理部门的工作人员对计算机操作也是非常娴熟的,因此,一旦系统开发成功,可立即投入使用。因此,这一系统在组织管理和操作上是可行的。

结论:本系统领导支持、需求迫切,且开发难度不大、开发费用较低,因此,开发是可行的。

二、学生信息管理系统分析

系统分析就是一个从粗到细,由表及里的调查分析过程,即要获取部门构成、各部门所作的工作、这些工作是如何具体完成的,并在此基础上进行数据流程调查与分析,最终建立新系统逻辑模型。

通过对学生信息管理的内容进行详细调查,要进一步明确本系统开发的目标和用户信息需求,并最终提出所要开发的学生信息管理系统的逻辑方案。

(一) 系统组织机构图、功能体系图和业务流程图

首先调查学生信息管理的实际工作模式,用其组织机构图、功能体系图、业务流程图表示。

图 9-1 为系统范围内的局部组织机构图,即在全院范围内抽取与学生信息管理相关的部门绘制而成。

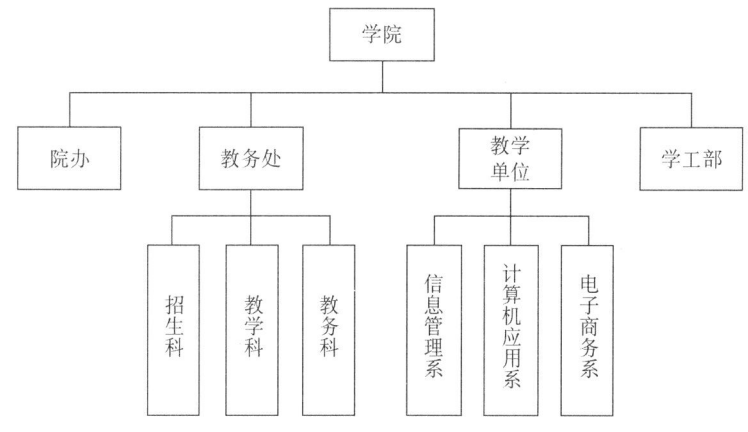

图 9-1 学生信息管理组织机构图

通过对图9-1中部门进行详细调查，与学生信息管理相关的部门功能如图9-2所示。

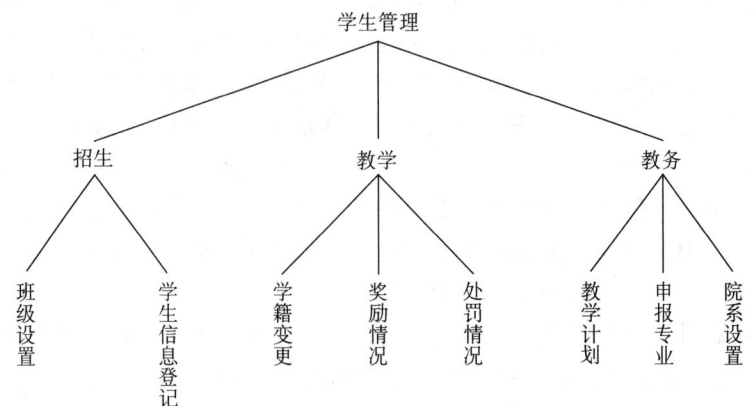

图9-2 学生信息管理功能体系图

通过对从事学生管理的相关部门进行进一步的详细调查，与学生信息管理相关的部门功能的业务流程图如图9-3所示。

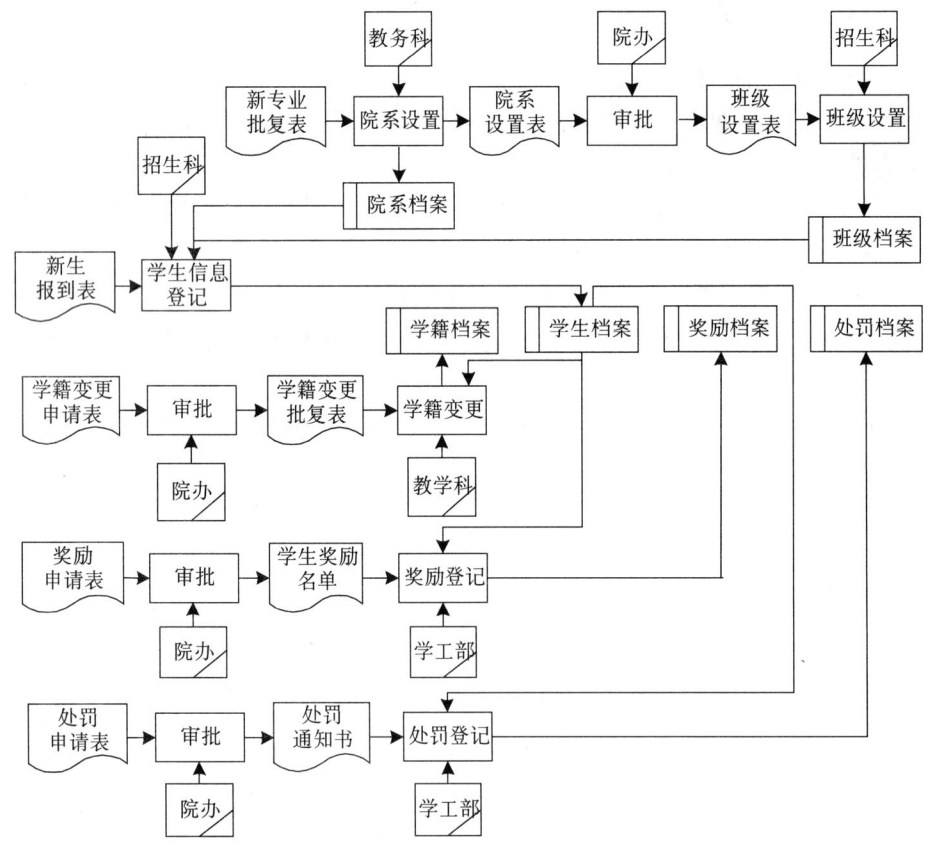

图9-3 学生信息管理业务流程图

（二）数据流程图

以上用组织机构图、功能体系图、业务流程图表示学生信息管理的实际工作模式。下面要通过对应的数据流程图、数据字典等描述学生信息管理的信息处理的工作模式。

与学生信息管理相关的数据流程图如图9-4所示。

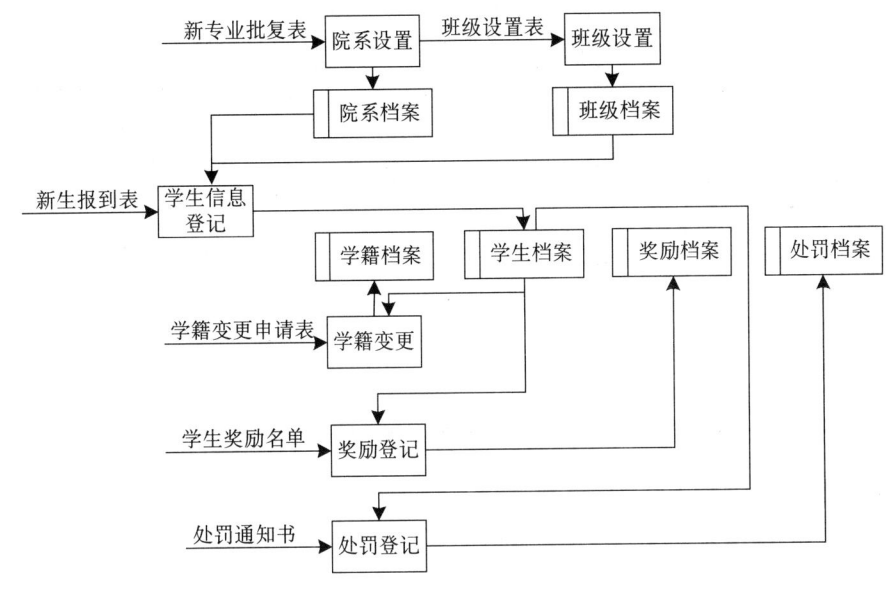

图9-4 学生信息管理数据流程图

（三）数据字典

与学生信息管理相关的数据字母如表9-1、表9-2、表9-3所示。

表9-1 数据项定义

编号	数据项名称	类型	长度	取值范围	简述
A-001	院系编号	文本	2	01-99	对不同院系的编号
A-002	院系名称	文本	20	任何汉字、字母、数字	
A-003	院系负责人	文本	8	汉字	
A-004	院系负责人电话	文本	13	任何数字	
A-005	班级编号	文本	6	000001-999999	
A-006	班级名称	文本	20	任何汉字、字母、数字	
A-007	所属院系	文本	2	01-99	
A-008	入学时间	日期	8	yyyy-mm-dd	即班级创建日期
A-009	班主任姓名	文本	8	任何汉字	
A-010	班主任电话	文本	13	任何数字	
A-011	学号	文本	8	00000001-99999999	

续表

编号	数据项名称	类型	长度	取值范围	简述
A-012	姓名	文本	8	任何汉字	
A-013	性别	文本	2	男／女	
A-014	出生日期	日期	8	yyyy-mm-dd	
A-015	籍贯	文本	16	任何汉字	
A-016	所在班级编号	文本	2	000001-999999	
A-017	学籍变更类型	文本	4	任何汉字、字母、数字	
A-018	学籍变更日期	日期	8	yyyy-mm-dd	
A-019	奖励类型	文本	20	任何汉字、字母、数字	
A-020	奖励日期	日期	8	yyyy-mm-dd	
A-021	处罚类型	文本	8	任何汉字、字母、数字	
A-022	处罚日期	日期	8	yyyy-mm-dd	

表9-2　　　　　　　　　　数据结构定义

数据结构编号	数据结构名称	数据结构组成	简述
B-001	院系档案	院系编号、院系名称、负责人、联系电话、说明	用来保存已有院系的相关信息
B-002	班级档案	班级编号、班级名称、所属院系、入学时间、班主任姓名、班主任电话、说明	用来保存已有班级的相关信息
B-003	学生档案	学号、姓名、性别、出生日期、籍贯、班级编号	用来保存学生的基本信息
B-004	学籍档案	序号、学号、学籍变更、记录日期、说明	用来保存学生的学籍变更信息
B-005	奖励档案	序号、学号、学籍变更、记录日期、说明	用来保存学生的奖励信息
B-006	处罚档案	序号、学号、处罚情况、记录日期、说明	用来保存学生的处罚信息

表9-3　　　　　　　　　　数据流定义

编号	名称	来源	数据流向	组成	流通量	高峰流通量
C-001	新生报到表	学生	学生基本信息登记	学生基本信息	3000份/年日	1000份/日
C-002	学籍变更申请表	学生	学籍变更处理	学籍变更信息	50份/年	10份/日
C-003	学生奖励名单	学工部	奖励登记处理	奖励信息	100份/年	100份/日
C-004	处罚通知书	学工部	处罚登记处理	处罚信息	100份/年	100份/日

（四）修改后的数据流程图

对用户需求进行详细调查，修改后的数据流程图如9-5所示，其反映所要开发的学生信息管理系统的逻辑模型。

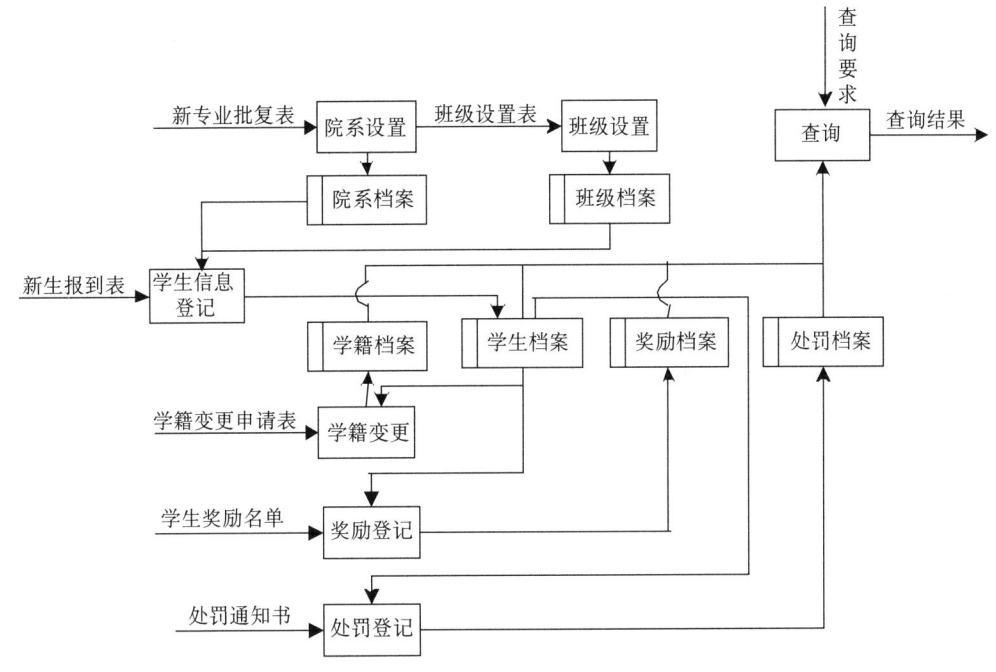

图 9-5 修改后的学生信息管理数据流程图

第六节 网上书店系统分析、设计与实施案例

本节的主要任务是确定为了满足用户的需要系统必须要做什么。具体地讲，应该确定系统必须具有的功能和性能，系统要求的运行环境，系统中的数据及存储等。

一、系统分析

（一）用户需求分析

网上书店系统需要实现的功能非常多，最重要的当属图书销售功能，也就是书库中的图书模块以及管理用户的购物车模块，从而实现结账等一系列功能。另外，网上书店系统还需要提供给用户查找数据库中图书相关记录的功能。同时，为了保证图书交易的正常进行，系统必须对用户的身份进行验证。最后系统还必须具有管理员的功能，允许管理员对整个系统的数据库进行操作。

（二）技术需求分析

网上书店系统的实施需要熟悉 HTML 语言、掌握 ASP 语言、熟悉 ACCESS 数据库、熟悉 SQL 查询。

（三）功能需求分析

根据系统功能的要求，网上书店系统可以分为三个模块：用户管理系统、图书销售系统以及在线管理系统。

网上书店系统是目前 Internet 上广泛使用的在线系统之一，除要实现上述功能外，还要考虑以下问题：

首先，为了销售图书，对图书进行广告宣传是其中很重要的一部分。因此，系统必须在醒目的位置给出图书的信息，包括图书的名称、作者以及图书的图片介绍。另外，在图书销售过程中还需要对用户的购物车进行管理，允许用户执行诸如清空购物车、修改购物图书的数量、种类等操作。最后，系统必须完成结账的功能，从而完成整个购物流程。

其次，因为在线销售系统中图书的种类非常多，用户想要找到自己需要的图书比较困难，所以系统提供了查找的功能，将图书分类，从而给用户带来方便。另外，为了保证数据库的安全以及图书交易的顺利进行，系统还需要对用户进行管理，最简单的一点就是需要用户先注册，然后系统对其进行身份验证。

最后，系统特别提供了数据库管理的功能，允许具有管理权限的人员对系统数据库进行操作，包括添加、删除、修改记录等。

二、系统设计

本节根据系统用户需求分析，确定系统的设计思想、设计目标，从而确定系统的功能结构。

（一）目标设计

网上书店系统所要实现的功能如下。

1. 用户登录及身份验证要求
（1）系统用户注册；
（2）验证用户的注册信息；
（3）系统用户进入系统时的身份验证；
（4）系统用户在不同页面浏览时的身份验证。

2. 网上书店系统要求
（1）允许用户浏览所有图书；
（2）允许用户按图书种类进行查找；
（3）允许用户购买自己喜欢的图书；
（4）允许用户对购物车进行管理；
（5）系统实现订单处理；
（6）系统完成整个购物流程。

3. 图书销售系统的管理子系统要求
（1）对管理员的身份进行验证；
（2）对数据库中的图书信息进行管理；
（3）对数据库中的用户信息进行管理；
（4）对数据库中的订单信息进行管理。

（二）设计思想

1. Browser/Server 结构

网上书店系统的特点是采用 Browser/Server 结构，即 B/S 结构，实现图书的在线查找、销售以及图书的在线管理等功能。这种系统的优势在于系统简单、功能强大、扩展能力良好以及能够方便地跨地域操作等性能。

Client/Server 模式，即 C/S 模式与 B/S 模式是现在比较流行的两种数据库应用模式。单独应用任何一种模式都将受其自身弱点的限制。C/S 模式主要是在以局域网为基础的环境下展开应用的，它受到地域的限制。而 B/S 模式通过 Internet 进行通信，可以不受地域的限制，但是它不能够进行联机事务处理，并且在处理大量数据的情况下，速度较慢。从目前的开发技术来看，Browser 端作为信息收集源，特别是大量的数据录入工作还不能完全取代 Client 端的用户界面。在这方面，Client 端各种开发工具的功能更加强大也更加灵活。

对于本系统，其功能目标是将图书销售由传统的商店模式向在线销售的转变，同时还要对销售的订单和图书的种类进行管理。图 9-6 是本系统的网络应用原理示意图。

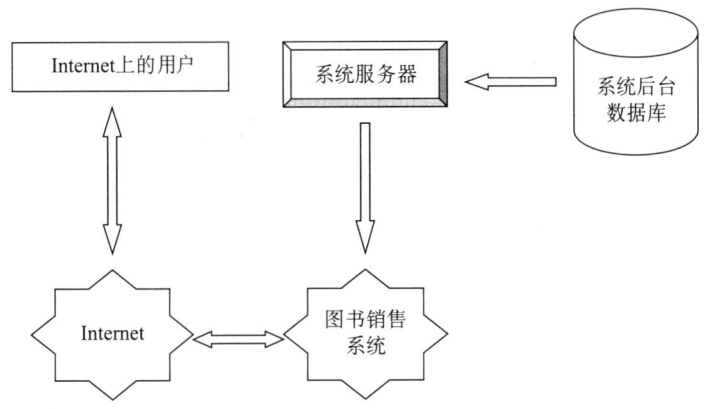

图 9-6　B/S 结构的网上书店系统应用原理示意图

2. 三层结构的概念

B/S 多层结构的应用正是在对 C/S 结构的总结基础上产生的，并且也已经扩展到了 B/S 应用开发领域，即将应用划分为三层：用户界面层、商业逻辑层、数据库层。

（1）用户界面层负责处理用户的输入和向用户的输出，但并不负责解释其含义。出于效率的考虑，它可能在向上传输用户输入前进行合法性验证。这一层通常用前端工具如 Visual Basic、VisualC++、ASP 等开发。在本章的实例中我们用 VBScript 脚本语言实现 ASP 页面。

（2）商业逻辑层是上下两层的纽带，它建立实际的数据库连接，根据用户的请求生成 SQL 语句检索或更新数据库，并把结果返回给客户端，这一层通常以动态链接库的形式存在并注册到服务器的注册表中，它与客户端通信的接口符合某一特定的组件标准，如 COM、CORBA，可以用任何支持这种标准的工具开发。

（3）数据库层负责实际的数据存储和检索。B/S 结构开发还具有另外的一个重要优势，即面向对象编程的特性——封装性。在客户端需要进行某项与数据库之间访问和操作的地方，只需要调用一个函数，至于这个函数如何编写，如何与数据库打交道，甚至访问的是何种数据库都与其无关。否则，很有可能出现在一种数据库系统上运行得很好的 SQL 语句，换到另一种数据库系统上必须加以修改。在中间层 DLL 中实现这个函数,如果用户对具体操作的要求发生改变,只需要修改函数就可以了,只要此函数的入口参数和返回内容不变,在客户端不需作任何改动。而这一点在开发大型应用时尤其有用。我们可以把开发人员分成两组,一组负责开发界面层,另一组负责开发商业逻辑层,双方只要按照事先商定的函数接口,并行开发就可以,而不必等前面的工作完成后再开始后面的工作。当然,这样的开发模式需要很好的项目协调和文档作支持。

（三）系统功能设计

根据系统功能的要求,网上书店系统可以分为三个模块:用户管理模块、图书销售系统以及在线管理系统。图 9-7 给出了这三个模块之间的关系。

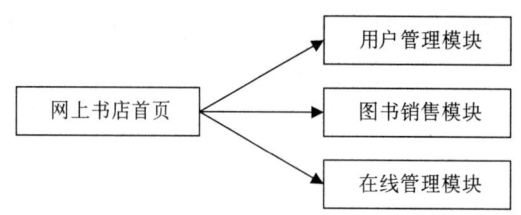

图 9-7　网上书店系统功能模块图

用户管理模块:根据系统的功能分析,它具有的功能应该包括对用户注册的检查、用户注册信息的添加以及用户注册信息的修改等。

图书销售模块:根据系统的功能分析,它应该具有的功能包括允许用户查找图书信息、浏览图书信息、允许用户购买图书、对购物车进行管理,最后还能处理用户的订单记录并发送到后台数据库。

图书管理模块:根据系统的功能分析,它应该具有的功能包括允许管理员浏览整个系统的图书,对图书信息进行修改,包括删除某些图书以及添加新的图书信息。

图 9-8 是整个系统的页面逻辑结构示意图。

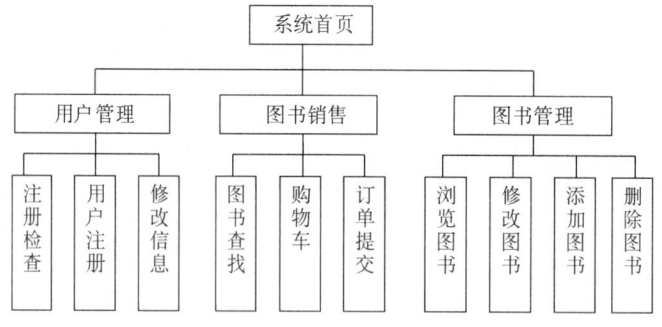

图 9-8　网上书店系统页面逻辑结构图

三、数据库设计与实现

本节从系统主要 E-R 图出发,讲述信息系统中数据存储分析,从而确定信息系统中的表及表间关系。

（一）概念设计

根据系统功能设计的要求以及功能模块的划分，画出网上书店系统主要的 E - R 如图 9 - 9 所示。

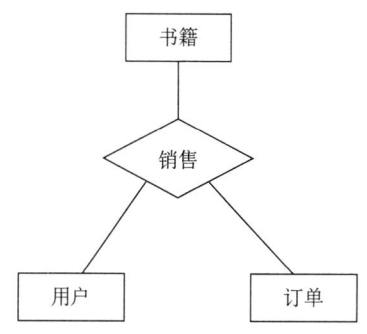

图 9 - 9　系统主要 E - R 图

系统主要有三个对象：用户、书籍和订单。

对于用户对象，需要记录用户 ID、昵称、姓名、密码、电话、E - mail 地址、收货住址、邮编等信息。

对于书籍对象，需要记录书籍 ID、名称、作者、价格、出版社、数量、图片、类别、备注等信息。

对于图书销售订单对象，需要记录交易 ID、顾客的姓名、地址、邮编、电话号码、购买的书籍、交易日期等信息。

系统核心功能是图书销售，即用户查阅书籍信息，使用销售功能采购书籍，将交易订单记录在订单对象中。

（二）逻辑设计

根据系统功能设计的要求以及功能模块的划分，系统需要建立三个表。

1. 用户信息表（guest）

主要数据项：用户 ID、昵称、姓名、密码、电话号码、E - mail 地址、收货住址、邮编。

关系：用户 ID 是主键。

2. 书籍信息表（book）

主要数据项：图书 ID、图书名称、作者、价格、出版社、数量、图片、所属类别、备注。

关系：图书 ID 是主键。

3. 交易订单表（orders）

主要数据项：交易 ID、顾客 ID、图书 ID、数量、金额、交易日期等。

关系：交易 ID 是主键，顾客 ID 是用户信息表的外键，图书 ID 是书籍信息表的外键。

（三）物理设计

本系统选择 access 作为后台数据库，数据库名为 bookshop. mdb，建立以下三个表，其结构如图 9 - 10、图 9 - 11、图 9 - 12 所示。

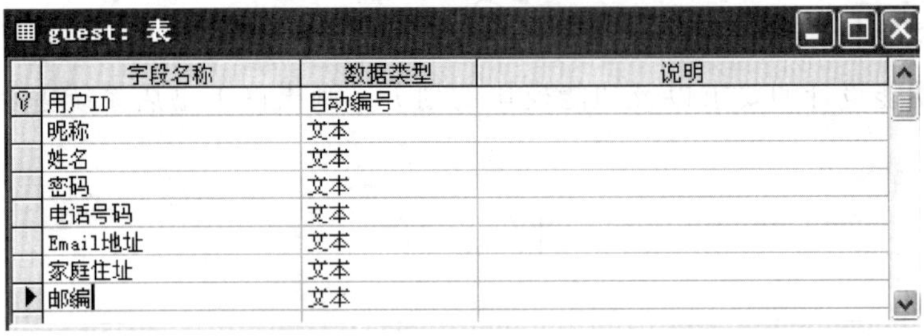

guest：表

字段名称	数据类型	说明
用户ID	自动编号	
昵称	文本	
姓名	文本	
密码	文本	
电话号码	文本	
Email地址	文本	
家庭住址	文本	
邮编	文本	

图 9-10　用户信息表结构

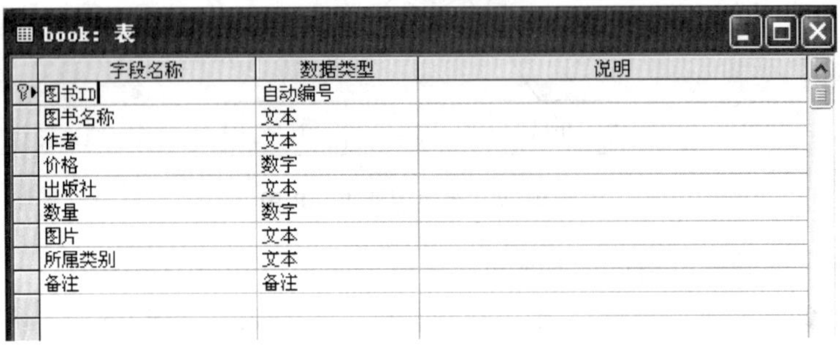

book：表

字段名称	数据类型	说明
图书ID	自动编号	
图书名称	文本	
作者	文本	
价格	数字	
出版社	文本	
数量	数字	
图片	文本	
所属类别	文本	
备注	备注	

图 9-11　书籍信息表结构

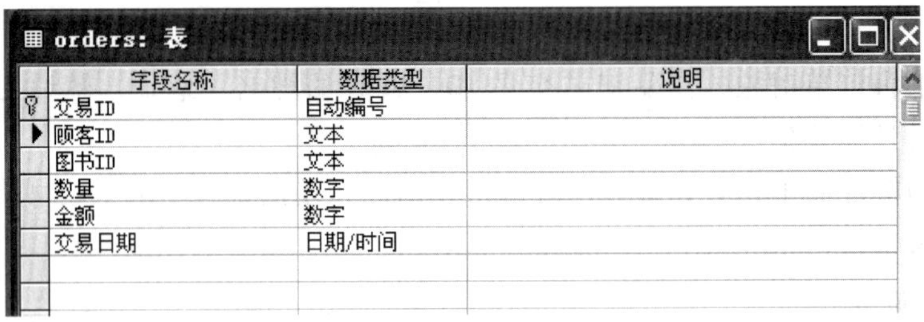

orders：表

字段名称	数据类型	说明
交易ID	自动编号	
顾客ID	文本	
图书ID	文本	
数量	数字	
金额	数字	
交易日期	日期/时间	

图 9-12　订单信息表结构

四、后台系统和数据库的配置

本节讲述信息系统后台服务器的配置方法以及后台数据库的配置方法。

（一）后台服务器配置

本系统使用了 Microsoft 的 IIS 5.0 作为系统服务器。如果使用的是 Windows 2000 以上版本的操作系统，那么添加 IIS 5.0 服务器非常简单，只需要打开“控制面板”里面的“添加/删除程序”选项，然后选择“添加/删除 Windows 组件”，最后选中弹出对话框的“Internet 信息服务（IIS）选项”，如图 9-13 所示，按照系统提示进行安装即可。

因为网上书店系统各个系统模块里都使用 ASP 的 Session（会话）对象和 Application（应用程序）对象。这样，就必须创建一个 ASP 应用程序来处理用户登录次数信息。

一个 ASP 应用程序必须使用一个公用的目录结构，这一目录包含网站使用的所有页面。页面的具体位置并不重要，但要让这些页面都存于一个公用的目录结构里。

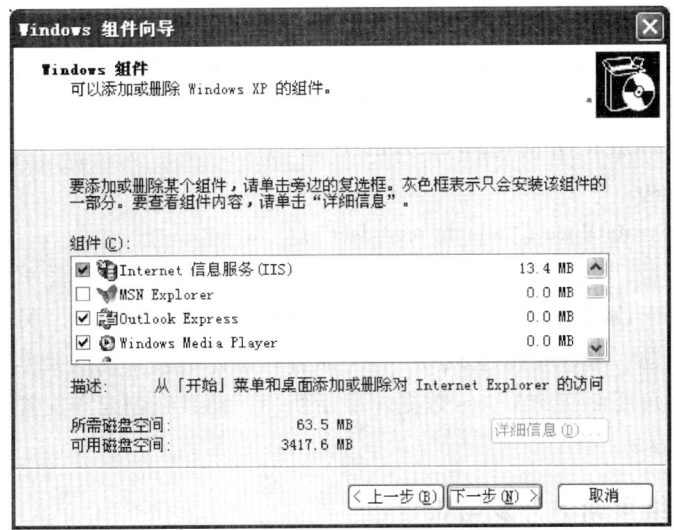

图 9-13 添加 IIS 服务器

创建 ASP 应用程序的具体步骤为：

打开 IIS 服务器，进入 Web 根目录；单击鼠标右键，选择"属性"命令，弹出如图 9-14 所示的属性对话框；在应用程序设置里，创建 ASP 应用程序，名称与 Web 根目录同名。这样就创建了一个 ASP 应用程序，但真正具有这一应用程序执行功能的是 Global.asa 的文件。

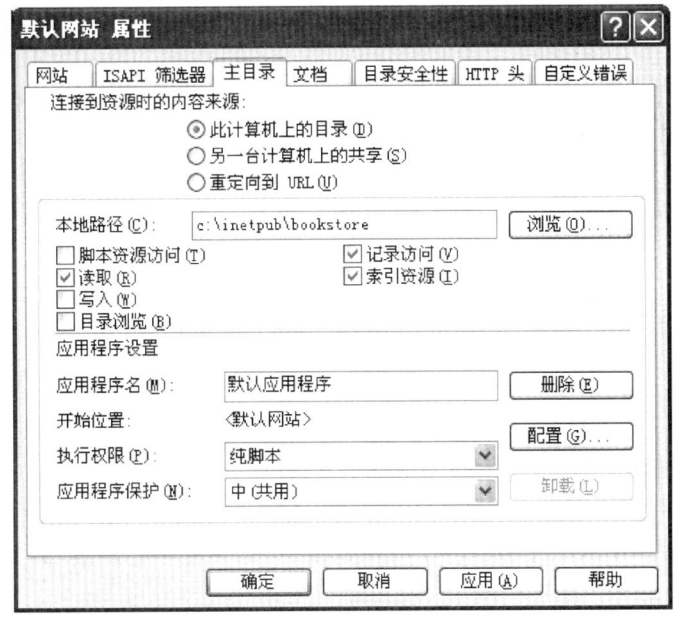

图 9-14 添加 ASP 服务程序

（二）后台数据库的配置

本章系统没有使用 ODBC 这种形式的数据库，而是直接采用了 Access 文件的相对路径来实现读取数据库的功能，代码如下所示：
    connstr = " dbq = " &server. MapPath(" mdb/bookshop. mdb") &" ;
    driver = ｛microsoftaccessdriver(* . mdb)｝;"
    setconn = server. CreateObject(adodb. connection")
    conn. openconnstr
    setrs = server. CreateObject(" adodb. recordset")

但需要强调的是，微软的 Access 数据库本身并不是一个数据库服务器，它不能用服务器来运行查询。对于数据庞大的情况，Access 本身不是一个好的选择。另外一个要考虑的是数据库的安全性问题。Access 比起 SQL Server 而言，总体的安全性能要差。

但是从应用的角度而言，Access 数据库易于使用，而且在创建和配置上，Access 数据库都比 SQLServer 要容易。

五、前端网络页面的开发与设计

（一）系统首页

网上书店系统的首页效果以图 9–15 为例。从图中可以明显看出，这个页面是一个框架结构：它的上面是一个 boolchead. htm 的文件，页面的下方则是一个 bookright. asp 页面，实际上包含了首页的主要信息，包括各种提示、书籍浏览等。

因为系统首页的主要信息都在主页面中，在这里给出 default. asp 页面，即系统首页的 HTML 代码，从下面可以看出，这个页面非常简单，由一个框架将页面的上边和下边联系起来。

　　< html >
　　< head >
　　< title >网上书店首页 </title >
　　</ head >
　　< framesetframespacing = "0" border = "1" rows = "107，* " frameborder = "1" >
　　< framename = " header" scrolling = " no"
　　　　noresizetarget = " main" src = " bookhead. htm" >
　　< framename = " main" src = " bookright. asp" scrolling = " auto" >
　　< noframes >
　　< body >
　　< p >此网页使用了框架,但你的浏览器不支持框架。</ p >
　　</ body >
　　</ noframes >
　　</ frameset >
　　</ html >

（二）系统其他页面设计

除系统首页之外，类似于上面 HTML 代码，我们还可以完成注册检查页面、用户注册页面、修改用户信息页面、图书查找页面、购买图书（购物车）页面、订单检查页面、浏览图书页面、修改图书页面、添加图书页面以及图书删除页面。

(三) 开发难点及技巧

在开发本系统的过程中存在一些难点，主要包括以下几个方面。

1. 图书查找的实现

在本系统中，为了顾客更快更方便地找到自己喜爱的图书，所以系统设置了一个查找页面，不过这个页面仅仅实现了对图书的分类查询，而没有具体到图书名称匹配，或者是图书价格的范围查找等。关于这一点，可以自行设计。

2. 购物车的管理以及订单的处理

作为一个销售系统，显然购物车是最重要的部分。在本系统中，我们使用了一个虚拟的购物车，普通的顾客只需要往购物车中添加商品即可，剩下的事情都由系统来处理。当然，顾客也可以对自己的购物车进行其他一些操作，包括修改某种图书的数量、添加其他的图书种类或是提交结账操作等。

3. 管理员功能的实现

在本网上书店系统中，管理员的功能比较简单，但也算是系统的一个难点。这里仅仅对图书信息进行管理。实际上，还需要管理的是系统注册用户即顾客以及顾客订单等内容。

这里需要提醒大家注意的是，系统管理功能的一个难点就是管理员身份的验证。本系统采用了页面级的验证机制，即仅仅在页面中输入管理员的用户名和密码，然后验证用户身份。实际上需要在数据库建立专门的管理员账户来进行管理。

六、系统的发布与维护

本网上书店系统所运行的操作系统为 Windows 2000 Server。其 Web 服务器使用 Internet Information Server 5.0，在发布本系统时首先确认服务器计算机安装了 IIS 5.0 服务器软件。如果用户选择了安装 IIS 5.0，系统会自动创建一个 HTTP 站点和一个 FTP 站点供其使用。当然，客户也可以创建一个自己的 Web 站点。IIS 的 Web 站发布目录也被称为主目录。

本章实例的所有文件均位于一个名为 exam 的目录之下，因此发布本系统时，将主目录设置为 home 目录。要设置主目录，打开 IIS 服务器，在 Web 站点上单击鼠标右键，在弹出菜单上选择属性，显示属性窗口，如图 9-14 所示。

然后在本地路径中选择系统所在的目录。在文档标签里，选择 default.asp 作为站点缺省页面。这样当用户在浏览器地址栏输入 http://localhost/exam 的地址后，便会自动链接上系统缺省的欢迎页面。

在目录安全性标签里，单击"编辑"按钮，打开如图 9-15 所示目录安全性设置验证方法对话框。可以根据安全性的要求设置目录安全性。对于本系统，验证方法设置为 Windows 集成验证，与用户的 Internet Explorer Web 浏览器进行密码交换以确认用户的身份。这意味着，任何访问内部办公网的用户除了具有系统本身的用户身份外，还必须拥有一个合法的 Windows 用户身份。

系统配置完毕，在服务器端运行 IIS 的 Web 服务，即可在客户端运行浏览器使用本系统。

对于系统没有完成的部分及不完善的部分，系统管理员随后进行相应的一些维护活动。

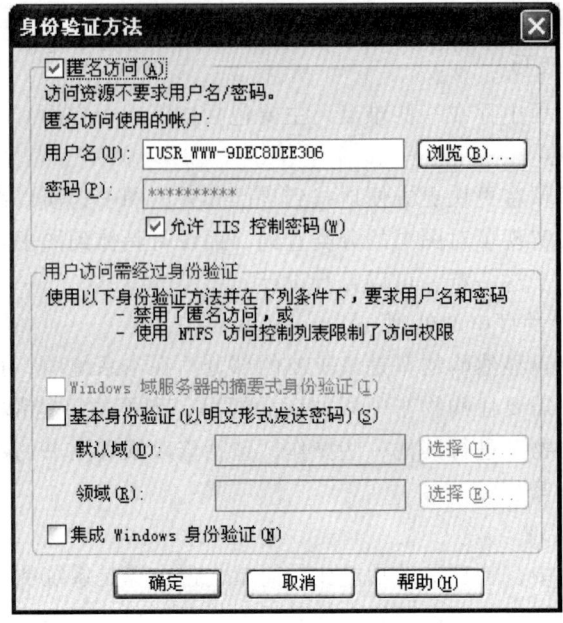

图 9-15 目录安全性标签里验证方法对话框

本章着重介绍了企业信息系统实施的一些典型案例和信息系统开发实施的一个比较完整的过程，目的是对前面所学习的内容进行总结，以达到对管理信息系统中概念、原理、方法及技术的正确理解。

1. 中南控股集团有限公司为什么要开展企业信息化建设？企业信息化建设对企业有什么意义？

2. 中南控股集团是从哪些方面开展企业信息化建设的？具体体现在哪里？